Wahrnehmungsrecht in Polen, Deutschland und Europa

Schriften zum europäischen Urheberrecht

EurUR 1

Schriften zum europäischen Urheberrecht

Herausgegeben von

Prof. Dr. Karl-Nikolaus Peifer, Köln
Prof. Dr. Karl Riesenhuber, M. C. J., Frankfurt (Oder)

EurUR
Band 1

RECHT
De Gruyter Recht · Berlin

Wahrnehmungsrecht in Polen, Deutschland und Europa

INTERGU-Tagung 2005

Herausgegeben von

Karl Riesenhuber

De Gruyter Recht · Berlin

Veröffentlichung der Beiträge zur Tagung „Wahrnehmungsrecht in Polen, Deutschland und Europa", die am 21./22. Oktober 2005 gemeinsam mit der Internationalen Gesellschaft für Urheberrecht e. V. (INTERGU) an der Europa-Universität Viadrina in Frankfurt (Oder) ausgerichtet wurde.

⊗ Gedruckt auf säurefreiem Papier,
das die US-ANSI-Norm über Haltbarkeit erfüllt.

ISBN-13: 978-3-89949-314-6
ISBN-10: 3-89949-314-1

Bibliografische Information Der Deutschen Bibliothek

Die Deutsche Bibliothek verzeichnet diese Publikation in der Deutschen Nationalbibliografie; detaillierte bibliografische Daten sind im Internet über http://dnb.ddb.de abrufbar.

Umschlaggestaltung: Christopher Schneider, Berlin
Datenkonvertierung/Satz: jürgen ullrich typosatz, Nördlingen
Druck und Bindung: Hubert & Co., Göttingen

Printed in Germany

Schriften zum Europäischen Urheberrecht

Urheberrechtliche Probleme rücken seit der Einbeziehung von Computersoftware in den 1980er Jahren und der kommerziellen Nutzbarkeit des Internet in den 1990er Jahren verstärkt in den Blick von Theorie und Praxis. Die neuen technischen Nutzungsmöglichkeiten beeinflussen das nationale und das europäische Urheberrecht in seiner traditionellen, kulturbezogenen und den Schutz der schöpferischen Persönlichkeit beabsichtigenden Konzeption.

Urheberrecht ist Teil des Privatrechtssystems. Vermehrt wird aber eine Indienstnahme von geistigen Schöpfungen für öffentliche Zwecke durch Zugangserleichterung und Zugangsöffnung gefordert. Wie wirkt sich diese Pflichtenbindung auf den Charakter als subjektives Privatrecht aus?

Urheberrecht ist territorial beschränkt wirkendes Recht. Innerhalb der Europäischen Gemeinschaft baut man nicht nur auf eine Harmonisierung der nationalen Rechte, sondern fordert auch europaweit wirkende Befugnisse zur Nutzung, Wahrnehmung und Verwertung von Werken. Entsteht ein Europäisches Urheberecht als supranationales Urheberrecht?

Urheberrecht ist Persönlichkeits- und Kulturrecht. Doch drängt der zunehmende Einfluss technischer Gegebenheiten auf eine stärkere wirtschaftsrechtliche Orientierung. Verändert das Urheberrecht dadurch seine Grundlagen?

Urheberrecht ist das Recht der kreativen, auch der marktfernen Schöpfung. Die starke Zunahme verwandter Schutzrechte und die Einbeziehung technisch beeinflusster Schutzmaterien haben aber zunehmende marktbeeinflussende Wirkungen. Wird das Urheberrecht auch in seinen klassischen Bereichen damit verstärkt zum Gegenstand kartellrechtlicher Fragen?

Damit sind die vier Säulen gesetzt, deren Erforschung sich die in der EurUR-Schriftenreihe veröffentlichten Werke vornehmlich widmen sollen: Urheberrecht als Privatrecht – Grundlagenforschung im Urheberrecht – Europäisierung des Rechtsgebiets – Wettbewerbsbezug urhebergesetzlich geschützter Schöpfungen und Leistungen. In der EurUR-Schriftenreihe werden Monographien, Sammelwerke und Tagungsbände publiziert, die hier ihren Schwerpunkt haben.

Karl-Nikolaus Peifer
Karl Riesenhuber

Geleitwort

Das Wahrnehmungsrecht oder – plastischer ausgedrückt – das Recht der Verwertungsgesellschaften hat in jüngster Zeit ein erhebliches Maß an Dynamisierung erfahren. Zu dieser Entwicklung haben in besonderem Maße bestimmte Aktivitäten europäischer Instanzen (EU-Kommission und Europäisches Parlament) beigetragen, die im vorliegenden Sammelband gebührend vorgestellt, in den Anhängen abgedruckt, aber durchaus auch kritisch beleuchtet werden. Diese Dokumente und Rechtsakte vermögen in der Tat weder rechtlich noch rechtspolitisch ein einheitliches Leitbild zu vermitteln. Insbesondere kann mit Recht gefragt werden, ob der „more economic approach" im Recht der Verwertungsgesellschaften, letzteres verstanden als Teil oder Subsystem des Urheberrechts als Gesamtsystem, nicht sehr bald an seine Grenzen stoßen muss; wie das Urheberrecht insgesamt beruht denn auch das Wahrnehmungsrecht nicht nur auf ökonomischen und pragmatischen sondern auch auf ganz eigenständigen, nämlich kreativitäts- und kulturpolitischen sowie menschenrechtlichen Annahmen und Begründungen.

Es ist deshalb ein erfreuliches Zeichen und gleichzeitig eine dringende Notwendigkeit, dass die Rechtswissenschaft sich diesem Thema augenscheinlich verstärkt zuwendet. Davon zeugt in eindrucksvoller Weise Band 1 der neuen von *Karl-Nikolaus Peifer* und *Karl Riesenhuber* gemeinsam herausgegebenen Schriftenreihe zum europäischen Urheberrecht. Die Beiträge dieses ersten Bandes beruhen auf einem Projekt der Europa-Universität Viadrina in Frankfurt/Oder, deren Name in allen seinen Teilen bereits Programm ist; es ist daher nicht verwunderlich, dass die mit dem Projekt verbundenen rechtsvergleichenden Bemühungen zum Recht der Verwertungsgesellschaften zunächst dem Vergleich des polnischen mit dem deutschen Recht gelten. Die hier versammelten Beiträge namhafter deutscher und polnischer Autoren stellen darüber hinaus eine wertvolle Frucht des Deutsch-Polnischen Jahres (einer gemeinsamen Initiative der polnischen und der deutschen Regierung) dar und demonstrieren, dass die neuen Mitgliedsländer der EU, insbesondere aber Polen als deren größtes, auch in ihrer Rechtsentwicklung ernst genommen werden müssen.

Man darf hier mit Genugtuung feststellen, dass das gesamte Projekt und die geplante Schriftenreihe von jüngeren Kollegen betreut und vertieft wird, die wie selbstverständlich durch die Schule der ökonomischen

Analyse des Rechts hindurch gegangen sind, dabei aber auch die Relativität der Erkenntnisse dieser Schule durchschauen und sich nicht scheuen, auch den normativen Vorgaben gebührende Beachtung zu schenken, wie sie das Urheberrecht in seiner Gesamtheit charakterisieren. Der vorliegende Band stellt sich also mutig den europäischen Herausforderungen, versucht aber gleichzeitig, auf der Basis eines systematisch durchgeführten deutsch-polnischen Rechtsvergleichs, Stärken und Schwächen der augenblicklichen nationalen Regelungen auf dem Gebiet des Wahrnehmungsrechts herauszuarbeiten.

Es ist im Übrigen wohl mehr als ein bloßer Zufall, dass just Anfang 2006 mit dem neuen österreichischen Verwertungsgesellschaftengesetz in prononcierter Form gewissermaßen Gegenposition gegen oft überzogene wettbewerbspolitische und ökonomische Überlegungen europäischer Provenienz bezogen wurde. In ihrer Konsequenz müssten letztere nämlich zu einer Existenzgefährdung zumindest kleinerer nationaler Verwertungsgesellschaften führen, eine Entwicklung, deren Sinnhaftigkeit unter dem Gesichtspunkt der kulturellen Vielfalt und Vielgestaltigkeit Europas mehr als zweifelhaft erscheint. Dass sich *Karl Riesenhuber* in einer weiteren Veröffentlichung dieser wichtigen Neuregelung, die weit über Österreich hinaus Beachtung verdient, annehmen wird, passt sehr gut in den Rahmen der mit der neuen Schriftenreihe angedachten und bereits verwirklichten Vorhaben. Man kann ihre Initiatoren im Interesse einer stetigen Verbesserung der rechtlichen Grundlagen für die Tätigkeit der Kreativen in unserer Gesellschaft und der Kultursphäre insgesamt dazu nur beglückwünschen und ermuntern.

Adolf Dietz

Vorwort

Verwertungsgesellschaften haben vielfältige Funktionen. Sie sind „Selbsthilfevereinigungen" der Rechteinhaber, sie eröffnen Nutzungsinteressenten einen einfachen Zugang zu den Rechten, sie nehmen Nutzungsentgelte und gesetzliche Vergütungen ein und überwachen die Nutzungen, sie verteilen ihre Einnahmen an die Rechteinhaber und nehmen in deren Interesse auch kulturelle und soziale Belange wahr. Die Tätigkeit der Verwertungsgesellschaften wirft daher nicht von ungefähr vielfältige Rechtsfragen auf, die in den meisten Ländern gesetzlich geregelt werden. Auf einer Makroebene ist die Marktordnung zu regeln. Auf einer Mikroebene sind die Einzelfragen einer kollektiven Wahrnehmungstätigkeit zu regeln. Und beide Ebenen haben vielfältige Verbindungen und beeinflussen sich gegenseitig. In einer besonderen Weise wirken gegensätzliche Grundprinzipien zusammen, zu Recht bezeichnet man die Verwertungsgesellschaften auch als Unternehmen *sui generis:* kollektive und individuelle Interessen spielen dabei ebenso eine Rolle wie ideelle, kulturelle einerseits und wirtschaftliche andererseits. Die unterschiedlichen Interessen können durchaus in einem Einklang stehen, können aber auch in ein Spannungsverhältnis geraten, das des Ausgleichs bedarf. Wie der Einklang herzustellen ist, wie der Ausgleich – und von wem, sind Fragen die immer wieder neu gestellt werden und beantwortet werden müssen. Das gilt besonders in einem sich wandelnden rechtlichen und technischen Umfeld, in dem sich heute die alten und die neuen Mitgliedstaaten der Europäischen Gemeinschaft finden, aber auch die Gemeinschaft selbst.

Die Europäische Gemeinschaft – Kommission und Parlament – hat bereits seit längerem ihr Augenmerk auf das Recht der Verwertungsgesellschaften gelenkt. Nicht von ungefähr geht es aus der Perspektive der Gemeinschaft vornehmlich um die Marktordnung, in diesem Zusammenhang aber auch um Einzelfragen der kollektiven Rechtewahrnehmung. Nach anfänglich weiterreichenden Plänen hat sie mit der Online-Musikdienste-Empfehlung jetzt für einen Teilmarkt eine Regelung vorgelegt. Diese bedarf der Überprüfung, da die technischen, ökonomischen und rechtlichen Fragen, die damit verbunden sind, umstritten bleiben. Grundlage dafür muss eine rechtsvergleichende Bestandsaufnahme. Bei ihr sind gerade auch die Regelungen und Erfahrungen der neuen Mitgliedstaaten zu berücksichtigen.

Diese Überlegungen standen am Ausgangspunkt der Tagung, deren Ergebnisse mit diesem Band vorgelegt werden. Die Internationale Gesellschaft für Urheberrecht INTERGU e. V., die sich zum Zweck gesetzt hat, „die natürlichen Rechte der Urheber wissenschaftlich zu erforschen und die gewonnenen Erkenntnisse in aller Welt, insbesondere auf dem Gebiet der Gesetzgebung zu verwirklichen und damit die Grundlage für ein zugleich den Interessen der Allgemeinheit dienendes modernes Urheberrecht zu schaffen", hat nicht nur die Tagung durch ihre großzügige Förderung ermöglicht. Ihrem Präsidenten, Professor Dr. *Reinhold Kreile,* bin ich zudem für seine gedankenreiche Förderung und seine Mitwirkung an der Veranstaltung verbunden. Professor Dr. *Jürgen Becker* hat die Tagung seit ihrer Konzeption begleitet und wertvolle Anregungen zur inhaltlichen Gestaltung gegeben. Bei der Vorbereitung und Durchführung der Veranstaltung und bei der Redaktion des Manuskripts haben meine Mitarbeiter an der Europa-Universität Viadrina tatkräftig mitgewirkt. Besonders danke ich Frau stud.iur. *Aleksandra Mojkowska,* M.A., LL.M., und Herrn cand. iur. *Martin Bredol,* die mir den Zugang zum polnischen Recht erleichtert und mich bei der Zusammenstellung des Tagungsbandes unterstützt haben.

Berlin, im März 2006 *Karl Riesenhuber*

Inhaltsverzeichnis

Autorenverzeichnis

Jerzy Andrzej Badowski	Stellvertretender Generaldirektor der Verwertungsgesellschaft ZAIKS, Warschau
Jan Błeszyński	Dr. iur., Rechtsanwalt in Warschau, Professor an der Universität Warschau
Martin Bredol	cand. iur., wissenschaftliche Hilfskraft an der Europa-Universität Viadrina, Frankfurt (Oder)
Josef Drexl	Dr. iur., LL.M. (Berkeley), Universitätsprofessor an der Ludwig-Maximilians-Universität München, Direktor am Max-Planck-Institut für Geistiges Eigentum, Wettbewerbs- und Steuerrecht, München
Ulrich Himmelmann	Dr. iur., Regierungsdirektor beim Deutschen Patent- und Markenamt, München
Marian Kępiński	Dr. iur., LL.M. (Columbia), Professor an der Adam-Mickiewicz-Universität, Posen
Reinhold Kreile	Dr. rer. pol., Honorarprofessor an der Hochschule für Fernsehen und Film, Vorsitzender des Vorstands und Generaldirektor der GEMA, München
Ludwig Majer	Abgeordneter Nationaler Sachverständiger in der Generaldirektion Binnenmarkt und Dienstleistungen, Brüssel, Richter des BG Innere Stadt Wien
Aleksandra Mojkowska	mag. iur., M. A., LL.M., wissenschaftliche Hilfskraft an der Europa-Universität Viadrina, Frankfurt (Oder)
Hans-Jürgen Rabe	Dr. iur., Rechtsanwalt in Berlin, Honorarprofessor an der Universität Hamburg

Karl Riesenhuber	Dr. iur., M. C. J. (Austin), Universitätsprofessor an der Europa-Universität Viadrina, Frankfurt (Oder)
Stefan Wichary	Rechtsreferendar am Brandenburgischen OLG, wiss. Hilfskraft und Lehrbeauftragter an der Europa-Universität Viadrina, Frankfurt (Oder)

Abkürzungsverzeichnis

a. A.	anderer Ansicht
a. a. O.	am angegebenen Ort
abgedr.	abgedruckt
ABl.	Amtsblatt der Europäischen Gemeinschaft
abl.	ablehnend
Abs.	Absatz
a. E.	am Ende
a. F.	alte Fassung
AfP	Archiv für Presserecht
AG	Amtsgericht
AGB	Allgemeine Geschäftsbedingungen
AGICOA	Association de Gestion Internationale Collective des Œuvres Audiovisuelles
ALAI	Association littéraire et artistique internationale
Alt.	Alternative
a. M.	anderer Meinung
Art.	Artikel
Aufl.	Auflage
AWA	Anstalt zur Wahrung der Aufführungsrechte auf dem Gebiet der Musik
Az.	Aktenzeichen
BB	Betriebs-Berater
Bd.	Band
Begr.	Begründung
ber.	berichtigt
BGB	Bürgerliches Gesetzbuch
BGBl.	Bundesgesetzblatt
BGH	Bundesgerichtshof
BGHZ	Entscheidungen des Bundesgerichtshofs in Zivilsachen – Amtliche Sammlung
BIEM	Bureau International des Sociétés Gérant les Droits d'Enregistrement et de Reproduction Mécanique
BKartA	Bundeskartellamt
BKR	Bank- und Kapitalmarktrecht
BMJ	Bundesministerium der Justiz
BPatG	Bundespatentgericht
BR-Drs.	Bundesrats-Drucksache

BT-Drs.	Bundestags-Drucksache
BÜ	Berner Übereinkunft zum Schutz von Werken der Literatur und Kunst vom 9. September 1886, s. a. RBÜ
BVerfG	Bundesverfassungsgericht
BVerfGE	Entscheidungen des Bundesverfassungsgerichts – Amtliche Sammlung
BVerwG	Bundesverwaltungsgericht
BVerwGE	Entscheidungen des Bundesverwaltungsgerichts – Amtliche Sammlung
bzgl.	bezüglich
bzw.	beziehungsweise
CD	Compact Disc
CISAC	Confédération Internationale des Sociétés d'Auteurs et Compositeurs
CMMV	Clearingstelle Multimedia für Verwertungsgesellschaften von Urheber- und Leistungsschutzrechten GmbH
CR	Computer und Recht
DB	Der Betrieb
DDR	Deutsche Demokratische Republik
ders.	derselbe
d. h.	das heißt
dies.	dieselbe/n
DJZ	Deutsche Juristen-Zeitung
DPMA	Deutsches Patent- und Markenamt (vgl. auch § 18 UrhWG)
DRM	Digital Rights Management
DVD	Digital Versatile Disc
Dz. U.	Dziennik Ustaw (Gesetzblatt, Polen)
DZWiR	Deutsche Zeitung für Wirtschaftsrecht
ebd.	ebenda
EG	1. Europäische Gemeinschaft; 2. Nach Bezeichnung eines Artikels: EG-Vertrag, Vertrag zur Gründung der Europäischen Gemeinschaft, Konsolidierte Fassung mit den Änderungen durch den Vertrag von Amsterdam vom 2. 10. 1997 und den Vertrag von Nizza vom 26. 2. 2001
EGV	EG-Vertrag, Vertrag zur Gründung der Europäischen Gemeinschaft in der Fassung des Vertrags über die Europäische Union vom 7. 2. 1992 (Maastrichter Fassung)

Einf.	Einführung
Einl.	Einleitung
EIPR	European Intellectual Property Review
E. L. Rev.	European Law Review
Ent. L. R.	Entertainment Law Review
ERPL	European Review of Private Law – Revue européenne de droit privé – Europäische Zeitschrift für Privatrecht
EU	1. Europäische Union; 2. Nach Bezeichnung eines Artikels: EU-Vertrag, Vertrag über die Europäische Union, Konsolidierte Fassung mit den Änderungen durch den Vertrag von Amsterdam vom 2. 10. 1997 und den Vertrag von Nizza vom 26. 2. 2001
EuGH	Europäischer Gerichtshof
EUV	EU-Vertrag, Vertrag über die Europäische Union vom 7. 2. 1992 (Maastricht-Vertrag)
EuZW	Europäische Zeitschrift für Wirtschaftsrecht
EWiR	Entscheidungen zum Wirtschaftsrecht
EWR	Europäischer Wirtschaftsraum
EWS	Europäisches Wirtschafts- und Steuerrecht
f., ff.	folgende
Fn.	Fußnote
FS	Festschrift
FuR	Film und Recht
GEMA	Gesellschaft für musikalische Aufführungs- und mechanische Vervielfältigungsrechte
GG	Grundgesetz
Ggf./ggf.	gegebenenfalls
GmbH	Gesellschaft mit beschränkter Haftung
GRUR	Gewerblicher Rechtsschutz und Urheberrecht
GRUR Int.	Gewerblicher Rechtsschutz und Urheberrecht – Internationaler Teil
GÜFA	Gesellschaft zur Übernahme und Wahrnehmung von Filmaufführungsrechten mbH
GVL	Gesellschaft zur Verwertung von Leistungsschutzrechten mbH
GWB	Gesetz gegen Wettbewerbsbeschränkungen
GWFF	Gesellschaft zur Wahrnehmung von Film- und Fernsehrechten mbH
h. M.	herrschende Meinung
Hrsg.	Herausgeber

Hs.	Halbsatz
i. d. F.	in der Fassung
i. d. R.	in der Regel
i. d. S.	in diesem Sinne
i. e.	im einzelnen
i. E.	im Ergebnis
i. e. S.	im engeren Sinne
i. O.	im Original
IFPI	International Federation of the Photographic Industry
insb.	insbesondere
IPR	Internationales Privatrecht
IPRax	Praxis des Internationalen Privat- und Verfahrensrechts
iSd	im Sinne der/des
iSv	im Sinne von
iVm	in Verbindung mit
iwS	im weiteren Sinne
JBl.	Juristische Blätter
JR	Juristische Rundschau
JuS	Juristische Schulung
JW	Juristische Wochenschrift
JZ	Juristenzeitung
KG	Kammergericht
K&R	Kommunikation und Recht, Betriebsberater für Medien, Telekommunikation, Multimedia
krit.	kritisch
KUR	Kunstrecht und Urheberrecht
KVO	Kartellverordnung v. 2. 11. 1923
LG	Landgericht
lit.	Litera
LS	Leitsatz
l. Sp.	linke Spalte (s. a. r. Sp.)
m. Anm. v.	mit Anmerkung von
m. a. W.	mit anderen Worten
MDR	Monatsschrift für Deutsches Recht
MMR	Multimedia und Recht, Zeitschrift für Informations-, Telekommunikations- und Medienrecht
m. N.	mit Nachweisen
MP	Monitor Prawniczy (amtliches Mitteilungsblatt, Polen)
m. w. N.	mit weiteren Nachweisen

n. F.	neue Fassung
NJW	Neue Juristische Wochenschrift
n. rkr.	nicht rechtskräftig
OLG	Oberlandesgericht
OSP	Orzecznictwo Sądów Polskich (Rechtsprechung Polnischer Gerichte – Entscheidungssammlung)
OVG	Oberverwaltungsgericht
PC	Personal Computer
plUrhG	polnisches Urheberrechtsgesetz
plVereinsG	polnisches Vereinsgesetz
plZGB	polnisches Zivilgesetzbuch
p. m. a.	post mortem auctoris
Pos.	Position
RabelsZ	Rabels Zeitschrift für ausländisches und internationales Privatrecht
RBÜ	Revidierte Berner Übereinkunft zum Schutz von Werken der Literatur und der Kunst in der Fassung vom 24. Juli 1971 (Pariser Fassung), s. a. BÜ
RefE	Referentenentwurf
RegE	Regierungsentwurf
RIDA	Revue Internationale du Droit d'Auteur
RIW	Recht der Internationalen Wirtschaft – Betriebs-Berater International
rkr.	rechtskräftig
Rn.	Randnummer; im Zusammenhang mit Entscheidungen des EuGH regelmäßig (außer bei älteren Entscheidungen) zur Verweisung auf die Absätze der Entscheidungsgründe verwandt (s. a. Tz.)
Rs.	Rechtssache
r. Sp.	rechte Spalte (s. a. l. Sp.)
S.	Seite
s.	siehe
s. a.	siehe auch
SN	Sąd Najwyższy (Oberstes Gericht)
s. o.	siehe oben
sog.	sogenannte/r
STAGMA	Staatlich genehmigte Gesellschaft zur Verwertung musikalischer Urheberrechte
str.	strittig
st. Rspr.	ständige Rechtsprechung

TK	Trybunał Konstytucyiny (Verfassungsgerichtshof)
TRIPS	Übereinkommen über handelsbezogene Aspekte der Rechte des geistigen Eigentums v. 15. 4. 1994
Tz.	Textziffer; im Zusammenhang mit Entscheidungen des EuGH regelmäßig zur Verweisung auf Ausführungen in den Schlußanträgen des Generalanwalts verwandt (s. a. Rn.)
u. a.	unter anderem
UAbs.	Unterabsatz
u. a. m.	und andere(s) mehr
UFITA	Archiv für Urheber- und Medienrecht
UOKiK	Urząd Ochrony Konkurencji i Konsumenta (Amt für Wettbewerbs- und Verbraucherschutz)
UrhG	Urheberrechtsgesetz vom 9. September 1965
UrhWG	Urheberrechtswahrnehmungsgesetz vom 9. September 1965
v.	von/vom
Verf.	Verfasser
VerlG	Gesetz über das Verlagsrecht (Verlagsgesetz) vom 19. Juni 1901
VFF	Verwertungsgesellschaft der Film- und Fernsehproduzenten mbH
VG	1. Verwertungsgesellschaft, 2. Verwaltungsgericht
VG BILD-KUNST	Verwertungsgesellschaft BILD-KUNST
VGF	Verwertungsgesellschaft für Nutzungsrechte an Filmwerken
vgl.	vergleiche
VG WORT	Verwertungsgesellschaft WORT
VuR	Verbraucher und Recht
VVDStRL	Veröffentlichungen der Vereinigung der Deutschen Staatsrechtslehrer
VwGO	Verwaltungsgerichtsordnung
WiB	Wirtschaftsrechtliche Beratung
WIPO	World Intellectual Property Organization
WPPT	WIPO-Vertrag über Darbietungen und Tonträger
WRP	Wettbewerb in Recht und Praxis
WuW	Wirtschaft und Wettbewerb
ZAIKS	Związek Autorów i Kompozytorów Scenicznych, heute: Stowarzyszenie Autorów „Zaiks“ (Autorenverein „Zaiks“; polnische Verwertungsgesellschaft)

z. B.	zum Beispiel
ZBT	Zentralstelle Bibliothekstantieme
ZEuP	Zeitschrift für Europäisches Privatrecht
ZfRV	Zeitschrift für Rechtsvergleichung
ZFS	Zentralstelle Fotokopieren an Schulen
Ziff.	Ziffer
ZIP	Zeitschrift für Wirtschaftsrecht
ZPÜ	Zentralstelle für Private Überspielungsrechte
z. T.	zum Teil
ZUM	Zeitschrift für Urheber- und Medienrecht
ZUM-RD	Rechtsprechungsdienst der Zeitschrift für Urheber- und Medienrecht
zust.	zustimmend
zutr.	zutreffend
ZWF	Zentralstelle für die Wiedergabe von Fernsehwerken
ZVV	Zentralstelle für Videovermietung

§ 1 Einführung

Karl Riesenhuber

Übersicht

I. Polnisches und Deutsches Wahrnehmungsrecht im Vergleich

Das Deutsch-Polnische Jahr/Rok Polsko Niemiecki – eine gemeinsame Initiative der polnischen und der deutschen Regierung –[1] ist auch für die Wissenschaft Aufruf, Verbindungslinien zu ziehen. Für den Bereich des Urheber-Wahrnehmungsrechts soll der vorliegende Band dazu einen Beitrag leisten. Es geht um das Recht der Verwertungsgesellschaften: Der Organisationen der Urheber und Leistungsschutzberechtigten, die deren Rechte gegenüber den Nutzern durchsetzen und für eine angemessene Teilhabe der Kreativen – der Urheber und Leistungsschutzberechtigten – am wirtschaftlichen Erfolg der Nutzung sorgen.

Am Anfang steht das Interesse an der Nachbarrechtsordnung. In drei Referaten werden Sachfragen des Wahrnehmungsrechts rechtsvergleichend erörtert. Im Vordergrund steht dabei das polnische Wahrnehmungsrecht, das im deutschsprachigen Schrifttum bislang – soweit ersichtlich – nur wenig Beachtung gefunden hat.[2]

---

1 Näheres unter www.de-pl.info/de (20. 10. 2005).

2 S. aber etwa *Badowski*, Das neue polnische Gesetz über Urheberrecht und verwandte Schutzrechte, GRUR Int. 1994, 465–469; *ders.*, Kleine Novelle zum polnischen Urheberrechtsgesetz vom 1994, GRUR Int. 2001, 291–300; *ders.*, Erneute Novellierung und Weiterentwicklung des polnischen Urheberrechts, GRUR Int. 2004, 289–301; *Dietz*, 50 Jahre polnische Autorengesellschaft ZAIKS, UFITA 66 (1973), 55–62; *ders.*, Polen. Einführung, in: *Hilty et al.* (Hrsg), Quellen des Urheberrechts, 51. Lf. Stand Oktober 2001; *Wandtke*, Entwicklungstendenzen des Urheberrechts in Osteuropa (unter besonderer Berücksichtigung der Gesetze in

Hier ist zunächst ein Blick auf die staatliche Aufsicht und die Wahrnehmungspraxis zu werfen.[3] Schon eine Übersicht über die in Polen tätigen Verwertungsgesellschaften zeigt, daß das polnische Recht kein rechtliches Monopol für die Verwertungsgesellschaften vorsieht und sich dieses auch nicht faktisch in der Wahrnehmungspraxis herausgebildet hat. Ob eine Monopolstellung der Konkurrenz von Verwertungsgesellschaften vorzuziehen ist, ist heute umstritten; in Deutschland bejaht man das aufgrund der historischen Erfahrung vor 1933.[4] Eine staatliche Aufsicht sieht man in den meisten Ländern freilich dann auch als notwendig an, wenn Verwertungsgesellschaften keine Monopolstellung innehaben. Auch im polnischen Recht gibt es eine Staatsaufsicht. Sie entspricht im Hinblick auf die Gründungsaufsicht und die Mittel der Tätigkeitsaufsicht in vielem der Staatsaufsicht nach dem deutschen UrhWG.

Die Regelung der weiteren Sachfragen des Wahrnehmungsrechts fällt im polnischen Recht in vielem dünner aus als im deutschen, wenngleich die Praxis oftmals zu ähnlichen Ergebnissen kommt. Das gilt zuerst für die Rechtsbeziehungen zwischen Rechteinhaber und Verwertungsgesellschaft.[5] Beide Rechtsordnungen sehen einen Wahrnehmungszwang vor und schützen so das fundamentale Interesse der Rechteinhaber, überhaupt einen Zugang zur Rechtewahrnehmung zu haben. Das ist auch bei konkurrierenden Verwertungsgesellschaften von Bedeutung. Im polnischen Recht fehlen indes Regeln über die Repräsentation der Rechteinhaber bei der Entscheidungsfindung in der Verwertungsgesellschaft. Auch die Vorschriften über die Inhaltskontrolle von Wahrnehmungsvertrag und Verteilungsplan fallen eher spärlich aus.

Auch im Verhältnis zwischen Verwertungsgesellschaft und Nutzer[6] tre-

---

Polen, Rußland, Ungarn sowie in Tschechien und der Slowakei), GRUR Int. 1995, 564–572; auch *Kazemi*, Schutz von Domainnamen in den Beitrittsstaaten, MMR 2005, 577–580; *Szwajy*, The New Polish Law on Combatting Unfair Competition of April 1993, IIC 1995, 488–508. Auszüge aus dem polnischen Urheberrechtsgesetz sind in Übersetzung wiedergegeben in **Anhang I** (S. 255 ff.).

3 S. die Beiträge von *Kępiński* und *Himmelmann*, **§§ 2 und 3** in diesem Band (S. 9 ff., 34 ff.).

4 Dazu *Riesenhuber/Rosenkranz*, Das deutsche Wahrnehmungsrecht 1903–1933 – Ein Streifzug durch Rechtsprechung und Literatur –, UFITA 2005/II, 467–516; s. ferner die Erörterung bei *Drexl*, **§ 10** in diesem Band (S. 193 ff.).

5 S. die Beiträge von *Badowski* und *Riesenhuber*, **§§ 4 und 5** in diesem Band (S. 63 ff., 91 ff.).

6 S. die Beiträge von *Błeszyński* und *Kreile*, **§§ 6 und 7** in diesem Band (S. 105 ff., 132 ff.).

ten in den betrachteten Rechtsordnungen bekannte Sachfragen auf. Allerdings erweist sich hier in besonderem Maße, daß die Konkurrenzsituation gerade für die Nutzer nicht uneingeschränkt positiv zu beurteilen ist. Es ist ungleich aufwendiger für den Nutzer, für einzelne Werke die richtige, mit der Wahrnehmung beauftragte Verwertungsgesellschaft zu finden. Um das Gesamtrepertoire zu erwerben, muß er mit allen konkurrierenden Gesellschaften kontrahieren. Unter den Besonderheiten des Marktes für urheberrechtliche Nutzungsrechte führt die Konkurrenz, so deutet die Praxis in Polen an, nicht zu Effizienzgewinnen. Im Gegenteil tritt in einzelnen Fällen die Frage auf, ob die zugelassenen Verwertungsgesellschaften unter diesen Umständen eine „ordnungsgemäße Wahrnehmungstätigkeit" leisten können. Dazu gehört neben einer effektiven Lizenzierung und Kontrolle nicht zuletzt auch der Aufbau einer marktstarken Stellung, die es der Verwertungsgesellschaft ermöglicht, auf Augenhöhe mit den großen Nutzern zu verhandeln.

II. Wahrnehmungsrecht in Europa

War das Deutsch-Polnische Jahr Anlaß für eine vergleichende Untersuchung der Rechtslage in Polen und in Deutschland, so ist der Beitritt Polens zur EU zum 1. Mai 2005 Anlaß, auch das Gemeinschaftsrecht in den Blick zu nehmen. Tatsächlich ist Wahrnehmungsrecht in Europa längst nicht mehr eine nur nationale Angelegenheit. Bereits frühzeitig haben Kommission und Europäischer Gerichtshof die Tätigkeit der Verwertungsgesellschaften unter dem Gesichtspunkt des Kartellrechts erörtert.[7] Aber auch eine Angleichung des Wahrnehmungsrechts zeichnet sich bereits seit längerer Zeit ab. Bereits am 15. Januar 2004 hatte das

---

7 S. nur *Drexl*, Der Anspruch der Werkschöpfer und ausübenden Künstler auf angemessene Vergütung in der europäischen Wettbewerbsordnung, in: Ohly/Bodewig/Dreier/Götting/Haedicke/Lehmann (Hrsg.), Perspektiven des Geistigen Eigentums und Wettbewerbsrechts – Festschrift für Gerhard Schricker zum 70. Geburtstag (2005), S. 651–670; *v. Lewinski*, Gedanken zur kollektiven Rechtewahrnehmung, ebd., S. 401–412; *Reinbothe*, Hat die Europäische Gemeinschaft dem Urheberrecht gutgetan? – Eine Bilanz des Europäischen Urheberrechts, ebd. S. 483–500; *Gerlach*, Verwertungsgesellschaften und europäischer Wettbewerb, in: Tades/Danzl/Graninger (Hrsg.), Ein Leben für Rechtskultur – Festschrift für Robert Dittrich zum 75. Geburtstag (2000), S. 119–132; *Riesenhuber*, Die Auslegung und Kontrolle des Wahrnehmungsvertrags (2004), S. 137–148.

Europäische Parlament auf der Grundlage des sogenannten *Echerer-Berichts*[8] eine Entschließung „zu einem Gemeinschaftsrahmen für Verwertungsgesellschaften im Bereich des Urheberrechts und der verwandten Schutzrechte" gefaßt.[9] Die Kommission veröffentlichte am 16. April 2004 eine Mitteilung über „Die Wahrnehmung von Urheberrechten und verwandten Schutzrechten im Binnenmarkt".[10] Für einen speziellen Bereich hat die Kommission jetzt, unmittelbar vor der Tagung, zunächst am 12. Oktober 2005 eine Studie zur Folgenabschätzung[11] und unmittelbar folgend am 18. Oktober 2005 eine Empfehlung für die länderübergreifende kollektive Wahrnehmung von Urheberrechten und verwandten Schutzrechten, die für legale Online-Musikdienste benötigt werden (nachfolgend auch „Online-Musikdienste-Empfehlung"), verabschiedet.[12]

Diese gemeinschaftsrechtlichen Aspekte werden daher im zweiten Teil des Bandes erörtert. Ausgangspunkt ist die Entwicklung der gemeinschaftsrechtlichen Regulierung, die in der Empfehlung der Kommission mündet.[13] Sie enthält freilich nur für den Bereich der länderübergrei-

8 Bericht über einen Gemeinschaftsrahmen für Verwertungsgesellschaften im Bereich des Urheberrechts (Berichterstatterin Raina A. Mercedes *Echerer*), EP-Doc. A5-0478/2003 = http://www.europarl.eu.int/omk/sipade3?L=DE&OBJID=31582&LEVEL=4&MODE=SIP&NAV=X&LSTDOC=N (zuletzt abgerufen am 13. 12. 2005).

9 Entschließung des Europäischen Parlaments zu einem Gemeinschaftsrahmen für Verwertungsgesellschaften im Bereich des Urheberrechts und der verwandten Schutzrechte (2002/2274(INI)) v. 15. 1. 2004, ABl. C 92 E/425, auch abgedruckt in **Anhang II** (S. 267 ff.). Dazu *Dietz*, IIC 35 (2004), 809–820. S. schon den vorbereitenden Bericht (*Echerer*-Bericht) v. 11. 12. 2003, FINAL A5-0478/2003. Zu Recht rügt *Dietz*, ZUM 2005, 499, daß die Entschließung des Parlaments zu wenig beachtet wurde.

10 Kommission, Mitteilung v. 16. 4. 2004, KOM (2004) 261 endg., auch abgedruckt in **Anhang III** (S. 276 ff.). Dazu *Dietz*, IIC 35 (2004), 809–820; *Riesenhuber/v. Vogel*, EuZW 2004, 519–523.

11 Commission Staff Working Document vom 11. 10. 2005, Impact Assessment reforming cross-border collective management of copyright and related rights for legitimate online music services, SEC (2005) 1254 = http://www.europa.eu.int/comm/internal_market/copyright/docs/management/sec_2005_1254_en.pdf, abgedruckt in **Anhang IV** (S. 300 ff.).

12 Empfehlung der Kommission v. 18. 10. 2005 für die länderübergreifende kollektive Wahrnehmung von Urheberrechten und verwandten Schutzrechte, die für legale Online-Musikdienste benötigt werden, ABl. 2005 L 276/54, Berichtigung in ABl. 2005 L 284/10; abgedruckt in **Anhang V** (S. 346 ff.).

13 Dazu *Majer*, **§ 8** in diesem Band (S. 147 ff.).

fenden Online-Nutzung von Musikwerken – also einen speziellen Ausschnitt des Wahrnehmungsrechts – Vorgaben, und diese auch nur in Form von Empfehlungen, die gem. Art. 249 Abs. 5 EG unverbindlich sind. Indes dient eine Empfehlung nicht selten dazu, eine „harte" Rechtsangleichung durch Richtlinie oder Verordnung vorzubereiten;[14] auch für das Wahrnehmungsrecht wird das bereits angekündigt.[15] Zudem enthält die Empfehlung schon jetzt Bestimmungen, die sich sachlich keineswegs auf Online-Musiknutzungen beschränken, sondern das Wahrnehmungsrecht ganz allgemein betreffen; jedenfalls eine systematischen Umsetzung würde zudem *spill-over*-Effekte auf das allgemeine Wahrnehmungsrecht nicht vermeiden können.

Daher bleiben die Grundfragen der Rechtsangleichung von Interesse. Zu diesen Grundfragen gehört zum einen die – bereits im Ersten Teil beispielhaft vorgenommene – rechtsvergleichende Bestandsaufnahme: Welche rechtlichen Vorgaben machen eigentlich die nationalen Rechte für die kollektive Wahrnehmung von Urheberrechten? Wo bestehen Unterschiede? Zu den Grundlagen gehört aber weiterhin die Frage, welche Wirkungen das Territorialitätsprinzip des internationalen Urheberrechts mangels Rechtsangleichung hat und inwieweit das Territorialitätsprinzip der von der Kommission angestrebten gemeinschaftsweiten Lizenzierung Grenzen setzt.[16] Zudem ist zu erörtern, inwieweit das Europäische Kartellrecht schon jetzt die Tätigkeit und Zusammenarbeit von Verwertungsgesellschaften reguliert.[17] Und schließlich verlangt die Online-Musikdienste-Empfehlung in besonderem Maße eine Überprüfung, ob die wettbewerbspolitischen Annahmen, die ihr zugrunde liegen, zutreffen und wie das dort angedeutete Regelungskonzept zu bewerten ist.[18]

---

14 Streinz-*Schroeder*, EG-Vertrag/EU-Vertrag (2003), Art. 249 EG Rn. 141. S. z. B. die Entstehung der Euro-Überweisungsverordnung, Verordnung (EG) Nr. 2560/2001 des Europäischen Parlaments und des Rates v. 19. 12. 2001 über grenzüberschreitende Zahlungen in Euro, ABl. 2002 L 344/13.

15 Siehe die Rede des Kommissars *McCreevy* anläßlich der „UK Presidency Conference on Copyright and the Creative Economy" vom 7. 10. 2005, http://www.europa.eu.int/rapid/pressReleasesAction.do?reference=SPEECH/05/588&format=HTML&aged=0&language=EN&guiLanguage=en (zuletzt abgerufen am 13. 12. 2005).

16 Dazu *Rabe*, **§ 9** in diesem Band (S. 174 ff.).

17 Eingehend J. *Schwarze*, in: Kreile/Becker/Riesenhuber (Hrsg.), Recht und Praxis der GEMA (2005), Kapitel 5.

18 Dazu *Drexl*, **§ 10** in diesem Band (S. 193 ff.).

Auch im Hinblick auf die gemeinschaftsrechtlichen Entwicklungen sind die Sachfragen des Wahrnehmungsrechts und der Hauptzweck der Verwertungsgesellschaften nicht aus den Augen zu verlieren. Natürlich geht es *auch* darum, Nutzern den Zugang zu Rechten zu ermöglichen; das ist ja das ureigenste Interesse der Rechteinhaber! Die primäre Aufgabe der Verwertungsgesellschaften, die treffend auch als „Selbsthilfegruppen" der Urheber bezeichnet werden,[19] liegt indes darin, die Interessen der Urheber zu schützen. Die Verwertungsgesellschaften leisten durch ihre Tätigkeit einen wesentlichen Beitrag zur wirtschaftlichen Absicherung kulturellen Schaffens und damit sowie durch ihre Förderungstätigkeit auch zur kulturellen Vielfalt in Europa. Angesichts einer immer wieder rein wettbewerblichen Ausrichtung der gemeinschaftsrechtlichen Regulierung im Bereich der Verwertungsgesellschaften ist hervorzuheben, daß die Gemeinschaft auch „einen Beitrag zur Entfaltung des Kulturlebens in den Mitgliedstaaten" leisten will, Art. 3 Abs. 1 lit. q EG. Die Gemeinschaft trägt bei ihrer Tätigkeit – in allen Bereichen! – „den kulturellen Aspekten Rechnung, insbesondere zur Wahrung und Förderung der Vielfalt ihrer Kulturen", Art. 151 Abs. 4 EG.[20]

19 *Hauptmann*, Die Vergesellschaftung des Urheberrechts, S. 46.
20 *v. Lewinski*, FS Schricker (2005), S. 401, 403.

1. Teil
Polnisches und deutsches Wahrnehmungsrecht im Vergleich

Abschnitt 1
Verwertungsgesellschaften und Staatsaufsicht

§ 2 Verwertungsgesellschaften und Staatsaufsicht – Das polnische Recht

Marian Kępiński

Übersicht

I. Die in Polen tätigen Verwertungsgesellschaften

Gem. Art. 104 Abs. 6 des Gesetzes über das Urheberrecht und verwandte Schutzrechte vom 4. Februar 1994[1] (plUrhG) und der Bekanntmachung des Kulturministers vom 13. April 2004[2] sind in Polen folgende Verwertungsgesellschaften[3] zugelassen:

(1) Vereinigung Polnischer Softwaremarkt (PRO) mit Sitz in Warschau, Nowogrodzka Str. 31. Ihr Tätigkeitsbereich umfaßt die kollektive Verwertung der Urheberrechte an Computerprogrammen (seit dem 1. 2. 1995).
(2) Vereinigung der Musikkünstler (SAWP) mit Sitz in Warschau, Grzybowska Str. 32. Ihr Tätigkeitsbereich umfaßt die kollektive Verwertung von verwandten Schutzrechten an Aufführungen von Musikwerken und literarisch-musikalischen Werken (seit dem 1. 2. 1995).
(3) Bund Polnischer Bildender Künstler (ZPAP) mit Sitz in Warschau, Nowy Świat Str. 7/6. Sein Tätigkeitsbereich umfaßt die kollektive Verwertung von Urheberrechten an Werken der bildenden Künstler und die Erhebung der 5%igen Vergütung für die Künstler oder deren Erben für den Verkauf von Originalexemplaren der Werke (seit dem 14. 4. 1995).
(4) Vereinigung der Polnischen Bühnenkünstler (ZASP) mit Sitz in Warschau, Al. Ujazdowskie 45. Ihr Tätigkeitsbereich umfaßt die Verwertung von Urheberrechten der Theaterregisseure und Bühnenbildner, Verwertung von verwandten Schutzrechten der Darsteller (Schauspieler, Sänger und Tänzer) sowie Bezug von Vergütung für die Nutzung der Darstellungen und die Ausstrahlung von Filmwerken in Kinos, Vermietung von Filmwerken und deren öffentliche Wiedergabe, Aufführung der audiovisuellen Werke im Fernsehen oder über andere Mittel der öffentlichen Zugänglichmachung von Filmwerken (seit dem 1. 2. 1995).

---

1 Dz.U. 2000, Nr. 80, Pos. 904 mit späteren Änderungen; in **Anhang I** (S. 255 ff.) auszugsweise abgedruckt.

2 MP, Nr. 18, Pos. 322.

3 Art. 104 Abs. 1 plUrhG spricht von „Organisationen zur kollektiven Wahrnehmung von Urheberrechten oder verwandten Schutzrechten" bzw. „Organisationen zur kollektiven Wahrnehmung". Im vorliegenden Text wird aus Gründen sprachlicher Konvenienz der dem deutschen Leser vertraute Begriff der „Verwertungsgesellschaft" verwendet.

(5) Polnische Gesellschaft für Urheberrecht (ZAIKS) mit Sitz in Warschau, Hipoteczna Str. 2. Ihr Tätigkeitsbereich umfaßt die Verwertung von Urheberrechten an Sprachwerken, Musikwerken, literarisch-musikalischen Werken, Werken der Tanzkunst, pantomimischen Werken, sowie an Sprachwerken, sprachlich-musikalischen Werken und Werken der Tanzkunst in einem Filmwerk in den genannten Nutzungsbereichen (seit dem 1. 2. 1995).

(6) Vereinigung der Volkskünstler mit Sitz in Lublin, Grodzka Str. 14. Ihr Tätigkeitsbereich umfaßt die Verwertung von Urheberrechten an den Werken der Volkskunst in den genannten Nutzungsbereichen und an den verwandten Rechten der Volkskünstler, an den Aufführungen ihrer Werke in den genannten Nutzungsbereichen (seit dem 1. 2. 1995)

(7) Verband der Audio- und Videoindustrie (ZPAV) mit Sitz in Warschau, Kruczkowskiego Str. 12/2. Sein Tätigkeitsbereich umfaßt die Verwertung von verwandten Rechten an Fonogrammen und Videogrammen und Bezug der Vergütung in den genannten Nutzungsbereichen (seit dem 1. 2. 1995).

(8) Vereinigung der polnischen Filmkünstler mit Sitz in Warschau, Pulawska Str. 61. Ihr Tätigkeitsbereich umfaßt die Verwertung von Urheberrechten an audiovisuellen Werken in den genannten Nutzungsbereichen und die Verwertung von verwandten Rechten der Produzenten an Videogrammen in den genannten Nutzungsbereichen (seit dem 29. 5. 1995).

(9) Bund der polnischen Kunstfotografen mit Sitz in Warschau, Plac Zamkowy 8. Sein Tätigkeitsbereich umfaßt die Verwertung von Urheberrechten an Lichtbildwerken und Bildhauerwerken in den genannten Nutzungsbereichen (seit dem 29. 5. 1995).

(10) Verband der Polnischen Künstlervereine (STOART) mit Sitz in Warschau, Chmielna Str. 20. Sein Tätigkeitsbereich umfaßt die Verwertung von verwandten Rechten an Aufführungen der Musikwerken sowie literarisch-musikalischen Werken und Bezug der Vergütung in den genannten Nutzungsbereichen (seit dem 17. 6. 1996).

(11) Vereinigung zur Verwertung von Urheberrechten an Werken wissenschaftlicher oder technischer Art (KOPIPOL) mit Sitz in Kielce, Al. 1000-lecia Państwa Polskiego 7. Ihr Tätigkeitsbereich umfaßt die Verwertung von Urheberrechten an Werken wissenschaftlicher und technischer Art in den genannten Nutzungsbereichen und des Bezugs einer Vergütung von Informations- und Dokumentationszentren für entgeltliche Vermietung und Verleihen der Exemplare von den genannten Werken (seit dem 17. 6. 1996).

(12) Vereinigung der unabhängigen Radio- und Fernsehurheber mit Sitz in Warschau, Panska Str. 77/79, Raum 504. Ihr Tätigkeitsbereich umfaßt die Verwertung von Urheberrechten an Literaturwerken, publizistischen Werken (Zeitungsartikel), Musikwerken, literarisch-musikalischen Werken, Bühnenwerken, Werken der Tanzkunst und audiovisuellen Werken und Verwertung von verwandten Rechten an den Aufführungen, sowie verwandten Rechten der Rundfunk- und Fernsehsender und der Phonogramm- und Videogrammproduzenten in den genannten Nutzungsbereichen (seit dem 21. 3. 1996).

(13) Verband der polnischen Architekten (SARP) mit Sitz in Warschau, Foksal Str. 2. Sein Tätigkeitsbereich umfaßt die Verwertung von Architekturwerken,

architektonisch-urbanistischen und urbanistischen Werken in den genannten Nutzungsbereichen (seit dem 16. 2. 1998).

(14) Verband der Fernseh- und Filmschauspieler (SAFT) mit Sitz in Warschau, Al. Jerozolimskie Str. 109/70. Sein Tätigkeitsbereich umfaßt die Verwertung von verwandten Rechten der Schauspieler und Bezug von Vergütungen in den genannten Nutzungsbereichen und Bezug von Vergütungen für die Aufführung der audiovisuellen Werken in Kinos, Ausstrahlung der audiovisuellen Werke im Fernsehen oder über andere Mittel der öffentlichen Zugänglichmachung, als auch Vermietung oder Verleih und öffentliche Wiedergabe der Werke (seit dem 7. 6. 2002).

(15) Verband der Schriftsteller und Verleger „Polska Książka" mit Sitz in Krakau, Al. 3 Maja Str. 7. Sein Tätigkeitsbereich umfaßt die Verwertung von Urheberrechten an Werken der Literatur, Werken der Wissenschaft, publizistischen und enzyklopädischen Werken in den genannten Nutzungsbereichen. Die Tätigkeit umfaßt allerdings nur die Verwertung, soweit die Rechte den Verlegern zustehen (seit dem 10. 3. 2003).

II. Die Notwendigkeit einer gesetzlichen Regelung der Tätigkeit von Verwertungsgesellschaften

Warum sind die Verwertungsgesellschaften notwendig? Das hat folgende Gründe.

1. Wahrnehmung von Verwertungsrechten

Hier ist zuerst die zunehmende Anzahl der Kategorien von Werken (Filme, Enzyklopädien, Datenbanken) und Beteiligung vieler Personen an deren Entstehung zu nennen. In der Praxis erschwert dies die Verhandlungen mit den potenziellen Nutzern. Ähnliche Fälle der zunehmenden Anzahl der Berechtigten sind auch im Bereich der verwandten Schutzrechte zu beobachten. Die Vertretung von Interessen aller Urheber eines Werkes durch eine dazu berufene Organisation vereinfacht die Nutzung der Urheberrechte und verwandten Schutzrechte wesentlich.

Ein weiterer Grund für den Einsatz von Verwertungsgesellschaften ist eine Verbreitung von verschiedenen Massennutzungsformen von Werken, die Urheberrechtsschutz genießen. Dies bezieht sich insbesondere auf die Musikwerke, die man zuerst im Radio wiedergab, dann im Fernsehen, und in der letzten Zeit auch durch die Kabelnetzwerke. Der Urheber kann eine derartige Verbreitung selbst nicht kontrollieren. Dazu sind entsprechende Strukturen notwendig, deren Aufgabe die Erteilung der Genehmigung für die Nutzung von Werken und die Kontrolle über die Erfüllung der Vergütungspflicht für ihre Nutzung ist.

Diese Aufgaben stellen derzeit wahrscheinlich den Kernpunkt der Tätigkeit von Verwertungsgesellschaften dar. Der Urheber überträgt der Verwertungsgesellschaft die Rechte an seinen Werken zur Wahrnehmung und bekommt eine Vergütung für die Nutzung ausgeschüttet. Allerdings weiß er oft nicht, für welche einzelnen Nutzungen die Vergütung erfolgt. Die Tätigkeit der Verwertungsgesellschaft verursacht zwar keine unerheblichen Kosten, aber ermöglicht gleichzeitig, Gewinne zu erzielen, die ein individueller Urheber nie erreichen könnte.

2. Wahrnehmung von Vergütungsansprüchen

Ein weiterer Grund für die zunehmende Präsenz der Verwertungsgesellschaften sind die Vorschriften, die die Ausübung von manchen Urheberrechten nur mit der Zwischenschaltung einer Verwertungsgesellschaft zulassen (verwertungsgesellschaftenpflichtige Rechte). Solche Fälle treten immer häufiger auf. Das polnische Urheberrechtsgesetz sieht z. B. vor, daß die Verwertungsgesellschaften an der Einziehung folgender Vergütungen beteiligt werden müssen:

(1) Gebühren, die durch Hersteller und Importeure von Tonbandgeräten, Videorecordern und ähnlichen Geräten, Bild- oder Tonträgerrohlingen, die zur Aufnahme der Werken für private Nutzung dienen, sowie Vervielfältigungsgeräten (Kopierer, Scanner usw.), entrichtet werden, Art. 20 Abs. 1–4 plUrhG;

(2) Vergütung von Besitzern der Vervielfältigungsgeräten, die eine wirtschaftliche Tätigkeit betreiben, indem sie Werke für den privaten Gebrauch vervielfältigen, Art. 20^1 plUrhG;

(3) Vergütung für die Nutzung der audiovisuellen Werken (gem. Art. 70 Abs. 3 plUrhG) für die im Art. 70 Abs. 2 plUrhG genannten Personen;

(4) Vergütung für die Sendung von den im Art. 21 Abs. 1 plUrhG genannten Werken, wobei der Urheber sich vorbehalten kann, über das Zustandekommen der Sendung persönlich zu entscheiden;

(5) Vergütung für die Kabelweitersendung von den in den Rundfunk- und Fernsehsendungen enthaltenen Werken (Art. 21^1 Abs. 1 plUrhG), kraft eines Vertrages mit einer Verwertungsgesellschaft;

(6) Vergütung für die Darsteller, auf die Art. 92, Art. 21 Abs. 1 und Art. 21^1 Abs. 1 plUrhG analog eine Anwendung finden.

Alle angesprochenen Gründe weisen darauf hin, daß die rechtliche Position und Tätigkeit der Verwertungsgesellschaft einer gesetzlichen Regelung bedarf. Diese Regelung gehört dem Urheberrecht im weiteren Sinne an. Es ist gleichzeitig ein Bereich, ohne den das ganze System des modernen Urheberrechts nicht korrekt funktionieren kann.

III. Die Rechtsform der Verwertungsgesellschaften

Die meisten Gesetzgeber lassen eine freie Rechtsformwahl zu, obwohl manchmal gewisse strukturelle Anforderungen gestellt werden. Das polnische Recht trifft hier eine ziemlich restriktive Regelung. Die Verwertungsgesellschaften dürfen nur in Form eines Vereins tätig sein. Diese Einschränkung ist jedoch kritisch zu beurteilen. Die Ablehnung anderer Organisationsformen wie z. B. Genossenschaft oder Kapitalgesellschaft schränkt die Möglichkeit der Verwertungsgesellschaften ein, eine ihrer konkreten Tätigkeit entsprechende Rechtsform zu finden. Die derzeitige Rechtslage ist insbesondere für Filmproduzenten und Fernseh- und Rundfunkorganisationen unbefriedigend: Es ist schwer zu begründen, warum sie für ihre Verwertungsgesellschaft nicht die Rechtsform einer Kapitalgesellschaft wählen können, obwohl sie selbst Kapitalgesellschaften sind.

Als Vereine unterliegen die Verwertungsgesellschaften dem Gesetz über das Vereinsrecht (plVereinsG)[4]. Man soll annehmen, daß eine Verwertungsgesellschaft nur eine Form des eingetragenen Vereins haben kann. Derartige Vereine werden am Registergericht angemeldet und erlangen die Rechtspersönlichkeit mit der Eintragung ins Landes-Gerichtsregister (*Krajowy Rejestr Sądowy*). Das Gericht untersucht die Satzung der Verwertungsgesellschaft auf Vereinbarkeit mit dem Vereinsrecht. Es ist umstritten, ob bereits in dieser Phase eine Prüfung auf Vereinbarkeit mit dem Urheberrecht stattfinden soll. Wenn die Satzung die Verwertung von Urheberrechten und verwandten Schutzrechten vorsieht, kann das Gericht diesen urheberrechtlichen Aspekt nicht ganz vernachlässigen und deswegen sollte es auch auf das eventuelle Vorliegen von Verstöße gegen das Urheberrecht achten. Sonst hätte die Eintragung und das Verfahren

4 Gesetz über das Vereinsrecht vom 7. 4. 1989, Dz.U. Heft 20, Nr. 104 mit Änderungen; auszugsweise abgedruckt in **Anhang I** (S. 263 ff.).

vor dem Registergericht einen rein formalen Charakter und die Beurteilung des Satzungsinhaltes wäre vollständig dem Kulturminister übertragen. Durch die Eintragung (Art. 17 plVereinsG) erlangt die Verwertungsgesellschaft Rechtspersönlichkeit. Dies berechtigt sie jedoch noch nicht zur Aufnahme der in der Satzung beschriebenen Tätigkeit. Das Urheberrecht sieht nämlich vor, daß die Tätigkeitsaufnahme einer Zulassung des Kulturministers bedarf. Die Organisation darf bis zur Erteilung der Zulassung keine andere Tätigkeit ausüben. Sie kann sich auf die Aufnahme der satzungsmäßigen Tätigkeit vorbereiten. Es ist schwer eindeutig zu bestimmen, welche Handlungen hier vorgenommen werden können. Man darf jedoch annehmen, daß u. a. folgende Tätigkeiten dazu gehören:

(1) Werben von neuen Mitgliedern,
(2) Abschluß von Verträgen, die die Verwertung bezwecken,
(3) Vorbereitung von notwendigen Organisationsstrukturen.

Das Gesetz über die Freiheit der wirtschaftlicher Betätigung[5] äußert sich nicht eindeutig zur Rechtsnatur der erforderlichen Zulassung des Kulturministers. Die Bezeichnung als Zulassung weist eher darauf hin, daß es sich hier nicht um eine Konzession handelt, sondern um eine Genehmigung für die Tätigkeit. Die Vereine haben zwar nach dem Gesetz (Art. 2 Abs. 1 plVereinsG) keine Gewinnerzielungsabsicht. Die von ihnen ausgeübte Tätigkeit hat aber zweifellos einen wirtschaftlichen Charakter. Meiner Meinung nach ist die Zulassung gem. Art. 104 Abs. 2 Nr. 2 plUrhG eine Genehmigung im Sinne des Art. 75 des Gesetzes über die Freiheit der Ausübung wirtschaftlicher Tätigkeit, obwohl sie nicht ausdrücklich als solche bezeichnet ist. Der Minister ist eigentlich verpflichtet, die Zulassung zu erteilen, es sei denn, die Verwertungsgesellschaft ist nicht imstande, eine entsprechende Verwertung der ihr anvertrauten Rechte zu gewährleisten (Art. 104 Abs. 3 plUrhG).

5 Gesetz über die Freiheit der wirtschaftlichen Betätigung vom 2. 7. 2004, Dz.U. 2004 Nr. 173, Pos. 1807; letzte Änderung Dz.U. 2005 Nr. 183, Pos. 1538; auszugsweise abgedruckt in **Anhang I** (S. 266).

IV. Der Tätigkeitsbereich der Verwertungsgesellschaften

1. Mehrheit von Verwertungsgesellschaften

Der Gesetzgeber hat bislang nicht geklärt, ob in einem Bereich nur eine oder mehrere Verwertungsgesellschaften tätig werden können. Dies ist eine Frage nach der allgemeinen Politik der Verwertung von Urheber- und verwandten Schutzrechten. In Europa wird am häufigsten eine Meinung vertreten, daß in einem Verwertungsbereich nur eine Verwertungsgesellschaft tätig sein soll. Dieses Modell wird im schweizerischen und (mit Einschränkungen) auch im deutschen Recht umgesetzt. Nur eine Organisation mit Monopolstellung in ihrem Tätigkeitsbereich kann das Leben der Nutzer von Urheberrechten vereinfachen. Auch für die Urheber ist eine Monopolstellung, weil sie sich im Fall der Nutzung ihrer Werke in einem bestimmten Bereich nur an eine Organisation wenden müssen. In diesem Fall liegt auch kein Wettbewerb zwischen den Organisationen in einem Bereich vor. Dies führt in der Regel zur Erzielung von höheren Vergütungen für die Nutzung der Werke, als wenn es mehrere Organisationen geben würde. Die Nutzer können den Wettbewerb nur insoweit ausnutzen, als sie über die Höhe der Gebühren mit der Verwertungsgesellschaft verhandeln und im Endeffekt weniger Geld an die Verwertungsgesellschaft abführen müssen. Die – auch in Polen teilweise bestehende – Konkurrenzsituation führt dazu, daß die Vergütungen der Urheber niedriger sind, als es ohne Wettbewerb zwischen den Verwertungsgesellschaften der Fall wäre.[6]

Die bisherige Zulassungspraxis des Kulturministeriums[7] zeigt, daß man bewußt eine Mehrzahl von Verwertungsgesellschaften behalten wollte.[8] Das Vorhandensein mehrer Verwertungsgesellschaften sollte den Urhebern ermöglichen, diejenige auszuwählen, die die günstigsten Bedingungen anbietet. Nach Meinung des Ministers führt diese Situation jedoch zu

---

6 Vgl. Conference 97 ALAI – Montebello, Sept. 14–18, Conference Proceedings, S. 830–833 – Anmerkungen zur Situation in den USA 1998 ALAI, Les Éditions Yvon Blais, Canada.

7 Vgl. Bekanntmachung des Bescheides des Kulturministers vom 13. 4. 2004 über die Erteilung oder Rücknahme von Zulassungen zur Aufnahme der Tätigkeit durch die Verwertungsgesellschaften, MP, Nr. 185, Pos. 322.

8 Vgl. auch *Badowski*, Kleine Novelle zum polnischen Urheberrechtsgesetz vom 1994, GRUR Int. 2001, 291, 293.

Unsicherheiten im Rechtsverkehr und zu Konflikten zwischen den Verwertungsgesellschaften. Die Abgrenzung ihrer Kompetenzen erfolgt nach den „Tätigkeitsbereichen“, die sich jedoch in der Praxis oft überschneiden. Dies hat die soeben genannten Unannehmlichkeiten zur Folge. Insbesondere ist es für die potentiellen Nutzer nicht einfach, den richtigen Lizenzgeber zu finden, wenn in einem Tätigkeitsbereich mehrere Verwertungsgesellschaften tätig sind. Als eine Lösung könnte man hier vorschlagen, daß die Verwertungsgesellschaften, die in demselben Tätigkeitsbereich aktiv sind, eine Vereinigung bilden, die für die Lizenzerteilung zuständig ist, und die Vergütungen unter sich verteilen. Diese Vereinigung könnte eine beliebige Rechtsform haben. Die wohl günstigste Form wäre hier die Gesellschaft des bürgerlichen Rechts, da diese keine Rechtspersönlichkeit innehat. Eine solche Lösung wird in Deutschland[9] und in der Schweiz[10] angewendet. Sie ermöglicht, bei einer Mehrheit von Verwertungsgesellschaften das *one stop shop*-Prinzip zu verwirklichen. Im Hinblick auf die Einziehung von gesetzlichen Vergütungsansprüchen (oben, II.2) scheint dieser Weg die einzig mögliche Lösung zu sein, wenn mehrere Organisationen in demselben Bereich tätig sind. Dies folgt daraus, daß das Recht mit der gesetzlich geregelten Pflicht zur Aufteilung verbunden ist. (siehe, V.6).

Das polnische Gesetz versucht dieses Problem in Art. 107 plUrhG zu lösen. Diese Vorschrift beantwortet aber nicht alle Fragen. Art. 107 plUrhG bestimmt, daß wenn in einem Tätigkeitsbereich mehr als eine Organisation tätig ist, dann ist für die Erhebung der Gebühren diejenige Verwertungsgesellschaft zuständig derer Mitglied der Urheber oder Darsteller ist. Wenn der Urheber keiner dieser Organisationen angehört bzw. unbekannt ist, verweist die Urheberrechtskommission auf die zuständige Organisation. Diese Entscheidung ist in den in Art. 83, Art. 20 Abs. 5, Art. 21 Abs. 1, Art. 30 Abs. 2 und Art. 70 Abs. 3 pl UrhG beschriebenen Fällen von Bedeutung.

9 *Vogel*, Kollektives Urhebervertragsrecht unter besonderer Berücksichtigung des Wahrnehmungsrechts, in: Beier/Götting/Lehmann/Moufang (Hrsg.), Urhebervertragsrecht – Festgabe für Gerhard Schricker zum 60. Geburtstag (1995), S. 117–147.

10 *Govoni*, Die Bundesaufsicht über die kollektive Verwertung von Urheberrechten, in: v. Büren/David (Hrsg.), Schweizerisches Immaterialgüter- und Wettbewerbsrecht, Band II/1 – Urheberrecht und verwandte Schutzrechte (1995), S. 420–422.

2. Die Wahrnehmung von Vergütungsansprüchen

Der polnische Gesetzgeber hat auch die gesetzlichen Vergütungsansprüche detailliert geregelt. Die Vorschriften betreffen den Bezug von Vergütungen, die durch die Hersteller der Vervielfältigungsgeräte, die zur Vervielfältigung von Werken und Objekten der verwandten Schutzrechte benutzt werden können (im Art. 20 Abs. 1 plUrhG aufgezählt), sowie von Besitzern der Vervielfältigungsgeräte, die eine wirtschaftliche Tätigkeit betreiben, indem sie Werke für den privaten Gebrauch vervielfältigen (Art. 20[1] plUrhG), zu bezahlen sind. In den beiden Fällen kann die Vergütung nur mittels einer Verwertungsgesellschaft an die Urheber ausgezahlt werden.

Wenn es um Geräte und Träger geht, die das Kopieren von Werken ermöglichen, sind die Importeure und Hersteller der genannten Geräte verpflichtet, 3% des Wertes dieser Geräte an die Verwertungsgesellschaft zu zahlen. Ein detailliertes Register von den betroffenen Geräten und Trägern ist in der Verordnung des Kulturministers über die Bestimmung von Träger- und Gerätekategorien, die zur Aufnahme von Werken dienen, und über die Gebühren für den Verkauf von diesen Trägern und Geräten vom 2. 6. 2003[11] zu finden. Diese Geräte kann man in drei Kategorien aufteilen:

(1) Tonbandgeräte und ähnliche Geräte,
(2) Videorekorder und ähnliche Geräte,
(3) Kopierer, Scanner und Reprographiegeräte.

In die gleichen Kategorien kann man die leere CD oder Videokassetten aufteilen.

Die Verordnung bestimmt den Prozentsatz des Verkaufspreises, der an die Verwertungsgesellschaft abzuführen ist. Die Höhe der Gebühr hängt meistens davon ab, wie oft die konkreten Geräte benutzt werden. Das Gesetz legt die Regeln fest, nach denen die abgeführten Gebühren nach bestimmten Kategorien der Berechtigten verteilt werden:

- in der ersten Kategorie (Tonbandgeräte und ähnliche Geräte):
  - 50% für die Schöpfer,
  - 25% für die Darsteller,
  - 25% für die Phonogrammproduzenten;

[11] Dz.U. 2003, Heft 105, Nr. 991.

- in der zweiten Kategorie (Videorekorder und ähnliche Geräte):
  - 35% für die Schöpfer,
  - 25% für die Darsteller,
  - 40% für die Videogrammproduzenten;
- zur dritten Kategorie (Kopierer, Scanner, Reprographiegeräte) s. noch sogleich im Text bei Fn. 12.

Die Verordnung bestimmt auch, welche Verwertungsgesellschaft zum Bezug von diesen Gebühren berechtigt ist. Das ist:

- wenn es sich um Tonbandgeräte und Videorecorder handelt:
  - ZAIKS – für die Schöpfer,
  - SAWP – für die Darsteller,
  - ZPAV – für die Phonogramm- und Videogrammproduzenten;
- wenn es sich um die reprographischen Geräte handelt (Kategorie 3):
  - KOPIPOL – für die Schöpfer,
  - Polska Książka – für die Verleger.

Die Verteilung von den bezahlten Gebühren erfolgt:

- im Fall der Tonbandgeräte (Kategorie 1) durch die gleichen Organisationen, die die Gebühren erheben, d. h. ZAIKS, SAWP, ZPAV;
- im Fall der Videorecorder (Kategorie 2) durch:
  - ZASP – für die Darsteller,
  - ZPAV – für die Videogrammproduzenten;
- im Fall der reprographischen Geräten – durch die gleichen Organisationen, die die Gebühren erheben, d. h. KOPIPOL und Polska Książka.

Die Verteilung der erhobenen Gebühren erfolgt nach den durch die Organisationen entwickelten Grundsätzen. Sie sollen sich nach der Häufigkeit der Benutzung und Aufnahme von Werken und Objekten der verwandten Schutzrechte richten.

Seit dem 1. Januar 2003 sind auch diejenigen Unternehmer verpflichtet Gebühren zu entrichten, die sich mit der Vervielfältigung von Werken befassen (Art. 20^1 plUrhG). Diese Gebühren sollen an die Urheber und Verleger abgeführt werden. Die Grundlage für deren Bestimmung stellt der Ertrag des Unternehmers dar. Die Gebühren betragen entsprechend 1%, 1,5% und 3% der Erträge. Die Höhe hängt davon ab, ob die Vervielfältigung den Hauptgegenstand der Tätigkeit des Unternehmers darstellt.

Zur Erhebung von oben angesprochenen Gebühren sind berechtigt:
- KOPIPOL – für die Verfasser,
- Polska Książka – für die Verleger.

Die Organisationen verteilen die erhobenen Gebühren unter die Organisationen, die die konkreten Verfasser und Verleger vertreten. Dies erfolgt nach den durch die Verwertungsgesellschaft bestimmten Regeln.

Ähnliche Grundsätze wurden auch aufgrund der Verordnung des Kulturministers bettreffend der von den Besitzern von Reprographiegeräten entrichteten Gebühren von 27. Juni 2003[12] (Art. 20¹ plUrhG) eingeführt. Die Gebühren werden i. H. v. 1–3% der Einkommen aus den reprographischen Tätigkeiten durch die KOPIPOL auf Rechnung der Urheber und „Polska Książka" auf Rechnung der Verleger entrichtet.

V. Die Unterschiede zwischen einer Verwertungsgesellschaft und einem Verein

Da die Verwertungsgesellschaften zugleich Vereine sind, unterliegen sie dem Gesetz über das Vereinsrecht (plVereinsG). Aus den Vorschriften ergibt sich, daß ein Verein über eine Satzung verfügen muß. Die Satzung muß die in den Art. 10, 11 plVereinsG genannten Gegenstände regeln:

(1) den Namen, der sich von den Namen anderer Vereinen unterscheiden muß,
(2) den Sitz und räumlichen Tätigkeitsbereich,
(3) den Erwerb und Verlust der Mitgliedschaft,
(4) die Kompetenzen, Berufung und Zusammenstellung der Organe; zu den Organen gehören:
   (a) die Hauptversammlung der Mitglieder oder die Hauptversammlung der Delegierten,
   (b) der Vorstand und
   (c) ein Aufsichtsorgan, wobei die höchste Entscheidungskompetenz der Hauptversammlung gehört,
(5) die Zwecke des Vereins.

Im Hinblick auf diese Bestimmungen des Vereinsrechts führt das Urheberrecht keine grundlegenden Modifikationen ein. Manche Fragen werden jedoch anders geregelt. Dazu zählen die folgenden.

---

12 Dz.U. 2003, Nr. 132, Pos. 1232.

1. Mitgliedschaft in der Verwertungsgesellschaft

Mitgliedschaft in den Verwertungsgesellschaften können nur folgende Personengruppen erlangen:

(1) Schöpfer,
(2) Darsteller,
(3) Produzenten,
(4) Fernseh- und Rundfunksorganisationen.

Eine klare Abweichung von der Regelung des Art. 10 Abs. 3 plVereinsG wird durch den Art. 104 Abs. 2 Nr. 1 plUrhG eingeführt. Das Vereinsrecht erlaubt juristischen Personen nur, den Verein zu unterstützen („unterstützende Mitglieder"). Bei den Verwertungsgesellschaften ergibt sich bereits aus der obigen Aufzählung, daß auch juristische Personen Mitglieder der Verwertungsgesellschaften werden können. Die Mitgliedschaft von juristischen Personen kann gewisse strukturelle Probleme bereiten, insbesondere dann, wenn gleichzeitig auch natürliche Personen Mitglieder der Organisation sind. Die Gewährleistung der Mitgliedergleichbehandlung bedarf hier einer spezifischen Regelung in der Satzung der Verwertungsgesellschaft, was sich auf die Rechte und Pflichten der natürlichen und juristischen Personen bezieht.

Im Lichte des Art. 4 plVereinsG gibt es keine Hindernisse, daß auch ein Ausländer mit einer unbefristeten Aufenthaltsbewilligung Mitglied einer Verwertungsgesellschaft wird. Die Satzung kann sogar vorsehen, daß auch Ausländer ohne eine unbefristete Aufenthaltsbewilligung eine Mitgliedschaft erwerben können. Im Hinblick auf juristische Personen enthält das Gesetz keine Regelungen. Man kann aber davon ausgehen, daß nur juristische Personen mit Sitz in Polen Mitglieder einer Verwertungsgesellschaft werden können. Wegen des internationalen Charakters des Umgangs mit Urheberrechten, sollte das im Gesetzestext ausdrücklich geregelt werden.

2. Zweck der Verwertungsgesellschaft

Die nicht-eingetragenen Vereine können jeden beliebigen Zweck verfolgen (Art. 2 plVereinsG). Die Verwertungsgesellschaften dürfen nur einen der folgenden Zwecke haben:

- die kollektive Verwertung von Urheberrechten,
- den Schutz der übertragenen Urheberrechte,
- die kollektive Verwertung von verwandten Schutzrechten,
- die Ausübung von weiteren Rechten, die sich aus dem Gesetz ergeben

Es stellt sich eine Frage, ob sich der satzungsmäßige Zweck auf diese Ziele beschränken muß. Es ist nicht klar, ob die Verwertungsgesellschaften noch andere Aufgaben erfüllen können als nur diejenigen, die im Art. 104 Abs. 1 plUrhG genannt sind. Eine solche Einschränkung des Tätigkeitsfeldes der Verwertungsgesellschaften wäre nicht gerechtfertigt. So ist zum Beispiel bekannt, daß Verwertungsgesellschaften im sozialen oder kulturellen Bereich tätig sind. Diese soziale und kulturelle Tätigkeit erstreckt sich nicht nur auf die Interesse ihrer eigenen Mitglieder. Es ist also anzunehmen, daß die im Gesetz genannten Ziele die Erfüllung weiterer Aufgaben nicht ausschließen. Die zusätzliche Tätigkeit der Verwertungsgesellschaften muß aber mit der satzungsmäßigen Haupttätigkeit eng verbunden sein.

3. Zulassung zur Aufnahme der im Gesetz bestimmten Tätigkeit

Eine Verwertungsgesellschaft darf die im Art. 104 plUrhG bestimmte Tätigkeit erst nach der Erteilung einer Zulassung durch den Kulturminister aufnehmen. Der rechtliche Charakter dieser Zulassung wurde bereits besprochen (oben, III a. E.). Voraussetzung für die Zulassung ist, daß die die Verwertung der übertragenen Rechte gewährleistet ist. Dieses Kriterium können nur diejenigen Organisationen erfüllen, deren ausgestaltete Strukturen ermöglichen, den gesetzlichen Pflichten nachzugehen und deren Satzungen eine entsprechende Erfüllung der Aufgaben gewährleisten.

4. Aufsicht nach dem Urheberrechtsgesetz und Vereinsaufsicht

Aufsichtsbehörde ist der Kulturminister (Art. 104 Abs. 2 Nr. 3 plUrhG). Meiner Meinung nach schließt dies jedoch nicht aus, daß auch die allgemeine Aufsicht nach dem Vereinsrecht durch den zuständigen Vorsitzenden des Landeskreisamtes ausgeübt werden kann (Art. 8 plVereinsG).

Der Umfang der Ministeraufsicht nach Art. 104 plUrhG ist nicht konkretisiert. Es scheint aber, daß man hier die Vorschriften über Vereine analog anwenden soll. Dies erlaubt der Aufsichtsbehörde, die Vorlage von Beschlußabschriften der Hauptversammlung der Mitglieder (ggf. der Delegierten) oder die Aufklärung von bestimmten Angelegenheiten von den Vereinsorganen zu verlangen.

5. Aufsichtsmittel

a) Die geltende Rechtslage

Wenn der Verein dem Verlangen der Aufsichtsbehörde nicht nachkommt, kann sie bei dem zuständigen Gericht die Verhängung eines Ordnungsgeldes beantragen. Es ist unsicher, ob sich der Minister selbst ans Gericht wenden kann oder ob er seine Befugnisse über den Vorsitzenden des Landeskreisamtes ausüben muß, der das generelle Aufsichtsorgan für Verwertungsgesellschaften darstellt. Diese Zweifel beruhen darauf, daß man im Urheberrecht keine Ermächtigung des Ministers zur Beantragung des Ordnungsgeldes finden kann. Das Urheberrecht sieht auch nicht vor, ob die Verurteilung zur Zahlung eines Ordnungsgeldes durch ein Gericht erfolgen muß, wie Art. 26 plVereinsG dies voraussetzt. Mangels spezifischer Regelung im Urheberrecht ist anzunehmen, daß hier das allgemeine Verfahren nach Art. 26 plVereinsG anzuwenden ist. Nur das Gericht kann auf Antrag des Vorsitzenden des Landeskreisamtes eine Verwertungsgesellschaft zum Ordnungsgeld verurteilen. Da im Urheberrecht eine Regelung über die Erzwingung bestimmter Handlungen fehlt, kann man von einer Lücke im Aufsichtssystem über die Verwertungsgesellschaften sprechen.

Das Vereinsrecht sieht außerdem verschiedene indirekte Mittel vor, die die Wiederherstellung des rechtmäßigen Zustandes bezwecken. Die Auflösung und Liquidation des Vereins ist eine endgültige Lösung, die nur dann angewendet werden soll, wenn andere Aufsichtsmaßnahmen keinen Erfolg bringen (*ultima ratio*). Diese Verhältnismäßigkeit der Mittel ist auch vom Minister zu beachten, wenn er als Aufsichtsorgan fungiert, obwohl das Urheberrecht nur folgende disziplinierende Maßnahmen vorsieht:

- Aufforderung zur Wiederherstellung des rechtsmäßigen Zustandes unter Angabe eines Termins,
- Rücknahme der Zulassung.

Außerdem sollen auch die in den Art. 28, 29 plVereinsG enthaltenen Mittel angewendet werden. Außer der Aufforderung zur Wiederherstellung des rechtmäßigen Zustandes gibt es auch die Möglichkeit, eine Abmahnung an die Vereinsorgane auszusprechen (Art. 28 plVereinsG). In diesem Fall ist die Mitwirkung eines Gerichts nicht erforderlich. Diese Maßnahme dürfte auch mit Art. 104 Abs. 4 plUrhG vereinbar sein.

Andere disziplinierenden Maßnahmen, die in Art. 28 plVereinsG vorgesehen sind, müssen bei dem zuständigen Gericht beantragt werden und können nicht unmittelbar durch den Minister angewendet werden. Es geht vor allem um eine Möglichkeit, rechtswidrige Beschlüsse des Vereins aufzuheben. Das Urheberrecht sollte klar festlegen, daß mindestens alle Hauptversammlungsbeschlüsse und alle jährlichen Finanzberichte sowie die inneren und äußeren Finanzmittelverteilungstarife dem Minister ohne Aufforderung vorzulegen sind. Die laufende Aufsicht über die Verwertungsgesellschaften ist im Urheberrecht nicht ausreichend ausgeprägt und bedarf meiner Meinung nach der Überarbeitung.

Es ist wichtig zu betonen, daß die Regelungen des Urheberrechts die Anwendung vom Vereinsrecht nicht ausschließen. In vielen Fällen kann das Vereinsrecht ergänzend angewendet werden, insbesondere soweit es um die Aufsicht geht. Die dort vorgesehene Maßnahmenhierarchie sollte auch im Urheberrecht angewendet werden. Die Rücknahme einer Zulassung sollte nur dann erfolgen, wenn sich mildere Mittel als unzureichend erwiesen haben. Das Verfahren kann im Wege einer Klage vor dem Verwaltungsgericht (Naczelny Sąd Administracyjny, NSA) kontrolliert werden. Soweit bisher die Rücknahme der Betriebserlaubnis verfügt wurde, erfolgte dies, weil die Verwertungsgesellschaft ihre Wahrnehmungstätigkeit nicht mit der gebotenen Sorgfalt ausgeführt hat.[13]

b) Der Reformvorschlag aus dem Jahr 2003

Um ein vollständiges Bild zu zeichnen, ist zu erwähnen, daß die kürzlich verabschiedete Novellierung des polnischen Urheberrechtsgesetzes vom 1. April 2004[14] der ursprünglichen Planung nach neue Vorschriften über Verwertungsgesellschaften enthalten sollte. Der Entwurf aus dem Jahr 2003 hat den Verein als einzige Organisationsform für die Verwertungs-

13 Bekanntmachung des Kulturministers vom 27. 11. 1998, MP, Nr. 45, Pos. 641.
14 Dz.U. 2004, Nr. 91, Pos. 869.

gesellschaften aufrechterhalten. Der Gesetzesentwurf hatte zudem weitere Aufsichtsmittel des Ministers vorgesehen:

- die Tätigkeitsaufsicht über die Verwertungsgesellschaften;
- das Recht, Unterlagen und Informationen von den Verwertungsgesellschaft zu fordern;
- die Pflicht der Verwertungsgesellschaft, dem Minister alle Informationen über Organisationsänderungen und anderen Ereignissen, die die Gesamtverwaltung beeinflussen, vorzulegen;
- die Pflicht der Verwertungsgesellschaft dem Minister folgende Unterlagen vorzulegen: Satzung, Vergütungsordnung, Vergütungstabelle, Information über Verträge über gegenseitige Vertretung und Gerichtsurteile oder Vergleiche in Streitsachen;
- die Pflicht der Verwertungsgesellschaft, dem Minister den jährlichen Tätigkeitsbericht und den handelsrechtlichen Jahresabschluß vorzulegen. Beide Unterlagen sollten vom Wirtschaftsprüfer geprüft werden.

Die zentrale Neuregelung des Gesetzesentwurfs bestand darin, daß die Zulassungsgenehmigung vom Minister nur einer Verwertungsgesellschaft in einem bestimmten Verwertungsbereich erteilt werden sollte. Die Tätigkeitsbereiche der Verwertungsgesellschaften sollten sich m. a.W. nicht mehr überschneiden, wie es gegenwärtig vorkommt. Um solche Überschneidungen zu vermeiden, hatte der Entwurf die Rücknahme von allen derzeitigen und die Erteilung von neuen Genehmigungen in Bezug unter Beachtung der neuen Regeln vorgesehen.

Die Begründung des Gesetzesentwurfs enthielt allerdings keine klare Antwort, ob alle derzeitig tätige Organisationen solcher Lösung zustimmen. Ich selbst habe in einer Beurteilung des Entwurfs den Vorbehalt geäußert, solch eine radikale Änderung der Rechtsituation der Organisationen, verbunden mit der Rücknahme der erteilten Genehmigungen, sei ohne Zustimmung der Betroffenen nicht möglich. Demzufolge solle das Gesetz nur für neu erteilte Genehmigungen Anwendung finden. Der Minister hielt diese Vorbehalte für unbegründet. Die von mir vertretene Ansicht beruht auf dem Gedanken des Vertrauensschutzes, der den bestehenden Verwertungsgesellschaften im Hinblick auf ihre Zulassung zu gewähren ist. Die Rücknahme der erteilten Genehmigungen bedeutet einen außerordentlichen Organisations- und Finanzaufwand, der einer entsprechenden Begründung bedarf.

Der endgültige Entwurfstext enthielt letztendlich aus unbekannten Gründen keine Änderungen in den Gesetzesvorschriften über die Verwertungsgesellschaften.

6. Verteilung der finanziellen Mittel

Nach den im Vereinsrecht herrschenden Grundsätzen werden Gewinne des Vereins für die in der Satzung bestimmten Zwecke ausgegeben. Die Gewinne können nicht an die Mitglieder verteilt werden (Art. 34 plVereinsG). Im Fall der Verwertungsgesellschaften ist das naturgemäß anders. Zweck dieser Organisationen ist es, Gebühren für die Nutzung der Urheberrechte einzunehmen und – unter Abzug der Kosten, aber ohne Gewinnerzielungsabsicht – an die Rechteinhaber zu verteilen. Verwertungsgesellschaften unterscheiden sich somit grundsätzlich von anderen Vereinen. Man sollte daher überlegen, ob die Rechtsform eines Vereins für eine Verwertungsgesellschaft überhaupt geeignet ist.

7. Auflösung und Liquidation des Vereins

Schon oben (5) war die Rede davon, daß man im Fall einer Zulassungsrücknahme eigentlich nicht genau weiß, was mit der Verwertungsgesellschaft weiter passieren soll. Die Antwort ergibt sich durch die analoge Anwendung der Vorschriften über Vereine (Abschnitt 5 plVereinsG). Wenn das Hauptziel der Tätigkeit einer Verwertungsgesellschaft die Verwertung von Urheberrechten und verwandten Schutzrechten war (was den Regelfall darstellt), dann darf diese Tätigkeit nach Rücknahme der Zulassung nicht mehr ausgeübt werden und die Verwertungsgesellschaft muß aufgelöst werden.

Das Vereinsrecht sieht zwei mögliche Liquidationsverfahren vor:

(1) Liquidation aufgrund eines eigenen Beschlusses des Vereins (Art. 36 plVereinsG),

(2) Liquidation nach einer Vereinsauflösung durch das Gericht (Art. 29, 36 Abs. 2 plVereinsG).

Das erste Liquidationsverfahren wirft keine größeren Zweifel auf, wenn die Mitglieder des Vereins einen entsprechenden Beschluß gefaßt haben. Die Auflösung durch das Gericht erfolgt auf Antrag des Aufsichtsorgans (Art. 29 Abs. 1 Nr. 3 plVereinsG).

Nach der Zulassungsrücknahme wendet sich der Minister an den Vorsitzenden des Landeskreisamtes, damit er bei dem zuständigen Gericht einen entsprechenden Antrag stellt, Art. 29 Abs. 1 Nr. 3 i. V. m. Art. 36 Abs. 2 plVereinsG. Dieses Liquidationsverfahren ist allerdings kompliziert und sollte durch den Gesetzgeber konkretisiert werden, um den Zusammenhang zwischen der Liquidation und der Zulassungsrücknahme aufzuklären.

VI. Die Aufgaben der Verwertungsgesellschaften im Lichte des Urheberrechts

1. Kollektive Rechtewahrnehmung als ausschließlicher Zweck oder Hauptzweck

Das Urheberrecht definiert den Begriff der kollektiven Verwertung von Urheberrechten oder verwandten Schutzrechten nicht. Es enthält auch keine Antwort auf eine Frage, ob sich die Verwertungsgesellschaften ausschließlich dieser Tätigkeit widmen müssen. Wie ich bereits oben (V.2 a. E.) betont habe, ist die zweite dieser Fragen nicht klar entschieden. Man kann im Wege der Auslegung zu unterschiedlichen Ergebnissen gelangen. Die Formulierung des Art. 104 Abs. 1 plUrhG spricht eher dafür, daß die kollektive Verwertung von Urheberrechten den Hauptgegenstand der Verwertungsgesellschaft Tätigkeit darstellen soll. Der Wortlaut „... deren satzungsmäßige Aufgabe die kollektive Verwertung ist ...“ weist hingegen darauf hin, daß sich die Verwertungsgesellschaften ausschließlich dieser Tätigkeit widmen sollen. Die Frage ist mithin nicht eindeutig geklärt. Eine gesetzgeberische Klarstellung wäre wünschenswert.

Es stellt sich auch die Frage, was die satzungsmäßigen Aufgaben der Verwertungsgesellschaften nach dem Urheberrecht umfassen. Gem. Art. 104 Abs. 1 gehören dazu:

(1) kollektive Verwertung von Urheberrechten und verwandten Schutzrechten,
(2) Schutz der anvertrauten Urheberrechte und verwandten Schutzrechte,
(3) Ausübung der Rechte und Befugnisse, die sich aus dem Urheberrecht ergeben.

2. Kollektive Verwertung von Urheberrechten

Die größten Schwierigkeiten bereitet die Bestimmung des Begriffsinhaltes „kollektive Verwertung von Urheberrechten". Man kann nur versuchen, den Sinn anhand der Vorschriften des Abschnitts 12 plUrhG und der Praxis wiederzugeben.

Die Auslegung des Begriffs der kollektiven Verwertung von Urheberrechten führt zu der Folgerung, die Verwertungsgesellschaften versuchen so viele Urheberrechte (in den entsprechenden Feldern) wie möglich in ihren Tätigkeitsbereichen zu konzentrieren. Nur dann, wenn eine Organisation über eine bestimmte Menge und Vielfalt an Urheberrechten verfügt, ist sie in der Lage, ihre Funktion des „Verwalters" im Hinblick auf die Urheberrechte zu erfüllen. Nur auf diese Art und Weise kann eine Verwertungsgesellschaft eine gewisse Position erlangen, die sie von den individuellen Personen unterscheidet, die ihre Urheberrechte selbst verwalten.

Die Pflicht, einen entsprechenden Bestand der Urheberrechte zu vertreten, verwirklichen die Verwertungsgesellschaften u. a. durch:[15]

(1) die Annahme von Urheberrechten sowohl der polnischen als auch ausländischen Autoren (Art. 106 Abs. 3),
(2) den Abschluß von Gegenseitigkeitsverträgen mit ausländischen Verwertungsgesellschaften, was dazu beiträgt, daß die Organisation auch ausländische Urheberrechte in ihrem Bestand hat,
(3) die Vertretung von Interessen der Personen, die ihre Rechte der Verwertungsgesellschaft zwar nicht anvertraut haben, die die Verwertungsgesellschaft jedoch als *negotiorum gestor* (Geschäftsführer ohne Auftrag) wahrnimmt. Solche Praxis ist unter den Verwertungsgesellschaften sehr verbreitet und wird auch im Ausland allgemein anerkannt. Das Auftreten als *negotiorum gestor* ist bei vielen Verwertungsgesellschaften zu einem der satzungsmäßigen Ziele erklärt und spielt eine sehr wichtige Rolle in ihrer Tätigkeit. Im „Außenverhältnissen" der Verwertungsgesellschaften werden die Nutzer als ihre Vertragspartner dadurch geschützt, daß man ihnen keinen bösen Glauben vorwerfen kann; es wird vermutet, daß die Verwertungsgesellschaften zur Verwertung von Urheber- oder verwandten Schutzrechten (im

15 *Govoni* (Fn. 10), S. 407–415.

Rahmen der durch den Minister erteilten Zulassung) berechtigt ist, Art. 105 Abs. 1 S. 1 plUrhG.

3. Die Wahrnehmung von Persönlichkeitsinteressen

Die kollektive Verwertung von Urheberrechten oder verwandten Rechten, die auf die oben beschriebene Weise zustande gekommen sind, umfaßt grundsätzlich die Vermögensrechte. In manchen Fällen kann eine Verwertungsgesellschaft jedoch nicht vermeiden, auch manche persönlichen Rechte und Befugnisse des Autors wahrzunehmen. Das ist insbesondere der Fall, wenn ein Werk anonym, ohne Angabe des Urhebers veröffentlicht wird (Art. 8 Abs. 3 plUrhG).

4. Die Wahrnehmung von Vergütungsansprüchen

Die kollektive Verwertung umfaßt auch die Einziehung von verwertungsgesellschaftspflichtigen Vergütungen, wie sie z. B. vorgesehen ist in Art. 20 Abs. 3, Art. 21 Abs. 2,4, Art. 70 Abs. 3 plUrhG.

5. Der Abschluß von Lizenzverträgen

Ein weiterer Bestandteil der kollektiven Verwertung ist die Pflicht, jedermann auf Antrag die Nutzung der Werke zu genehmigen, also der Kontrahierungszwang gegenüber den Nutzern, Art. 106 Abs. 2 plUrhG. Diese Vorschrift verweist auf den Art. 66 plUrhG, in dem der Lizenzvertrag definiert ist. Aus der Formulierung des Art. 106 Abs. 2 plUrhG ergibt sich, daß der Lizenzvertrag keinen ausschließlichen Charakter haben kann, d. h. die Verwertungsgesellschaft darf die Nutzungsberechtigung nicht ausschließlich einer einzigen Person (einem Lizenznehmer) übertragen. Sonst könnte die im Art. 106 Abs. 2 plUrhG enthaltene Pflicht nicht verwirklicht werden.

6. Aufstellung von Vergütungstabellen

Der Kontrahierungszwang (soeben, 5) ist mit der weiteren Pflicht der Verwertungsgesellschaften verbunden, Vergütungstabellen aufzustellen, aus denen sich die Kosten für die Nutzung von den Werken ergeben und an denen sich die künftigen Lizenznehmer orientieren können. Diese Tabellen haben einen semi-imperativen Charakter (Art. 109 plUrhG). Die Vergütungstabellen werden durch die Urheberrechtskommission bestätigt. Es ist aber streitig, ob sich aus Art. 106 und 108 plUrhG eine Pflicht zur Vorlage der Tabellen ergibt. In diesem Sinne hat sich unser Oberstes Gericht ausgesprochen.[16] Fehlt die Bestätigung der Tabellen, so schließt das allerdings Vergütungsansprüche gegen Nutzer nicht aus. In diesem Fall muß die Vergütungshöhe nach den allgemeinen Kriterien des Art. 110 plUrhG bemessen sein.

Aufgrund der sich teilweise überschneidenden Tätigkeitsbereiche ist nicht auszuschließen, daß zwei Organisationen, die auf demselben Bereich tätig sind, unterschiedliche Tabellen verwenden.

Wenn die Tabellen durch die Urheberrechtskommission bestätigt sind, darf man in Verträgen keine niedrigeren Vergütungssätze bestimmen. Eine solche Abrede wäre unwirksam. An ihrer Stelle kämen die in den Tabellen vorgesehenen Vergütungssätze zur Anwendung.

Der Gesetzesentwurf von 2003 (oben, V.5.b)) hatte auch eine Beschränkung des Tätigkeitsbereichs der Urheberrechtskommission durch den Entzug des Bestätigungsrechts bezüglich der Vergütungstabellen vorgesehen. Das entspricht einer bereits seit langem gestellten Forderung der Verwertungsgesellschaften. Die Entwurfsverfasser vertraten allerdings die Meinung, die Verwertungsgesellschaften könnten in diesem Bereich vom Wettbewerbs- und Verbraucherschutzamt oder vom Minister im Wege der Aufsicht kontrolliert werden. Auch diese Änderung wurde aber in den verabschiedeten Gesetzestext nicht aufgenommen.

7. Rahmenverträge

In der Praxis schließen die Verwertungsgesellschaften mit Nutzungsinteressenten Rahmenverträge, in denen die Lizenzbedingungen bestimmt sind. Wie alle Rahmenverträge setzten auch diese voraus, daß

16 SN, Urteil v. 20. 5. 1999, I CKN 1139/97, OSP 2000, Heft 2, Nr. 24. TK (Verfassungsgerichtshof) v. 21. 11 2005, P 10/03 (noch nicht veröffentlicht), hat in seinem Urteil auf die Anfrage eines Kreisgerichts (Sąd Okręgowy) in Warschau entschieden, daß Art. 108 Abs. 3 plUrhG (Bestätigung der Höhe von Vergütungstabellen durch die Urheberrechtskommission) mit Art. 22 der polnischen Verfassung (Freiheit der wirtschaftlichen Betätigung) unvereinbar ist.

es zum Abschluß des konkreten Lizenzvertrages nach den im Rahmenvertrag enthaltenen Bedingungen kommt.[17]

8. Verteilungsregeln

Die kollektive Verwertung umfaßt auch die Aufstellung gemeinsamer Grundsätze der Einnahmenverteilung auf die durch die Verwertungsgesellschaft vertretenen Rechteinhaber. Es überrascht, daß dieser wichtige Aspekt im Urheberrecht nicht ausführlich behandelt wird. Die einzige allgemeine Bestimmung, die zu finden ist, spricht von der Notwendigkeit, eine Gleichbehandlung allen durch die Verwertungsgesellschaft Vertretenen zu gewährleisten (Art. 106 Abs. 1 plUrhG). Alle Berechtigten müssen gleich behandelt werden. Ob sie die polnische oder eine ausländische Staatsbürgerschaft innehaben, ob sie Mitglieder der Verwertungsgesellschaft sind oder nicht, spielt keine Rolle. Einzelheiten der Verteilung bestimmt das Gesetz nicht. Das wird der Satzung überlassen. Über die Praxis der Verwertungsgesellschaften ist wenig bekannt, da sie ihre Verteilungsregeln nicht offenlegen. Man darf aber annehmen, daß außer dem Gleichbehandlungsgrundsatz gem. Art. 106 Abs. 1 plUrhG folgende generelle Regeln beachtet werden sollen:

(1) Verteilung der Mittel nach festen, in der Satzung bestimmten Regeln,
(2) Die Organisation soll so viel wie möglich an die Berechtigten auszahlen. Die Organisation darf keine Gewinnerzielungsabsicht haben. Sie kann aus den enthaltenen Mitteln nur die entstandenen Kosten decken,
(3) Es ist umstritten, ob und inwieweit die Verwertungsgesellschaften berechtigt sind, Einnahmen, die keinem bestimmten Rechteinhaber zugeordnet werden können (z. B. anonyme Werke) für soziale oder kulturellen Zwecke zu verwenden.

9. Weitere Aufgaben

Die meisten Verwertungsgesellschaften erfüllen auch noch weitere Auf-

[17] *Traple*, in: Barta/Markiewicz (Hrsg.), Prawo autorskie i prawa pokrewne – komentarz [Urheberrecht und verwandte Schutzrechte – Kommentar] (2005), S. 739, behauptet, daß man im Bereich der „kleinen Rechten“ diesen Vertrag nicht mehr schließen muß. Die Grundlage für diese Ansicht ist Art. 21 Abs. 1 plUrhG.

gaben. Inwieweit dies zulässig ist, sollte durch das Gesetz klargestellt werden. Die Mittel, über die eine Organisation verfügt, werden von ihr nur treuhänderisch verwaltet. Somit kann sie davon auch keine eigenen Ziele finanzieren, die nicht unmittelbar mit den Interessen der Vertretenen verbunden sind.

Die kollektive Verwertung umfaßt die o.g. Handlungen der Verwertungsgesellschaften, die sich aus der Übertragung der Rechte auf die Organisation ergeben (Art. 104 Abs. 1, 3, 5 Nr. 1 plUrhG). Die Organisation ist im Einklang mit ihrer Satzung tätig, sie muß aber auch berücksichtigen, daß sie Rechte verwertet, die ihr von verschiedenen Subjekten übertragen wurden. Eine in den Verträgen unter eigenem Namen aufgetretene Verwertungsgesellschaft handelt im Interesse und auf Rechnung der Personen, die ihr die Rechte übertragen haben. Daraus ergeben sich die Pflichten, denen eine Verwertungsgesellschaft nachkommen muß.

Gem. Art. 104 Abs. 1 gehört außer Verwertung zum Aufgabenbereich der Verwertungsgesellschaft auch:

(1) Schutz der verwerteten Rechte,
(2) Nutzung von Rechten, die sich aus dem Gesetz ergeben.

Diese Zwecke ergeben sich direkt aus der Verwertung von Rechten. Es ist nicht ganz klar, ob der Gesetzgeber diese Zwecke mit Bedacht nicht ausdrücklich genannt hat. Sie gehören nämlich noch zur Verwertung im weiteren Sinne.

Der Schutz von den anvertrauten Rechten umfaßt einerseits eine Pflicht, entsprechende Strukturen zu schaffen, mit denen man die Nutzung von Urheberrechten durch andere Personen verfolgen und kontrollieren kann (Ermittlung des tatsächlichen Bereiches der Rechtsnutzung). Andererseits, falls man eine rechtswidrige Nutzung der Urheberrechte feststellt, muß man entsprechende Schritte vornehmen, die zur Bezahlung der fälligen Vergütungen führen.

VII. Die Kartellaufsicht über Verwertungsgesellschaften

Die bisherige Praxis der polnischen Gerichte begründet grundsätzlich die Möglichkeit, Kartellverfahren gegen die Verwertungsgesellschaften einzuleiten. Allgemein bekannt sind die gegen die Verwertungsgesellschaften gefällten Urteile des Antimonopolgerichts vom 20. Dezember 1995.[18] Erst die Entscheidung des Amtes für Wettbewerbs- und Verbraucherschutz (Urząd Ochrony Konkurencji i Konsumenta, UOKiK) vom 16. Juli 2004[19] enthält aber eine weitreichende Begründung der Zulässigkeit von Kartellverfahren gegen Verwertungsgesellschaften: Obwohl die Verwertungsgesellschaften keine auf Gewinnerzielung gerichteten Organisationen sind, kann gegen sie ein Kartellverfahren eingeleitet werden. Das ist durch ihren Tätigkeitscharakter begründet, die auf die entgeltliche Beteiligung am Markt für Urheberrechte und verwandte Schutzrechte gerichtet ist. Diese Tätigkeit rechtfertigt die Anwendung von Wettbewerbsregeln auf die Verwertungsgesellschaften. Die Entscheidung des Amtes bezieht sich nur auf den Mißbrauch der marktbeherrschenden Stellung durch die ZAIKS, der sich daraus ergibt, daß ZAIKS die ausschließliche Bevollmächtigung zur Verwaltung über die Urheberrechte von Autoren verlangt. Der Zweck der Entscheidung ist auch, daß man den Autoren ermöglicht, selbst zu entscheiden, ob sie der Verwertungsgesellschaft ihre Rechte zur kollektiven Wahrnehmung übertragen wollen.

Die oben angesprochene Entscheidung beruht den Erwägungen, die der EuGH und die polnische und ausländische Fachliteratur angestellt haben. Der Entscheidung ist zuzustimmen. Es verbleibt aber die Frage, ob es zulässig ist, die Vorschriften des Wettbewerbsrechts auf Gegenseitigkeitsverträge anzuwenden. Meines Erachtens wäre eine solche Entwicklung der Rechtsprechung nicht wünschenswert.

18 UOKiK v. 20. 12. 1995, XVII Amr 49/95; UOKiK v. 1. 4. 1998, XVII Ama 35/97.
19 UOKiK v. 16. 7. 2004, RWA-21/2004/, Dz.U. UOKiK 2004, Nr. 4 Pos. 320.

§ 3 Verwertungsgesellschaften und Staatsaufsicht – Vergleichende Anmerkungen aus deutscher Sicht

Ulrich Himmelmann

Übersicht

I. Verwertungsgesellschaften in Deutschland – Ein Überblick

In Deutschland sind zwölf Verwertungsgesellschaften mit Erlaubnis des DPMA tätig.[1] In der Rechtsform des rechtsfähigen Vereins kraft staatlicher Verleihung agieren:
- die GEMA für Komponisten, Textdichter und Musikverleger,
- die VG Wort für Wortautoren und Verleger,
- die VG Bild-Kunst für Urheber von Werken der bildenden Kunst, von Lichtbildwerken, von Darstellungen wissenschaftlicher oder technischer Art, von Film- und Fernsehwerken sowie von Datenbankwerken,
- die VG Musikedition für Verfasser, Herausgeber und Verleger wissenschaftlicher Ausgaben von Musikwerken und nachgelassener Musikwerke (§§ 70, 71 UrhG).

Als Gesellschaften mit beschränkter Haftung (GmbH) sind tätig:
- die GVL für ausübende Künstler, Veranstalter, Tonträgerhersteller und Hersteller von Videoclips,
- die VFF für Filmhersteller und Sendeunternehmen,
- die VGF für Filmhersteller, Urheber, Fernsehproduzenten und Videoprogrammhersteller,
- die GWFF für denselben Kreis von Rechteinhabern,
- die AGICOA für Filmhersteller, Filmverwerter und -vertreiber,
- die GÜFA für die Hersteller pornographischer Filme,
- die VG Media für Fernseh- und Rundfunksender,
- die VG Werbung + Musik für Komponisten, Textdichter und Musikverleger.

---

1 S. die Auflistung bei *Schack*, Urheber- und Urhebervertragsrecht (3. Aufl. 2005), Rn. 1159; Schricker-*Reinbothe*, Urheberrecht (2. Aufl. 1999), Vor §§ 1 UrhWG Rn. 14; Dreier/Schulze-*Schulze*, Urheberrechtsgesetz, Urheberrechtswahrnehmungsgesetz, Kunsturhebergesetz (2004), Vor § 1 UrhWG Rn. 16; DPMA Jahresbericht 2004, S. 26.

Während nach Art. 104 Abs. 1 des polnischen „Gesetzes über Urheberrecht und verwandte Schutzrechte“ vom 4. Februar 1994[2] (plUrhG) Verwertungsgesellschaften, die das Gesetz „Organisationen zur kollektiven Wahrnehmung“ nennt, Vereine sein müssen, schreibt das deutsche Gesetz über die Wahrnehmung von Urheberrechten und verwandten Schutzrechten (Urheberrechtswahrnehmungsgesetz) (UrhWG) die Rechtsform, in der eine Verwertungsgesellschaft betrieben wird, nicht vor. § 1 Abs. 4 S. 1 des deutschen UrhWG nennt beispielhaft eine juristische Person und eine Personengemeinschaft. Selbst eine einzelne Person kann die Tätigkeit einer Verwertungsgesellschaft ausüben, § 1 Abs. 4 S. 2 UrhWG. In der Praxis treten Verwertungsgesellschaften in Deutschland als wirtschaftliche Vereine kraft staatlicher Verleihung oder als Gesellschaften mit beschränkter Haftung auf.

Ein sachlicher Grund dafür, Verwertungsgesellschaften nur in der Rechtsform des Vereins zuzulassen, besteht nicht. Diese rigide Beschränkung der Wahl der Rechtsform einer Verwertungsgesellschaft hindert die Inhaber von Urheber- und Leistungsschutzrechten vielmehr daran, ihre Rechte in einer Verwertungsgesellschaft kollektiv wahrnehmen zu lassen, die die für ihre jeweiligen Wahrnehmungsberechtigten optimale Rechtsform hat. Namentlich dann, wenn die Wahrnehmungsberechtigten einer Verwertungsgesellschaft keine natürlichen, sondern juristische Personen sind, wie Tonträgerhersteller, Sendeunternehmen oder Filmproduzenten, sollte es den Rechteinhabern möglich sein, ihre Rechte in einer Verwertungsgesellschaft mit der Rechtsform ihrer Wahl wahrzunehmen. Unabhängig von der Rechtsform der Verwertungsgesellschaft muß freilich die interne Kontrolle durch ihre Wahrnehmungsberechtigten selbst sichergestellt sein und den Rechteinhabern die Möglichkeit gegeben werden, aktiv Einfluß auf die Entscheidungen der Verwertungsgesellschaft zu nehmen. Mit *Kępiński*[3] ist deshalb die Beschränkung der Rechtsform einer Verwertungsgesellschaft auf Vereine, wie sie Art. 104 Abs. 1 plUrhG vorsieht, abzulehnen.

---

2 Veröffentlicht in Dziennik Ustaw 1994, Nr. 24, Pos. 83, S. 301; eine deutsche Übersetzung von *Dietz* findet sich in GRUR Int. 1994, 479 ff. Auszugsweise abgedruckt unten, **Anhang I** (S. 255 ff.).

3 *Kępiński*, in diesem Band, **§ 2** (S. 14 f., 26).

II. Erlaubnis zum Geschäftsbetrieb – Die Gründungskontrolle

1. Erlaubnispflicht, § 1 UrhWG

Wegen ihrer Treuhand- und Monopolstellung unterwirft § 1 Abs. 1 UrhWG die Tätigkeit der Verwertungsgesellschaften einer Erlaubnispflicht. Auch nach polnischem Recht (Art. 104 Abs. 2 Nr. 2 plUrhG) erfordert die Aufnahme der Tätigkeit einer Verwertungsgesellschaft eine Bewilligung.

Noch im Jahre 1954 hatte das deutsche Bundesministerium der Justiz vorgeschlagen, für Verwertungsgesellschaften ein gesetzliches Monopol in ihrem jeweiligen Tätigkeitsbereich einzuführen. Ein solches Monopol stieß jedoch mit Blick auf die mögliche Beschränkung des Grundrechts der freien Berufswahl nach Art. 12 Abs. 1 S. 1 GG auf verfassungsrechtliche Bedenken, weshalb der Gesetzgeber diese Idee wieder verwarf.[4] Das deutsche Recht sieht mit Blick auf Verwertungsgesellschaften zwar kein gesetzliches Monopol vor, toleriert aber faktische Monopole.

Ähnlich erscheinen die Regelungen nach polnischem Recht: Ist auf einem Verwertungsgebiet mehr als eine Verwertungsgesellschaft tätig, ist nach Art. 107 plUrhG die Verwertungsgesellschaft zuständig, der der Rechteinhaber angehört. Bei Zweifeln bestimmt die polnische Urheberrechtskommission die zuständige Verwertungsgesellschaft. Die Regelung setzt also voraus, daß mehrere Verwertungsgesellschaften in einem Tätigkeitsbereich agieren können.

Ein gesetzliches Monopol für Verwertungsgesellschaften hat Vor- und Nachteile. Auf der einen Seite dürfte den Interessen der Nutzer eine one-stop-shop-Lösung, die ihnen den schnellen Rechteerwerb aus einer Hand ermöglicht, entsprechen. Auch für die Rechteinhaber wäre eine einzige Verwertungsgesellschaft, der sie ihre Rechte einräumen und von der sie ihre Einnahmen erhalten, von Vorteil. Abgrenzungsschwierigkeiten zwischen verschiedenen, im selben Wahrnehmungsbereich tätigen Verwertungsgesellschaften ließen sich also auf diesem Wege im Interesse der Nutzer und der Rechteinhaber vermeiden. Unnötige Verwaltungskosten,

4 Amtl. Begr. RegE UrhWG, BT-Drs. IV/271, S. 11 unter Verweis auf das „Apotheken-Urteil" des Bundesverfassungsgerichts, BVerfGE 7, 377.

die die Verwaltungsapparate vieler Verwertungsgesellschaften verursachen, würden nicht entstehen.

Auf der anderen Seite würde den Rechteinhabern die Möglichkeit der Gründung von und die Wahl zwischen verschiedenen Verwertungsgesellschaften genommen. Vorteile eines Systems zahlreicher Verwertungsgesellschaften für Nutzer sind auf den ersten Blick nicht erkennbar: Die Rechteinhaber werden ihre Rechte derjenigen Verwertungsgesellschaft einräumen, die ihnen die höchste Ausschüttung garantiert. Das setzt die Geltendmachung angemessener Vergütungen für die Nutzung dieser Rechte voraus. Viele Verwertungsgesellschaften führen deshalb nicht unbedingt zu niedrigen Tarifen.

Zu Abgrenzungsschwierigkeiten kommt es in gewissem Umfang zwischen den sieben deutschen Filmverwertungsgesellschaften. Freilich haben sich die deutschen Verwertungsgesellschaften zur Durchsetzung ihrer gemeinsamen Urheberrechte und Vergütungsansprüche in verschiedenen Inkassostellen, die in der Rechtsform der Gesellschaft bürgerlichen Rechts auftreten, zusammengeschlossen. Namentlich zu nennen ist die Zentralstelle für private Überspielungsrechte (ZPÜ). Für einheitliche Nutzungen, bei denen verschiedene Werkarten betroffen sind, kassieren sie die Vergütung gemeinschaftlich vom Nutzer und verteilen die Erlöse nach einem internen Schlüssel.[5] Die meisten praktischen Probleme im Außenverhältnis zu Nutzern, die aus der Mehrzahl von Verwertungsgesellschaften herrühren, lassen sich so bewältigen. Bei der Bestimmung eines gerechten Verteilungsschlüssels zwischen den beteiligten Verwertungsgesellschaften kann es freilich zu Meinungsverschiedenheiten kommen. Auch zur Durchsetzung der Rechte der 15 Verwertungsgesellschaften in Polen könnte der Zusammenschluß der polnischen Verwertungsgesellschaften zu Inkassostellen in bestimmten Wahrnehmungsbreichen Abgrenzungsprobleme vermeiden helfen.[6]

---

5 S. hierzu R. *Kreile,* Die Zusammenarbeit der Verwertungsgesellschaften unter der Aufsicht des Deutschen Patent- und Markenamtes, GRUR 1999, 885, 886 ff.; Loewenheim-*Melichar,* Handbuch des Urheberrechts (2003), § 46 Rn. 19 ff.; Dreier/Schulze-*Schulze* (Fn. 1), Vor § 1 UrhWG Rn. 17; Schricker-*Reinbothe* (Fn. 1), Vor §§ 1 ff. UrhWG Rn. 14.

6 Hierfür plädiert mit Recht auch *Kępiński,* in diesem Band, § 2 (S. 17).

2. Erteilung und Versagung der Erlaubnis, §§ 2 und 3 UrhWG

Die Erlaubnis zum Geschäftsbetrieb einer Verwertungsgesellschaft in Deutschland wird von der Aufsichtsbehörde, dem Deutschen Patent- und Markenamt (DPMA) (§ 18 Abs. 1 UrhWG), im Einvernehmen mit dem Bundeskartellamt (§ 18 Abs. 3 UrhWG) auf Antrag erteilt. Dem Antrag sind die in § 2 S. 2 Nr. 1 bis 3 UrhWG genannten Unterlagen und Angaben beizufügen, die mit den Versagungsgründen des § 3 Abs. 1 UrhWG korrespondieren. Während § 2 UrhWG die formellen Voraussetzungen der Erlaubniserteilung normiert, regelt § 3 UrhWG die materiellen Voraussetzungen. Die Erteilung der Erlaubnis setzt insbesondere voraus, daß die wirtschaftliche Grundlage der Verwertungsgesellschaft eine wirksame Wahrnehmung der ihr anvertrauten Rechte oder Ansprüche erwarten läßt, § 3 Abs. 1 Nr. 3 UrhWG. Erteilung und Versagung der Erlaubnis zum Geschäftsbetrieb einer Verwertungsgesellschaft sind nach deutschem Recht Verwaltungsakte. Die Versagung der Erlaubnis ist nach § 3 Abs. 2 UrhWG zu begründen und der Verwertungsgesellschaft nach den Vorschriften des Verwaltungszustellungsgesetzes (VwZG) zuzustellen. Dieser steht gegen die Versagung der Verwaltungsrechtsweg offen, § 40 Abs. 1 S. 1 VwGO.

Eine ganz ähnliche Regelung findet sich in Art. 104 Abs. 3 plUrhG: Der Minister für Kultur und Kunst erteilt die Bewilligung, die für die Aufnahme der Tätigkeit einer Verwertungsgesellschaft in Polen erforderlich ist, wenn die Verwertungsgesellschaft die Gewähr für eine gehörige Wahrnehmung der ihr anvertrauten Rechte bietet. Welche Rechtsnatur dieser Bewilligung zukommt, ist ungeklärt.[7] Deutet man die Bewilligung als Genehmigung, muß der Minister die Bewilligung erteilen, wenn die Gewähr für die angemessene Wahrnehmung der der Verwertungsgesellschaft anvertrauten Rechte besteht, Art. 104 Abs. 3 plUrhG.[8] Dann entspricht die deutsche Rechtslage der polnischen: nach deutschem Recht darf die Erlaubnis nur versagt werden, wenn Satzung oder Gesellschaftsvertrag nicht dem UrhWG entsprechen (§ 3 Abs. 1 Nr. 1 UrhWG), wenn Tatsachen Zweifel an der Zuverlässigkeit eines Vertretungsberechtigten der Verwertungsgesellschaft mit Blick auf die Ausübung seiner Tätigkeit rechtfertigen (§ 3 Abs. 1 Nr. 2 UrhWG) oder wenn die wirtschaftliche

---

7 So *Kępiński*, in diesem Band, **§ 2** (S. 15).

8 In diesem Sinne *Kępiński*, in diesem Band, **§ 2** (S. 15).

Grundlage der Verwertungsgesellschaft eine wirksame Wahrnehmung der ihr anvertrauten Rechte oder Ansprüche nicht erwarten läßt (§ 3 Abs. 1 Nr. 3 UrhWG). Andernfalls muß das DPMA die Erlaubnis erteilen.

3. Widerruf der Erlaubnis, § 4 UrhWG

Treten Gründe, die nach § 3 Abs. 1 UrhWG zur Versagung der Erlaubnis berechtigen, nachträglich ein oder werden solche Gründe dem DPMA erst nach Erteilung der Erlaubnis bekannt, „ist“ die Erlaubnis zu widerrufen, wenn dem Mangel nicht innerhalb einer von der Aufsichtsbehörde zu setzenden angemessenen Frist abgeholfen wird. § 4 Abs. 1 Nr. 1 UrhWG übernimmt damit die Versagungsgründe des § 3 Abs. 1 UrhWG als Widerrufsgründe. Die Erlaubnis „ist“ auch dann zu widerrufen, wenn die Verwertungsgesellschaft das UrhWG hartnäckig mißachtet, indem sie einer ihr nach diesem Gesetz obliegenden Verpflichtung trotz Abmahnung durch die Aufsichtsbehörde wiederholt zuwiderhandelt, § 4 Abs. 1 Nr. 2 UrhWG.

Nach polnischem Recht „kann“ die Bewilligung widerrufen werden, wenn die Verwertungsgesellschaft ihre wahrnehmungsrechtlichen Verpflichtungen nicht gehörig erfüllt (Art. 104 Abs. 5 Nr. 1 plUrhG) oder die Rechtsvorschriften auf dem Gebiet der erteilten Bewilligung verletzt (Art. 104 Abs. 5 Nr. 2 plUrhG). Zuvor fordert der Minister für Kultur und Kunst die Verwertungsgesellschaft unter Androhung des Widerrufs der Bewilligung zur Beseitigung einer solchen Verletzung innerhalb einer bestimmten Frist auf, Art. 104 Abs. 4 plUrhG. Wie im deutschen Recht ist auch nach polnischem Recht der Widerruf der Erlaubnis mit Blick auf den Grundsatz der Verhältnismäßigkeit *ultima ratio*, der erst dann in Betracht kommt, wenn mildere Maßnahmen erfolglos geblieben sind.[9]

Das DPMA hat bei Vorliegen der angeführten Voraussetzungen allerdings keinen Ermessensspielraum: die Erlaubnis „ist“ dann zu widerrufen. Art. 104 Abs. 5 plUrhG scheint dagegen dem Minister für Kultur und Kunst einen solchen Ermessensspielraum zuzubilligen: Der Minister „kann“ unter den genannten Bedingungen die Bewilligung widerrufen.

Unterschiede gibt es auch in der aufsichtsrechtlichen Praxis: während das

---

9 In diesem Sinne *Kępiński*, in diesem Band, § 2 (S. 23).

DPMA bisher keiner Verwertungsgesellschaft die einmal erteilte Erlaubnis widerrufen mußte, ist dies in Polen bereits mehrfach geschehen.[10]

4. Bekanntmachung, § 5 UrhWG

Wegen der Bedeutung für die Öffentlichkeit ist das DPMA nach § 5 UrhWG verpflichtet, die Erteilung sowie den wirksam gewordenen Widerruf der Erlaubnis zum Geschäftsbetrieb einer Verwertungsgesellschaft im Bundesanzeiger bekanntzumachen. Das polnische Recht kennt eine entsprechende Verpflichtung: Die Entscheidung des Ministers für Kultur und Kunst über die Erteilung oder den Widerruf der Bewilligung zur Aufnahme der Tätigkeit einer polnischen Verwertungsgesellschaft unterliegt nach Art. 104 Abs. 6 plUrhG der Bekanntmachung im Amtsblatt „Monitor Polski" der Republik Polen.

III. Ständige Aufsicht – Die Tätigkeitskontrolle

Aufgabe des DPMA ist es darauf zu achten, daß die Verwertungsgesellschaften den ihnen nach dem Urheberrechtswahrnehmungsgesetz obliegenden Verpflichtungen ordnungsgemäß nachkommen, § 19 Abs. 1 UrhWG. Verpflichtungen der Verwertungsgesellschaften bestehen zum einen gegenüber Wahrnehmungsberechtigten, zum anderen gegenüber den Nutzern ihres Repertoires und Nutzervereinigungen, aber auch gegenüber der Allgemeinheit.[11] Wegen der Bezugnahme auf die aus dem UrhWG folgenden „Verpflichtungen", unterliegt die Einhaltung von Sollvorschriften nicht der Kontrolle der Aufsichtsbehörde. Im Hinblick auf Sollvorschriften können seitens der Aufsichtsbehörde lediglich Empfehlungen ausgesprochen werden. Auch die Einflußnahme auf die Geschäftsführung der Verwertungsgesellschaften gehört nicht zu den Aufgaben der Aufsichtsbehörde.[12]

Eine allgemeine Aufgabenzuweisungsnorm für den Minister für Kultur und Kunst findet sich im polnischen Recht nicht. Allerdings weist

---

10 *Möhring/Schulze/Ulmer/Zweigert* (Hrsg.), Quellen des Urheberrechts, Band 4, 51. Lieferung Oktober 2001, S. 8.

11 Schricker-*Reinbothe* (Fn. 1), § 19 UrhWG Rn. 1.

12 Amtl. Begr. zu § 19 RegE, BT-Drs. IV/271, S. 20.

Art. 108 plUrhG der vom Minister berufenen Urheberrechtskommission bestimmte Aufgaben und Befugnisse zu, auf die im Einzelnen zurückzukommen ist.

1. Innenverhältnis Wahrnehmungsberechtigter – Verwertungsgesellschaft

a) Der Wahrnehmungszwang, § 6 Abs. 1 UrhWG

§ 6 Abs. 1 UrhWG verpflichtet Verwertungsgesellschaften in Deutschland, die Rechte und Ansprüche der Berechtigten wahrzunehmen. Dieser Wahrnehmungszwang folgt aus der Monopolstellung von Verwertungsgesellschaften und der Verwertungsgesellschaftspflicht einiger Urheberrechte.[13] Einschränkungen des Wahrnehmungszwangs finden sich im deutschen Recht mit Blick auf den von der Verwertungsgesellschaft selbst festgelegten Tätigkeitsbereich, die von dem Wahrnehmungszwang Begünstigten (Deutsche, EU-Bürger, Angehörige von RBÜ- und WUA-Staaten), anderen Möglichkeiten der wirksamen Wahrnehmung und der Verpflichtung, die Rechte und Ansprüche (lediglich) zu angemessenen Bedingungen wahrzunehmen.

Der Wahrnehmungszwang findet sich auch im polnischen Recht: Nach Art. 106 Abs. 3 plUrhG darf eine Verwertungsgesellschaft die Übernahme der Wahrnehmung eines Urheberrechts oder verwandten Schutzrechts nicht ohne wichtigen Grund ablehnen. Ergänzend tritt Art. 107 plUrhG – von dem schon die Rede war – hinzu: Agieren in dem betreffenden Bereich mehrere Verwertungsgesellschaften, ist diejenige zuständig, der der Rechteinhaber angehört. Bei Zweifeln entscheidet die polnische Urheberrechtskommission.

Unterschiedlich ist freilich die Perspektive, aus der das deutsche und das polnische Recht den Wahrnehmungszwang betrachten: Während § 6 Abs. 1 S. 1 UrhWG die Verwertungsgesellschaft *positiv* verpflichtet, Urheber- und Leistungsschutzrechte wahrzunehmen, darf nach Art. 106 Abs. 3 plUrhG die Verwertungsgesellschaft – *negativ* – die Wahrnehmung nicht ohne wichtige Gründe ablehnen. Inhaltliche Unterschiede dürften sich an diese verschiedenen Betrachtungsweisen aber wohl nicht knüpfen.

13 Amtl. Begr. zu § 6 RegE, BT-Drs. IV/271, S. 15.

Nach § 6 Abs. 1 S. 1 UrhWG erstreckt sich der Wahrnehmungsanspruch auf Staatsangehörige eines anderen Mitgliedstaates der Europäischen Union und Staatsangehörige eines anderen Vertragsstaates des Abkommens über den europäischen Wirtschaftsraum. Nach der Phil Collins-Entscheidung des EuGH[14] fallen ohnehin das Urheberrecht und die verwandten Schutzrechte in den Anwendungsbereich des EG-Vertrages im Sinne des Diskriminierungsverbotes, auf das sich ein Urheber oder ausübender Künstler eines anderen Mitgliedstaates vor dem nationalen Gericht unmittelbar berufen kann, um Gewährung des Schutzes zu verlangen, der den inländischen Urhebern und ausübenden Künstlern vorbehalten ist. Darüber hinaus verpflichtet der Grundsatz der Inländerbehandlung nach Art. 5 RBÜ Pariser Fassung und Art. II WUA Pariser Fassung deutsche Verwertungsgesellschaften verwertungsgesellschaftspflichtige Rechte von Angehörigen aus Verbandsländern dieser internationalen Urheberrechtskonventionen, die nicht Angehörige von EU- und EWR-Staaten sind, wahrzunehmen, auch wenn die praktische Bedeutung dieser Verpflichtung wegen des Netzes von Gegenseitigkeitsverträgen, das die Verwertungsgesellschaften weltweit gesponnen haben, gering sein dürfte.[15] Schon wegen des EG-rechtlichen Gebots des freien Waren- und Dienstleistungsverkehrs, das jedem EU-Bürger in jedem Mitgliedstaat grundsätzliche Inländerbehandlung garantiert, dürften diese Regelungen auch für polnische Verwertungsgesellschaften gelten.[16]

b) Das Gleichbehandlungsgebot, § 6 Abs. 1 UrhWG

Aus der Verpflichtung des § 6 Abs. 1 UrhWG, die zu ihrem Tätigkeitsbe-

---

14 EuGH v. 20. 10. 1993 – Rs. C-92 und 326/92 *Phil Collins*, Slg. 1994, I-5145. Die EG-Kommission hatte bereits im Jahre 1971 entschieden, daß § 6 UrhWG auf Angehörige der EG-Mitgliedstaaten anwendbar ist, Kommission v. 2. 6. 1971, ABl. 1971 L 134/26 – GEMA I = GRUR Int. 1973, 86 m. Anm. v. *E. Schulze*.

15 Schricker-*Reinbothe* (Fn. 1), § 6 UrhWG Rn. 9; Fromm/Nordemann-*Nordemann*, Urheberrecht (9. Aufl. 1998), § 6 UrhWG Rn. 2 jeweils m. w. N.; Dreier/Schulze-*Schulze* (Fn. 1), § 6 UrhWG Rn. 24; *M. Vogel*, Wahrnehmungsrecht und Verwertungsgesellschaften in der Bundesrepublik Deutschland – Eine Bestandsaufnahme im Hinblick auf die Harmonisierung des Urheberrechts in der Europäischen Gemeinschaft, GRUR 1993, 513, 518. Mit Blick auf Art. 5 RBÜ und Art. II WUA a. A. Wandtke/Bullinger-*Gerlach*, Praxiskommentar zum Urheberrecht (2002), § 6 UrhWG Rn. 11; *Melichar*, Die Wahrnehmung von Urheberrechten durch Verwertungsgesellschaften (1983), S. 36 f.; Loewenheim-*Melichar* (Fn. 5), § 47 Rn. 11.

16 Zur Situation in Polen s. *Kępiński*, in diesem Band, § 2 (S. 21).

reich gehörenden Rechte und Ansprüche zu angemessenen Bedingungen wahrzunehmen, folgt für die Verwertungsgesellschaften zugleich das Gebot, alle gleich gelagerten Fälle gleich zu behandeln.[17]

Das Gleichbehandlungsgebot normiert im polnischen Recht Art. 106 Abs. 1 plUrhG: Die Verwertungsgesellschaft ist danach zur einheitlichen Behandlung ihrer Wahrnehmungsberechtigten verpflichtet. Dies spielt eine besondere Rolle bei der Gleichbehandlung von natürlichen und juristischen Personen.[18]

c) Angemessene Wahrung der Belange der Nicht-Mitglieder/ Nicht-Gesellschafter, § 6 Abs. 2 UrhWG

Das Urheberrechtswahrnehmungsgesetz knüpft das Recht zur Einflußnahme der Wahrnehmungsberechtigten in einer Verwertungsgesellschaft an die Bedeutung der Rechte, die die Wahrnehmungsberechtigten in die Verwertungsgesellschaft zur kollektiven Wahrnehmung einbringen.[19] Vor diesem Hintergrund differenziert beispielsweise die GEMA zwischen ordentlichen, außerordentlichen und angeschlossenen Mitgliedern. Nach § 6 Abs. 2 UrhWG müssen deutsche Verwertungsgesellschaften zur angemessenen Wahrung der Belange der Berechtigten, die nicht als Mitglieder der Verwertungsgesellschaft aufgenommen werden, allerdings eine gemeinsame Vertretung bilden und in ihrer Satzung die Wahl der Vertretung durch die Berechtigten sowie die Befugnisse der Vertretung regeln.

Das polnische Recht kennt eine solche Unterscheidung nicht. Doch könnte sich aus dem Gleichbehandlungsgebot des Art. 106 Abs. 1 plUrhG Entsprechendes ableiten lassen. Der Gleichbehandlungsgrundsatz fordert ohne zureichenden sachlichen Grund wesentlich Ungleiches ungleich zu behandeln. Dies könnte erfordern, die Rechteinhaber, die mit ihren Rechten das wirtschaftliche Fundament der Verwertungsgesellschaft bilden, anders zu behandeln als diejenigen Wahrnehmungsberechtigten, die nur gelegentlich Werke schaffen oder schutzfähige Leistungen erbringen.

---

17 Schricker-*Reinbothe* (Fn. 1), § 6 UrhWG Rn. 13 a. E. mwN.

18 S. *Kępiński*, in diesem Band, § 2 (S. 21).

19 Amtl. Begr. zu § 6 RegE, BT-Drs. IV/271, S. 16 l. Sp.; *Riesenhuber*, Die Auslegung und Kontrolle des Wahrnehmungsvertrags (2004), S. 100: „Dementsprechend darf man eine Gewichtung der Stimmrechte nach wirtschaftlichen Maßstäben für zulässig halten."

d) Willkürfreie Verteilung der Einnahmen, § 7 S. 1 UrhWG

§ 7 S. 1 UrhWG verpflichtet deutsche Verwertungsgesellschaften, die Einnahmen aus ihrer Tätigkeit nach festen Regeln (Verteilungsplan) aufzuteilen, die ein willkürliches Vorgehen bei der Verteilung ausschließen. Mit dieser Regelung wollte der Gesetzgeber gewährleisten, daß die Einnahmen aus der Wahrnehmung der anvertrauten Rechte und Ansprüche gerecht verteilt werden.[20]

Im polnischen Recht fehlen spezielle Regelungen, die sicherstellen, daß die von den polnischen Verwertungsgesellschaften erzielten Einnahmen gerecht verteilt werden. Allenfalls aus dem Gleichbehandlungsgebot des Art. 106 Abs. 1 plUrhG könnte sich ergeben, daß die Einnahmen einer Verwertungsgesellschaft nach Abzug der Verwaltungskosten und der eventuellen Zuwendung an Kultur- und Sozialeinrichtungen an die Recheinhaber der benutzten Werke entsprechend deren Nutzung auszuschütten sind. *Kępiński*[21] hat dieses Defizit zu Recht kritisiert.

e) Förderung kulturell bedeutender Werke und Leistungen, § 7 S. 2 UrhWG

Nach § 7 S. 2 UrhWG „soll" der Verteilungsplan deutscher Verwertungsgesellschaften dem Grundsatz entsprechen, daß kulturell bedeutende Werke und Leistungen zu fördern sind. Die Schöpfer wertvoller Werke – so der Gesetzgeber[22] – würden das Ansehen der Verwertungsgesellschaft in der Öffentlichkeit heben und auf diese Weise mittelbar zu einer wirtschaftlichen Stärkung der Verwertungsgesellschaft beitragen. Die Einhaltung von Sollvorschriften kann das DPMA zwar nicht erzwingen, kann aber in diesem Bereich Empfehlungen abgeben.[23] Der Aufsicht unterliegt freilich die Verwendung der für diesen Bereich bereitgestellten Mittel.

Das polnische UrhG sieht die Möglichkeit einer solchen Förderung nicht

---

20 Amtl. Begr. zu § 7 RegE, BT-Drs. IV/271, S. 16 l. Sp.

21 *Kępiński*, in diesem Band, § 2 (S. 31; zur Vergütung für die private Vervielfältigung *ders.*, ebd. S. 18).

22 Amtl. Begr. zu § 7 RegE, BT-Drs. IV/271, S. 16 r. Sp.

23 So ausdrücklich Amtl. Begr. zu § 8 RegE, BT-Drs. IV/271, S. 16 und zu § 19 RegE, BT-Drs. IV/271, S. 20. A. A. Wandtke/Bullinger-*Gerlach* (Fn. 15), § 7 UrhWG Rn. 6, der Sollvorschriften für grundsätzlich zwingend hält.

ausdrücklich vor. *Kępiński*[24] führt freilich Beispiele kulturellen Engagements polnischer Verwertungsgesellschaften an. In diesem Bereich wäre eine Klarstellung des polnischen Gesetzgebers wünschenswert.

f) Aufnahme der Grundsätze des Verteilungsplans in die Satzung, § 7 S. 3 UrhWG

Deutsche Verwertungsgesellschaften müssen die Grundsätze des Verteilungsplans in ihre Satzung aufnehmen, § 7 S. 3 UrhWG. Diese Regelung bezweckt, die Änderung der Eckdaten, der maßgeblichen Parameter der Einnahmeverteilung im Interesse und zum Schutz der Wahrnehmungsberechtigten den Regeln zu unterwerfen, die für Satzungsänderungen gelten.[25] Das polnische Recht kennt eine solche Regelung nicht.

g) Vorsorge- und Unterstützungseinrichtungen, § 8 UrhWG

Die Wahrung der sozialen Belange der Rechteinhaber gehört nach der Vorstellung des deutschen Gesetzgebers zu den „Aufgaben" einer Verwertungsgesellschaft.[26] Deshalb „soll" nach § 8 UrhWG die Verwertungsgesellschaft Vorsorge- und Unterstützungseinrichtungen für die Inhaber der von ihr wahrgenommenen Rechte oder Ansprüche einrichten. Zwar kann die Aufsichtsbehörde nicht erzwingen, daß Einrichtungen der genannten Art geschaffen werden[27]. Die Kontrolle der Angemessenheit der Bereitstellung, der Höhe und der Verwendung der zur Vorsorge und Unterstützung eingesetzten Mittel unterliegt aber der Aufsicht des DPMA.[28]

---

24 *Kępiński*, in diesem Band, § 2 (S. 22)

25 Schricker-*Reinbothe* (Fn. 1), § 7 UrhWG Rn. 9; Wandtke/Bullinger-*Gerlach* (Fn. 15), § 7 UrhWG Rn. 7.

26 Amtl. Begr. zu § 8 RegE, BT-Drs. IV/271, S. 16. S. auch *Melichar*, Zur Sozialbindung des Urheberrechts, in: Adrian/Nordemann/Wandtke (Hrsg.), Josef Kohler und der Schutz des geistigen Eigentums in Europa (1996), S. 101, 108; *Lerche*, Rechtsfragen der Verwirklichung kultureller und sozialer Aufgaben bei der kollektiven Wahrnehmung von Urheberrechten, insbesondere im Blick auf den sogen. 10%-Abzug der GEMA, GEMA-Jahrbuch 1997/98, S. 80, 102 ff.

27 So ausdrücklich Amtl. Begr. zu § 8 RegE, BT-Drs. IV/271, S. 16; Schricker-*Reinbothe* (Fn. 1), § 8 UrhWG Rn. 2; a. A. *Becker*, Verwertungsgesellschaften als Träger öffentlicher und privater Aufgaben, in: Jürgen Becker (Hrsg.), Festschrift für Kreile (1994), S. 27, 32 ff.

28 Schricker-*Reinbothe* (Fn. 1), § 8 UrhWG Rn. 3; Fromm/Nordemann-*Nordemann* (Fn. 15), § 8 UrhWG Rn. 1 f.; Dreier/Schulze-*Schulze* (Fn. 1), § 8 UrhWG Rn. 7.

Das polnische UrhG regelt diesen Bereich nicht, obwohl, wie *Kępiński*[29] berichtet, sich polnische Verwertungsgesellschaften auch im sozialen Bereich engagieren. Auch hier wäre eine gesetzliche Regelung wünschenswert.

h) Rechnungslegung und Prüfung, § 9 UrhWG

Nach § 9 UrhWG haben deutsche Verwertungsgesellschaften durch einen sachverständigen Wirtschaftsprüfer einen klaren und übersichtlichen Jahresabschluß sowie einen Lagebericht aufzustellen. Über das Ergebnis ihrer Prüfung müssen die Abschlußprüfer schriftlich berichten und den Bericht mit einem Prüfvermerk versehen. Weitergehende gesetzliche Vorschriften über die Rechnungslegung und Prüfung bleiben dabei unberührt, § 9 Abs. 7 UrhWG. Jahresabschluß und Lagebericht sind im Bundesanzeiger zu veröffentlichen und der Aufsichtsbehörde mit dem Prüfungsbericht unverzüglich abschriftlich zu übermitteln, § 20 S. 2 Nr. 6 UrhWG. Auf die Einhaltung der Verpflichtung nach § 9 UrhWG hat das DPMA nach § 19 Abs. 1 UrhWG zu achten.[30] § 9 UrhWG, der Ausfluß der Treuhandstellung der Verwertungsgesellschaften ist, erfüllt auf diese Weise die von der Europäischen Kommission erhobenen Forderungen nach „Transparenz".[31]

Im polnischen UrhG ist die Rechenschaftspflicht von Verwertungsgesellschaften nicht vorgesehen. Schon vor dem Hintergrund der europäischen Entwicklung sollten Vorschriften, die die Tätigkeit der polnischen Verwertungsgesellschaften transparent machen, geschaffen werden.

29 *Kępiński*, in diesem Band, **§ 2** (S. 18).

30 Ausführlich zu diesen Fragen *Riesenhuber*, Transparenz der Wahrnehmungstätigkeit – Die Pflicht der Verwertungsgesellschaft zu Rechnungslegung, Publizität und zur Information ihrer Berechtigten –, ZUM 2004, 417 ff.

31 S. Begründungserwägung 17 Richtlinie 2001/29/EG des Europäischen Parlaments und des Rates zur Harmonisierung bestimmter Aspekte des Urheberrechts und der verwandten Schutzrechte in der Informationsgesellschaft vom 22. 5. 2001, ABl. 2001 L 167/10 (ber. ABl. 2002 Nr. L 6/71); Mitteilung der Kommission der Europäischen Gemeinschaften, Die Wahrnehmung von Urheberrechten und verwandten Schutzrechten im Binnenmarkt, vom 16. 4. 2004, KOM (2004) 261 endgültig, S. 5, 10, 12, 13, 18, 19, 21, 23; Empfehlung der Kommission vom 18. 10. 2005 für die länderübergreifende kollektive Wahrnehmung von Urheberrechten und verwandten Schutzrechten, die für legale Online-Musikdienste benötigt werden, L 276/54, Berichtigung in ABl. 2005 L 284/10; abgedruckt in **Anhang V** (S. 346 ff.), Begründungserwägung 13 und Ziffer 14.

2. Außenverhältnis Nutzer – Verwertungsgesellschaft

a) Auskunftspflicht, § 10 UrhWG

§ 10 UrhWG verpflichtet eine deutsche Verwertungsgesellschaft, jedermann auf schriftliches Verlangen Auskunft darüber zu geben, ob sie Nutzungsrechte an einem bestimmten Werk oder bestimmte Einwilligungsrechte oder Vergütungsansprüche für einen Urheber oder Inhaber eines verwandten Schutzrechts wahrnimmt. Nutzer sollen insbesondere dann, wenn in einem Wahrnehmungsbereich mehrere Verwertungsgesellschaften tätig sind, erfahren können, welche Verwertungsgesellschaft die von ihnen benötigten Rechte wahrnimmt.[32] Für Auskünfte über die Rechtsinhaberschaft bei Multimediaproduktionen haben die Verwertungsgesellschaften GEMA, GVL, VG Wort, GÜFA, GWFF, VG Bild-Kunst, VFF, VGF und AGICOA die „Clearingstelle Multimedia für Verwertungsgesellschaften von Urheber- und Leistungsschutzrechten GmbH“ (kurz: CMMV) gegründet, die einen ersten Schritt in Richtung eines one-stop-shop für Multimedianutzungen darstellen soll.[33] Probleme im Zusammenhang mit der Auskunftspflicht nach § 10 UrhWG spielen in der deutschen aufsichtsrechtlichen Praxis so gut wie keine Rolle.

Das polnische UrhG scheint polnische Verwertungsgesellschaften zu einer solchen Auskunft dagegen nicht zu verpflichten.

b) Abschlußzwang, § 11 Abs. 1 UrhWG

§ 11 Abs. 1 UrhWG verpflichtet die Verwertungsgesellschaft, jedermann auf Verlangen zu angemessenen Bedingungen (einfache) Nutzungsrechte an den von ihr wahrgenommenen Urheber- und Leistungsschutzrechten einzuräumen. Aus der Verpflichtung der Angemessenheit der Nutzungsbedingungen folgt zugleich das Gebot zur Gleichbehandlung der Nutzer,[34] auf dessen Einhaltung die Aufsichtsbehörde zu achten hat. Dem Gebot der Gleichbehandlung kommen die Verwertungsgesellschaften durch den Abschluß von Gesamtverträgen (§ 12 UrhWG) und die Auf-

---

32 Amtl. Begr. zu § 10 RegE, BT-Drs. IV/271, S. 16.

33 S. zum Ganzen Loewenheim-*Melichar* (Fn. 5), § 48 Rn. 46 f.; zur CMMV Loewenheim-*Melichar* (Fn. 5), § 46 Rn. 29.

34 Schricker-*Reinbothe* (Fn. 1), § 11 UrhWG Rn. 5 a. E.; Dreier/Schulze-*Schulze* (Fn. 1), § 11 UrhWG Rn. 11; Wandtke/Bullinger-*Gerlach* (Fn. 15), § 11 UrhWG Rn. 4.

stellung von Tarifen (§ 13 UrhWG) nach. Die Einschränkung der Vertragsfreiheit (§ 311 Abs. 1 BGB) durch den Kontrahierungszwang nach § 11 Abs. 1 UrhWG folgt aus der Monopolstellung, die eine Verwertungsgesellschaft in ihrem Tätigkeitsbereich inne hat. Verwertungsgesellschaften, die neben dem Abschlußzwang des § 11 Abs. 1 UrhWG im Außenverhältnis zu Nutzern auch dem Wahrnehmungszwang nach § 6 Abs. 1 UrhWG im Innenverhältnis zu Rechteinhabern unterworfen sind, unterliegen also einem doppelten Kontrahierungszwang.

Das polnische UrhG normiert den Abschlußzwang in Art. 106 Abs. 2: Eine Verwertungsgesellschaft darf in den Grenzen der durch sie ausgeübten Wahrnehmung die Zustimmung zur Nutzung von Werken oder künstlerischen Darbietungen nicht ohne wichtige Gründe ablehnen. Zu Recht weist *Kępiński*[35] darauf hin, daß es sich bei den einzuräumenden Rechten um einfache Nutzungsrechte handeln muß. Wenn nämlich jedermann Nutzungsrechte eingeräumt werden müssen, können nicht ausschließliche Nutzungsrechte gemeint sein, weil diese den Inhaber berechtigen, das Werk unter Ausschluß aller anderen Personen zu nutzen. Dies gilt ebenso für das deutsche Recht.

Wie schon den Wahrnehmungszwang betrachten der deutsche und der polnische Gesetzgeber auch den Abschlußzwang aus unterschiedlichen Blickwinkeln: § 11 Abs. 1 UrhWG verpflichtet *positiv* die deutsche Verwertungsgesellschaft Nutzungsrechte einzuräumen; nach Art. 106 Abs. 2 plUrhG darf die polnische Verwertungsgesellschaft die Zustimmung zur Nutzung – *negativ* – nicht ohne wichtige Gründe ablehnen. Inhaltliche Unterschiede werden sich hieraus aber wohl nicht ergeben.

c) Zahlung unter Vorbehalt, Hinterlegung, § 11 Abs. 2 UrhWG

Können sich Verwertungsgesellschaft und Nutzer über die Höhe der Vergütung für die Einräumung der Nutzungsrechte nicht einigen, gelten diese als eingeräumt, wenn der Nutzer den unstreitigen Betrag gezahlt und den streitigen Betrag unter Vorbehalt an die Verwertungsgesellschaft gezahlt oder zu ihren Gunsten hinterlegt hat, § 11 Abs. 2 UrhWG. Der Gesetzgeber wollte verhindern, daß sich die Verwertungsgesellschaft dem Abschlußzwang entzieht, indem sie unangemessen hohe Forderungen stellt sowie bei Streit über die Vergütungshöhe die Einräumung der

35 *Kępiński*, in diesem Band, § 2 (S. 29).

gewünschten Rechte bis zur gerichtlichen Entscheidung des Streits hinauszögert und dadurch Druck auf ihren Vertragspartner ausübt.[36]

Die umgekehrte Gefahr hat der Gesetzgeber freilich nicht bedacht: Nutzer können Verwertungsgesellschaften durch Vorbehaltszahlungen und Hinterlegungen massiv unter Druck setzen und zur Akzeptanz von geringen Vergütungssätzen zwingen. Verwertungsgesellschaften ist es nämlich nicht möglich, die unter Vorbehalt gezahlten oder hinterlegten Gelder an ihre Wahrnehmungsberechtigten zu verteilen. Die meisten Wahrnehmungsberechtigten sind aber auf die zeitnahe Verteilung der Einnahmen ihrer Verwertungsgesellschaft angewiesen und regelmäßig nicht in der Lage, einen mehrjährigen Rechtsstreit um die angemessene Vergütung für die Nutzung ihrer Rechte durchzustehen.[37]

d) Verpflichtung zum Abschluß von Gesamtverträgen, § 12 UrhWG

Ebenfalls als Folge ihrer Monopolstellung verpflichtet § 12 UrhWG die Verwertungsgesellschaften mit Vereinigungen von Nutzern und von zur Zahlung von Vergütungen nach dem UrhG Verpflichteten Gesamtverträge zu angemessenen Bedingungen abzuschließen. In dem Gesamtvertrag, einem Rahmenvertrag, wird der Inhalt der Einzelverträge im wesentlichen festgelegt. Gesamtverträge, die die Einräumung von Nutzungsrechten wesentlich erleichtern, liegen im Interesse der Verwertungsgesellschaft und der Verwerter.[38] Bei der Verwertungsgesellschaft führen sie zu administrativen Vereinfachungen. Zudem erhöhen sie die Akzeptanz der Vergütungssätze. Für Nutzer, die Mitglieder der Nutzervereinigung sind, liegt der Hauptanreiz von Gesamtverträgen in einem Gesamtvertragsnachlaß von regelmäßig 20% gegenüber der tariflichen Vergütung.

Aus den genannten Gründen vereinbaren auch polnische Verwertungsgesellschaften zahlreiche Rahmenverträge mit Nutzergruppen.[39]

---

36 Amtl. Begr. zu § 11 RegE, BT-Drs. IV/271, S. 17. BGH GRUR 2000, 872, 874 – Schiedsstellenanrufung; s. auch die Vorinstanz OLG Naumburg ZUM 1997, 937 ff. m. Anm. v. *Kröber*, ZUM 1997, 927 f.

37 Ähnlich wie hier Fromm/Nordemann-*Nordemann* (Fn. 15), § 11 UrhWG Rn. 4.

38 Amtl. Begr. zu § 12 RegE, BT-Drs. IV/271, S. 17.

39 S. *Kępiński*, in diesem Band, § 2 (S. 30 f.).

e) Pflicht zur Aufstellung von Tarifen, § 13 Abs. 1 UrhWG

§ 13 Abs. 1 UrhWG verpflichtet die Verwertungsgesellschaften zur Aufstellung von Tarifen über die Vergütung, die sie auf Grund der von ihr wahrgenommenen Rechte und Ansprüche fordern. Der Gesetzgeber wollte auf diesem Wege einerseits im Interesse der Allgemeinheit eine gleichmäßige Behandlung aller gleichgelagerten Fälle durch die Verwertungsgesellschaft sicherstellen und andererseits es den Verwertungsgesellschaften in ihrem eigenen Interesse ersparen, in jedem Einzelfall langwierige Verhandlungen über die Vergütung zu führen.[40]

Aus Art. 108 Abs. 3 plUrhG ergibt sich, daß die polnischen Verwertungsgesellschaften Tarife vorschlagen, die, um wirksam zu werden, von der Urheberrechtskommission bestätigt werden müssen. Wohl zum Schutz des in Vertragsverhandlungen regelmäßig schwächeren Urhebers erklärt Art. 109 plUrhG Vertragsbestimmungen, die für den Urheber ungünstiger sind als die Tarife, für unwirksam. An die Stelle der Vertragsbestimmungen treten dann die bestätigten Tarife. Die Tarife legen also die Mindestvergütung für die Nutzung urheberrechtlich geschützter Werke fest. Insofern kann man sie als halbverbindlich bezeichnen.[41] In Deutschland haben das Gesetz zum Urhebervertragsrecht vom 22. März 2002, namentlich die §§ 32, 32 a, 36, 36 a und 63 a UrhG die Position der Urheber und ausübenden Künstler (§ 79 Abs. 2 S. 2 UrhG) verbessert.

f) Veröffentlichungspflicht, § 13 Abs. 2 UrhWG

§ 13 Abs. 2 UrhWG verpflichtet deutsche Verwertungsgesellschaften, ihre Tarife und jede Tarifänderung unverzüglich im Bundesanzeiger zu veröffentlichen. Zweck der Vorschrift ist, es dem großen Kreis der Nutzer des Repertoires einer Verwertungsgesellschaft zu ermöglichen, sich leicht über die geltenden Tarife zu unterrichten.[42] Im Zeitalter des Internet wäre es m. E. sinnvoller die Verwertungsgesellschaften zu verpflichten,

40 Amtl. Begr. zu § 13 RegE, BT-Drs. IV/271, S. 17 und BGH GRUR 1974, 35, 37 – Musikautomat.

41 *Kępiński*, in diesem Band, **§ 2** (S. 30), mißt Tarifen „semiimperativen Charakter" zu.

42 Amtl. Begr. zu § 13 RegE, BT-Drs. IV/271, S. 18.

Einblick in ihre Tarife auf ihrer home-page zu gewähren, was beispielsweise die GEMA ohnehin schon tut.[43]

Eine ähnliche, der Transparenz der Tätigkeit der Verwertungsgesellschaften im Außenverhältnis zu Nutzern dienende Regelung findet sich im polnischen UrhG – soweit ersichtlich – nicht. Mit Blick auf die Forderungen nach Transparenz seitens der Europäischen Kommission wäre eine solche Regelung aber wünschenswert.

g) Tarifgestaltung, § 13 Abs. 3 UrhWG

Berechnungsgrundlage für die Tarife sollen in der Regel die geldwerten Vorteile sein, die durch die Verwertung erzielt werden, § 13 Abs. 3 S. 1 UrhWG. Mit den geldwerten Vorteilen sind die Bruttoumsätze, die der Verwerter mit der Nutzung urheberrechtlicher Werke erzielt, gemeint. An dem wirtschaftlichen Risiko des Nutzers, Gewinn zu erzielen, kann der Rechteinhaber nicht beteiligt werden. Ist der Bruttoumsatz als Vergütungsparameter ungeeignet, wie etwa dann, wenn staatliche oder kirchliche Einrichtungen das Repertoire von Verwertungsgesellschaften nutzen, können sich die Tarife auf andere (pauschale) Berechnungsgrundlagen stützen, § 13 Abs. 3 S. 2 UrhWG.[44] Bei der Tarifgestaltung müssen die Verwertungsgesellschaften auf den Anteil der Werknutzung am Gesamtumfang des Verwertungsvorganges angemessen Rücksicht nehmen, § 13 Abs. 3 S. 3 UrhWG. Zum einen muß das Verhältnis zwischen dem Gesamtumfang des Verwertungsvorganges und der für die Nutzung von Urheber- und Leistungsschutzrechten verlangten Vergütung in einem angemessenen Verhältnis stehen. Zum anderen geht es um die zahlreichen Fälle, in denen durch einen Verwertungsvorgang das Repertoire mehrerer Verwertungsgesellschaften genutzt wird. Die Sätze 1 bis 3 des § 13 Abs. 3 UrhWG, die 1985 eingeführt wurden, sollen die Tarifgestaltung „durchschaubarer" machen und konkretisieren insoweit das Angemessenheitsgebot des § 11 Abs. 1 UrhWG.[45] § 13 Abs. 3 S. 4

43 Ähnlich Loewenheim-*Melichar* (Fn. 5), § 48 Rn. 27; kritisch auch Schricker-*Reinbothe* (Fn. 1), § 13 UrhWG Rn. 5.

44 Dreier/Schulze-*Schulze* (Fn. 1), § 13 UrhWG Rn. 19, stellt auf den Werkgenuß ab, von dem er Anhaltspunkte für die Bemessung der Vergütungshöhe, insbesondere solche die die Nutzungsintensität betreffen, ableitet. Fromm/Nordemann-*Nordemann* (Fn. 15), § 13 UrhWG Rn. 5 rekurriert auf den nächststehenden Tarif und im übrigen auf den Umfang der Nutzung.

45 S. zum Ganzen Schricker-*Reinbothe* (Fn. 1), § 13 UrhWG Rn. 7; Loewenheim-*Melichar* (Fn. 5), § 48 Rn. 29; Fromm/Nordemann-*Nordemann* (Fn. 15), § 13

UrhWG legt den Verwertungsgesellschaften nahe, bei der Tarifgestaltung und der Einziehung der tariflichen Vergütung auf religiöse, kulturelle und soziale Belange der Nutzer angemessen Rücksicht zu nehmen.

Die Aufsichtsbehörde prüft mit Blick auf ihre Rechtmäßigkeit *und* ihre Zweckmäßigkeit, ob die Tarife und die in Gesamtverträgen vereinbarten Vergütungssätze, die als Tarife gelten (§ 13 Abs. 1 S. 2 UrhWG), „angemessene Bedingungen“ iSv § 11 Abs. 1 UrhWG darstellen und den Konkretisierungen dieser „angemessenen Bedingungen“ in § 13 Abs. 3 UrhWG entsprechen. Das DPMA hat einen Tarif dann als unangemessen zu beanstanden, wenn Leistung und Gegenleistung in einem groben Mißverhältnis stehen.[46]

Ganz ähnlich bestimmt Art. 110 plUrhG, daß die Höhe der von einer Verwertungsgesellschaft geforderten Vergütung der Höhe der mit der Nutzung der Urheber- und Leistungsschutzrechten erzielten Einkünfte sowie Natur und Umfang der Nutzung dieser Rechte berücksichtigen muß. Eine Prüfung der Tarife findet wohl nach dem in Art. 108 Abs. 3 plUrhG beschriebenen Procedere durch die polnische Urheberrechtskommission statt: diese bestätigt die durch die Verwertungsgesellschaften vorgeschlagenen Tarife oder lehnt die Bestätigung ab.

h) Berücksichtigung technischer Schutzmaßnahmen, § 13 Abs. 4 UrhWG

§ 13 Abs. 4 UrhWG will Doppelvergütungen für Vervielfältigungen zum privaten Gebrauch nach den §§ 54 und 54 a UrhG verhindern. Bei der Gestaltung von Tarifen für die private Vervielfältigung sollen technische Schutzmaßnahmen i. S. d. § 95 a UrhG, die Vervielfältigungen unmöglich machen, ebenso (mindernd) berücksichtigt werden wie Vergütungszahlungen für die nach § 95 b UrhG ermöglichte private Vervielfältigung.[47] Mangels in der Praxis eingesetzter wirksamer *Digital Rights Management Systeme* bestand bisher kein Anlaß zu Nachlässen. Die Aufsichtsbehörde hat sich deshalb mit diesen Fragen bislang nicht beschäftigen müssen.

UrhWG Rn. 4, der auf den Umsatz als Bezugsgröße aus schadensersatzrechtlichen Erwägungen abstellt; Dreier/Schulze-*Schulze* (Fn. 1), § 13 UrhWG Rn. 16 ff.; Wandtke/Bullinger-*Gerlach* (Fn. 15), § 13 UrhWG Rn. 7 ff. jeweils m. w. N.

46 Schricker-*Reinbothe* (Fn. 1), § 13 UrhWG Rn. 11; § 11 UrhWG Rn. 6; § 19 UrhWG Rn. 2.

47 Ausführlich Dreier/Schulze-*Schulze* (Fn. 1), § 13 UrhWG Rn. 28 ff.; kritisch Loewenheim-*Melichar* (Fn. 5), § 48 Rn. 32 a.

IV. Befugnisse der Aufsichtsbehörde – Aufsichtsrechtliche Instrumentarien

Ihre Aufgabe, darauf zu achten, daß Verwertungsgesellschaften den ihnen nach UrhWG obliegenden Verpflichtungen ordnungsgemäß nachkommen (§ 19 Abs. 1 UrhWG), kann die Aufsichtsbehörde nur erfüllen, wenn ihr geeignete Befugnisse zustehen.

1. Untersagung der Fortsetzung des Geschäftsbetriebs, § 19 Abs. 2 S. 1 UrhWG

Nach § 19 Abs. 2 S. 1 UrhWG kann die Aufsichtsbehörde einer Verwertungsgesellschaft, die ohne eine Erlaubnis nach § 1 Abs. 1 UrhWG tätig wird, die Fortsetzung des Geschäftsbetriebs untersagen. Die Befugnis richtet sich gegen Verwertungsgesellschaften, die tätig werden, ohne die Erlaubnis nach § 2 UrhWG zu beantragen, denen die Erlaubnis nach § 3 UrhWG versagt worden ist und denen die Erlaubnis nach § 4 UrhWG widerrufen wurde.[48]

2. Ergreifen aller erforderlichen Maßnahmen, § 19 Abs. 2 S. 2 UrhWG

Mit § 19 Abs. 2 S. 2 UrhWG hat der Gesetzgeber dem DPMA eine Generalbefugnis an die Hand gegeben: Die Aufsichtsbehörde kann alle erforderlichen Maßnahmen ergreifen, um sicherzustellen, daß die Verwertungsgesellschaft die ihr obliegenden Verpflichtungen ordnungsgemäß erfüllt. Welche Maßnahmen die Aufsichtsbehörde ergreift, kann sie nach pflichtgemäßem Ermessen unter Berücksichtigung der Grundsätze der Verhältnismäßigkeit und Angemessenheit selbst bestimmen.[49] Dem DPMA steht allerdings kein Selbsteintrittsrecht zu.

Im polnischen UrhG fehlen dagegen Befugnisse der urheberrechtlichen Aufsichtsorgane. Teilweise hilft das polnische Vereinsrecht. Mit

48 Dreier/Schulze-*Schulze* (Fn. 1), § 19 UrhWG Rn. 14.

49 Dreier/Schulze-*Schulze* (Fn. 1), § 19 UrhWG Rn. 15; Schricker-*Reinbothe* (Fn. 1), § 19 UrhWG Rn. 2.

Kępiński[50] stimme ich darin überein, entsprechende Regelungen im polnischen System der Aufsicht über die Verwertungsgesellschaften zu schaffen.

3. Auskunft und Vorlage, § 19 Abs. 3 UrhWG

Die Aufsichtsbehörde kann von der Verwertungsgesellschaft jederzeit Auskunft über alle die Geschäftsführung betreffenden Angelegenheit sowie Vorlage der Geschäftsbücher und anderen geschäftlichen Unterlagen verlangen, § 19 Abs. 3 UrhWG. Damit soll dem DPMA die Ausübung der Aufsicht ermöglicht werden.[51] Über alles, was für die Durchführung der Aufsicht erforderlich ist, hat die Verwertungsgesellschaft die Aufsichtsbehörde zu unterrichten. Ergänzt wird das Auskunfts- und Vorlagerecht nach § 19 Abs. 3 UrhWG durch die Unterrichtungspflicht des § 20 UrhWG.

Auch nach polnischem Recht kann die Aufsichtsbehörde die Vorlage von Unterlagen verlangen. Gegenüber der analogen Anwendung des polnischen Vereinsrechts wäre allerdings eine ausdrückliche Regelung im polnischen UrhG vorzuziehen.[52]

4. Teilnahme an Gremiensitzungen, § 19 Abs. 4 UrhWG

§ 19 Abs. 4 UrhWG berechtigt das DPMA an den Gremiensitzungen der Verwertungsgesellschaften teilzunehmen. Daraus ergibt sich für die Verwertungsgesellschaft die Pflicht, das DPMA rechtzeitig über diese Sitzungen zu informieren, um der Aufsichtsbehörde die Teilnahme überhaupt zu ermöglichen.[53] In der aufsichtsrechtlichen Praxis ist die Teilnahme an diesen Sitzungen von außerordentlich großer Bedeutung.

---

50 *Kępiński*, in diesem Band, § 2 (S. 23 ff.).

51 S. *Dördelmann*, Gedanken zur Zukunft der Staatsaufsicht über Verwertungsgesellschaften, GRUR 1999, 890, 892: „Das Sammeln von Informationen stellt sich als ein wesentliches Element der Aufsichtstätigkeit dar."

52 S. *Kępiński*, in diesem Band, **§ 2** (S. 25).

53 Schricker-*Reinbothe* (Fn. 1), § 19 UrhWG Rn. 5.

5. Abberufung von Vertretungsberechtigten, § 19 Abs. 5 UrhWG

Als milderes Mittel gegenüber dem Widerruf der Erlaubnis nach § 4 Abs. 1 Nr. 1 iVm § 3 Abs. 1 Nr. 2 UrhWG kann die Aufsichtsbehörde eine Frist zur Absetzung eines unzuverlässigen Vertretungsberechtigten einer Verwertungsgesellschaft setzen und zur Abwendung schwerer Nachteile ihm die weitere Ausübung seiner Tätigkeit bis zum Ablauf dieser Frist untersagen, § 19 Abs. 5 UrhWG.

6. Festsetzung von Zwangsgeld, § 21 UrhWG

Die Aufsichtsbehörde kann Verwaltungsakte, insbesondere solche, mit denen sie die Verwertungsgesellschaften zur Einhaltung der ihnen nach dem UrhWG obliegenden Verpflichtungen anhält, nach dem Verwaltungsvollstreckungsgesetz (VwVG) vollstrecken, § 21 UrhWG. Als Vollstreckungsmaßnahme ist regelmäßig nur das Zwangsgeld bis zu einer Höhe von € 100.000 anwendbar.

7. Widerruf der Erlaubnis, § 4 UrhWG

Schärfstes Schwert der Aufsichtsbehörde ist der Widerruf der Erlaubnis. Hiervon war schon die Rede.[54]

V. Subjektiv-öffentliches Recht auf Einschreiten der Aufsichtsbehörde?

1. Wahrnehmungsberechtigte

Ob einzelnen Wahrnehmungsberechtigten, die sich mit einer Beschwerde über ihre Verwertungsgesellschaft an das DPMA wenden, ein subjektiv-öffentliches Recht auf Einschreiten der Aufsichtsbehörde und ein Anspruch auf ermessensfehlerfreie Ausübung der Aufsicht zusteht mit der Folge, daß Antwortschreiben des DPMA an Beschwer-

[54] S. o. II. 3.

deführer Verwaltungsakte darstellen, die mit Rechtsmitteln vor den Verwaltungsgerichten angegriffen werden können, ist in der Rechtsprechung bisher nicht entschieden worden und in der Literatur umstritten.

Das DPMA vertritt die Position, daß die Aufsicht den Zweck verfolgt, Gefahren zu bannen, die für die Gesamtheit der Urheber und Leistungsschutzberechtigten sowie der Nutzer entstehen können, wenn die Verwertungsgesellschaften ihre Tätigkeit nicht sorgfältig und unter Einhaltung der gesetzlichen Bestimmungen ausüben. Soweit hierdurch gleichzeitig der einzelne Berechtigte begünstigt wird, handelt es sich um bloße Rechtsreflexe der im Interesse der Allgemeinheit erlassenen Schutzvorschriften des UrhWG. Ein subjektiv-öffentliches Recht des Wahrnehmungsberechtigten auf Einschreiten besteht nicht, da das DPMA bei Ausübung der Staatsaufsicht allein im öffentlichen Interesse tätig wird. Unter Zugrundelegung dieser Auffassung wertet das DPMA Anträge auf aufsichtsrechtliches Einschreiten, Beschwerden oder sonstige Eingaben, die die Tätigkeit von Verwertungsgesellschaften betreffen, als Anregung für eine Prüfung von Amts wegen. Antwortschreiben an Einsender stellen deshalb keine Verwaltungsakte dar; sie haben vielmehr den Charakter von Mitteilungen darüber, wie das DPMA als Aufsichtsbehörde das Verhalten der Verwertungsgesellschaft beurteilt. Deshalb können diese informatorischen Schreiben nicht mit dem Rechtsmittel des Widerspruchs angegriffen werden.

2. Nutzer

Mit Blick auf Nutzer besteht in der Literatur dagegen weitgehend Einigkeit: Weil Nutzer zur Wahrung ihrer Rechte nicht allein auf ein Vorgehen gegen die Aufsichtsbehörde angewiesen sind, sondern ihnen auch das Schiedsstellenverfahren bzw. der Weg zu den Gerichten offensteht, steht jedenfalls Nutzern kein subjektiv-öffentliches Recht auf Einschreiten der Aufsichtsbehörde und kein Anspruch auf ermessensfehlerfreie Ausübung der Aufsicht zu.[55] Entsprechendes gilt freilich auch für die Wahrneh-

55 So Schricker-*Reinbothe* (Fn. 1), § 18 UrhWG Rn. 2. S. auch Dreier/Schulze-*Schulze* (Fn. 1), § 19 UrhWG Rn. 10; *Meyer*, Verwertungsgesellschaften und ihre Kontrolle nach dem Urheberrechtswahrnehmungsgesetz (2001), S. 130; *Wirtz*, Die Kontrolle von Verwertungsgesellschaften (2002), S. 54.

mungsberechtigten: sie haben die Möglichkeit, die sie belastenden Maßnahmen der Verwertungsgesellschaft durch die (fachkundigen) ordentlichen Gerichte überprüfen zu lassen.[56]

[56] Loewenheim-*Melichar* (Fn. 5), § 50 Rn. 21.

Diskussionsbericht zu §§ 2 und 3

Dr. Tilo *Gerlach* (Geschäftsführer der GVL) merkte zu dem Beitrag von *Kępiński* an, daß der nach der polnischen Rechtslage mögliche Wettbewerb mehrerer Verwertungsgesellschaften auf demselben Tätigkeitsgebiet im Vergleich mit Deutschland ein vollkommen anderes Modell darstelle. In diesem Zusammenhang stellte er die Frage, wie die polnische Urheberrechtskommission bei Außenseitern in der Praxis feststellen soll, welcher konkurrierenden Verwertungsgesellschaft diese Künstler oder Rechteinhaber zuzuordnen seien. *Kępiński* wies darauf hin, daß dies wenig transparent sei, da die die Entscheidungen der polnischen Urheberrechtskommission nicht veröffentlicht werden. Allerdings habe die polnische Urheberrechtskommission seines Wissens ohnehin noch keine Entscheidung über die Zuordnung eines Berechtigten zu einer Verwertungsgesellschaft getroffen. Die Tätigkeit der Urheberrechtskommission, deren Aufgaben zwischen denen eines Schiedsgerichts und eines Verwaltungsorgans lägen, wird nach Ansicht von *Kępiński* von den polnischen Verwertungsgesellschaften kritisch beurteilt. In dem von ihm erwähnten Gesetzesentwurf[1] sei deshalb eine Beschränkung der Aufgaben der Urheberrechtskommission vorgeschlagen worden.

Drexl griff ein Thema auf, das in der jüngsten Zeit im Zusammenhang mit der europäischen Diskussion eine große Rolle gespielt hat. Obwohl die Arbeiten der Kommission mit dem *Echerer*-Bericht des Parlaments[2] nicht vollständig übereinstimmten, bestehe doch zumindest in einem Punkt Übereinstimmung: Es wird besorgt, die Verwertungsgesellschaften würden ausländische Wahrnehmungsberechtigte schlechter behandeln, ins-

1 Regierungsentwurf zur Änderung des Gesetzes über Urheberrecht und verwandte Schutzrechte vom 19. 1. 2004, Drucksache des Sejm [Druk sejmowy] Nr. 2465; abrufbar unter: http://ks.sejm.gov.pl/proc4/opisy/2465.htm (zuletzt gesichtet am 12. 12. 2005). Vgl. dort S. 8 ff. Der Regierungsentwurf wurde nach mehreren Änderungen ohne die Vorschriften zur Änderung des Kapitels 12 über die Verwertungsgesellschaften am 1. 4. 2004 angenommen (Dz.U. 2004, Nr. 91 Pos. 869).

2 Europäisches Parlament, final A5-0478/2003 vom 11. 12. 2003. Das Parlament hat den Bericht mit der in **Anhang II** abgedruckten Entschließung angenommen.

besondere ihm Rahmen von Gegenseitigkeitsverträgen. In einer Mitarbeiterstudie der Kommission[3] seien Statistiken enthalten, die eine solche Vorgehensweise von verschiedenen Verwertungsgesellschaften mehr oder weniger stark ausgeprägt belegten. Man habe im Ergebnis festgestellt, daß eben jene Wahrnehmungsberechtigten, die nicht direkt, sondern nur auf der Grundlage von Gegenseitigkeitsverträgen vertreten werden, geringere Ausschüttungen erhielten. *Drexl* stellte die Frage, inwieweit das nationale deutsche Aufsichtsrecht hinreichende Möglichkeiten biete, um gegen solche Diskriminierungen vorzugehen und ob dies in der Praxis auch schon eine Rolle gespielt habe. Prof. Dr. Jürgen *Becker* (Stellvertretender Vorstandsvorsitzender und Chefsyndikus der GEMA) wollte diese Frage unter dem Vorbehalt gestellt wissen, daß es solche Diskriminierungen auch tatsächlich gäbe. Dem entgegnete *Drexl*, daß die Mitarbeiterstudie solche Ungleichbehandlung immerhin nahelege. Allerdings bezöge sich die Sorge der Ungleichbehandlung weniger auf die deutschen Verwertungsgesellschaften als jene kleinerer Länder wie beispielsweise Dänemark. Die Verwertungsgesellschaften jener Länder hätten verhältnismäßig wenige Berechtigte, so daß eigentlich ein Großteil der Einnahmen über Gegenseitigkeitsverträge in das Ausland abfließen müßte. Wenn das tatsächlich nicht erfolge, so bestehe Anlaß, eine Ungleichbehandlung zu besorgen.

Himmelmann wies zunächst darauf hin, daß die Aufsichtsbehörde von Mißständen gewöhnlich durch Eingaben von Beschwerten erfahre. Zumindest im Zeitraum der letzten sieben Jahre sei eine Ungleichbehandlung ausländischer Rechteinhaber durch deutsche Verwertungsgesellschaften nicht beklagt worden. Spätestens durch den Beitrag von *Prof. Dr. Peter Lerche* im GEMA Jahrbuch 1997/98[4] sei auch die bekannte Diskussion um den 10%-Abzug für kulturelle und soziale Zwecke in Gegenseitigkeitsverträgen von der politischen Agenda genommen. Einen Lösungsansatz für das von *Drexl* aufgeworfene Problem sah *Himmelmann* in den Gegenseitigkeitsverträgen. So gebe es zumindest im Mustervertrag

---

3 Commission Staff Working Dokument of 7 July 2005, Study on a Community Initiative on the cross-border collective management of copyright, http://www.europa.eu.int/comm/internal_market/copyright/docs/management/study-collectivemgmt_en.pdf (zuletzt gesichtet am 12. 12. 2005), S. 25.

4 *Lerche*, Rechtsfragen der Verwirklichung kultureller und sozialer Aufgaben bei der kollektiven Wahrnehmung von Urheberrechten, insbesondere mit Blick auf den sog. 10%-Abzug der GEMA, GEMA Jahrbuch 1997/98, S. 80–127.

für das mechanische Recht in Art. VIII[5] die Regelung, daß sich die vertragsschließenden Verwertungsgesellschaften im Bereich der Ausführung des Vertrages gegenseitig kontrollieren dürfen. Besorgt eine Verwertungsgesellschaft, daß die Schwestergesellschaft nicht ordnungsgemäß abrechne, kann sie Nachforschungen anstellen. In der Praxis war *Himmelmann* ein solches Vorgehen allerdings unbekannt.

In der polnischen Praxis wird die von *Drexl* gestellte Frage nach Auskunft von *Kępiński* nicht diskutiert. Indessen sei diese Beurteilung nicht gesichert, da die entsprechenden Entscheidungen in Polen nicht veröffentlicht würden. Allerdings würde in Polen bisweilen beanstandet, daß *zuviel* Geld in das Ausland abfließe und nicht an die polnischen Berechtigten ausgeschüttet würde. Der aus Deutschland bekannte Abzug von 10% für soziale Zwecke sei im übrigen zwar im Entwurf des polnischen Urheberrechtsgesetzes noch vorgesehen gewesen[6], letztlich aber nicht in das Gesetz aufgenommen worden.

Aus der Praxis der GEMA berichtete *Becker*, daß es keine Ungleichbehandlung zwischen Berechtigten, die GEMA-Mitglieder sind, und solchen, deren Rechte auf Grundlage von Gegenseitigkeitsverträgen wahrgenommen werden, gebe. Es komme aber durchaus vor, daß sich Mitglieder der GEMA beschwerten, eine Nutzung ihrer Werke in Drittstaaten sei nicht abgerechnet worden. Diesen Fällen gehe die Auslandsabteilung der GEMA nach und der reklamierende Berechtigte erhalte seine verdiente Vergütung. Im Spezialgebiet des Exports von Fernsehproduktionen habe die GEMA in jüngster Zeit Verträge mit den Exportorganisationen des Fernsehens geschlossen, so daß die GEMA schon im vorhinein wisse, wohin welche Sendungen exportiert werden.

Vor dem Hintergrund der Pläne der inzwischen abgewählten rot-grünen Regierung, den wirtschaftlichen Verein abzuschaffen, stellte Prof. Dr. Detlev W. *Belling*, M. C. L. (Universität Potsdam) die Frage, welche Vorteile die Rechtsform des wirtschaftlichen Vereins im Vergleich zur Rechtsform der GmbH für die Verwertungsgesellschaften biete. Ihn interes-

---

5 Mustervertrag im EU-Bereich für das Vervielfältigungsrecht gemäß BIEM-Standardvertrag, abgedruckt in: GEMA Jahrbuch 2004/05, S. 256 ff.

6 Regierungsentwurf zur Änderung des Gesetzes über Urheberrecht und verwandte Schutzrechte vom 19. 1. 2004, Drucksache des Sejm [Druk sejmowy] Nr. 2465; abrufbar unter: http://ks.sejm.gov.pl/proc4/opisy/2465.htm (zuletzt gesichtet am 12. 12. 2005). Vgl. dort der Vorschlag für Art. 109[1] und Begründung, S. 9.

sierte, ob man, falls die Vorteile gravierend sein sollten, nicht deshalb an der Rechtsform des wirtschaftlichen Vereins festhalten solle. *Himmelmann* wies darauf hin, daß das deutsche Wahrnehmungsgesetz den Verwertungsgesellschaften keine bestimmte Rechtsform vorschreibe. Die Rechtsformen der deutschen Verwertungsgesellschaften – wirtschaftlicher Verein und GmbH – seien vor allem historisch bedingt. Allerdings ergäben sich bei der Rechtsform der GmbH einige Probleme.[7] So seien bei einer Verwertungsgesellschaft, die als Verein organisiert ist, die Berechtigten auch zugleich Vereinsmitglieder und könnten die Verwertungsgesellschaft so unmittelbar steuern. Bei einer Verwertungsgesellschaft in GmbH-Form müßten die Gesellschafter nicht notwendig auch die Berechtigten sein. Für diesen Fall sehe zwar § 6 Abs. 2 UrhWG eine „gemeinsame Vertretung" vor. Beim wirtschaftlichen Verein ließen sich die Mitwirkungsrechte aber leichter verwirklichen als bei einer GmbH. Obwohl in der Praxis bei den Verwertungsgesellschaften mbH normalerweise die Berechtigten zugleich auch selbst Gesellschafter oder doch an Gesellschaftern beteiligt sind, gebe es auch Ausnahmen, in denen kein Gesellschafter zugleich Berechtigter ist[8]. Damit hier die Mitbestimmungsrechte der Berechtigten, die im Beirat gem. § 6 Abs. 2 UrhWG vertreten sind, auch tatsächlich zum Tragen kommt, übe die Aufsichtsbehörde eine entsprechende Kontrolle aus.

Martin Bredol/Aleksandra Mojkowska

7 Vgl. *Dördelmann*, Die gemeinsame Vertretung der Wahrnehmungsberechtigten nach § 6 Abs. 2 WahrnG, in: Schertz/Omsels (Hrsg.), Festschrift Hertin (2000), S. 31–52.

8 Wie z. B. die GVL.

Abschnitt 2
Die Rechtsbeziehungen zwischen Verwertungsgesellschaft und Berechtigtem

§ 4 Die Rechtsbeziehungen zwischen Verwertungsgesellschaft und Urheber – Das polnische Recht Dargestellt am Beispiel der Verwertungsgesellschaft ZAIKS*

Jerzy Andrzej Badowski

Übersicht

* Übersetzung aus dem Polnischen – Dr. Robert Rogala (Jagiellonen Universität, Krakau). Der Verfasser möchte sich bei Herrn Prof. Dr. A. Dietz (Max-Planck-Institut, München) und Herrn Prof. Dr. K. Riesenhuber (Europa-Universität Viadrina, Frankfurt [Oder]) für ihre wertvolle Hilfe in der Vorbereitung des endgültigen Wortlauts des Beitrags in der deutschen Fassung herzlichst bedanken.

I. Einführung

Die Problematik der rechtlichen Grundlagen des Verhältnisses zwischen dem Urheber und der Verwertungsgesellschaft ist fundamentaler Bestandteil einer weit reichenden Regelung, die das ganze Gebiet der kollektiven Wahrnehmung von Urheberrechten umfaßt. Wenn auch die gesetzliche Regelung dieses Gebiets in Polen durch die im Urheberrechtsgesetz vorgesehene Vorschriftengruppe kaum älter ist als zehn Jahre alt, hat die kollektive Wahrnehmung von Urheberrechten in Polen eine langjährige Tradition, die untrennbar mit der Verwertungsgesellschaft ZAIKS verbunden ist.[1]

Die im Jahre 1918 gegründete ZAIKS ist nicht nur eine der ältesten existierenden Organisationen zur kollektiven Wahrnehmung von Urheberrechten (nachfolgend auch „Verwertungsgesellschaft“)[2] in der Welt, sondern nach ihrem wirtschaftlichen Gewicht auch die bedeutendste

1 *Dietz*, 50 Jahre polnische Autorengesellschaft ZAIKS, UFITA 66 (1973), 55 ff; *Rembarz*, Zur Arbeit einer Verwertungsgesellschaft im ehemaligen Ostblock am Beispiel von ZAIKS in Polen, (Diplomarbeit) Berlin 2000.

2 Verwertungsgesellschaften werden im polnischen Urheberrecht als „Organisationen zur kollektiven Wahrnehmung“ bezeichnet, Art. 104 Abs. 1 plUrhG. In diesem Beitrag werden die Begriffe „Verwertungsgesellschaft“ und „Organisation zur kollektiven Wahrnehmung von Urheberrechten“ synonym gebraucht,

Verwertungsgesellschaft in Mittel- und Osteuropa. Sie nimmt heute vor allem die Urheberrechte an folgenden Werkarten wahr:

- Musikwerken mit und ohne Text, einschließlich dramatisch-musikalischer Werke und
- Sprachwerken, dramatischen Werken, einschließlich Werken an einem Drehbuch, an Übersetzungen der Dialoge und an choreographischen Werken.

Die Gesamteinnahmen aus den Urhebervergütungen betrugen im Jahr 2004 rund € 50 Mio.

Die Erörterung der aktuellen Rechtslage erfordert zuerst eine kurze Darstellung der Entwicklung in Polen bis zur ersten gesetzlichen Regelung des Wahrnehmungsrechts im Jahr 1994.[3] Diese Entwicklung ist Teil einer weitergehenden Tendenz zur Anpassung des Rechts in den Staaten Mittel- und Osteuropas an das EU-Rechtssystem.[4]

Das wichtigste Charakteristikum der Rechtsbeziehungen zwischen dem

---

es wird ferner für die Bezeichnung der Rechtsform beider Organisationen einheitlich der Begriff „Verein" verwendet.

3 Gesetz über Urheberrecht und verwandte Schutzrechte vom 4. 2. 1994 (im folgenden auch plUrhG), Dz.U. 1994 Nr. 24 v. 23. 2. 1994, Pos. 83, 301; deutsche Übersetzung GRUR Int. 1994, 479 ff., mit späteren Änderungen, konsolidierte Fassung Dz.U. 2000 Nr. 80, Pos. 904; deutsche Übersetzung GRUR Int. 2004, 301 ff. Wenn nicht anders vermerkt, betreffen alle Bemerkungen im Text die konsolidierte Fassung. Die vollständige Besprechung der grundlegenden Vorschriften dieses Gesetzes findet man bei *Dietz*, Polen. Einführung, in: Katzenberger/Schricker/E. Schulze/Zweigert (Hrsg), Quellen des Urheberrechts (Stand 54. Lieferung Mai 2004). Grundlegende Informationen zum plUrhG von 1994 bei *Badowski*, Das neue polnische Gesetz über Urheberrecht und verwandte Schutzrechte, GRUR Int. 1994, 465–469; vgl. auch die Literaturhinweise bei *Badowski*, „Kleine Novelle" zum polnischen Urheberrechtsgesetz von 1994, GRUR Int. 2001, 291–300 (dort Fn. 2). Über die spätere Novellierung *Badowski*, Erneute Novellierung und Weiterentwicklung des polnischen Urheberrechts, GRUR Int. 2004, 289–301.

4 *Kopff*, Zur Reform des polnischen Urheberrechts, GRUR Int. 1989, 821 ff; *Dietz*, Tendenzen der Entwicklung des Urheberrechts in den Ländern Mittel- und Osteuropas, UFITA 129, 5 ff; *von Lewinski*, Copyright in Central and Eastern Europe: An Intellectual Property Metamorphosis, Fordham Intel. Property, Media & Ent. L. J., vol. VIII (1997), Nr. 1, 39 ff; *Wandtke*, Entwicklungstendenzen des Urheberrechts in Osteuropa (unter besonderer Berücksichtigung der Gesetze in Polen, Rußland, Ungarn sowie in Tschechien und der Slowakei), GRUR Int. 1995, 564 ff.

Urheber und der ZAIKS war schon vor der gesetzlichen Regelung im Jahr 1994 die Tatsache, daß sie im Rahmen eines zivilrechtlichen Vertrages geregelt wurden. Das war auch schon in der Zeit nach dem Zweiten Weltkrieg der Fall, weil die ZAIKS als einzige Organisation zur kollektiven Wahrnehmung von Urheberrechten in dieser Region Europas die Rechtsform eines Vereins und damit einen privatrechtlichen Status beibehalten hat.[5]

Die ZAIKS nahm in dieser Zeit die Rechte der Urheber unterschiedlichster Tätigkeitsbereiche in einer einzigen Organisation wahr. Mag diese Alleinstellung ihren Grund auch in dem für das politische System dieser Zeit charakteristischen Streben nach Vereinheitlichung aller Aktivitäten in sämtlichen Bereichen des sozialen und wirtschaftlichen Lebens haben, so sind seine positiven Seiten doch nicht zu verleugnen. Neben der Rolle eines Integrationsfaktors, der sich in dieser Zeit zweifelsohne günstig auf das Urhebermilieu ausgewirkt hat, hat die ZAIKS als eine multidisziplinar konzipierte Urhebergesellschaft auch eine andere Aufgabe übernommen; sie hat nämlich den Urhebern eine starke Stellung in den Beziehungen mit den staatlichen Verwertern verschafft, deren Kenntnisse und Respektierung des Urheberrechts viel zu wünschen übrig ließen. Die Wahrung und Förderung des Urheberrechtsschutzes war seit dieser Zeit ein zentraler Bestandteil der Aktivitäten von ZAIKS; das hat seinen Niederschlag auch in den verschiedenen Fassungen der ZAIKS-Satzung gefunden.

Ein zentrales Prinzip der Satzungsbestimmungen ist, daß die schöpferische Tätigkeit selbst die Grundlage für die Rechtsbeziehungen zwischen der ZAIKS und den Rechteinhabern bilden muß, nicht allein die Verwertung der Rechte. In diesem Zusammenhang sind Urheber verschiedenster Art Mitglieder der Verwertungsgesellschaft geworden. Sie sehen die Verwertungsgesellschaft als ihre Selbstverwaltung an, die ihnen Obhut und Hilfe gewährt, unabhängig davon, ob ihre Werke von den Verwertern genutzt werden oder nicht. Es ist also kein bloßer Zufall, daß in den Satzungsbestimmungen der Urheberrechtsschutz und die damit verbundene soziale Tätigkeit und nicht die Verwaltung von Urheberrechten bei der Verwertung der Werke der ZAIKS-Mitglieder in den Vordergrund gestellt wurden. Gleichzeitig unterliegt es aber keinem Zweifel, daß die kollektive Wahrnehmung von Urheberrechten die zentrale satzungs-

5 Andere Organisationen waren Einrichtungen des öffentlichen Rechts, in der Regel Büros der Staatsverwaltung.

mäßige Aufgabe der ZAIKS als Verwertungsgesellschaft ist. Obwohl die Satzungsbestimmungen bis heute nicht geändert worden sind, berücksichtigt der neu formulierte Wahrnehmungsvertrag die Funktionen der ZAIKS als Organisation zur kollektiven Wahrnehmung von Urheberrechten in viel größerem Maße als bisher.

Dieser Beitrag ist zwar vor allem der Problematik der Rechtsbeziehungen zwischen Urheber und Verwertungsgesellschaft im Bereich der Wahrnehmung von Urheberrechten gewidmet; doch kann man nicht umhin, die durch die ZAIKS seit ihrer Gründung ausgeübte, weitreichende soziale Tätigkeit zugunsten ihrer Mitglieder (§ 4 Pkt. 9 ZAIKS-Satzung) und die Initiativen zum Zweck der Verbesserung und der Förderung des Urheberrechts in Polen (§ 3 Pkt. 4 ZAIKS-Satzung)[6] zu erwähnen. Das polnische Urheberrechtsgesetz enthält zwar keine dem § 8 UrhWG entsprechende Vorschrift, doch hat man die Wahrnehmung von kulturellen und sozialen Aufgaben stets als ureigenste Aufgabe der Verwertungsgesellschaft für ihre Mitglieder angesehen.

Das komplexe Gesamtgefüge der Rechtsbeziehungen zwischen Urheber und Verwertungsgesellschaft und die polnische Rechtslage in Einzelheiten darzustellen, würde den vorgegebenen Rahmen sprengen. Ich beschränke mich daher darauf, ausgewählte Einzelfragen zu erörtern. Dabei liegt das Hauptaugenmerk auf dem zivilrechtlichen Charakter der Regelungen. Diese Fragen sollen hier exemplarisch für den Tätigkeitsbereich einer musikalischen Verwertungsgesellschaft erörtert werden. Es geht daher primär um die Rechtsbeziehungen zwischen Komponisten und Textdichtern einerseits und der Verwertungsgesellschaft andererseits. Sie prägen den Tätigkeitsbereich der ZAIKS in höchstem Maße und ermöglichen einen Vergleich mit dem System der deutschen GEMA.

Ein grundlegender Unterschied der beiden Rechtssysteme ist vorab hervorzuheben. Während das Wahrnehmungsrecht allgemein und auch die Rechtsbeziehungen zwischen Urheber und Verwertungsgesellschaft im besonderen in Deutschland seit langem in einem Sondergesetz geregelt sind, gibt es in Polen erst seit kurzem eine besondere Regelung. Sie findet sich im Urheberrechtsgesetz von 1994 und fällt zudem ausgesprochen knapp aus. Der Gesetzgeber hat die Regelung weitgehend der privatautonomen Vereinbarung zwischen den Parteien überlassen. Daher

6 Vgl. *Püschel*, Polen: Urheberrecht – Konferenz zu neuen Medien, in: Börsenblatt für den Deutschen Buchhandel, Leipziger Ausgabe 1984, S. 576 und 577.

kommt dem Wahrnehmungsvertrag im polnischen Rechtssystem eine größere Bedeutung zu.

Die Beziehungen zwischen Urheber und Verwertungsgesellschaft werden grundsätzlich durch das Mitgliedschaftsverhältnis (II) und den Vertrag über die kollektive Wahrnehmung von Urheberrechten (III) begründet.

II. Mitgliedschaftliche Rechtsbeziehungen

1. Organisationsform

Anders als das deutsche Recht, das den Verwertungsgesellschaften die Wahl der geeigneten Rechtsform überläßt, sind die Verwertungsgesellschaften in Polen als Verein zu organisieren (Art. 104 Abs. 1 plUrhG). Der Verein gilt gemäß Art. 2 Abs. 1 des polnischen Vereinsgesetzes (plVereinsG)[7] als freiwillige, selbstverwaltete und ständige Vereinigung, deren Tätigkeit ohne Gewinnerzielungsabsicht ausgeübt wird.

2. Vereinszweck und Mitgliedschaft

Mitglied des Vereins kann werden, wer die polnische Staatsangehörigkeit ohne Aberkennung der bürgerlichen Ehrenrechte besitzt und wer – prinzipiell – geschäftsfähig ist (Art. 3 Abs. 1 plVereinsG). Soweit die Satzung des Vereins dies zuläßt, können auch Ausländer und Personen, die in Polen keinen Wohnsitz haben, Mitglieder im Verein werden (Art. 4 Abs. 2 plVereinsG).[8]

Die Zwecke des Vereins bestimmt die Satzung. Zweck der ZAIKS ist u. a. der Urheberrechtsschutz, die Hilfe bei der Ausübung der Urheberrechte

---

7 Gesetz über das Vereinsrecht vom 7. 4. 1989, Dz.U. 1989, Nr. 20, Pos. 104 mit späteren Änderungen, konsolidierte Fassung Dz.U. 2001, Nr. 79, Pos. 855 mit späteren Änderungen; auszugsweise abgedruckt in **Anhang I** (S. 263 ff.).

8 Vgl. *Radwan*, Wolność zrzeszania się cudzoziemców według prawa polskiego, wspólnotowego oraz postulatów polityki prawa [Vereinigungsfreiheit der Ausländer im Lichte des polnischen Rechts, des Gemeinschaftsrechts und der Forderungen der Rechtspolitik], Państwo i Prawo [Staat und Recht] 2005, Nr. 5, 55 ff.

und die damit verbundene Vertretung der Interessen der Urheber, die dem Verein angehören (§ 1 Abs. 1 und § 3 Pkt. 1 der ZAIKS-Satzung).

Die Satzung der ZAIKS unterscheidet zwischen zwei Gruppen von Mitgliedern: ordentlichen und außerordentlichen Mitgliedern (§ 6 ZAIKS-Satzung). Ordentliche Mitglieder verfügen über volle Vereinsrechte (§ 9 Abs. 1 ZAIKS-Satzung). Außerordentlichen Mitgliedern steht das aktive und das passive Wahlrecht nicht zu (§ 9 Abs. 2 der Satzung). Nach der Satzung ist die Vereinsmitgliedschaft an bestimmte Voraussetzungen geknüpft. Diese sind gemäß § 5 ZAIKS-Satzung:

- eine schöpferische Tätigkeit, die Gegenstand des Urheberrechts ist,
- schöpferische Leistungen, die in den Bestimmungen der Satzung festgesetzt sind und
- der Abschluß eines Vertrages über die kollektive Wahrnehmung mit dem Verein.

Die Voraussetzungen für die Erlangung der Mitgliedschaft sind demnach nicht schwer zu erfüllen. Insbesondere fehlt es an einer ertragsabhängigen Voraussetzung, die den Zugang zur Mitgliedschaft vom wirtschaftlichen Erfolg des Rechteinhabers abhängig machen würde. Das ist einerseits positiv zu bewerten, da so zahlreiche Urheber an der Vereinstätigkeit mitwirken können. Auf der anderen Seite ist nicht zu übersehen, daß diese Regelung der Tätigkeit einer Verwertungsgesellschaft nicht vollständig gerecht wird. Das betrifft vor allem den Entscheidungsprozeß. Da alle Mitglieder nach dem Gleichbehandlungsgrundsatz (unabhängig von ihrem Ertrag) über *eine* Stimme verfügen, kann die große Zahl der Urheber, die nur gelegentlich Werke schaffen oder deren Werke nur wenig genutzt werden, die anderen Urheber majorisieren. Das hat sich in der Praxis der ZAIKS bislang zwar nicht negativ ausgewirkt. Gleichwohl bin ich der Meinung, daß eine Verwertungsgesellschaft in ihrer Satzung die Möglichkeit vorsehen sollte, den Einfluß der Urheber zu beschränken, deren Rechte in wirtschaftlicher Hinsicht geringe Bedeutung haben.[9]

Anders als die GEMA kennt die ZAIKS nicht die dritte Kategorie der „angeschlossenen Mitglieder" (§ 6 Abs. 2 GEMA-Satzung).[10] Das hat zur

---

9 Wegen einer derartigen Regelung im deutschen System vgl. etwa *Peinemann*, Die Pflichten der Verwertungsgesellschaften gegenüber den Urhebern und Leistungsschutzberechtigten, UFITA 52 (1969), 153, 157.

10 Satzung der GEMA in der Fassung vom 24./25. Juni 2003 (im folgenden „GEMA-Satzung"), vgl. *Dördelmann*, Die gemeinsame Vertretung der Wahr-

Folge, daß eine große Zahl von Urhebern, die die Voraussetzungen der Vereinsmitgliedschaft nicht erfüllen, außerhalb der formalen Strukturen des Vereins bleibt. Ihre Beziehungen zum Verein werden ausschließlich durch den Wahrnehmungsvertrag geregelt. Hinzukommt, daß weder das polnische Urheberrechtsgesetz noch das polnische Vereinsgesetz eine institutionelle Vertretung dieses Urheberkreises vorsehen; es fehlt an einer Regelung, wie sie in Deutschland § 6 Abs. 2 UrhWG enthält.

M. E. wäre die Einführung einer gesetzlichen oder satzungsmäßigen Regelung erforderlich, die es dieser Urhebergruppe ermöglichen würde, gegenüber der Verwertungsgesellschaft eine eigene Position einzunehmen und bei der Festlegung ihres Tätigkeitsbereichs in mancher Hinsicht mitzubestimmen, ohne daß die Mitglieder der ZAIKS ihre hervorgehobene Stellung im Verein verlieren.

3. Die Rechtsstellung der Verleger

Ein weiterer Unterschied zu den Verwertungsgesellschaften zahlreicher anderer Länder (darunter auch zur GEMA) liegt darin, daß der ZAIKS ausschließlich Urheber, nicht auch Musikverleger als Vereinsmitglieder angehören können. Das hat zum einen historische Gründe; in der zweiten Hälfte des 20. Jahrhunderts hat es in Polen etwa 40 Jahre lang keine privaten Musikverlage gegeben. Zum anderen ist dies durch die geltenden Bestimmungen des polnischen Urheberrechtsgesetzes und der ZAIKS-Satzung bedingt. Verleger gehören zum einen nicht zu den in Art. 104 Abs. 1 plUrhG genannten Mitgliedern von Verwertungsgesellschaften; zum anderen können nach der ZAIKS-Satzung nur natürliche Personen Mitglied werden („Organisation, die Urheber vereinigt" – § 1 Abs. 1 ZAIKS-Satzung). Derzeit nimmt die ZAIKS die Verlegerrechte daher nur aufgrund eines schuldrechtlichen Vertrags wahr, der dem Wahrnehmungsvertrag zwischen Urheber und Verwertungsgesellschaft ähnelt.[11]

Es ist nicht auszuschließen, daß in Zukunft auch Verleger Mitglied der Verwertungsgesellschaft werden können. Allerdings ist zu bemerken,

---

nehmungsberechtigen nach § 6 Abs. 2 WahrnG, in: Schertz/Omsels (Hrsg.), Festschrift für Hertin (2000), S. 31 ff.

11 Näheres dazu unten III 3 d.

daß der ausschließlich von Urhebern geprägte Charakter einer Verwertungsgesellschaft eine effektive Ausübung der Urheberrechte begünstigt.

III. Vertragliche Rechtsbeziehungen

1. Der Wahrnehmungsvertrag als Schuldvertrag

Im polnischen Rechtssystem ist der Vertrag über die kollektive Wahrnehmung von Urheberrechten weder im Zivilgesetzbuch noch anderweitig – sei es in einem Gesetz oder in Vorschriften niedrigeren Ranges – als Vertragstyp geregelt. Es handelt sich um einen unbenannten Vertragstyp. Die Zulässigkeit solcher unbenannter Verträge ist in der polnischen Zivilrechtsdoktrin allgemein anerkannt.[12] Sie ergibt sich aus dem Grundsatz der Vertragsfreiheit, der auch dem polnischen Vertragsrecht zugrunde liegt. Die Parteien können ihre Rechtsbeziehungen nach freiem Willen gestalten, soweit dies mit dem Gesetz und den Grundsätzen des gesellschaftlichen Zusammenlebens im Einklang steht (Art. 353^1 plZGB).[13] Die Vertragsfreiheit bedeutet die Freiheit, einen Vertrag zu schließen und seinen Vertragspartner auszuwählen, die Freiheit, den Inhalt des Vertrags zu bestimmen und zu ändern, und die Freiheit, den Vertrag zu beenden. Der Gesetzgeber hat den Grundsatz der Vertragsfreiheit zum Schutze des Urhebers zwar in bestimmten Fällen eingeschränkt, es ist aber allgemein anerkannt, daß er auch im Urhebervertragsrecht gilt.[14]

Als unbenannter Vertrag unterliegt der Wahrnehmungsvertrag den allgemeinen Vorschriften des ZGB über Verträge. Insbesondere finden die allgemeinen Vorschriften über Rechtsgeschäfte (insbesondere Art. 56 ff. plZGB), die allgemeinen Vorschriften über Schuldverhältnisse (Art. 353 ff. plZGB) und andere Vorschriften des Schuldrechts Anwen-

12 Vor allem *Gawlik*, Pojęcie umowy nienazwanej [Begriff des unbenannten Vertrages], Studia Cywilistyczne [Zivilistische Studien], Bd. XVIII (1971), 5 ff.

13 *Safjan*, Zasada swobody umów – (Uwagi wstępne na tle wykładni art. 353^1 kc) [Prinzip der Vertragsfreiheit (Vorbemerkungen zur Auslegung des Art. 353^1 plZGB)], Państwo i Prawo [Staat und Recht] 1993, Nr. 4, 12 ff.

14 Vgl. über diese Einschränkungen im polnischen Urheberrechtsgesetz, *Traple*, Einschränkungen der Vertragsfreiheit im polnischen Urheberrecht im Hinblick auf die Notwendigkeit des besonderen Urheberschutzes, FS Nordemann, München 2004, S. 657 ff.

dung, etwa die Vorschriften über Erfüllung von Schuldverhältnissen, die Folgen der Nichterfüllung (Art. 450 ff. plZGB) sowie die allgemeinen Vorschriften über vertragliche Schuldverhältnisse (Art. 384 ff. plZGB). Zusätzlich können die Regeln über besondere Verträge entsprechend anwendbar sein, etwa die Vorschriften des Auftragsrechts (Art. 734 ff. plZGB).

2. Vertragsabschluß

Ähnlich wie im deutschen Recht (§ 6 Abs. 1 UrhWG) sind auch im polnischen Recht die Verwertungsgesellschaften verpflichtet, die kollektive Wahrnehmung eines Urheberrechts zu übernehmen (Art. 106 Abs. 3 plUrhG); es gibt einen Wahrnehmungszwang im Sinne der Verpflichtung zur „Übernahme der Ausübung der kollektiven Wahrnehmung". Darunter ist eine Gesamtheit von rechtlichen und tatsächlichen Maßnahmen zu verstehen, deren Zweck es ist, dem Urheber für die Nutzung seiner Werke einen wirtschaftlichen Gegenwert zu verschaffen und seine Urheberrechte zu schützen. Soweit weitergehend eine Pflicht der Verwertungsgesellschaften angenommen wird, potentielle Lizenznehmer zu suchen,[15] handelt es sich freilich um eine verkürzte Formulierung. Die Verwertungsgesellschaften sind zwar dazu verpflichtet, Werknutzungen zu kontrollieren und Lizenzverträge mit Nutzern abzuschließen. Eine darüber hinaus gehende Pflicht, die Werke (einzelner oder aller) Urheber zu „plazieren" und/oder für sie zu werben, ist hingegen nicht anzuerkennen.

Der Wahrnehmungszwang gilt gegenüber natürlichen und juristischen Personen. Die Regelung des polnischen Rechts ist weniger detailliert als die des deutschen Urheberrechtswahrnehmungsgesetzes. Sie konkretisiert weder den persönlichen noch den sachlichen Anwendungsbereich des Wahrnehmungszwangs.

a) Persönlicher Anwendungsbereich

Was den persönlichen Anwendungsbereich angeht, ist anzunehmen, daß außer polnischen Staatsangehörigen im Sinne des Gesetzes über die

[15] So *Kępiński*, in: *Barta* (Hrsg.), System Prawa Prywatnego [System des Privatrechts], Bd. 13, Prawo autorskie [Urheberrecht], Warschau 2003 (im folgenden „System"), X. Kap., Rn. 29.

polnische Staatsangehörigkeit[16] auch Angehörige der Mitgliedstaaten der Europäischen Union und des Europäischen Wirtschaftsraumes begünstigt sind (Art. 12 EG). Entsprechendes gilt aufgrund des Inländerbehandlungsgrundsatzes (Art. 5 Abs. 1 RBÜ) für Angehörige von Mitgliedstaaten der Berner Übereinkunft. Die Begünstigten haben Anspruch auf Abschluß eines Wahrnehmungsvertrags. Sie können hingegen nicht die Aufnahme als Vereinsmitglied beanspruchen; der Wahrnehmungszwang des Art. 106 Abs. 3 plUrhG betrifft nicht die Mitgliedschaftsebene. Unter welchen Voraussetzungen Urheber Mitglied der Verwertungsgesellschaft werden können, ergibt sich abschließend aus dem Vereinsgesetz und der Vereinssatzung.

Im Hinblick auf polnische Staatsangehörige nimmt die ZAIKS Rechte nicht nur für ihre Vereinsmitglieder wahr, sondern darüber hinaus für zwei weitere Gruppen von Rechteinhabern:

(1) Die die Geschäftstätigkeit des Vereins festlegenden Bestimmungen der ZAIKS-Satzung (§ 3 Pkt. 2 und § 17) sehen vor, daß Rechte von Urhebern, die keine Mitglieder der ZAIKS sind, Schutz im Rahmen der Nutzung der bei der ZAIKS angemeldeten Werke (sogenannte *„Unterschutzstellung"*) genießen. Diese Form der Ausübung der kollektiven Wahrnehmung von Urheberrechten bevorzugen in Polen u. a. Musikverleger.

(2) Um der gesetzlichen Verpflichtung zur Ausübung der kollektiven Wahrnehmung gewissenhaft nachzugehen, handelt die ZAIKS für einen großen Kreis von Urhebern, die weder ihre Mitglieder sind, noch ihre Werke „unter Schutz" gestellt haben, als *Geschäftsführer ohne Auftrag* (Art. 752 ff. plZGB). Diese außervertragliche Form der ZAIKS-Tätigkeit im Bereich der kollektiven Wahrnehmung von Urheberrechten betrifft vor allem die Werknutzung durch Rundfunk- und Fernsehsender sowie Kabelnetzbetreiber. Die ZAIKS verpflichtet sich zur Zahlung von Vergütungen unter denselben Bedingungen, die auch für andere Berechtigte gelten; für diese Werke erteilt sie hingegen keine Nutzungsbewilligung. Insoweit ist die einschlägige Praxis der ZAIKS ähnlich, aber vom rechtlich nicht identisch mit der im polnischen Urheberrechtsgesetz unbekannten rechtlichen Konstruktion der „erweiterten kollektiven Wahrnehmung von Urheberrechten" in ihrer klassischen Form; letztere versetzt eine Verwertungs-

16 Gesetz vom 15. 2. 1962, konsolidierte Fassung Dz.U. 2000, Nr. 28, Pos. 353 mit späteren Änderungen.

gesellschaft in die Lage, *ex lege* zugunsten der Urheber zu handeln, mit denen sie in keinen Vertragsbeziehungen steht.

Alle bisher erwähnten Grundsätze gelten für ausländische Urheber entsprechend. Grundlage für die Tätigkeit der ZAIKS sind auf diesem Gebiet die mit ausländischen Schwesterorganisationen geschlossenen Verträge über die gegenseitige Vertretung, die man in der ZAIKS-Satzung als „Verträge über gegenseitigen Schutz" bezeichnet (§ 3 Pkt. 3 und § 18 ZAIKS-Satzung).

b) Sachlicher Anwendungsbereich

Im Hinblick auf den sachlichen Anwendungsbereich wird in der Literatur die Ansicht vertreten, der Wahrnehmungszwang gelte lediglich für die Rechte, die in den vom Minister für Kultur bewilligten Tätigkeitsbereich der Verwertungsgesellschaft fallen.[17] Demgegenüber wird zutreffend darauf hingewiesen, daß der Tätigkeitsbereich desjenigen, der eine Erlaubnis beantragt, dem Bereich der Rechte entsprechen soll, die er aufgrund eines zivilrechtlichen Vertrages von den Berechtigten erworben hat.[18] Der Verwaltungsakt soll eine derartige Berechtigung zur Ausübung der kollektiven Wahrnehmung von Urheberrechten nicht ersetzen.[19] M. E. umfaßt der sachliche Bereich des Wahrnehmungszwanges daher nur diejenigen Rechte, die eine Verwertungsgesellschaft unabhängig vom Inhalt des Verwaltungsaktes tatsächlich kollektiv wahrnimmt. Dabei muß man auch beachten, daß die Tätigkeitserlaubnis den zugelassenen Tätigkeitsbereich oft nur ungenau beschreibt, so daß man daraus den sachlichen Umfang des Wahrnehmungszwangs nicht sicher ableiten kann.

Den sachlichen Bereich des Wahrnehmungszwanges der Verwertungsgesellschaften beeinflußt auch die im Urheberrecht enthaltene eigenartige Regelung über die „verwertungsgesellschaftspflichtige Vermittlung" durch diese Organisationen. Es sind hier drei Gruppen von Vorschriften zu nennen:

---

17 So *Kępiński*, System (Fn. 15), X. Kap., Rn. 29.

18 *Traple*, in: Barta/Ćwiąkalski/Czajkowska-Dąbrowska/Markiewicz/Traple (Hrsg.), Ustawa o prawie autorskim i prawach pokrewnych – Komentarz [Gesetz über Urheberrecht und verwandte Schutzrechte. Kommentar], (4. Auflage 2005), Art. 104 Pkt. 1; im folgenden „Kommentar".

19 *Czajkowska-Dąbrowska*, in: Kommentar (Fn. 18), Art. 105 Pkt. 11.

(1) Es handelt sich zum einen um die keine Ausnahme gestattende Regelung, daß bestimmten Verwertern die Nutzung bestimmter Werkkategorien nur auf der Grundlage eines mit der zuständigen Verwertungsgesellschaft geschlossenen Vertrages erlaubt ist. Dies betrifft zum Beispiel Betreiber von Kabelnetzen (Art. 21^1 plUrhG).[20]
(2) Es geht zum zweiten um Bestimmungen, die Verwertern – wie im ersten Fall – die Nutzung von Werken nur auf der Grundlage eines mit einer Verwertungsgesellschaft geschlossenen Vertrages ermöglichen; doch sind Ausnahmen in diesem Bereich zugelassen. Auf diese Weise ist die Nutzung erschienener Musikwerke sowie Sprachwerke und Musikwerke mit Text durch Rundfunk- und Fernsehsender geregelt (Art. 21 Abs. 1 plUrhG). Einerseits kann der Urheber in einem Vertrag mit dem Sender auf die Vermittlung der Verwertungsgesellschaft verzichten (Art. 21 Abs. 2 plUrhG), andererseits kann der Sender Rechte zur Sendung eines in seinem Auftrag geschaffenen Werkes direkt erwerben (Art. 21 Abs. 1 a. E. plUrhG).[21] Es ist zu betonen, daß diese „untypische Lösung des Gesetzgebers die bisher vorhandenen Grundsätze der Tätigkeit einer Verwertungsgesellschaft verletzt",[22]
(3) Es geht zum dritten um die obligatorische Einschaltung einer Verwertungsgesellschaft bei der Zahlung der Vergütung, die durch Nutzer audiovisueller Werke an die abschließend genannten Urheber für entsprechende Werknutzungen (Art. 70 Abs. 3 plUrhG) zu entrichten ist.

Das polnische Urheberrechtsgesetz sieht außerdem vor, daß Produzenten von Geräten und Trägern den Verwertungsgesellschaften die den Urhebern zustehenden Vergütungen für die Vervielfältigung von Werken im Bereich des eigenen persönlichen Gebrauchs (private Vervielfältigung) zu entrichten haben (Art. 20 Abs. 1 plUrhG). Im Zusammenhang mit dieser Regelung ist auf ein in den Durchführungsvorschriften zum Urheberrechtsgesetz vorgesehenes eigenartiges *ex lege*-Monopol zugunsten von Verwertungsgesellschaften hinzuweisen. Der Minister für Kultur

---

20 In der Fassung des Gesetzes über die Änderung des Gesetzes über Urheberrecht und verwandte Schutzrechte vom 25. Juli 2003 (Dz.U. 2003, Nr. 166, Pos. 1610).

21 Art. 21 Abs. 1 und 2 in der Fassung des Gesetzes über die Änderung des Gesetzes über Urheberrecht und verwandte Schutzrechte vom 28. Oktober 2002 (Dz.U. 2002, Nr. 197, Pos. 1662).

22 *Barta/Markiewicz*, Zmiany w ustawie o prawie autorskim [Änderungen im Urheberrechtsgesetz], Monitor Prawniczy [Juristische Rundschau] 2003, Nr. 2, 58, rechte Spalte.

wurde ermächtigt, die die erwähnten Vergütungen einhebenden Verwertungsgesellschaften zu bestimmen (Art. 21 Abs. 5 plUrhG). In der Verfügung des Ministers für Kultur wurde ausschließlich die ZAIKS als diejenige Verwertungsgesellschaft benannt, die zur Einhebung der Vergütungen bei den Produzenten von Magnetophonen, Videorekordern und anderen ähnlichen Geräten sowie von Bild- oder Tonträgern, die zur Aufzeichnung von Werken im Bereich des eigenen persönlichen Gebrauchs unter Einsatz dieser Geräte dienen, zugunsten aller Urheber befugt ist.[23] Die ZAIKS wurde auch als eine von zwei Organisationen, die Urheber vertreten, zur Verteilung dieser Vergütungen ermächtigt.[24]

Obwohl alle diese Vorschriften die Freiheit des Urhebers in der Entscheidung über den Abschluß eines Vertrags nicht unmittelbar einschränken, ist der Hinweis auf einen bestimmten Vertragspartner für die Rechtsbeziehungen zwischen dem Urheber und der Verwertungsgesellschaft maßgebend.

c) Beschränkungen des Wahrnehmungszwangs

Im polnischen Gesetz ist der Wahrnehmungszwang nicht auf Fälle beschränkt, in denen eine wirksame Wahrnehmung der Rechte anders nicht möglich ist.[25] Im Hinblick auf die Schutzfunktion der Verwertungsgesellschaften sollte man dieses Erfordernis m. E. auch in der polnischen Praxis anwenden.

Im Schrifttum wird die Ansicht vertreten, der Wahrnehmungszwang unterliege „praktisch keinen Einschränkungen".[26] Allerdings hat der polnische Gesetzgeber – anders als der deutsche – ausdrücklich die Möglichkeit zugelassen, die Wahrnehmung aus „wichtigen Gründen" zu verweigern. Was solche wichtigen Gründe sind, wird vom Gesetz nicht näher bestimmt. Ein Beispiel dürfte der Fall sein, daß ein Urheber verlangt, seine Rechte nach anderen als den im Verein geltenden Grundsätzen wahrzunehmen.

Bis vor kurzem hat die ZAIKS von der eben dargestellten Möglichkeit der Verweigerung der Ausübung der kollektiven Wahrnehmung keinen Ge-

---

23 § 3 Abs. 1 Pkt. 1 der Verfügung v. 2. 6. 2003, Dz.U. 2003, Nr. 105, Pos. 991.

24 Die andere ist die Organisation, die Urheber audiovisueller Werke vertritt; § 3 Abs. 2 Pkt. 1 (a) und Pkt. 2 (a) der zitierten Verfügung.

25 Vgl. § 6 Abs. 1 Satz 1 a. E. UrhWG.

26 So *Kępiński*, System (Fn. 15), X. Kap., Rn. 29.

brauch gemacht. Der vor kurzem – unter besonderen Umständen – gegenüber dem Rechtsnachfolger (einer juristischen Person) eines ehemaligen Vereinsmitglieds gefasste Beschluß zur Verweigerung der Ausübung der kollektiven Wahrnehmung stellt eine Ausnahme dar. Im Zusammenhang damit bleibt die Frage nach entsprechenden Kriterien einer zulässigen Verweigerung offen; das Problem dürfte wohl vor allem andere Rechtsnachfolger des Urhebers als seine Erben betreffen, insbesondere dann, wenn der Urheber alle Rechte übertragen hat.

Im polnischen Recht gibt es für denselben Tätigkeitsbereich mehrere Verwertungsgesellschaften. Der sonst weithin anerkannte Monopolgrundsatz gilt hier nicht. Daher stellt sich die Frage, ob eine Verwertungsgesellschaft die Rechtewahrnehmung unter Hinweis darauf verweigern kann, daß es noch andere Verwertungsgesellschaften gibt, die in demselben Bereich tätig sind. Diese auch in der deutschen Rechtslehre diskutierte Frage[27] ist bis heute weder in der polnischen Fachliteratur noch in der Rechtsprechung erörtert worden.

d) Durchführung des Vertragsschlusses

Der Vertragsabschluß erfolgt auf Antrag des Urhebers, der als Angebot zu betrachten ist (Art. 66 ff. plZGB). Der Vertragsabschluß muß den allgemeinen Grundsätzen des Zivilrechts entsprechen, wobei der Vertrag im Hinblick auf die in der ZAIKS verwendeten Formulare und Vertragsmuster den Charakter eines typisierten Vertrags aufweist.

3. Vertragsinhalt

a) Allgemeine Regeln

aa) Übersicht

Ebenso wie das deutsche Urheberrechtsgesetz enthält auch das polnische eine Reihe von Vorschriften zum Urhebervertragsrecht (Kapitel 5 plUrhG). Im Verhältnis zu den Vorschriften des Zivilgesetzbuchs handelt

27 Vgl. im deutschen Recht, Schricker-*Reinbothe*, Urheberrecht – Kommentar (2. Auflage 1999), § 6 Rn. 11 und 12; Dreier/Schulze-*Schulze*, Urheberrechtsgesetz – Kommentar (2004), § 6 Rn. 20, *Schack*, Urheber- und Urhebervertragsrecht (3. Auflage 2005), Rn. 1197 (Text zu Fn. 6 und 9).

es sich um vorrangige Spezialregelungen.[28] Gemäß dem dualistischen Konzept des polnischen Urheberrechts[29] sind die Urhebervermögensrechte aufgrund eines Vertrages übertragbar (Art. 41 Abs. 1 Pkt. 1 plUrhG). Das Gesetz enthält keine Bestimmungen über die einzelnen im Rechtsverkehr entwickelten und angewandten Vertragstypen, man findet hier lediglich Vorschriften allgemeiner Art. Für die in diesem Beitrag erörterte Problematik sind folgende Bestimmungen am wichtigsten:

- der Vertrag über die Übertragung von Urhebervermögensrechten kann nur die ausdrücklich darin genannten Gebiete der Verwertung von Werken umfassen (Art. 41 Abs. 2 plUrhG);
- unwirksam ist der Vertrag in dem Teil, der alle Werke oder alle Werke einer bestimmten Art betrifft, die in Zukunft entstehen können (Art. 41 Abs. 3 plUrhG);
- der Vertrag kann sich nur auf solche Verwertungsgebiete beziehen, die im Augenblick seines Abschlusses bekannt sind (Art. 41 Abs. 4 plUrhG);
- der Vertrag erfordert Einhaltung der Schriftform, andernfalls ist er unwirksam (Art. 53 plUrhG).

bb) Anwendbarkeit der allgemeinen Regeln

Eine Grundfrage ist, ob die Vorschriften, die den Urheber bei Verträgen mit Verwertern (sog. „primären Urheberverträgen") besonders schützen sollen, auch auf den Wahrnehmungsvertrag anzuwenden sind. Das ist in der Literatur umstritten. Nach einer Ansicht finden die Vorschriften über den Übergang der Urhebervermögensrechte auf dem Wahrnehmungszwang unterliegende Verträge keine Anwendung.[30] Nach anderer Ansicht sind diese Bestimmungen auf alle Verträge anzuwenden, „wenn keine anderen Sonderregelungen und keine offenkundigen entgegenstehenden Gründe bestehen, die aus der Eigenart des betreffenden Rechtsverhältnisses hervorgehen".[31] Abgesehen von der Komplexität

---

28 Vgl. die eingehende Besprechung dieser Vorschriften bei *Kępiński*, in: System (Fn. 15), VIII. Kap.

29 *Traple*, in: System (Fn. 15), IV. Kap. Rn. 63. Die monistischen Bestandteile der polnischen Regelung vermerkt *Dietz*, Dualistic and Monistic Elements in Modern Polish Copyright Law, in: Festskrift till Gunnar Karnell, Stockholm 1999, 127 ff.

30 *Kępiński*, System (Fn. 15), VIII. Kap., Rn. 6.

31 *Barta/Markiewicz*, Prawo autorskie i prawa pokrewne [Urheberrecht und verwandte Schutzrechte], Krakau 2004, 85; näher und teilweise kritisch zum

dieser Problematik, ist zu bemerken, daß der Vertrag über die kollektive Wahrnehmung von Urheberrechten gerade ein Beispiel für ein solches eigenartiges Rechtsverhältnis darstellt, selbst wenn man die in ihm enthaltenen Treuhandelemente berücksichtigt.[32]

cc) Kausale Rechteübertragung

Die Übertragung erfolgt im Wege eines obligatorischen Vertrags. Es ergibt sich daraus, daß im polnischen System des Zivilrechts – anders als im deutschen – das zivilrechtliche Prinzip der doppelten Wirkung verpflichtender Rechtsgeschäfte[33] gilt. Dies bedeutet, daß dann, wenn eine besondere Vorschrift nichts anderes bestimmt oder wenn die Parteien nichts anderes vereinbart haben, das verpflichtende Rechtsgeschäft Verfügungswirkung hat (Art. 155 § 1 plZGB). Diese Vorschrift, die sich auf die Übertragung des Eigentums an einer Sache bezieht, findet auch auf die Übertragung des Eigentums an einem Recht entsprechende Anwendung (Art. 555 plZGB).

Im Zusammenhang mit diesem Unterschied zwischen dem polnischen und dem deutschen Recht soll auch auf eine in der Literatur geäußerte Ansicht[34] über die Wirkung der durch den Urheber erfolgten treuhänderischen Übertragung seiner Rechte auf eine Verwertungsgesellschaft eingegangen werden, und zwar betreffend den Fall der „Weiterübertragung“ seiner Rechte auf eine andere Person, die meistens ein Werknutzer ist. Danach kann ein zwischen dem Urheber und der Verwertungsgesellschaft geschlossener Vertrag die persönliche Wahrnehmung der Rechte durch den Urheber selbst „nicht mit verfügender Wirkung ausschließen“. Im Hinblick auf das Prinzip der doppelten Wirkung eines verpflichtenden Vertrags scheint diese Ansicht recht strittig zu sein. Jedenfalls beinhaltet der in der ZAIKS geltende Vertrag keine Bestimmungen über den Ausschluß der verfügenden Wirkung.

Schutzcharakter dieser Vorschriften *Barta/Markiewicz*, Schöpfer unter Obhut – Vorschriften zum besonderen Schutz der Urheber im polnischen Urheberrecht, in: FS Nordemann, München 2004, S. 635 ff.

32 Ähnlich *Kępiński*, System (Fn. 15), X. Kap., Rn. 30.

33 *Grzybowski*, System prawa cywilnego [System des Zivilrechts], Bd. I, Breslau 1985, S. 492 ff.; *Radwański*, Prawo cywilne – część ogólna [Zivilrecht – Allgemeiner Teil] (7. Auflage 2004), Rn. 483.

34 *Traple*, in: Kommentar (Fn. 18), Art. 104, Pkt. 9.

Eine derartige Gestaltung des Vertrags würde aber die Gefahr abwenden, daß der Urheber unter dem Druck der Werknutzer in mit ihnen geschlossenen Individualverträgen ungünstige Verfügungen über seine Rechte trifft. Die Annahme einer solchen Lösung wäre nicht als Ausdruck der Bevormundung der Urheber sondern als Stärkung ihrer Rechtsstellung gegenüber den Nutzern zu verstehen.

b) Spezielle Vorschriften für Verwertungsgesellschaften

aa) Satzungsgemäße Rechtewahrnehmung

Das polnische Urheberrechtsgesetz sieht vor, daß die kollektive Wahrnehmung „satzungsgemäß" ausgeübt wird. Dieser Ausdruck ist als Hinweis darauf zu verstehen, daß die Satzung des Vereins und die anderen, auf der Satzung beruhenden internen Vorschriften die Voraussetzungen für die Ausübung der Rechtewahrnehmung festlegen sollen. Das betrifft vor allem die Bestimmungen des Vertrages über die kollektive Wahrnehmung.

bb) Gleichbehandlung

Das polnische Gesetz erlegt die Verpflichtung zur Gleichbehandlung der Rechte der Vereinsmitglieder und der anderen durch den Verein vertretenen Rechtsinhaber auf. Die Verpflichtung zur Gleichbehandlung betrifft die Wahrnehmung der Rechte und die Geltendmachung ihres Schutzes (Art. 106 Abs. 1 plUrhG). Wie noch näher zu erläutern ist,[35] ist es den objektiven Bedingungen in der Vergangenheit zuzuschreiben, daß die ZAIKS ihren Mitgliedern und anderen Urhebern bis heute unterschiedliche Vertragsmuster vorlegt, was bewirkt, daß die erwähnte Vorschrift über die Gleichbehandlung noch nicht vollständig umgesetzt ist.

cc) Anonyme Werke

Der Vollständigkeit halber möchte ich auf eine gesetzliche Regelung hinweisen, die zwar nur marginale Bedeutung hat, nichtsdestoweniger aber als Beispiel dafür gilt, wie der Gesetzgeber Verwertungsgesellschaften mit einigen zusätzlichen Befugnissen betraut hat. Ähnlich wie im

---

[35] Vgl. unten III (3)(d).

deutschen Recht[36] regelt das polnische Urheberrechtsgesetz die Formen der Ausübung der Urheberrechte auch für den Fall, daß der Urheber ein Werk anonym oder unter einem Pseudonym veröffentlicht. Das Gesetz sieht vor, daß diese Rechte in solchen Fällen vom Produzent oder Verleger, bei deren Fehlen jedoch von der zuständigen Organisation zur kollektiven Wahrnehmung von Urheberrechten ausgeübt werden (Art. 8 Abs. 3 plUrhG). Die Verwertungsgesellschaft handelt somit als Vertreter, denn die Ermächtigung zur Ausübung dieser Tätigkeit ergibt sich aus dem Inhalt des Gesetzes selbst (Art. 96 plZGB). Der Umfang der Vertretung betrifft sowohl die Ausübung der Vermögensrechte als auch die Ausübung der Persönlichkeitsrechte.[37] In der Praxis der ZAIKS tritt dieser Fall freilich äußerst selten ein.

c) Der Wahrnehmungsvertrag der ZAIKS

Der Vertrag über die kollektive Wahrnehmung von Urheberrechten, der in der ZAIKS traditionsgemäß als „Organisationsverpflichtung“[38] bezeichnet wird (nachfolgend „ZAIKS-Wahrnehmungsvertrag“), ist ein Grundbestandteil der Regelung der Rechtsbeziehungen zwischen dem Urheber als Vereinsmitglied und dem Verein auf dem Gebiet der kollektiven Wahrnehmung von Urheberrechten. Der Inhalt des Vertrages ist einige Male geändert worden; der geltende Wortlaut stammt vom Mai 1995, seine Ergänzung vom Juni 2003.

Wenn auch einige Bestimmungen dieses Vertrags nicht eindeutig sind und Auslegungsschwierigkeiten mit sich bringen können,[39] treten seine charakteristischen Merkmale im übrigen doch klar hervor.

aa) Rechteübertragung

Die Rechte an allen schon existierenden und während der Zeit der Mitgliedschaft geschaffenen Werken werden dem Verein vom Urheber aufgrund dieses Vertrages abgetreten (§ 1 Abs. 1 ZAIKS-Wahrnehmungsvertrag). Dabei werden im Vertrag die Nutzungsarten bezüglich der Werke

---

36 Art. 10 Abs. 2 UrhG.
37 *Nowicka*, in: System, III. Kap., Rn. 16.
38 Vgl. demgegenüber die bei der GEMA verwendete Bezeichnung „Berechtigungsvertrag“.
39 Das betrifft z. B. die rechtliche Einordnung der Art und Weise, wie die Rechte auf den Verein übertragen werden.

abschließend aufgezählt, bei denen die betroffenen Rechte auf den Verein übergehen (§ 2 ZAIKS-Wahrnehmungsvertrag und Pkt. 1–5 des ergänzenden Textes). Diese Aufzählung umfaßt eigentlich alle zur Zeit bekannten Werknutzungsarten: alle Arten der öffentlichen Aufführung, die sowohl „live" als auch mit Hilfe eines Trägers stattfinden; Rundfunk- und Fernsehsendungen samt Weitersendung, unabhängig von der angewandten Technologie (auf drahtgebundene oder drahtlose Weise); die Aufzeichnung des Werkes auf einen Träger, dessen Vervielfältigung und Inverkehrbringung, wie auch dessen Vermietung und Verleih; andere Verbreitungsarten des Werkes, darunter seine Zugänglichmachung in einer Weise, daß jedermann von Orten und zu Zeiten seiner Wahl Zugang zu ihm hat.

bb) Geltendmachung von Vergütungsansprüchen

Außer der Übertragung der Rechte in dem dargestellten Umfang ermächtigt der Urheber die ZAIKS dann zur Geltendmachung von Vergütungsansprüchen, wenn das Recht auf Vergütung laut Gesetz unveräußerlich ist; das betrifft z. B. die Vergütung für die Nutzung von Werken im Bereich des eigenen persönlichen Gebrauchs (private Vervielfältigung) und die Vergütung für die Nutzung audiovisueller Werke. In diesem Bereich handelt es sich bei dem Vertrag um eine Einziehungsermächtigung bezüglich Urhebervergütungen.

cc) Das Problem der Spartenlizenzierung

Der Vertrag sieht keine Möglichkeit vor, die Rechte an einzelnen Werkverwertungsgebieten auszuschließen, wie dies bei den in den Entscheidungen der Europäischen Kommission genannten „GEMA-Kategorien" gefordert wurde.[40] Die bisherigen Erfahrungen der ZAIKS zeugen davon, daß bezüglich der in Polen vorherrschenden Bedingungen für die Nutzung von Werken nur die Übertragung aller Rechte auf die Verwertungsgesellschaft den Urhebern eine wirksame Wahrnehmung der Rechte und den Verwerter-Lizenznehmern Rechtssicherheit gewährleisten kann; letztere können mit anderen Worten sicher sein, daß der Lizenzvertragsabschluß ihnen die rechtmäßige Nutzung aller den Vertragsgegenstand bildenden Werke garantiert.

40 Kommission v. 2. 6. 1971, ABl. L 134/15, ff., Kommission v. 6. 7. 1972, ABl. L 166/22 und 23; vgl. auch GRUR Int. 1973, 86 mit Anm. v. E. *Schulze*.

Der Vertrag läßt demgegenüber gewisse Vorbehalte des Urhebers zu; danach entscheidet er über die erste Aufzeichnung des Werkes auf einen Träger, über die Bearbeitung des Werkes zu Werbezwecken und über den Inhalt der mit Verlegern geschlossenen Verträge (§ 4 Abs. 1 und 2 ZAIKS-Wahrnehmungsvertrag). Nach meiner Auffassung ist es im Hinblick auf die EU-Mitgliedschaft Polens notwendig, die Praxis der ZAIKS im dargestellten Bereich an die Grundsätze des Europäischen Rechts anzupassen. Dies wird freilich keine leichte Aufgabe sein, da die „GEMA-Kategorien" den „Verwertungsgebieten", wie sie das polnische Urheberrechtsgesetz und dementsprechend die Wahrnehmungsverträge der ZAIKS verwenden, nicht vollständig entsprechen.

dd) Weltweite Rechtewahrnehmung

Aufgrund des Vertrages ist es der ZAIKS möglich, die Rechte des Urhebers weltweit wahrzunehmen (§ 6 ZAIKS-Wahrnehmungsvertrag). Der Vertrag läßt keinen territorialen Ausschluß zu. M. E. muß auch diese Regelung den in der EU geltenden Grundsätzen angepaßt werden.

ee) Treuhänderische Rechtewahrnehmung

Die Rechtsübertragung erfolgt „gemäß dem Treuhandprinzip" (§ 1 Abs. 2 ZAIKS-Wahrnehmungsvertrag). Der beschränkte Umfang dieses Beitrags gestattet es nicht, eine eingehende Analyse der treuhänderischen Elemente des hier behandelten Vertrages durchzuführen;[41] dennoch sei

[41] Zur Problematik der Treuhandschaft im polnischen Recht vgl. allgemein *Radwański* in: Radwański (Hrsg.), System Prawa Prywatnego [System des Privatrechts] (2002), Bd. 2, IV. Kap., § 2; zur Problematik der treuhänderischen Wahrnehmung vgl. *Rykowski*, Charakter prawny zarządu powierniczego [Der rechtliche Charakter der treuhänderischen Wahrnehmung] (Dissertation) (2005); zur Problematik der treuhänderischen Merkmale des Vertrages über die kollektive Wahrnehmung vgl. allgemein *Bukowski*, Cywilnoprawna pozycja organizacji zbiorowego zarządzania prawami autorskimi na przykładzie Stowarzyszenia Autorów ZAIKS [Die zivilrechtliche Stellung der Organisation zur kollektiven Wahrnehmung von Urheberrechten am Beispiel der Verwertungsgesellschaft ZAIKS], ZNUJ PWiOWI, Heft 64 (1995), 9 ff.; *Kępiński*, System (Fn. 15), X. Kap., Rn. 30 und 31, *Skubikowski*, Zagadnienia powiernictwa na gruncie praw autorskich i pokrewnych [Die Problematik der Treuhandschaft im Bereich der Urheberrechte und der verwandten Schutzrechte], Przegląd Ustawodawstwa Gospodarczego [Rundschau für Wirtschaftsgesetzgebung] (2004), Nr. 9, 21 ff.

darauf hingewiesen, daß er eine Klausel enthält, in der sich die ZAIKS dazu verpflichtet, die auf sie übertragenen Rechte mit der erforderlichen Sorgfalt und mit Rücksicht auf die Interessen der Urheber wahrzunehmen, wobei sie u. a. großen Wert auf die Minimierung der Verwaltungskosten legt.

Im ZAIKS-Wahrnehmungsvertrag wird auf die Vorschriften der Satzung als Quelle der Rechte und Pflichten der Parteien verwiesen. Es ist jedoch zu betonen, daß sich diese Satzungsbestimmungen der ZAIKS von denjenigen der GEMA unterscheiden. Diese Unterschiede sind durch die andersgeartete Rechtslage bedingt. Im allgemeinen gilt folgendes: während die GEMA ein „wirtschaftlicher Verein" im Sinne von § 22 BGB ist, ist die ZAIKS ein Verein, der einem „nichtwirtschaftlichen Verein" im Sinne des § 21 BGB ähnelt. Als eine Folge dieser Unterschiede ergibt sich, daß die grundlegenden Fragen bezüglich Form und Gestalt der kollektiven Wahrnehmung der Urheberrechten in der GEMA-Satzung selbst geregelt werden, während die Vorschriften der ZAIKS-Satzung meistens die Problematik der Mitgliedschaftsebene betreffen.

Unter den Mitgliedschaftsverpflichtungen nennt die ZAIKS-Satzung nicht *expressis verbis* die Verpflichtung des Urhebers, die ihm zustehenden Rechte an die ZAIKS zwecks Wahrnehmung abzutreten. Eine solche Verpflichtung geht jedoch mittelbar aus der Verpflichtung der Mitglieder zum Abschluß eines Vertrages über die kollektive Wahrnehmung von Urheberrechten hervor (§ 5 und § 7 Abs. 2 ZAIKS-Satzung).

Anders als im GEMA-Berechtigungsvertrag werden dagegen die Verteilungsregeln im ZAIKS-Wahrnehmungsvertrag nicht *expressis verbis* als Bestandteil eines Vertrags behandelt. Mit Ausnahme der Generalklausel über die Auszahlung der Urhebervergütung als eines der Mittel bei der Verfolgung der Vereinszwecke (§ 4 Pkt. 3 ZAIKS-Satzung) verweisen die Vorschriften der ZAIKS-Satzung auf die „im Verein geltenden Regeln" (§ 17 Abs. 1 ZAIKS-Satzung). Bei der Festlegung der Verpflichtungen des Vereins gegenüber dem Urheber verweist der Vertrag also auf die „im Verein geltenden Regeln" (§ 3 ZAIKS-Wahrnehmungsvertrag). Zweifelsohne beziehen sich diese „Regeln" auch auf die Ordnung des Verteilungsplans.

Näherungsweise kann man sagen, daß der Ausdruck „die im Verein geltenden Regeln" den „angemessenen Bedingungen" des § 6 Abs. 1 UrhWG entspricht; der Ausdruck umfasst nämlich alle auf dieser Grundlage über die Ausgestaltung der kollektiven Wahrnehmung von Urheberrechten erlassenen Vorschriften und gefaßten Beschlüsse des Vereins.

d) Rechtewahrnehmung für Nichtmitglieder

Wie bereits erwähnt, bewirken die Vorschriften des polnischen Vereinsgesetzes, daß wesentliche Urhebergruppen außerhalb der formalen Strukturen des Vereins bleiben. Um ihnen die Ausübung der Urheberrechte in Form der kollektiven Wahrnehmung zu ermöglichen, schließt die Verwertungsgesellschaft ZAIKS entsprechende Verträge. Das dabei verwendete Vertragsmuster unterscheidet sich von dem Vertrag, der mit einem Mitglied des Vereins abgeschlossen wird. In früheren Jahren war die Verwendung unterschiedlicher Vertragstexte dadurch begründet, daß eine wirksame Wahrnehmung von Urheberrechten bei außerhalb des Vereins stehenden Rechtsinhabern die Erfüllung strengerer formeller Voraussetzungen erfordert. Obwohl diese Beurteilung unter den Mitgliedern des Vereins auch heutzutage ihre Aktualität nicht verloren hat, zeichnet sich in der jetzigen sozialen und wirtschaftlichen Lage eine Tendenz zur Vereinheitlichung beider Vertragstypen ab.

Der geltende Wortlaut des Vertrags ist von den Organen des Vereins im Dezember 2003 angenommen worden. Im Vergleich zu dem mit einem Vereinsmitglied abgeschlossenen Vertrag weist er folgende Unterschiede auf:

- der Vertrag bestimmt eindeutig, daß die Verwertungsgesellschaft die im Vertrag genannten Urhebervermögensrechte aufgrund treuhänderischer Rechteübertragung erwirbt (§ 1 Abs. 2 Wahrnehmungsvertrag mit den Nichtmitgliedern der Zaiks);
- ein Urheber, der kein Mitglied des Vereins ist, kann zwei Verwertungsgebiete des Werkes von der kollektiven Wahrnehmung ausschließen, und zwar die Aufzeichnung auf einen Träger und dessen Vervielfältigung (§ 3 Abs. 6 Wahrnehmungsvertrag mit den Nichtmitgliedern der Zaiks);
- der Vertrag wird für fünf Jahre geschlossen und automatisch um weitere fünf Jahre verlängert, falls er nicht gekündigt wird (§ 6 Wahrnehmungsvertrag mit den Nichtmitgliedern der Zaiks).

e) Persönlichkeitsrechte

Die Erörterung der Vertragsbeziehungen zwischen Urheber und Verwertungsgesellschaft erfordert eine kurze ergänzende Darstellung der Tätigkeit der ZAIKS im Bereich der Urheberpersönlichkeitsrechte, die sie im Interesse der Urheber ausübt.

Wie bereits erwähnt, basiert das polnische Urheberrechtsgesetz auf dem dualistischen Prinzip des Urheberrechts. Laut Gesetz besteht der Inhalt des Urheberrechts aus Urheberpersönlichkeitsrechten (Art. 16 plUrhG) und Urhebervermögensrechten (Art. 17 ff. plUrhG). Diese Klassifikation ist jedoch in den Bestimmungen der ZAIKS-Satzung so nicht enthalten; in letzterer ist vielmehr ganz allgemein vom Urheberrechtsschutz als einer satzungsmäßigen Aufgabe des Vereins die Rede (§ 3 und § 4 Pkt. 11 ZAIKS-Satzung).

Die oben dargestellte Skizze der Vertragsbeziehungen zwischen Urheber und Verwertungsgesellschaft betrifft freilich nur Vermögensrechte; die Persönlichkeitsrechte, die man weder abtreten noch veräußern kann, bleiben dagegen beim Urheber.

Das ergibt sich aus den Verträgen der ZAIKS über die kollektive Wahrnehmung, in denen festgestellt wird, obgleich diese Feststellung nicht präzise ist, daß die Ausübung der Urhebervermögensrechte durch die Verwertungsgesellschaft unter „Einhaltung“ und „Beachtung“ der Urheberpersönlichkeitsrechte erfolgt (§ 3 ZAIKS-Wahrnehmungsvertrag, § 2 Abs. 2 des Vertrages mit den Nichtmitgliedern der ZAIKS).

Diese Vertragsbestimmungen finden sich in Form entsprechender Klauseln der durch die ZAIKS mit den Werknutzern geschlossenen Lizenzverträge wieder, die die Nutzer bei der Werknutzung zur Beachtung der Urheberpersönlichkeitsrechte verpflichten. Falls diese Rechte verletzt werden, erfolgen etwaige Interventionen seitens der Verwertungsgesellschaft jedesmal im Auftrag des Urhebers.

4. Beendigung des Vertragsverhältnisses

Die Rechteübertragung ist unbefristet mit dem Vorbehalt, daß der Urheber den Vertrag zu jeder Zeit mit einer Frist von einem Jahr und mit Eintritt von Rechtswirkungen am Ende des Kalenderjahres kündigen kann (§ 7 Abs. 1 ZAIKS-Wahrnehmungsvertrag). Der Vertrag wird infolge des Todes des Urhebers nicht aufgelöst; die Erben können den Vertrag nach allgemeinen Grundsätzen kündigen (§ 7 Abs. 2 ZAIKS-Wahrnehmungsvertrag).

Daraus ergibt sich, daß die Beendigung des Vertragsverhältnisses aus eigener Initiative des Urhebers in der Regel möglich ist; freilich kann er von der Möglichkeit der Ausübung bzw. Geltendmachung der nach dem Willen des Gesetzgebers der obligatorischen Vermittlung durch die Verwertungsgesellschaft unterliegenden Ansprüche keinen Gebrauch machen.

Offen bleibt dagegen die Frage, ob auch die Verwertungsgesellschaft selbst das Vertragsverhältnis lösen kann. Einerseits würde dies etwa der Inhalt des Art. 106 Abs. 3 plUrhG ausschließen. Andererseits kann argumentiert werden, daß im Hinblick auf die Tatsache, daß der Gesetzgeber unter bestimmten Umständen die Verweigerung der Ausübung der kollektiven Wahrnehmung zuläßt, wegen dieser Umstände auch eine entsprechende Entscheidung der Verwertungsgesellschaft zur Beendigung des Vertragsverhältnisses zulässig sein mußte.

IV. Schlußbemerkungen

Da Ziel dieses Kolloquiums der Vergleich zwischen der polnischen und der deutschen Regelung über die kollektive Wahrnehmung von Urheberrechten im Zusammenhang mit dem Prozeß der europäischen Einigung ist, möchte ich meinen Beitrag mit ein paar Bemerkungen über die Pläne und Vorhaben der EU-Organe abschließen.

Im Bereich der kollektiven Wahrnehmung von Urheberrechten durch Verwertungsgesellschaften vollzieht sich zur Zeit eine Umwälzung. Die vorausgegangene Skizze der Regelung der Rechtsbeziehungen zwischen Urheber und Verwertungsgesellschaft zeigt, daß in Polen viele einschlägige Fragen weder durch die Gesetzgebung noch durch die internen Vorschriften des Vereins gelöst wurden. Die jahrzehntelangen Gepflogenheiten und die Praxis der ZAIKS spielen hier jedoch eine große Rolle. Dies ist ein äußerst wichtiges Kennzeichen der Tätigkeit solcher sich selbst verwaltenden Organisationen, wie es Vereine sind. Die Bedeutung dieser jahrzehntelangen Praxis ist in Polen umso größer, als sowohl das Schrifttum als auch die Rechtsprechung insoweit recht spärlich sind.

Die ZAIKS hat sich immer darum bemüht, einerseits ihr Verhalten gegenüber den Urhebern nach der jeweiligen Entwicklung der Werkverwertung durch Nutzer im Inland auszurichten und andererseits sich den in den Beziehungen zwischen den europäischen Verwertungsgesellschaften geltenden Grundsätzen und Gepflogenheiten anzupassen. Das betrifft auch die Periode der letzten Jahre. Die gravierenden politischen, sozialen und wirtschaftlichen Veränderungen, die sich in Polen seit dem Jahre 1989 vollzogen haben, haben die Lage der Urheber vor allem gegenüber den Werknutzern wesentlich beeinflußt; daher die wachsende Rolle der Verwertungsgesellschaft.

Auf internationaler Ebene ist die Notwendigkeit der Anpassung der nationalen Vorschriften Polens an die EU-Regelungen ein grundlegender Faktor. Die Übernahme des *acquis communautaire* im Bereich der kollektiven Wahrnehmung von Urheberrechten ist keine leichte Aufgabe. Wir vertreten die Auffassung, daß diese Anpassung nach und nach stattfinden sollte, wobei die historischen Hintergründe, die kulturellen Unterschiede, die aus den für unser Land charakteristischen Bedingungen hervorgehenden Besonderheiten und die bisherigen Erfahrungen der Vereine berücksichtigt werden müssen. Etwaige Veränderungen, die im Bereich der kollektiven Wahrnehmung von Urheberrechten als Folge der EU-Regelungen in die Gesetzgebung der Staaten einzuführen sind, dürfen die bisherige Lage der Urheber nicht verschlechtern. Bei der Einführung dieser Veränderungen in Polen möchten wir von den Erfahrungen anderer europäischer Organisationen, darunter natürlich von denen der GEMA lernen. Wir hoffen, die potentiellen künftigen EU-Regelungen werden auch die Erfahrungen der Verwertungsgesellschaften aus den neuen EU-Mitgliedstaaten berücksichtigen. Ich bin davon überzeugt, daß dieses Kolloquium der Erreichung dieser beiden Ziele dienen wird.

Anhang – ZAIKS-Satzung (Auszug)[42]

§ 1. (1) Zweck der Autorengesellschaft ZAiKS, die Autoren vereinigt, ist es, im Zusammenhang mit dem Schutz der Urheberrechte sowie bezogen auf ihre materielle Existenz, deren Interesse zu vertreten.

§ 3. Der Verein hat folgende Aufgaben:

1. Schutz und Vertretung der Urheberrechte der im Verein vereinigten Autoren und deren Erben.
2. Schutz der Urheberrechte von Autoren und anderen Berechtigten, die keine Mitglieder des Vereins sind im Rahmen des § 17.

[42] Aus der Diplomarbeit von *Rembarz* (Fn. 1).

3. Schutz der Urheberrechte ausländischer Autoren und anderer Schutzberechtigter aufgrund von Abkommen mit ausländischen Verwertungsgesellschaften über gegenseitige Vertretung oder aufgrund der Übertragung von Vertretungsrechten ausländischen Autoren und anderer Berechtigter durch ZAiKS.
4. Initiierung und Aufnahme von Aktivitäten zur Vervollkommnung der Urheberrechtsgesetzgebung.
5. Unterstützung der Mitglieder des Vereins bei ihrer schöpferischen Tätigkeit.
6. Förderung wertvoller Schöpfungen in allen von dem Verein vertretenen Bereichen.

§ 4. Der Erfüllung der in § 3 aufgelisteten Aufgaben dienen im besonderen:

1. Der Abschluß von Verträgen, die den Schutz oder die Wahrnehmung der Urheberrechte betreffen.
2. Inkasso der Urhebervergütungen aufgrund abgeschlossener Verträge auf dem Gebiet Polens sowie anderer Länder.
3. Verteilung und Auszahlung der Urhebervergütungen.
4. Inkasso und Auszahlung von Urhebervergütungen auf der Grundlage individueller Aufträge von Urhebern und anderen Berechtigten.
5. Teilnahme an internationalen Organisationen zum Schutze der Urheberrechte.
6. Zusammenarbeit mit inländischen und ausländischen Urheberverbänden und Institutionen, die sich mit dem Schutz der Urheberrechte beschäftigen.
7. Zusammenarbeit mit staatlichen Behörden und gesellschaftlichen Organisationen im Rahmen der Erfüllung der Aufgaben des Vereins.
8. Zusammenarbeit mit Institutionen, welche die schöpferische Tätigkeit verbreiten und popularisieren.
9. Soziale Tätigkeit auf verschiedenen Gebieten für die Mitglieder der Gesellschaft und ihre Familien, insbesondere die Verwaltung von „Häusern künstlerischer Arbeit“ sowie Erteilung kollegialer Hilfe.
10. Einrichtung von Sonderfonds für die Befriedigung von Bedürfnissen, die nicht unter Punkt 9 aufgelistet sind, im besonderen die Einrichtung von Fonds zum Zwecke der Förderung des Schaffens.
11. Hilfeleistung an die Vereinsmitglieder im Zusammenhang mit dem Schutz der Urheberrechte.
12. Organisation von verschiedenen Formen kollegialen Zusammenlebens und der Zusammenarbeit von Vereinsmitglieder.

§ 5. Mitglied des Vereins kann nur eine Person sein, die über volle Bürgerrechte verfügt und selbst Urheber im Sinne des Urheberrechtsgesetzes ist und über schöpferische Werke verfügt, die den Richtlinien der zuständigen Sektion des Vereins entsprechen und die gleichzeitig die „Organisationsverpflichtung" unterschreibt.

§ 6. Die Mitglieder des Vereins sind unterteilt in:
1) ordentliche Mitglieder
2) außerordentliche Mitglieder.

§ 7. (2) Die Aufnahme erfolgt aufgrund der unterschriebenen Eintrittserklärung durch den Bewerber und durch zwei ordentliche Mitglieder der zuständigen Sektion (als Einführungspersonen), nachdem die „Organisationsverpflichtung" unterschrieben wurde.

§ 9.
1. Die ordentlichen Mitglieder haben passives und aktives Wahlrecht, das Recht zur Teilnahme am Vereinsleben und der Nutzung seiner Einrichtungen und Hilfeleistungen im Rahmen der statutgemäßen Aufgaben.
2. Die außerordentlichen Mitglieder haben alle oben erwähnten Rechte außer des passiven und aktiven Wahlrechts.
3. Im Falle der gleichzeitigen Zugehörigkeit zu mehreren Sektionen, muß das Mitglied bekanntgeben, in welcher Sektion es sein passives Wahlrecht ausüben wird.

§ 17. (1) Das Inkasso, die Verteilung und die Auszahlung der Urhebervergütungen werden gemäß den gültigen Richtlinien des Vereins geregelt.

§ 18. Der Verein nimmt die Urheberrechte ausländischer Autoren sowie ihrer Erben wahr auf Grund von Verträgen mit ausländischen Gesellschaften über gegenseitigen Rechtsschutz, oder aufgrund der Übertragung von Vertretungsrechten ausländischer Autoren an den Verein.

§ 5 Die Rechtsbeziehungen zwischen Verwertungsgesellschaft und Berechtigtem – Vergleichende Anmerkungen aus deutscher Sicht

Karl Riesenhuber

Übersicht

I. Einführung

Das eingehende, anschauliche und aus der Praxis informierte Referat von *Badowski*[1] hat in seinen Grundlinien vor allem zwei Dinge vor Augen geführt. Bei im wesentlichen ähnlichen wirtschaftlichen und kulturellen Bedingungen sind die Sachfragen des Wahrnehmungsrechts in Polen dieselben wie in Deutschland. Und auch die Antworten der beiden Rechtssysteme fallen – im Ergebnis – weithin ähnlich aus. Divergenzen

[1] In diesem Band, § 4 (S. 63 ff.).

ergeben sich vor allem in den Bereichen, wo sich die Wahrnehmungspraxis in Polen noch in einer Übergangsphase befindet.

Allerdings macht dieses Referat, ebenso wie das vorangehende von *Kępiński*[2] auch deutlich, daß der Rechtsrahmen sich in zweierlei Hinsicht grundlegend von dem deutschen Wahrnehmungsrecht unterscheidet. Die zentrale Weichenstellung ist die Marktorganisation.[3] Hier hat das polnische Recht nicht für eine Monopolstellung der Verwertungsgesellschaften in ihrem Tätigkeitsbereich optiert, sondern für eine Konkurrenz.[4] Und anders als in Deutschland hat auch die Praxis nicht zu einer faktischen Monopolstellung geführt. Zweitens ist aber auch das Wahrnehmungsrecht in Polen anders gestaltet. Das betrifft nicht so sehr den formalen Unterschied, daß dort das Wahrnehmungsrecht im Urheberrechtsgesetz geregelt ist. Vor allem ist die inhaltliche Ausgestaltung, die erst im Jahr 1994 erfolgte,[5] weniger eingehend.[6] Die Entwicklung hin zu einer Sonderregelung ist auch in Deutschland nicht unbekannt. Auch bei uns war das Wahrnehmungsrecht anfänglich nicht besonders geregelt, es ergab sich aus dem allgemeinen Privatrecht.[7] Die Regelung im Stagma-Gesetz von 1933 fiel noch sehr spärlich aus.[8] Sie hatte vor allem den Zweck, ein Monopol für die kollektive Wahrnehmung von Rechten an Musikwerken zu begründen. Erst das Urheberrechtswahrnehmungsgesetz von 1965 führte zu einer allgemeinen und eingehenderen Regelung. Die Entwicklung in Österreich, wo kürzlich ein neues Verwertungsgesellschaftengesetz 2006 verabschiedet wurde,[9] deutet darauf hin, daß das Wahrnehmungsrecht künftig spezialgesetzlich noch näher ausgestaltet

2 In diesem Band, § 2 (S. 9 ff.).

3 Dazu auch *Gerlach*, Diskussionsbeitrag, oben, S. 59. Zur Marktorganisation auf der Ebene der Europäischen Gemeinschaft *Drexl*, in diesem Band, § 10 (S. 193 ff.).

4 *Kępiński*, in diesem Band, § 2 IV 1 (S. 16 f.).

5 Zur Entwicklung *Błeszyński*, in diesem Band, § 6 II (S. 107 ff.).

6 *Badowski*, in diesem Band, § 4 I a. E. (S. 67 f.).

7 *Riesenhuber/Rosenkranz*, Das deutsche Wahrnehmungsrecht 1903–1933 – Ein Streifzug durch Rechtsprechung und Literatur –, UFITA 2005/II, S. 467–516.

8 Skizziert bei *Mickler*, in: Kreile/Becker/Riesenhuber (Hrsg.), Recht und Praxis der GEMA, Kap. 2 Rn. 39–45.

9 Dazu nur *Riesenhuber*, VerwGesG 2005: Ausgewählte Regelungen im Vergleich mit dem deutschen Recht und den Europäischen Angleichungsplänen, wbl 2005, 256–262. Zum verabschiedeten Verwertungsgesellschaftengesetz 2006 demnächst näher *Riesenhuber*, Das österreichische Verwertungsgesellschaftengesetz 2006 – Einführung im Lichte der Europäischen und der deutschen Rechtsentwicklung nebst Materialien (2006), im Druck.

werden wird. Die gemeinschaftsrechtliche Entwicklung von der Mitteilung der Kommission aus dem Jahr 2004[10] hin zur Online-Musikdienste-Empfehlung aus dem Jahr 2005[11] legt nahe, daß auf gemeinschaftsrechtlicher Ebene eine Regelung nach Marktsegmenten erfolgen wird.

Von der Vielzahl der von *Badowski* angesprochenen Themen möchte ich im folgenden einzelne herausgreifen, die vielleicht aus vergleichender Perspektive und mit Rücksicht auf die Diskussion in Deutschland und Polen von besonderem Interesse sind.

II. Mitgliedschaftsrechte und mitgliedschaftsähnliche Rechte

Interessant sind zunächst Fragen der Mitgliedschaft, nämlich (1) das Problem des Aufnahmezwangs und (2) das Problem der Repräsentation.

1. Das Problem des Aufnahmezwangs

Einen Aufnahmezwang, der die Verwertungsgesellschaft verpflichten würde, Rechteinhaber als Vereinsmitglieder aufzunehmen, sieht das polnische Recht so wenig vor wie das deutsche. Die Praxis der ZAIKS, die *Badowski* hervorgehoben hat, ist aber offenbar sehr großzügig und gewährt jedem Berechtigten unter nur geringen Voraussetzungen Zugang zum Verein.[12] Die dagegen vorgetragenen Bedenken werden in Deutschland weithin geteilt. Hier hat der Gesetzgeber von 1965 entgegen anfänglichen Plänen letztendlich auf einen Aufnahmezwang verzichtet und nur einen Wahrnehmungszwang vorgesehen. Eine große Gruppe von

---

10 Kommission, Mitteilung v. 16.4.2004, KOM (2004) 261 endg., auch abgedruckt in **Anhang III** (S. 276 ff.). Dazu *Dietz*, IIC 35 (2004), 809–820; *Riesenhuber/v. Vogel*, EuZW 2004, 519–523.

11 Empfehlung der Kommission v. 18.10.2005 für die länderübergreifende kollektive Wahrnehmung von Urheberrechten und verwandten Schutzrechte, die für legale Online-Musikdienste benötigt werden, ABl. 2005 L 276/54, Berichtigung in ABl. 2005 L 284/10; abgedruckt in **Anhang V** (S. 346 ff.). Dazu i. e. *Majer*, in diesem Band, § 8 (S. 147 ff.); *Drexl*, in diesem Band, § 10 (S. 193 ff.).

12 *Badowski*, in diesem Band, § 4 II 2 (S. 68 f.) und III 2 (S. 72 ff.).

„Gelegenheitsurhebern" sollte die kleine Gruppe der wirtschaftlich tragenden Rechteinhaber nicht dominieren.[13]

Dem entspricht es, wenn Verwertungsgesellschaften Erfolgskriterien für den Zugang zur Mitgliedschaft aufstellen. Der Bundesgerichtshof hat kürzlich sogar hervorgehoben, daß eine Verwertungsgesellschaft nicht verpflichtet sein kann, Urheberrechte ohne Rücksicht auf deren wirtschaftliche Verwertbarkeit wahrzunehmen.[14]

2. Das Problem der Repräsentation

Mit der Mitgliedschaft ist die Repräsentation verbunden. Allerdings ist diese Verbindung, wie § 6 Abs. 2 UrhWG zeigt, nicht untrennbar. Es kann eine Repräsentation auch ohne vereinsrechtliche Mitgliedschaft geben; in Deutschland hatte sich dieses Modell bereits vor 1965 in der Wahrnehmungspraxis herausgebildet.[15]

Im Gesamtsystem des Wahrnehmungsrechts wird die Repräsentation – zu Recht – als ein notwendiges Korrelat insbesondere zur beschränkten Kontrolle der Verteilungsregeln angesehen.[16] Insofern erscheint das Fehlen einer Regelung über die Repräsentation der Nicht-Mitglieder, wie sie in Deutschland § 6 Abs. 2 UrhWG enthält, durchaus als ein Mangel.[17]

III. Wahrnehmungsvertrag und Vertragsrecht

Neben der Bestimmung über die „gemeinsame Vertretung" mißt man in Deutschland den Regelungen über den Wahrnehmungsvertrag besondere Bedeutung bei.

---

13 RegE UrhWG, Begründung zu § 6 UrhWG, BT-Drs. IV/271, S 15 f.; *Riesenhuber*, Die Auslegung und Kontrolle des Wahrnehmungsvertrags (2003), S. 65 f.; Dreier/Schulze-*Schulze*, Urheberrechtsgesetz (2004), § 6 UrhWG Rn. 28.

14 BGH, GRUR 2002, 1713, 1715 f. – Klausurerfordernis.

15 *Riesenhuber/Rosenkranz*, UFITA 2005/II, 467, 503–505.

16 *Fiscor*, Collective Management of Copyright in the International Environment, ZUM 2003, 3, 9 f. (für die kulturelle Förderung).

17 *Badowski*, in diesem Band, § 4 II 2 a. E. (S. 70).

1. Der Wahrnehmungsvertrag als Vertragstyp

Er wird in Deutschland ganz entsprechend wie in Polen als ein eigener Vertragstypus angesehen, der Elemente des Auftrags enthält. Aufgrund der privatrechtlichen Organisation der kollektiven Rechtewahrnehmung regiert auch in Deutschland die – von *Badowski* für das polnische Recht hervorgehobene –[18] Vertragsfreiheit als Grundsatz. Indes wird sie in Deutschland für das Wahrnehmungsrecht kaum je hervorgehoben. Aus gutem Grunde, denn mit der – zwar nicht rechtlich vorgeschriebenen, aber doch faktisch weithin bestehenden – Monopolstellung der Verwertungsgesellschaften fehlt der Markt als Grundvoraussetzung für die Vertragsfreiheit. Die Vertragsfreiheit wird daher – völlig im Einklang mit den Prinzipien der Marktwirtschaft – weitgehend von regulierenden Elementen überlagert. Sie betreffen die Abschlußfreiheit, die durch den Wahrnehmungszwang eingeschränkt (fast aufgehoben)[19] wird, und die Inhaltsfreiheit, die durch besondere und allgemeine Kontrolltatbestände wesentlich beschränkt ist.

Die von der ZAIKS verwandte Terminologie weist übrigens in schöner Weise auf einen wesentlichen Aspekt des Wahrnehmungsvertrags hin. In Deutschland sprechen wir vom „Wahrnehmungsvertrag" und heben damit die Kernaufgabe der Verwertungsgesellschaft hervor, nämlich die treuhänderische Rechtewahrnehmung.[20] Manche Verwertungsgesellschaften sprechen vom „Berechtigungsvertrag"; darin kommt stärker das Element der Rechteübertragung zum Ausdruck. Die ZAIKS nennt den Vertrag „Organisationsverpflichtung" (*Zobowiązania organizacyjne*).[21] Das mutet zuerst eigenartig an, ist aber doch bei näherer Hinsicht sehr treffend. Mit der Rechteübertragung trägt jeder Berechtigte zur Organisation der kollektiven Wahrnehmung bei. Es geht nicht nur darum, daß die Verwertungsgesellschaft für ihn die Rechte wahrnimmt, sondern auch darum, daß er durch seine Rechteeinbringung eine effektive und marktstarke kollektive Wahrnehmung überhaupt erst ermöglicht.[22]

---

18 *Badowski*, in diesem Band, § 4 III 1 (S. 71 f.).

19 Völlig aufgehoben ist sie nicht, da der Wahrnehmungszwang des § 6 Abs. 1 UrhWG an Voraussetzungen gebunden ist und zudem in Sonderfällen ausgeschlossen sein kann; s. nur Schricker-*Reinbothe*, Urheberrechtsgesetz, (2. Aufl. 1999), § 6 UrhWG Rn. 7–10. Zum polnischen Recht *Badowski*, in diesem Band, § 4 III 2 c (S. 76 f.).

20 *Riesenhuber* (Fn. 13), S. 11.

21 *Badowski*, in diesem Band, § 4 III 3 c (S. 81 ff.).

22 *Riesenhuber* (Fn. 13), S. 41.

2. Der Wahrnehmungszwang

Einen Wahrnehmungszwang sehen beide Rechtsordnungen vor.[23] Die Regelungen dürften sich materiellrechtlich wenig unterscheiden, doch kommen in der Formulierung unterschiedliche Nuancen zum Ausdruck. Das deutsche Gesetz hebt die Verpflichtung zur Rechtewahrnehmung hervor. Die Möglichkeit, einen Vertragabschluß aus wichtigem Grund zu verweigern, muß man aus allgemeinen Grundsätzen herleiten. In Art. 106 Abs. 3 S. 1 plUrhG ist es umgekehrt. Dort heißt es, die Verwertungsgesellschaft darf die Wahrnehmung „nicht ohne wichtige Gründe ablehnen". Mit dem Wahrnehmungszwang wird also zugleich die Möglichkeit der Ablehnung aus wichtigem Grund hervorgehoben. Einen sachlichen Grund für die unterschiedliche Akzentsetzung mag man in der Konkurrenzsituation in Polen sehen, wo die Verwertungsgesellschaften auch kein faktisches Monopol haben und die Rechteinhaber daher nicht in gleichem Maße auf die Wahrnehmung durch *die einzelne* Verwertungsgesellschaft angewiesen sind. Allerdings ist der Wahrnehmungszwang nach einer in Deutschland wohl herrschenden Auffassung auch dann nicht unnötig, wenn mehrere Verwertungsgesellschaften bestehen.[24]

3. Die Inhaltskontrolle

Nicht nur die Abschlußfreiheit ist eingeschränkt, sondern auch die Inhaltsfreiheit.

a) Keine besonderen Regeln über den Wahrnehmungsvertrag als Vertragstyp

Der Wahrnehmungsvertrag ist weder in Deutschland noch in Polen als Vertragstyp näher geregelt. Das wird heute kritisiert. Man spricht sich dafür aus, die Pflichten der Parteien stärker zu konturieren, nicht zuletzt auch um für die AGB-Kontrolle einen Prüfungsmaßstab zu haben. Das österreichische Verwertungsgesellschaftengesetz 2006 verwirklicht das ansatzweise, dort wird etwa die Wahrnehmungspflicht der Verwertungs-

---

23 Zum deutschen Recht nur Schricker-*Reinbothe* (Fn. 19), § 6 UrhWG Rn. 2–13; zum polnischen Recht *Badowski*, in diesem Band, § 4 III 2 (S. 72 ff.).

24 Schricker-*Reinbothe* (Fn. 19), § 6 UrhWG Rn. 12.

gesellschaft und ihre Bindung zu einer sparsamen und effizienten Tätigkeit hervorgehoben.[25]

b) Die besondere Inhaltskontrolle als Korrelat des Wahrnehmungszwangs

In Deutschland sieht das Gesetz für die Wahrnehmungsbedingungen und für die Verteilungsbedingungen in § 6 Abs. 1 UrhWG spezielle Kontrolltatbestände vor.[26] Die polnische Regelung erscheint demgegenüber auf den ersten Blick erstaunlich dürr. Wie *Badowski* in seinem Referat erläutert hat, beschränkt sich Art. 106 Abs. 3 S. 2 plUrhG auf die Verpflichtung der Verwertungsgesellschaft, die Wahrnehmung „gemäß ihren Statuten auszuüben".[27] Bei näherem Hinsehen ist das von der deutschen Regelung nicht so weit entfernt.

Die Vorschrift steht in Zusammenhang mit der Regelung des Art. 106 Abs. 1 plUrhG. Diese verpflichtet die Verwertungsgesellschaften „zur einheitlichen Behandlung der Rechte ihrer Mitglieder und der anderen durch sie vertretenen Rechtsinhaber auf dem Gebiet der Wahrnehmung dieser Rechte oder der Geltendmachung ihres Schutzes".[28] Dann aber ist die Regelung der des § 6 Abs. 1 UrhWG nicht fern. Das Angemessenheitsgebot ist ausweislich der Entstehungsgeschichte ebenfalls primär als ein Gebot der Gleichbehandlung von Mitgliedern und sonstigen Rechteinhabern zu verstehen.[29] Man kann beiden Regimen eine sinnvolle Zurückhaltung der Staatskontrolle entnehmen, die die Gestaltung der Wahrnehmungsbedingungen weitgehend der Selbstverwaltung der Rechteinhaber überläßt.[30]

---

25 *Riesenhuber*, wbl. 2005, 256, 260; *Riesenhuber*, Verwertungsgesellschaftengesetz 2006 (Fn. 9).

26 Dazu nur *Riesenhuber* (Fn. 13); *ders.*, Zur gerichtlichen Kontrolle von Verteilungsregeln der Verwertungsgesellschaften, GRUR 2005 (im Druck). Aus der Rechtsprechung etwa BGH, GRUR 1988, 782 – GEMA Wertungsverfahren; BGH, NJW 2002, 1713 – Klausurerfordernis; BGH, GRUR 2004, 767 – Verteilung des Vergütungsaufkommens; BGH, GRUR 2005, 757 – PRO-Verfahren.

27 *Badowski*, in diesem Band, § 4 III 3 b (S. 80).

28 Dazu *Badowski*, in diesem Band, § 4 III 3 b bb (S. 80).

29 *Riesenhuber* (Fn. 13), S. 68–73. Weitergehend (Äquivalenzgrundsatz) etwa Schricker-*Reinbothe* (Fn. 19), § 6 UrhWG Rn. 13.

30 *Riesenhuber* (Fn. 13), S. 15, 71, 73.

c) Die Anwendung allgemeiner Schutzvorschriften

Neben diesen speziellen Kontrolltatbeständen enthält das deutsche Urheber(vertrags)recht ebenso wie das polnische allgemeine Schutzvorschriften. *Badowski* hat in seinem Referat Vorschriften genannt, die im deutschen Recht ein Äquivalent finden,[31] nämlich Vorschriften über

- die Bestimmtheit der Rechteübertragung (Art. 41 Abs. 2 plUrhG, § 31 Abs. 5 UrhG),
- die Rechte an künftigen Werken (Art. 41 Abs. 3 plUrhG, § 40 UrhG),
- die unbekannten Nutzungsarten (Art. 41 Abs. 4 plUrhG, § 31 Abs. 4 UrhG) und
- die Schriftform (Art. 53 plUrhG, § 40 UrhG).

Die Schutzanliegen sind weithin ähnlich, nur die rechtstechnischen Mittel sind verschieden. So erreicht das deutsche Urheberrecht die Identifizierung der übertragenen Nutzungsarten mit einer Auslegungsregel, der Zweckübertragungsregel, während das polnische Recht dasselbe unmittelbar anordnet.

Auch im deutschen Recht ist die von *Badowski* angesprochene Frage[32] umstritten, ob die (Schutz-)Vorschriften des allgemeinen Urhebervertragsrechts auch für den Wahrnehmungsvertrag zwischen dem Rechteinhaber und seiner Verwertungsgesellschaft gelten. Besonders das Verbot der Einräumung von Nutzungsrechten für noch nicht bekannte Nutzungsarten hat in der Wahrnehmungspraxis öfter zu Zweifeln geführt, ob die Verwertungsgesellschaft die Rechte wahrnehmen kann oder nicht. Dabei geht es zum einen um den Schutz des Rechteinhabers vor einer „kollektiven Vereinnahmung", zum anderen aber um seinen Schutz vor den Nutzern. Die bisherige Lösung bleibt rechtspolitisch unbefriedigend.[33]

In Deutschland ist im Rahmen des sogenannten „Korb 2" zur Regelung des Urheberrechts in der Informationsgesellschaft eine Änderung der Regeln über unbekannte Nutzungsarten geplant. Das Verbot des derzeitigen § 31 Abs. 4 UrhG soll gestrichen werden. Statt dessen soll ein neu einzufügender § 31 a UrhG[34] für entsprechende Verträge die Schriftform

---

31 *Badowski*, in diesem Band, § 4 III 3 a (S. 77 f.).

32 *Badowski*, in diesem Band, § 4 III 3 a bb (S. 78 f.).

33 *Riesenhuber* (Fn. 13), S. 60 f.

34 „§ 31 a Verträge über unbekannte Nutzungsarten
(1) Ein Vertrag, durch den der Urheber Rechte für unbekannte Nutzungsarten einräumt oder sich dazu verpflichtet, bedarf der Schriftform. Der Urheber

vorschreiben und dem Urheber bis zum Beginn der Nutzung ein Widerrufsrecht einräumen. Das Widerrufsrecht soll entfallen, wenn sich die Parteien auf eine „besondere angemessene Vergütung" nach einem neu einzufügenden § 32 c UrhG[35] einigen. Für den normalen Nutzungsvertrag mag das passen, im Hinblick auf den Wahrnehmungsvertrag verbleiben jedoch Zweifel. Bedauerlich ist zunächst, daß (bislang) nicht klargestellt ist, ob die Regelung auch für den Wahrnehmungsvertrag gelten soll oder nicht. Mangels besonderer Regelung muß man davon jedoch ausgehen.[36] Für den Wahrnehmungsvertrag paßt indes der Widerrufsmechanismus weder im Grundsatz noch in seiner technischen Ausgestaltung.[37] Das Widerrufsrecht kann man zwar generell als prozedurale Lösung einer (weitergehenden) Inhaltskontrolle vorziehen.[38] Bei

---

kann diese Rechtseinräumung oder die Verpflichtung hierzu widerrufen, solange der andere noch nicht begonnen hat, das Werk in der neuen Nutzungsart zu nutzen.

(2) Das Widerrufsrecht entfällt, wenn sich die Parteien auf eine Vergütung nach § 32 c Abs. 1 geeinigt haben. Es erlischt mit dem Tode des Urhebers.

(3) Sind mehrere Werke zu einer Gesamtheit zusammengefaßt, die sich in der neuen Nutzungsart in angemessener Weise nur unter Verwendung sämtlicher Beiträge verwerten läßt, so kann das Widerrufsrecht nur von einer repräsentativen Gruppe dieser Urheber und nicht gegen Treu und Glauben ausgeübt werden.

(4) Auf die Rechte nach den Absätzen 1 bis 3 kann im voraus nicht verzichtet werden."

35 „§ 32 c Vergütung für später bekannte Nutzungsarten

(1) Der Urheber hat Anspruch auf eine besondere angemessene Vergütung, wenn der Vertragspartner eine neue Art der Werknutzung aufnimmt, die im Zeitpunkt des Vertragsschlusses vereinbart, aber noch unbekannt war. Der Vertragspartner hat den Urheber über die neue Werknutzung unverzüglich zu unterrichten.

(2) Hat der Vertragspartner das Nutzungsrecht einem Dritten übertragen, haftet der Dritte mit der Aufnahme der neuen Art der Werknutzung für die Vergütung nach Absatz 1. Die Haftung des Vertragspartners entfällt.

(3) Auf die Rechte nach den Absätzen 1 und 2 kann im Voraus nicht verzichtet werden. Der Urheber kann aber unentgeltlich ein einfaches Nutzungsrecht für jedermann einräumen."

36 Vgl. § 35 Abs. 1 S. 2 UrhG; *Riesenhuber* (Fn. 13), S. 60.

37 S. a. *Riesenhuber* (Fn. 13), S. 155, zu dem von der Kommission erwogenen Rückrufrecht.

38 Allgemein und zu den verbraucherrechtlichen Widerrufsrechten *Canaris*, Wandlungen des Schuldvertragsrechts – Tendenzen zu seiner „Materialisierung, AcP 200 (2000), 273, 345; *Grundmann*, Privatautonomie im Binnenmarkt – Informationsregeln als Instrument, JZ 2000, 1133, 1339–1142.

Wahrnehmungsvertrag führt das Widerrufsrecht aber zu einer Unsicherheit, die mit den Erfordernissen der kollektiven Rechtewahrnehmung nicht gut zu vereinbaren ist. Vorzugswürdig ist die – in § 6 Abs. 1 UrhWG schon vorgesehene – Inhaltskontrolle (Angemessenheitsgebot). Technisch paßt die geplante Neuregelung des § 31 a für den Wahrnehmungsvertrag nicht gut, da die Verwertungsgesellschaft die Rechte nicht selber nutzt und die individuellen Nutzungen ihrer Vertragspartner nicht überwacht. Der Beginn mit der Nutzung, der das Widerrufsrecht beendet, ist hier also unpraktisch.

Allerdings mag der Gesetzgeber das Widerrufsrecht beim Wahrnehmungsvertrag generell für ausgeschlossen gehalten haben. Das Widerrufsrecht soll ja entfallen, wenn sich die Vertragsparteien auf eine „besondere angemessene Vergütung" nach dem geplanten neuen § 32 c UrhG geeinigt haben. Zwischen Urheber und Verwertungsgesellschaft gibt es zwar keine Einigung über eine „besondere angemessene Vergütung". Doch sorgt die Verwertungsgesellschaft durch ihre Tätigkeit ganz generell für eine angemessene Vergütung der Rechteinhaber.

d) Die ausschließliche Wahrnehmung insbesondere

Geradezu ein Grundthema des Wahrnehmungsrechts war von Anfang an die Kontrolle des Umfangs der Rechteübertragung.[39] *Badowski* weist in seinem Referat auf die entsprechende Diskussion in Polen hin.[40] Manchen nehmen an, im Wahrnehmungsvertrag könne die Befugnis des Rechteinhabers, selbst Lizenzen zu vergeben, nicht ausgeschlossen werden. *Badowski* weist darauf hin, daß dies mit dem Grundsatz der kausalen Rechteübertragung nicht vereinbar sei.

Die Frage ist natürlich zuerst eine der juristisch-technischen Konstruktion. Indes läßt sich diese wohl nach deutschem wie nach polnischem Recht so oder so bewirken: Der Rechteinhaber kann der Verwertungsgesellschaft ein einfaches oder ein ausschließliches Nutzungsrecht einräumen. Entscheidend dürfte die inhaltliche Bewertung sein. Der EuGH hat die Vereinbarkeit der ausschließlichen Rechteübertragung mit den

---

39 Zum deutschen Wahrnehmungsrecht von 1903–1933 *Riesenhuber/Rosenkranz*, UFITA 2005/II, 467, 492 f.; zum EG-Kartellrecht *Riesenhuber* (Fn. 13), S. 145; zum US-amerikanischen Recht *Goldmann*, Die kollektive Wahrnehmung musikalischer Rechte in den USA und Deutschland (2001), S. 152 f., 271–273, 275 f.

40 *Badowski*, in diesem Band, § 4 III 3 a cc (S. 79 f.).

Vorgaben des EG-Wettbewerbsrechts bestätigt.[41] Mit Rücksicht auf den Zweck der Unternehmenstätigkeit, die Rechte der Berechtigten gegenüber (insbesondere) den großen Nutzern wie Rundfunkanstalten und Schallplattenherstellern wahrzunehmen, könne die umfassende Rechteübertragung nicht beanstandet werden:

„Um diese Rechte und Interessen wirkungsvoll wahrnehmen zu können, muß die Vereinigung über eine Stellung verfügen, die voraussetzt, daß die der Vereinigung angeschlossenen Urheber ihre Rechte an sie abtreten, soweit das notwendig ist, um ihrer Tätigkeit das erforderliche Volumen zu verleihen."[42]

Diese Erwägungen haben heute nicht weniger Bedeutung. Die Verwertungsgesellschaften müssen die Möglichkeit haben, ein Repertoire aufzubauen und eine Gesamtheit von Berechtigten zu vertreten, um gegenüber einer zunehmenden konzentrierten Marktgegenseite mit Verhandlungsmacht auftreten zu können. Viel spricht dafür, daß dies auch im Bereich der Online-Musikdienste gilt.[43]

e) Die Kontrolle der Verteilung

Die Kontrolle der Verteilung ist im polnischen Urheberrechtsgesetz ebenfalls nicht ausdrücklich geregelt. *Badowski* weist in seinem Referat darauf hin, daß sich für die ZAIKS insoweit Bindungen aus dem Prinzip der treuhänderischen Wahrnehmung ergeben, das der Rechteübertragung zugrunde liegt.[44] Darüber hinaus gilt auch hier die Regelung des Art. 106 plUrhG.

Diese – bereits früher (oben, b), S. 97) erwähnte – Regelung enthält in Abs. 3 S. 2 die Bindung der Verwertungsgesellschaft, die Wahrnehmung „gemäß ihren Statuten auszuüben". Wenn man zu den Statuten der Verwertungsgesellschaft neben der Satzung auch Berechtigungsvertrag

---

41 EUGH v. 27. 3. 1974 – Rs. 127/73 *BRT II*, Slg. 1974, 313 Rn. 9/11 und 12/14. Grundsätzlich zustimmend *Steden*, Das Monopol der GEMA (2003), S. 85–88; *Wünschmann*, Die kollektive Verwertung von Urheber- und Leistungsschutzrechen, S. 122–127. Kritisch *Goldmann* (Fn. 39), S. 251 f. In der Kommission zeichnet sich teilweise eine andere Bewertung ab; dazu *Gerlach*, Verwertungsgesellschaften und europäischer Wettbewerb, in: Tades/Danzl/Graninger (Hrsg.), Festschrift für Dittrich (2000), S. 119, 128–131.

42 EuGH v. 27. 3. 1974 – Rs. 1227/73 *BRT II*, Slg. 1974, 313 Rn. 9/11.

43 Näher *Drexl*, in diesem Band, § 10 II 4 (S. 216 ff.) und III 1 (S. 221 ff.).

44 *Badowski*, in diesem Band, § 4 III 3 c ee (S. 83 f.).

und Verteilungsplan rechnet,[45] so ergibt sich aus Art. 106 Abs. 3 S. 2 plUrhG gleichsam ein „Gebot fester Regeln“, wie wir es für den Verteilungsplan aus § 7 S. 1 UrhWG kennen.

Zweitens bezieht sich der in Art. 106 Abs. 1 plUrhG statuierte Gleichbehandlungsgrundsatz auch auf die Verteilung. Damit ist in ganz entsprechender Weise wie durch das Willkürverbot des § 7 S. 1 UrhWG eine Mindestkontrolle installiert. Sie wird ergänzt durch die früher (oben, II.2) erörterte Repräsentation. Wenn die Vereinsmitglieder über die Verteilungsregeln bestimmen und eine Gleichbehandlung von Mitgliedern und anderen von der Verwertungsgesellschaft vertretenen Rechteinhabern garantiert ist, ist damit eine funktionsfähige Kontrolle gesichert.

IV. Schluß

Die vergleichende Übersicht hat deutlich gemacht, daß die Wahrnehmungspraxis in Deutschland und in Polen mit denselben Sachfragen konfrontiert ist und die Wahrnehmungsrechte beider Länder für diese Fragen ganz ähnliche Regelungen gefunden haben. Das Wahrnehmungsrecht ist unterschiedlich dicht geregelt, doch führen die Regelungen über das Verhältnis von Verwertungsgesellschaft und Rechteinhaber in der Praxis zu weithin ähnlichen Ergebnissen. Jeweils spricht viel dafür, daß der Gesetzgeber das Wahrnehmungsrecht in der Zukunft eingehender regeln wird, so wie das derzeit in Österreich geschieht. Dabei wird sich empfehlen, die bewährte, von den Gerichten ausgestaltete Praxis zu übernehmen. Zu dieser bewährten Praxis gehört freilich auch die Autonomie der in der Verwertungsgesellschaft zusammengeschlossenen Rechteinhaber, die eigenen Angelegenheiten im Rahmen einer staatsfernen Selbstverwaltung selbst zu ordnen.

---

45 Vgl. *Badowski*, in diesem Band, § 4 III 3 c ee (S. 83 f.).

Diskussionsbericht zu §§ 4 und 5

Im Anschluß an die Vorträge von *Badowski* und *Riesenhuber* stellte der Komponist *Jörg Evers* (Mitglied des Aufsichtsrates der GEMA) die Frage, wie sich die individuelle Rechtewahrnehmung durch Verlage im Verhältnis zu den Verwertungsgesellschaften in Polen darstellt. Zum Verständnis der jetzigen Situation in Polen wies *Badowski* darauf hin, daß es zu sozialistischen Zeiten nur einen staatlichen Musikverlag gab.[1] Die Rechte dieses Verlages nahm die ZAIKS auf Grundlage eines speziellen Vertrages für fast 40 Jahre wahr. Inzwischen existiert eine Vielzahl von Musikverlagen, darunter werden auch die vier großen Weltverlage vertreten.[2] Die ZAIKS habe mit ihnen Verträge geschlossen, die denen der Berechtigten sehr ähnlich seien. Als Mitglieder sollen die Verlage allerdings aus der Sicht der ZAIKS nicht aufgenommen werden, weil dies für die Urheber ungünstig wäre. Eine spezielle Verwertungsgesellschaft für Verlage gibt es, worauf *Badowski* hinwies, auch in Polen nicht.

Ergänzend fragte *Evers*, welcher Verteilungsplan für die Verlage dann gelte. *Badowski* erläuterte, daß die Verlage als Nichtmitglieder keinen Einfluß auf die Gestaltung der Verteilungspläne hätten. Streit entstünde aber deshalb nicht, weil die Verteilungspläne internationalen Standards folgten.

Daran anschließend fragte *Evers*, ob der Verteilungsplan der ZAIKS eine Regelung zum Verlagsanteil enthalte, obwohl die Verlage nicht Mitglied werden könnten. *Badowski* bejahte dies unter Hinweis darauf, daß sich wegen des BIEM Abkommens die Verteilungspläne der GEMA und der ZAIKS im Bereich der öffentlichen Aufführungen und der mechanischen Rechte stark ähnelten.

Martin Bredol/Aleksandra Mojkowska

1 Gemeint ist dabei die bis heute bestehende Polskie Wydawnictwo Muzyczne (Polnischer Musikverlag), zuständig für ernste Musik.

2 Diejenigen, die auch IFPI-Mitglieder sind, also Sony/BMG, EMI, Warner Music, Universal Music.

Abschnitt 3
Die Rechtsbeziehungen zwischen Verwertungsgesellschaft und Nutzer

§ 6 Die Rechtsbeziehungen zwischen Verwertungsgesellschaft und Nutzer – Das polnische Recht

Jan Błeszyński

Übersicht

I. Einführung

Rechtsverhältnisse der Verwertungsgesellschaften mit Nutzern werden von einer Reihe von Faktoren bestimmt. Dies sind:

1. die Rechtsstellung der Verwertungsgesellschaften,
2. der rechtliche Rahmen, der sich aus den Vorschriften des Urheberrechts und des allgemeinen Zivilrechts ergibt, und
3. der rechtliche Rahmen, den das Wettbewerbsrecht für die Verwertung von Urheberrechten aufstellt.

Diese Fragen werden im folgenden erörtert. Am Anfang ist dazu kurz in das polnische Urheberrecht und seine Entwicklung einzuführen (II) und auf die Regelungen des Vereinsgesetzes hinzuweisen (III). Sodann wird die besondere Rechtsstellung der Verwertungsgesellschaften erörtert (IV). Für die Rechtsverhältnisse zu den Nutzern ist von wesentlicher Bedeutung, welche Rechte die Verwertungsgesellschaft wahrnimmt. In diesem Zusammenhang ist auf ihre Tätigkeit als Geschäftsführer ohne Auftrag hinzuweisen (V). Schließlich sind Einzelfragen im Verhältnis zwischen Verwertungsgesellschaft und Nutzern zu untersuchen – inwieweit die Verwertungsgesellschaft die Wahrnehmung von Rechten garantieren kann, welche Informationspflichten die Nutzer haben, wie die Vergütungshöhe bestimmt ist – (VI) und die Rechtsdurchsetzung durch die Verwertungsgesellschaft darzustellen (VII).

Diese Untersuchung führt auf eine grundlegende Frage des Wahrnehmungsrechts hin, die in der polnischen Wahrnehmungs- und Aufsichtspraxis derzeit kontrovers diskutiert wird: Wie sind urheberrechtliche Verwertungsgesellschaften wettbewerbsrechtlich zu beurteilen? Dazu ist abschließend (VIII) Stellung zu nehmen.

II. Das Urheberrechtsgesetz

1. Die Rechtslage bis 1994

Das neue polnische Urheberrecht[1] (plUrhG), das 1994 in Kraft getreten ist, hat die rechtliche Regulierung der Verwertungsgesellschaften wesentlich neu geordnet. Im Urheberrechtsgesetz sind die Grundlagen der Wahrnehmungstätigkeit von Verwertungsgesellschaften geregelt. Es bestimmt insbesondere die gesetzmäßigen Aufgaben, die Rechte und die Pflichten von Verwertungsgesellschaften. Die Vorschriften des Urheberrechtsgesetzes bestimmen auch die Rechtsbeziehungen zwischen Verwertungsgesellschaften und Nutzern.

Bis 1994 bestand die einzige Rechtsgrundlage für Handlungen von Verwertungsgesellschaften in dem allgemeinen Grundsatz, daß die Vermögensrechte des Urhebers als Ganzes oder teilweise veräußert werden können, also der Grundsatz der vollen Verfügbarkeit gemäß den allgemeinen Rechtsvorschriften des bürgerlichen Rechts. In der Praxis haben die Verwertungsgesellschaften ihre Aufgaben verwirklicht, indem sie die eingeräumten Rechte durch Erteilung von nicht ausschließlichen Nutzungsrechten verwerteten. Diese Lizenzen erteilten sie für der Art nach bestimmte Nutzungen von Werken, deren Rechte sie im Rahmen der kollektiven Rechteverwaltung in einem bestimmten Anwendungsbereich wahrnahmen. Der Lizenzvertrag räumte dem Nutzer eine nicht-ausschließliche Lizenz für einen bestimmten territorialen Bereich und Zeitraum gegen Zahlung einer Vergütung ein. Er wurde auf bestimmte oder unbestimmte Zeit geschlossen, verbunden mit der Möglichkeit der Kündigung nach einer Mindestlaufzeit.

2. Das Urheberrechtsgesetz von 1994

Mit dem Inkrafttreten des Urheberrechtsgesetzes 1994 hat sich die Rechtslage der Verwertungsgesellschaften grundsätzlich geändert. Das neue Gesetz hat die Verwertungsgesellschaften erstmals als unentbehrliche Organisation zur kollektiven Wahrnehmung von Urheberrechten

1 Gesetz über Urheberrecht und verwandte Schutzrechte vom 4.2.1994 (im folgenden auch plUrhG), Dz.U. 1994 Nr. 24 v. 23.2.1994, Pos. 83, 301; auszugsweise abgedruckt in **Anhang I** (S. 255 ff.).

anerkannt, die der einzelne mit Rücksicht auf die massenhaften Nutzungen nicht selbst wahrnehmen kann. Auch nach dem neuen Urheberrechtsgesetz haben die Verwertungsgesellschaften verschiedene Funktionen. Ihre wichtigste Aufgabe liegt darin, eine praktische Schutz- und Wahrnehmungsmöglichkeit zu schaffen: Sie erteilen die Einwilligung zu Nutzungen und ziehen die dafür vereinbarten Vergütungen ein, kontrollieren die tatsächlichen Nutzungen und machen ggf. Ansprüche wegen Urheberrechtsverletzungen geltend. Durch das kollektive Zusammenwirken der Rechteinhaber ist es möglich, die organisatorischen und finanziellen Hindernisse zu überwinden, die der individuellen Wahrnehmung entgegenstehen. Auf diese Weise werden die Verwertungsgesellschaften zum Schutz der Urheber tätig. Andererseits erfüllen die Verwertungsgesellschaften auch für die Nutzer wichtige Funktionen. Sie ermöglichen ihnen, die erforderlichen Lizenzen aus einer Hand und zu angemessenen Bedingungen zu erwerben. Den Nutzern wird eine aufwendige Ermittlung des Berechtigten und damit auch das Risiko einer unberechtigten Nutzung abgenommen.

Mit der gesetzlichen Anerkennung von Verwertungsgesellschaften hat der Gesetzgeber somit für einen Schutz der Rechteinhaber gesorgt, ein Gleichgewicht von Rechteinhabern und Nutzern hergestellt und zugleich für einen Rechtsschutz gesorgt, der mit den Mitteln des allgemeinen Privatrechts nicht zu erreichen gewesen wäre.

3. Die Besonderheiten des Urheberrechts

Mit der kollektiven Rechtewahrnehmung durch Verwertungsgesellschaften sind für den Urheber Einschränkungen seiner Urheberrechte verbunden. Sie liegen insbesondere darin, daß er sich mit der Anwendung einheitlicher Nutzungsgrundsätze durch die Nutzer einverstanden erklären muß. Diese Einschränkungen müssen dem Verhältnismäßigkeitsgrundsatz genügen, dürfen m. a.W. nicht über das vernünftigerweise Erforderliche hinausgehen. Die Rechtfertigung dieser Einschränkungen liegt für den Urheber in den Vorzügen der kollektiven Rechtewahrnehmung durch Verwertungsgesellschaften.

Die Besonderheiten des Urheberrechts sind auch sonst bei der Beurteilung der Tätigkeit von Verwertungsgesellschaften zu beachten, insbesondere bei ihrer wettbewerbsrechtlichen Beurteilung (s. noch unten, VIII). Urheberrechte unterscheiden sich von Waren in entscheidender

Weise, und daher ist die Frage zu stellen, ob die auf den Waren- und Dienstleistungsverkehr zugeschnittenen Wettbewerbsregeln ohne weiteres auch auf die Tätigkeit von Verwertungsgesellschaften angewandt werden können.

Urheberrechtliche Werke sind Güter mit individuellen Merkmalen, die aus dem einzigartigen Charakter der Werkschöpfung resultieren. Das urheberrechtliche Werk ist in erster Linie ein Kulturgut und erst in zweiter Linie ein Gegenstand des Geschäftsverkehrs. Wenn das Werk kommerziell genutzt wird, so bedeutet das nicht, daß es aufhört ein Kulturgut zu sein: also eine individuelle, unwiederholbare Schöpfung, mithin ein Gut, dem es an dem waren- oder leistungsüblichem Merkmal der Ersetzbarkeit fehlt. Das urheberrechtliche Werk ist eine von Dritten wahrnehmbare und zur Nutzung geeignete Äußerung der Persönlichkeit des Schöpfers. Die Schaffung eines Werkes – auch eines Auftragswerkes oder eines zweckgebundenen Werkes –, ist ihrem Wesen nach ein unvorhersehbares Ergebnis als Resultat der Erlebnisse und der persönlicher Weltanschauung des Schöpfers. Bestellte Produkte oder Dienstleistungen sind dagegen vorhersehbar und wiederholbar in dem Sinne, daß von jedem, der über ein entsprechendes Wissen, Fähigkeiten und Instrumentarium verfügt, ein Ersatzergebnis zu erwarten ist, mit Merkmalen, die vorhersehbar sind, und deren Fehlen schlicht eine mangelhafte Erfüllung des Vertrages bedeutet.

Diese Besonderheiten des Urheberrechts als Gegenstand des Rechtsverkehrs darf man nicht gering schätzen. Sie zu mißachten bedeutet eine Verletzung der Grundrechte: des Eigentumsschutzes – der das Recht des Autors am Werk umfaßt – und des Persönlichkeitsschutzes – mit dem der Eigenart und der sozialen Gewichtigkeit der geistigen Schöpfung Rechnung getragen wird.

III. Die Anwendung des Vereinsrechts

1. Das Vereinsgesetz

Gem. Art. 104 Abs. 1 plUrhG sind die Verwertungsgesellschaften Vereine von Urhebern[2] im Sinne der polnischen Vorschriften über Ver-

2 Bei den nachfolgenden Ausführungen beschränke ich mich auf die Verwer-

eine.[3] Gemäß Art. 2 des polnischen Vereinsgesetzes (plVereinsG) ist ein Verein eine freiwillige, selbstverwaltende, dauernde Vereinigung ohne Gewinnzweck. Der Verein bestimmt seine Ziele, Handlungsprogramme und Organisationsstrukturen und faßt innere Beschlüsse bezüglich seiner Tätigkeit. Die Tätigkeit des Vereins beruht auf der ehrenamtlichen Arbeit seiner Mitglieder, zur Führung seiner Angelegenheiten kann er Mitarbeiter anstellen. Im allgemeinen können Mitglieder des Vereins nur natürliche Personen sein, gemäß Art. 104 Abs. 2 Nr. 2 plUrhG bei Verwertungsgesellschaften auch juristische Personen. Dieses Verständnis von Verwertungsgesellschaften als ideell (nicht erwerbswirtschaftlich) tätige Vereine führte dazu, daß der Schwerpunkt ihrer Tätigkeit von der Erwerbstätigkeit hin zu einer in sozialer Hinsicht nützlichen Tätigkeit im Interesse der Urheber verschoben wurde.

Es verdient besondere Hervorhebung, daß die Selbstverwaltung der Rechteinhaber in Polen auf eine lange, aber keineswegs selbstverständliche Tradition zurückblicken kann. Die seit 1932 geltenden Vorschriften des Vereinsgesetzes kannten nämlich neben dem normalen eingetragenen Verein auch den „Verein höherer Nutzbarkeit", der der Staatskontrolle unterlag. Diese Staatskontrolle bedeutete insbesondere, daß die Satzung nicht vom Verein selbst beschlossen, sondern staatlich festgelegt wurde. ZAIKS war allerdings nie ein solcher „Verein höherer Nutzbarkeit". In den schwierigen Nachkriegszeiten bestand deshalb bei den Urhebern erhebliche Sorge, ob ihre Verwertungsgesellschaft weiterhin als Verein, also in Form eines selbstverwalteten Trägers von Rechten und Pflichten erhalten bleiben würde. So bestand ständig eine Sorge vor politischen Eingriffen.

2. Verwertungsgesellschaften als Selbstverwaltungsorganisationen

Diese Tradition der Selbstverwaltung hatte merklichen Einfluß auf die gegenwärtige gesetzliche Konzeption der Verwertungsgesellschaften. Die Übertragung der Urheberrechte an eine Verwertungsgesellschaft

tungsgesellschaften der Urheber, die Verwertungsgesellschaften der Inhaber verwandter Schutzrechte bleiben außer Betracht. Sie unterliegen indes grundsätzlich denselben rechtlichen Regeln.

3 Gesetz vom 7.4.1989, konsolidierter Text Dz.U. 2001 Nr. 79, Pos. 855 mit späteren Änderungen; auszugsweise abgedruckt in **Anhang I** (S. 263 ff.).

bleibt weiterhin Befugnis des Berechtigten. Die Verwertungsgesellschaft erwirbt also nicht etwa schon mit ihrer Entstehung (d. h. durch Eintragung beim Registergericht als Verein mit dem Ziel der kollektiven Wahrnehmung der Urheberrechte) die Urheberrechte ihrer Mitglieder. Sie hat diese auf dem bürgerlichrechtlichen Weg zu erwerben.

Selbstverständlich hat der Umfang dieses Rechteerwerbs für die Position der Verwertungsgesellschaften im Verhältnis zu den Nutzern Bedeutung. Die Rechteeinräumung erfolgt auf der Grundlage eines Mustervertrags, der vom Vereinsvorstand festgelegt wird. Der Umfang der Rechteeinräumung ist oft in Streitigkeiten zwischen Verwertungsgesellschaften und Nutzern wegen unzulässiger Werknutzung von Bedeutung. Nicht selten beruft sich der Nutzer darauf, der Urheber habe ihm das Nutzungsrecht unmittelbar eingeräumt. Die Befürchtung, dem Urheber könnten bei solchen individuellen Nutzungsverträgen ungünstige Bedingungen auferlegt werden, führte noch in den 1950er Jahren dazu, daß man den Verträgen über die Verwertung von Urheberrechten zwischen dem Urheber und der Verwertungsgesellschaft ZAIKS einen treuhänderischen Charakter beimaß. In den 1970er Jahren wurde diese Konzeption durch das Verständnis des Wahrnehmungsvertrags als Auftrag ersetzt. Schon nach einigen Jahren kehrte man aber zur Konzeption der treuhänderischen Rechteübertragung zurück. Diese Änderungen waren nicht ohne Einfluß auf den rechtlichen Charakter und den Inhalt der Verträge mit den Nutzern. Sie zielten zum einen darauf ab, den Urheber vor ungünstigen Verfügungen über seine Rechte zu schützen, zum anderen wollte man im Interesse der Nutzer für Rechtssicherheit sorgen.

Die Konzeption des Wahrnehmungsvertrags als Bevollmächtigung oder Verpflichtung zur Lizenzvergabe durch die ZAIKS hatte dazu geführt, daß die Berechtigten selbst weiterhin über die Rechte an ihren Werken verfügen konnten. Der polnische Oberste Gerichtshof hatte solche Verträge zwischen dem Berechtigten und Nutzern als wirksam anerkannt und festgestellt, daß die ZAIKS in solchen Fällen vom Berechtigten Schadensersatz wegen Vertragsverletzung geltend machen kann. Damit war indes den Interessen von Verwertungsgesellschaft und Urheber nicht Genüge getan. Denn die ZAIKS hat andere Interessen als ein gewerblich tätiges Unternehmen, sie handelt stets im Interesse der von ihr vertretenen Urheber. Es geht hier um Schutz des Urhebers vor ungünstigen Verfügungen, gegen die er sich in bestimmten Situationen kaum wehren kann. Zum Beispiel mag man an die Schöpfung von Werken im Rahmen von Arbeitsverhältnissen oder auf Bestellung denken. Hier kann der

Arbeitgeber/Auftraggeber leicht die Übertragung der Nutzungsrechte erreichen. Dafür wird oft der Arbeitsvertrag/Auftrag selbst ins Feld geführt, so wie er sich im Interesse des Arbeitgebers/Auftraggebers darstellt. Zum anderen weisen Arbeitgeber/Auftraggeber öfter – wenn auch selten öffentlich – darauf hin, daß sie auch einen anderen Urheber beauftragen können, der die Übertragung der Nutzungsrechte gern in Kauf nehmen wird, nur um am Markt präsent zu sein.

IV. Die Rechtsstellung der Verwertungsgesellschaften

Für die Rechtsbeziehungen zwischen Verwertungsgesellschaft und Nutzer ist die Rechtsstellung der Verwertungsgesellschaften in mehrfacher Hinsicht von grundlegender Bedeutung.

1. Die staatliche Genehmigung

Bis zum Inkrafttreten des Urheberrechtsgesetzes von 1994 war eine Verwertungsgesellschaft ein Rechtsträger, der in einem bestimmten Tätigkeitsbereich mehrere Berechtigte aufgrund vertraglicher Ermächtigung bei der Nutzung von Werken vertrat und der einen einfachen (nicht ausschließlichen) Zugang zur Gesamtheit des vertretenen Repertoires verschaffte. Der Umfang des Repertoires beruhte auf der Grundlage zivilrechtlicher Verträge mit dem Berechtigten (dem Urheber oder dessen Rechtsnachfolger). Diese Verträge wurden bis zum Inkrafttreten des Urheberrechtsgesetzes 1994 nach allgemeinen zivilrechtlichen Grundsätzen geschlossen. Grundlage für die Verträge war die vermögensrechtliche Verfügungsbefugnis des Urhebers.

Mit Inkrafttreten des neuen Urheberrechtsgesetzes 1994 hat sich die Rechtslage wesentlich geändert. In das Gesetz wurde eine besondere Regelung über die kollektive Rechtewahrnehmung eingeführt, die auch die Rechtsstellung von Verwertungsgesellschaften „im Sinne des Gesetzes“ näher bestimmt. Der Zweck der Neuregelung liegt vor allem darin, im Hinblick auf die kollektive Rechtewahrnehmung bestimmte Befugnisse zu beschränken und andere besondere Befugnisse den Organisationen vorzubehalten, die eine staatliche Erlaubnis für die Tätigkeit als Verwertungsgesellschaft haben. Die besonderen Befugnisse sind also

Verwertungsgesellschaften vorbehalten, die eine staatliche Betriebserlaubnis haben, und diese Betriebserlaubnis wird nur erteilt, wenn bestimmte Voraussetzungen erfüllt sind. Mit anderen Worten: Die Ausübung der kollektiven Rechtewahrnehmung wurde nicht allgemein dem Erfordernis einer Betriebserlaubnis unterworfen. Doch können nur die Gesellschaften, die eine Betriebserlaubnis haben, die Befugnisse in Anspruch nehmen, die im Gesetz für die kollektive Rechtewahrnehmung vorgesehen sind. Da freilich die gesetzlichen Befugnisse die Wahrnehmungstätigkeit erheblich erleichtern, besteht ein großer Anreiz, eine Betriebserlaubnis zu erwerben.

Ein Rechtsträger, der kollektive Rechtewahrnehmung betreibt, kann daher frei entscheiden, ob er eine Betriebserlaubnis beantragt. Sie wird ihm in einem Verwaltungsverfahren durch den Kultusminister erteilt, wenn er die gesetzlichen Voraussetzungen erfüllt und der Kultusminister feststellt, daß der Antragsteller in seinem Tätigkeitsbereich eine ordnungsgemäße Ausübung der kollektiven Rechtewahrnehmung gewährleistet.

Für die Verwertungsgesellschaften ist von Bedeutung, daß die Rechtsstellung als genehmigte Verwertungsgesellschaft (Verwertungsgesellschaft im Sinne des plUrhG) nicht im sogenannten „Nicht-Normativverfahren“ erlangt wird, sondern im Zulassungsverfahren. Wenn die gesetzlich bestimmten Voraussetzungen erfüllt sind, bietet dieses Verfahren der Verwertungsgesellschaft lediglich die *Möglichkeit*, den Status einer genehmigten Verwertungsgesellschaft zu beantragen. Daraus folgt auch, daß dieselbe Organisation in bezug auf verschiedene Werkarten und Anwendungsbereiche tätig sein kann.

2. „Konkurrenz“ von Verwertungsgesellschaften

Hinzu kommt, daß das polnische Urheberrechtsgesetz von 1994 dem „Grundsatz des Pluralismus von Verwertungsgesellschaften“ folgt. In einem Tätigkeitsbereich und in bezug auf dieselbe Kategorie von Werken kann der Kultusminister mehr als einem Rechtsträger eine Betriebserlaubnis als Verwertungsgesellschaft erteilen. Das kommt vor allem dann in Betracht, wenn der Kultusminister im Rahmen seiner Prüfung zu der Ansicht kommt, daß die Konkurrenz von Verwertungsgesellschaften die ordnungsgemäße Ausübung der kollektiven Rechtewahrnehmung begünstigt.

Werden konkurrierende Verwertungsgesellschaften tätig, so macht das die Aufstellung von Kollisionsregeln für die Fälle erforderlich, daß mehrere Verwertungsgesellschaften geltend machen, dieselben Werke wahrzunehmen. In der Praxis spielt das insbesondere im Hinblick auf die Werke eine Rolle, mit deren Wahrnehmung keine der genehmigten Verwertungsgesellschaften betraut ist. Um der Gefahr einer Kollision entgegenzuwirken, wurde in das Urheberrecht der Begriff der „zuständigen" Verwertungsgesellschaft eingeführt. Machen mehrere Verwertungsgesellschaften die Rechte an einem Werk für dieselbe Nutzungsart geltend, so ist diejenige zuständig, der der Urheber die Wahrnehmung übertragen hat. Ist keine Verwertungsgesellschaft mit der Rechtewahrnehmung betraut, bestimmt die Urheberrechtskommission die zuständige Verwertungsgesellschaft, Art. 107 plUrhG.

3. Besondere Rechte der Verwertungsgesellschaften

Die Verwertungsgesellschaft, die aufgrund einer Genehmigung des Kultusministers kollektiv Rechte wahrnimmt, kann folgende Begünstigungen in Anspruch nehmen:

1. Das Recht, Vergütungstabellen durch die Urheberrechtskommission bestätigen zu lassen. Eine solche Bestätigung verleiht den freigegebenen Sätzen in diesen Tabellen einen semi-imperativen Charakter. Sie werden für die Parteien (die gegebene Organisation und deren Nutzer) zu verbindlichen Minimalsätzen, die Kraft Gesetzes anwendbar sind, wenn nicht die Parteien im Nutzungsvertrag günstigere Bedingungen vereinbaren (Art. 109 plUrhG).
2. Die Geltendmachung des Informationsanspruches, der auf die Erteilung von Informationen durch jeden, der über diese verfügt, gerichtet ist, und Zugänglichmachung der bestimmten Unterlagen, die für die Höhe der von der Verwertungsgesellschaft im Bereich der erteilten Genehmigung für kollektive Rechtewahrnehmung geltend gemachten Ansprüche von Bedeutung sind. Art. 105 Abs. 2 plUrhG.
3. Die Rechtsvermutung, daß ein Werk zu dem Repertoire derjenigen Verwertungsgesellschaft gehört, die im entsprechenden Verwertungsgebiet zur kollektiven Rechtewahrnehmung berechtigt ist, Art. 105 Abs. 1 plUrhG.
4. Die Rechtsvermutung, daß die Verwertungsgesellschaft in dem von der Genehmigung des Kulturminister umfaßten Verwertungsgebiet

zu dessen Schutz und zur Prozeßführung legitimiert ist, Art. 105 Abs. 1 plUrhG.

Diese Befugnisse sind von großer, praktischer Bedeutung. Sie erleichtern die Beweisführung bei der Geltendmachung von Ansprüchen sowie bei der Festlegung der Anspruchshöhe. Im Hinblick auf die Legitimation der Verwertungsgesellschaft wird dem Nutzer die Beweislast übertragen. Diese Befugnisse haben sowohl für die Geltendmachung von Ansprüchen wegen Urheberrechtsverletzung als auch in bezug auf das Vertragsregime Bedeutung, hier insbesondere für die Überprüfung der vorgenommenen Abrechnungen der Vergütungen aus den durch Verwertungsgesellschaften abgeschlossenen Verträgen. Da zudem der Informationsanspruch zwingend ausgestaltet ist, kann sich die Verwertungsgesellschaft darauf auch dann berufen, wenn die Kontrolle der Abrechnung nicht vertraglich vereinbart wurde.

4. Geltendmachung von gesetzlichen Vergütungsansprüchen

Die Hauptaufgabe der Verwertungsgesellschaft liegt darin, mit Nutzern Lizenzverträge abzuschließen und die aus der Verwertung eingenommenen Entgelte an die Berechtigten zu verteilen. Daneben erfüllt sie die Aufgabe, die im Gesetz vorgesehene Vergütung für die private Vervielfältigung einzuziehen und zu verteilen, Art. 20 plUrhG. Diese Vergütung ist nach dem Urheberrechtsgesetz von 1994 von den Herstellern und Importeuren von Vervielfältigungsgeräten und bespielbaren Datenträgern zu zahlen. Es handelt sich nicht um Vergütungsansprüche der Urheber *sensu stricte*, denn der Anspruch richtet sich nicht gegen einen bestimmten Nutzer für die Nutzung eines geschützten Werkes. Es geht vielmehr um einen Ausgleich für die Verluste, die Urheber und Nutzer erleiden, weil die Nutzung in bestimmtem Umfang freigestellt ist und eine Vergütung dafür nicht unmittelbar dem Nutzer in Rechnung gestellt werden kann. Auch die Verteilung der Einnahmen erfolgt nach besonderen Grundsätzen, die anteilig den Vervielfältigungsanteil für einzelne Werkarten für den privaten Gebrauch berücksichtigen.

Mit Rücksicht auf diese Besonderheiten wird der Einzug der Kopiervergütung im folgenden nicht näher erörtert. Ungeachtet dessen ist hervorzuheben, daß die Kopiervergütung einen wesentlichen Bestandteil des Lizenzsystems darstellt und darstellen sollte, soweit eine Werknutzung zugelassen wird und eine individuelle Nutzungsvergütung nicht vorgesehen ist.

V. Geschäftsführung ohne Auftrag – Umfang der Wahrnehmungsbefugnis

1. *Negotiorum gestio* – Geschäftsführung ohne Auftrag

In Polen nehmen die Verwertungsgesellschaften traditionell nicht nur die Rechte wahr, die ihnen zur kollektiven Rechtewahrnehmung vertraglich eingeräumt wurden. Im Rahmen einer Geschäftsführung ohne Auftrag (*negotiorum gestio*) handeln sie auch für Berechtigte, die ihre Rechte der Verwertungsgesellschaft nicht zur Wahrnehmung übertragen haben.

Diese Unterscheidung hat vor allem bei der Lizenzvergabe durch die Verwertungsgesellschaft besondere Bedeutung. Soweit die Verwertungsgesellschaft lediglich als Geschäftsführer ohne Auftrag tätig wird, kann sie nur zugunsten des Berechtigten handeln, nicht in seinem Namen. Nach dem polnischen Zivilgesetzbuch (plZGB) ist die Verwertungsgesellschaft im Rahmen solcher Tätigkeit als *negotiorum gestor* in erster Linie verpflichtet zugunsten des Berechtigten, gemäß seinem vermutlichen Willen und mit angemessener Sorgfalt zu handeln (Art. 752 plZGB). Soweit dies möglich ist, sollte die Verwertungsgesellschaft den Berechtigten über die Übernahme der Geschäftsführung unterrichten und seine Weisungen abwarten, Art. 753 § 1 plZGB. Sie ist dem Berechtigten zur Rechenschaft verpflichtet. Der Berechtigte hat der Verwertungsgesellschaft, die in berechtigter Geschäftsführung gehandelt hat, ihre Aufwendungen zu ersetzen und sie von Verpflichtungen freizustellen, die sie bei der Geschäftsführung eingegangen ist, Art. 753 § 2 plZGB.

In Anwendung dieser Grundsätze der *negotiorum gestio* erteilt die Verwertungsgesellschaft keine Genehmigung, sondern verpflichtet sich in Verträgen mit den Nutzern lediglich zur gleichmäßigen Behandlung solcher Werke mit den Werken, deren Rechte ihr eingeräumt wurden. Der Gleichbehandlungsgrundsatz wird zugleich als ein fundamentaler Grundsatz des Wahrnehmungsrechts allgemein angesehen, vgl. Art. 106 Abs. 1 plUrhG.

2. Die rechtspolitische Diskussion und die Rechtsentwicklung zur gesetzlichen Vertretungsbefugnis

Grundlage der dargestellten Regelung der kollektiven Rechtewahrnehmung und der Rechtsstellung von Verwertungsgesellschaften ist die Überzeugung, daß die Vermittlungstätigkeit der Verwertungsgesellschaften notwendig ist. Ich kann mich noch an die heftigen Diskussionen erinnern, die bis Ende der Arbeiten am Urheberrechtsgesetz von 1994 geführt wurden. Die Vertreter der Rechteinhaber verlangten dezidiert die Aufrechterhaltung von einer gesetzlichen Lizenz mit der Begründung, die individuelle Rechtewahrnehmung sei nicht möglich. Der Wendepunkt der rechtspolitsichen Diskussion war erreicht, als man vorschlug, bei dem Verzicht auf gesetzliche Lizenzen zu bleiben, diese Regelung aber mit der Zwangsvermittlung durch die zuständige Verwertungsgesellschaft zu verbinden, um so der Gefahr einer individuellen Lizenzvergabe durch die Berechtigten vorzubeugen. In der verabschiedeten Fassung des Urheberrechtsgesetzes von 1994 wurde dann die gesetzliche Lizenz nur für veröffentlichte Werke von den öffentlichen Sendern (mit Ausnahme von Filmwerken) vorgesehen, Art. 21 Abs. 1 plUrhG 1994. Die Zwangsvermittlung durch Verwertungsgesellschaften führte der Gesetzgeber lediglich für die sogenannten „kleinen“ Rechte und nur für nichtöffentlichte Werke von nicht öffentlichen Sendern ein, wenn der Urheber sich die individuelle Rechtewahrnehmung nicht vorbehalten hat, Art. 21 Abs. 1 plUrhG (Fassung 2000 und 2002). Die Novelle aus den Jahren 2000/2002 hat die Zwangsvermittlung durch die zuständige Verwertungsgesellschaft eingeführt für die sogenannten kleinen Rechte an veröffentlichten Werken. Der Urheber kann durch schriftliche Erklärung auf diese gesetzliche Vertretung durch die Verwertungsgesellschaft verzichten, Art. 21 Abs. 2 und 3 UrhG i. d. F. aus den Jahren 2000 und 2002. Wichtigste Folge der Regelung ist, daß keine Notwendigkeit besteht die Legitimation der Verwertungsgesellschaft zur Ausübung der kollektiven Rechtewahrnehmung der Urheberrechte zu prüfen.

Auf einen weiteren Fall der gesetzlichen Vertretung durch die zuständige Verwertungsgesellschaft kann hier nur hingewiesen werden. Sie besteht wenn – insbesondere – Musikwerke (mit oder ohne Text) und Literaturwerke im Rahmen von audiovisuellen Werken genutzt werden (audiovisuelle Darbietung des Werkes im Kino, Vermietung oder öffentliche Wahrnehmbarmachung der Exemplare als Fernsehsendungen oder andere öffentliche Zugänglichmachung und Wiedergabe von Werken), Art. 70 Abs. 2 (Fassung 2000) UrhG. In der Fassung 2000 hat der Urheber nicht die Möglichkeit, sich durch einseitige Erklärung die individuelle Wahrnehmung vorzubehalten.

VI. Einzelfragen der Rechtsbeziehungen zu den Nutzern

1. Garantie der Rechte?

Beim Abschluß des Lizenzvertrags haben die Nutzer das Interesse, eine wirksame Nutzungsbewilligung im Hinblick auf die Rechte aller Berechtigten zu erhalten. Nur dann sind sie von der Verantwortung gegenüber allen Berechtigten freigestellt. Aus diesem Grunde ist auch für die Nutzer von Interesse, welche Rechte die Verwertungsgesellschaft wahrnimmt. Die umfassende Rechteeinräumung ist unproblematisch möglich, soweit es um Rechte derjenigen Berechtigten geht, die mit der Verwertungsgesellschaft einen Wahrnehmungsvertrag abgeschlossen haben. Ebenso ist es, wenn die Wahrnehmung der Verwertungsgesellschaft durch gesetzliche Regelung übertragen ist. In beiden Fällen legitimiert der Lizenzvertrag mit der Verwertungsgesellschaft die Nutzung gegenüber dem Berechtigten. Dem Berechtigten bleibt die Möglichkeit, gegenüber der Verwertungsgesellschaft Ansprüche geltend zu machen, soweit diese die kollektive Wahrnehmung nicht ordnungsgemäß ausgeführt hat. Das hat jedoch auf die Rechtsbeziehungen zu den Nutzern keinen Einfluß.

Anders liegen die Dinge, wenn die Verwertungsgesellschaft als *negotiorum gestor* tätig wird. Die Verwertungsgesellschaft könnte zwar auch insoweit Lizenzverträge mit Nutzungsinteressenten schließen, doch hätten diese ausschließlich schuldrechtliche Wirkung *inter partes.* Für die Berechtigten, die die Verwertungsgesellschaft nicht mit der Wahrnehmung ihrer Rechte betraut haben, wäre ein solcher Vertrag nicht bindend. Praktisch könnten diese die Werknutzung als Urheberrechtsverletzung verfolgen und etwa auch die Höhe der Vergütungsansprüche in Frage stellen. Im Interesse der Nutzer wäre es, wenn die Verwertungsgesellschaft sie in einer solchen Situation von Ansprüchen der Berechtigten freistellen würde. Allerdings stellt sich die Frage, ob dies zu den Satzungsaufgaben der Verwertungsgesellschaft gehört.

In der Praxis trägt die ZAIKS ihrer als *negotiorum gestor* beschränkten Rechtsposition durch einen Vorbehalt Rechnung, daß sie ledilgich die Verpflichtung zur Abrechnung eingenommener Vergütungen nach dem Grundsatz der Gleichbehandlung vornimmt und insoweit keine Verantwortung für die Auszahlung an die Berechtigten übernimmt. Für den Fall, daß Berechtigte in diesem Bereich Vergütungsansprüche gegen den Nutzer erheben, verpflichtet sich die ZAIKS, sich in das Verfahren einzuschalten: Soweit der Berechtigte Vermögensrechte gegen Nutzer geltend macht, übernimmt die ZAIKS bis zum Ablauf der zehnjährigen Verjährungsfrist die Verantwortung bis zur Höhe der eingenommenen Vergütung. Eine weitergehende Verantwortung kann die ZAIKS nicht übernehmen. Die ZAIKS ist keine Versicherungsgesellschaft und es gibt keine Gründe dafür, daß sie die Nutzer über die Erfordernisse der ordnungsgemäßen Wahrnehmungstätigkeit hinaus von ihren Risiken freistellt. Wollte sie das tun, müßte sie sowohl Inkasso als auch Verteilung dem anpassen. Darüber hinaus müßte sie einen Fonds für Rücklagen zur Abdeckung dieser Risiken bilden. Mit dem derzeitigen Finanzsystem der ZAIKS wäre das nicht vereinbar.

Daher versteht die ZAIKS die ihr nicht anvertrauten (ohne Auftrag verwalteten) Rechte als eine separate Kategorie, für die sie keine Nutzungseinwilligung erteilt und in bezug auf welche sie nur die Pflichten eines Geschäftsführers ohne Auftrag wahrnimmt. Ihre Verantwortung beschränkt sich insoweit darauf, die insoweit anfallenden Beträge nach dem Grundsatz der Gleichbehandlung zu verteilen.

2. Information über Nutzungen

Das Gebot der gleichmäßigen Verteilung ist mit dem Gebot einer individuellen Abrechnung verbunden. Die Verteilung muß den beteiligten Rechteinhabern (Urheber, Bearbeiter, Verleger, Zessionare) sowie der anwendbaren Schutzdauer Rechnung tragen. Für die Zwecke der Verteilung benötigt die Verwertungsgesellschaft daher Informationen über die Werke sowie über deren Nutzungen. Gegenüber den Berechtigten muß die Verwertungsgesellschaft für eine schuldhafte Verletzung der Verteilungspflichten einstehen.

Dem tragen die Verwertungsgesellschaften Rechnung, indem sie die Nutzer zur Auskunft verpflichten. Für den Fall, daß der Berechtigte die ihm zustehende Vergütung (Ausschüttung) ganz oder teilweise nicht erhält, weil die Auskunft unvollständig oder unrichtig war, verpflichten sich die Nutzer, diese Differenz zusätzlich zu erstatten. Diese Klausel trägt dem Umstand Rechnung, daß man von dem ungerechtfertigt Bereicherten (also den anderen Berechtigten, die eine anteilig überhöhte Ausschüttung erhalten haben) keinen Ersatz verlangen kann, wenn er nicht mehr bereichert ist und mit der Rückgabe nicht rechnen mußte, Art. 409 plZGB.

3. Vergütungshöhe und Vergütungstabellen (Tarife)

Die Verwertungsgesellschaften sind im Verhältnis zu den Nutzern verpflichtet, Lizenzverträge zu angemessenen Bedingungen zu schließen. Das gilt insbesondere auch für die Höhe der Vergütung. Ein zentrales Prinzip ist die Bindung an den Gleichbehandlungsgrundsatz. Die von den Nutzern geforderten Vergütungen müssen schon wegen des Gleichbehandlungsgrundsatzes in allgemeinen Regeln ausgedrückt sein, praktisch in Form von Vergütungstabellen (Tarifen).

Die Verwertungsgesellschaften haben die Möglichkeit, ihre Vergütungstabellen von der Urheberrechtskommission bestätigen zu lassen, Art. 108 Abs. 2 plUrhG. In diesem Fall erlangen die Tarife semi-imperativen Charakter (s. o. IV.3). Die Tarife können dann nicht mehr aus wettbewerbsrechtlichen Gründen beanstandet werden. Im Bestätigungsverfahren werden die Vergütungstabellen auf ihre Vereinbarkeit mit den Kriterien des Art. 110 plUrhG überprüft. Die Urheberrechtskommission kann die Tarife dann bestätigen oder die Bestätigung versagen. Sie ist aber nicht selbst befugt, in die Vergütungstabellen einzugreifen und etwa einzelne Positionen darin zu ändern. Damit ist auf der einen Seite die Autonomie der Tarifgestaltung gewahrt, andererseits bedeutet dieses Alles-oder-nichts-Prinzip für die Verwertungsgesellschaften ein erhebliches Risiko.

An dem Verfahren vor der Urheberrechtskommission können sich auch private Organisationen beteiligen, die ein berechtigtes Interesse daran haben, insbesondere auch die Organisationen der Nutzer und andere Verwertungsgesellschaften. Diese Drittbeteiligten können zwar nicht alle Verfahrenshandlungen vornehmen. Sie haben aber insbesondere das Recht, Anträge zu stellen und Rechtsmittel gegen den Beschluß der Urheberrechtskommission einzulegen: Gegen die Entscheidung der Urheberrechtskommission können sie die Entscheidung des Kultusministers beantragen, gegen seine Entscheidung können sie Klage beim Bezirksverwaltungsgericht erheben und ggf. die Kassation beim Oberverwaltungsgericht beantragen.

Allerdings gibt es keine Pflicht der Verwertungsgesellschaften, ihre Tarife von der Urheberrechtskommission bestätigen zu lassen. Auch ohne das unterliegt die Höhe der Vergütung der gesetzlichen Kontrolle. Art. 110 UrhG bestimmt nähere Grundsätze für die Festlegung der Vergütungshöhe. Damit soll zum einen die Vergütungshöhe selbst kontrolliert werden; der Grundsatz der Vertragsfreiheit ist insoweit eingeschränkt. In Zusammenwirken mit dem Gleichbehandlungsgrundsatz hat die Regelung zugleich aber auch Auswirkungen auf die Höhe der Ausschüttungen für die Rechteinhaber.

VII. Rechtsdurchsetzung durch Verwertungsgesellschaften

1. Die Notwendigkeit starker Verwertungsgesellschaften

Es ist offensichtlich, daß die kollektive Rechtewahrnehmung effizient nur durch eine Verwertungsgesellschaft erfolgen kann, die über entsprechend große Kapazitäten verfügt. Ein System kollektiver Wahrnehmung läßt sich nur aufbauen, wenn sich die Kosten auf eine beträchtliche Zahl von Nutzungsfällen verteilen. In Polen hat hingegen ein falsch verstandener Pluralismus dazu geführt, daß zahlreichen Organisationen eine Erlaubnis zur kollektiven Rechtewahrnehmung erteilt wurde, ohne Rücksicht darauf, ob sie über die erforderlichen Organisations- und Finanzkapazitäten verfügen. Das hat unmittelbare Auswirkungen in zahlreichen Fragen der Wahrnehmungstätigkeit. So muß eine Verwertungsgesellschaft in der Lage sein, vereinbarte Nutzungsvergütungen einzuziehen und Urheberrechtsverletzungen zu verfolgen. Die oben (IV.3) geschilderten Befugnisse der Verwertungsgesellschaften – Vergütungstabellen, Informationsansprüche, Legitimationsvermutung und Wahrnehmungsvermutung – setzen die Verwertungsgesellschaften zwar theoretisch in die Lage, die Rechte geltend zu machen. Die tatsächliche Durchsetzung erfordert indes wiederum entsprechende Organisations- und Finanzkapazitäten. Die Verwertungsgesellschaft muß über einen ausreichenden Datenbestand und über ein gut ausgebildetes, spezialisiertes Personal verfügen, um ihre Aufgaben zu erfüllen.

Bei den anfallenden Kosten kann man zwei Segmente unterscheiden. Zum einen geht es um die Marktkontrolle: die Geltendmachung vertraglicher Vergütungsansprüche und die Verfolgung von Urheberrechtsverletzungen. Zum anderen geht es darum, ein *Marktbewußtsein* zu entwikkeln, das eine Einsicht in die Notwendigkeit der Beachtung des Urheberrechts einschließt. Dabei ist zu beachten, daß der Blickwinkel der Verwertungsgesellschaften sich von dem der einzelnen Berechtigten, der seine Rechte individuell wahrnimmt, unterscheidet. Dem einzelnen geht es nur darum, seine Rechte durchzusetzen. Die Verwertungsgesellschaft muß es sich hingegen leisten können, auch langwierige und kostenaufwendige Streitigkeiten durchzustehen, die im Einzelfall ökonomisch nicht rentabel sind, weil sie keine merklichen Einnahmen versprechen, die jedoch unter dem Gesichtspunkt der Disziplinierung des urheberrechtlichen Marktes als einer Ganzheit von Bedeutung sind. Die Rentabilität solcher Musterverfahren kann nur dann richtig beurteilt werden, wenn man die Kontinuität der Wahrnehmungstätigkeit der Verwertungsgesellschaften und die Wiederholbarkeit bestimmter Konfliktsituationen in Rechnung stellt, ebenso wie das Interesse an einer Vorbeugung der Verletzung der Urheberrechte und der Mitwirkung an einer ordnungsgemäßen Auslegung und Fortbildung des Urheberrechts und der Schaffung eines öffentlichen Urheberrechtsbewußtseins.

2. Vertragliche Vergütungsansprüche und Ansprüche wegen Urheberrechtsverletzung

Für die kollektive Rechtewahrnehmung durch Verwertungsgesellschaften liegt eine grundlegende Unterscheidung in der Geltendmachung vertraglicher Ansprüche einerseits und der Geltendmachung von Ansprüchen wegen Urheberrechtsverletzung andererseits. Geht es auch in beiden Bereichen darum, die angemessene Vergütung des Urhebers sicherzustellen, so ist die Rechtslage doch grundsätzlich verschieden. Auf der einen Seite geht es um die Durchsetzung vertraglicher Rechte, auf der anderen um die Geltendmachung des Urheberrechts als absolutem Recht im Rahmen des Deliktsrechts.

Die Durchsetzung vertraglicher Rechte erfolgt primär auf der Grundlage vertraglich vereinbarter Rechte. Zum Beispiel sind im Nutzungsvertrag üblicherweise die Informationspflichten des Nutzers im einzelnen bestimmt; sie verpflichten den Nutzer, laufend innerhalb bestimmter Fristen Auskunft über die genutzten Werke zu geben. Entsprechende Formulare werden dem Nutzungsvertrag üblicherweise als Anlage beigefügt. Sie sind Bestandteil des Vertrags und Grundlage für Berechnung und Anpassung der Vergütung einerseits und für die Verteilung andererseits. Ergänzend vereinbaren die Parteien Kontrollbefugnisse der Verwertungsgesellschaft, die eine Überprüfung der Vollständigkeit der Angaben und der Richtigkeit der Berechnung ermöglichen.

Die Durchsetzung des Urheberrechts als absolutes Recht erfolgt auf der Grundlage gesetzlicher Befugnisse, insbesondere der gesetzlichen Informationsansprüche (oben, IV.3). Zu den Befugnissen des Urhebers zählt nach Art. 79 Abs. 1 plUrhG neben dem Verbotsrecht der Anspruch auf Herausgabe unberechtigt erlangter Vorteile und der Anspruch auf Zahlung einer doppelten (bei Verschulden dreifachen) Vergütung; hinzu treten bei Verschulden des Verletzers Schadensersatzansprüche.

Die Unterscheidung vertraglicher und deliktischer Ansprüche hat auch in der Wahrnehmungspraxis der ZAIKS eine praktisch bedeutsame Rolle gespielt. Soweit nämlich vertragliche Rechte bestehen, ist es nicht möglich, Ansprüche wegen Urheberrechtsverletzung geltend zu machen: der Nutzer verfügt ja aufgrund des Lizenzvertrags über ein wirksames Nutzungsrecht. In der Praxis zeigten sich nun (mit zunehmender Tendenz) Fälle, in denen Nutzer einen Nutzungsvertrag mit der ZAIKS abschlossen, die vereinbarte Vergütung aber nicht leisteten und sich gegenüber Deliktsansprüchen auf die erworbene Lizenz beriefen. Die ZAIKS konnte in dieser Situation nur die vertraglichen Ansprüche geltend machen, die in diesem Fall der Säumnis für die Berechtigten weniger günstig waren und eine weniger empfindliche Sanktion gegenüber den Nutzern darstellten. Man hat daher angenommen, die Einräumung der Nutzungsrechte erfolge in den Verträgen nur unter der Bedingung, daß sich der Nutzer vertragstreu verhält. Wenn daher der Nutzer den Nutzungsvertrag verletzt, kann die Verwertungsgesellschaft Ansprüche wegen Urheberrechtsverletzung geltend machen. Für die effektive Rechtsdurchsetzung durch die ZAIKS ist dies von entscheidender Bedeutung: Angesichts einer Vielzahl von Urheberrechtsverletzungen und einer schlechten Zahlungsmoral zahlreicher Nutzer ist die Drohung eines langwierigen Verfahrens, dessen Ergebnis allein die Verurteilung zur Zahlung der vertragsmäßigen Vergütung ist, keine ausreichende Sanktion.

3. Vorgehen gegen *„Over-Pressing“*

Eine verbreitete Form der Rechtsverletzung ist das sogenannte *over-pressing,* also die Erstellung und Verbreitung von mehr Exemplaren als vertraglich vereinbart und vergütet. Die Verwertungsgesellschaften versuchten, dagegen mit Hilfe der Verpflichtung vorzugehen, die lizenzierten Exemplare mit Hologrammen zu versehen, auf denen eine Zahl Auskunft über den Umfang der Lizenz Auskunft gab. Das führte fast sofort zu einer mehrfachen Zunahme der Lizenzexemplare. Allerdings beklagten sich die Hersteller, die Verwertungsgesellschaften würden ihnen lästige Vertragsbedingungen aufzwingen.

Diese Klagen stehen im Zusammenhang mit weitreichenden Vorwürfen, die Verwertungsgesellschaften würden gegen Vorschriften des freien Wettbewerbs verstoßen. Es geht um die grundlegende Frage, ob das Wettbewerbsrecht auch auf die Wahrnehmungstätigkeit von Verwertungsgesellschaften angewendet werden kann, ohne Rücksicht auf die Besonderheiten des Urheberrechts (s. schon oben, II.3). Diese Frage gewinnt in Polen zunehmend an Bedeutung. Allerdings muß man feststellen, daß der Vorwurf von Wettbewerbsverstößen öfter zu dem Zweck erhoben wird, die kollektive Rechtewahrnehmung zu behindern. Angesichts der Tragweite der Gefahren in diesem Bereich ist es begründet, der Fragestellung im folgenden besondere Aufmerksamkeit zu widmen.

VIII. Die Beurteilung von Verwertungsgesellschaften nach dem Wettbewerbsrecht

1. Einführung

Die grundlegende Frage ist, ob die Grundsätze des Wettbewerbs auf Verwertungsgesellschaften überhaupt und – wenn ja – ohne jegliche Modifikation angewandt werden sollten. Eine weitere Frage ist, welches Verhalten als Mißbrauch der auf dem Binnenmarkt dominierenden Stellung und als den Wettbewerb einschränkend betrachtet werden kann. Insbesondere stellt sich die Frage, inwieweit sich die Verwertungsgesellschaften von den Rechteinhabern das ausschließliche Nutzungsrecht einräumen lassen dürfen und inwieweit sie die Übertragung von nur bestimmten Nutzungssparten (sog. Spartenlizenzierung) ermöglichen müssen.

Diese Fragen sind in der letzten Zeit Gegenstand von Streitigkeiten. Das Amt für Wettbewerb- und Verbraucherschutz (Urząd Ochrony Konkurencji i Konsumenta, UOKiK) hat das Verhalten der ZAIKS in diesem Bereich als eine unzulässige Praxis bezeichnet. Die ZAIKS hat dagegen bei Gericht Rechtsmittel eingelegt. Da diese Frage von großer praktischer Bedeutung ist, lohnt sich, die Argumentation von UOKiK in dem derzeitigen Prozeß näher zu untersuchen.[4]

2. Besonderheiten des polnischen Urheberrechtsmarktes

Ausgangspunkt der Erwägungen von UOKiK ist die offensichtliche Annahme, aufgrund der EU-Mitgliedschaft Polens sei das polnische nationale Recht ebenso auszulegen wie das EG-Wettbewerbsrecht. Indes muß man die Frage stellen, ob die Regeln des Wettbewerbsrechts unabhängig vom Gegenstand der Regulierung und unabhängig von den tatsächlichen Verhältnissen in den einzelnen Mitgliedstaaten anwendbar sein können. Bejaht man dies, so ist es wohl ohne Belang, daß in Polen das Ausmaß der Urheberrechtsverletzungen im Laufe der Arbeiten am Urheberrechtsgesetz von 1994 in manchen Bereichen bis zu 90% des Marktumsatzes erreichte. Das war indes für den Gesetzgeber Anlaß gewesen eine Reihe besonderer Regeln einzuführen, die – wie es scheint – mittlerweile auch Wirkung zeigen: zur Zeit beträgt das Ausmaß der Rechtsverletzungen nach Ermittlungen der International Federation of the Photographic Industry (IFPI) etwa 25 bis 50%, und Polen wurde im Jahr 2004 von der IFPI-Liste der am meisten von der Piraterie gefährdeten Länder gestrichen. Nach Ansicht des UOKiK soll diese Tatsache freilich der These der ZAIKS widersprechen, daß der polnische Urheberrechtsmarkt besonderen Charakter hat und daß kein Grund für die Annahme besteht, nur die Anwendung der fraglichen Einschränkungen schütze effektiv vor einem erneuten Anstiegs des Piraterieausmaßes.

---

4 XVII Ama 84/04/S.

3. Vorrang der individuellen Rechtewahrnehmung?

Nach Ansicht von UOKiK verletzt die vorgeworfene Handlungsweise das Recht des Urhebers, über die Nutzung des Werkes selbst zu bestimmen, insbesondere in bezug auf Nutzungsebenen, auf denen eine individuelle Wahrnehmung der Verwertungsrechte möglich ist. Es solle der Grundsatz gelten, daß das Urheberrecht vom Urheber verwertet wird. Indes kann dieser allgemeine Grundsatz in bezug auf Rundfunk- und Fernsehsendungen, mechanische Rechte und öffentliche Darbietungen keine Geltung beanspruchen: Wollte man der Verwertungsgesellschaft die ausschließliche Wahrnehmungsbefugnis nehmen oder dem Rechteinhaber ermöglichen, die Rechte für die genannten Nutzungssparten von der kollektiven Wahrnehmung auszunehmen, so wäre diese mit dem Zweck der kollektiven Wahrnehmung als Schutzmechanismus und Garant für ein Markgleichgewicht unvereinbar. Mit seiner Argumentation stellt das UOKIK die Verwertungsgesellschaften in unzulässiger Weise Agenten oder sonstigen Vermittlern gleich. Die bloße Tatsache, daß eine individuelle Wahrnehmung technisch möglich ist, ist keine taugliche Begründung. Denn damit wird übersehen, daß die Verwertungsgesellschaften auch die Funktion haben, den Berechtigten davor zu schützen, daß ihm ungünstige oder diskriminierende Bedingungen von den Nutzern aufgezwungen werden. Tatsächlich gibt es viele Beispiele dafür, daß Nutzer ihr Repertoire auf Werke von „gefügigen" Berechtigten beschränken und Werke von „ungefügigen" Urhebern von Playlisten eliminieren. Solche Verhaltensweisen der Nutzer sind freilich – zumal für den einzelnen Berechtigten – nur schwer nachweisbar: Man kann von einem Nutzer nicht verlangen, er möge bestimmte Werke nutzen oder sich an bestimmte Proportionen halten, wenn es sich um einen unabhängigen Rechtsträger handelt. Ein effektiver Schutz ist nur auf einem Weg möglich: Man muß den Zugang zum gesamten Repertoire einer Kategorie und Nutzungsebene durch die Verwertungsgesellschaften zu einheitlichen Bedingungen sichern. – Allzu oft wirft man den Verwertungsgesellschaften die mißbräuchliche Ausnutzung einer marktbeherrschenden Stellung vor, während es in Wahrheit darum geht, ihnen eine starke Stellung zu sichern, um einer bestehenden Überlegenheit der Nutzerseite zu begegnen und ein Marktgleichgewicht herzustellen.

4. Fehlgeleiteter Pluralismus

Auch im Hinblick auf die Konkurrenzsituation polnischer Verwertungsgesellschaften möchte UOKiK keine Besonderheiten des polnischen Urheberrechtsmarktes anerkennen. Dabei ist es nicht der Grundsatz des Pluralismus als solcher, den die ZAIKS kritisiert. Zu beanstanden ist vielmehr die Art und Weise, wie der Kultusminister diesen Grundsatz praktisch anwendet. Tatsache ist, daß auf dem polnischen Markt verschiedene Organisationen tätig sind, von denen einige tatsächlich nicht über die Fähigkeit verfügen, die Aufgaben der kollektiven Rechtewahrnehmung ordnungsgemäß zu erfüllen. Zum Beispiel gibt es Organisationen, die auf derselben Nutzungsebene und für dieselbe Kategorie von Rechten grundsätzlich verschiedene Vergütungssätze anwenden; oder sie bieten Nutzungsrechte an, ohne deren Umfang eindeutig abzugrenzen, mit der Folge, daß man nicht weiß, was die eingezogene Vergütung umfaßt. In einer solchen Situation liegt kein wünschenswerter Wettbewerb vor, sondern ein pathologischer Zustand kollektiver Rechtewahrnehmung.

5. Möglichkeiten und Grenzen der digitalen Technik

Die Argumentation des UOKiK beruht darüber hinaus auf einem Fehlverständnis der Stellungnahmen des Europäischen Gerichtshofs und der Kommission, insbesondere der Mitteilung der Kommission aus dem Jahr 2004[5]. Zudem berücksichtigt UOKiK die Entwicklung des Meinungsstands, wie er den technischen Nutzungsmöglichkeiten mit Hilfe der digitalen Technik Rechnung trägt, nur unzureichend. UOKiK möchte der Mitteilung den Grundsatz entnehmen, die Rechteinhaber sollten in größerem Maße die Freiheit haben, selbst über die individuelle oder kollektive Wahrnehmung zu entscheiden. Diese Forderung wird jedoch in der Mitteilung der Kommission nur bedingt erhoben, nämlich *soweit* eine kollektive Wahrnehmung aufgrund technischer Gegebenheiten *nicht notwendig* ist. In welchen Bereichen freilich das der Fall ist, bedarf näherer Erläuterungen. Und die Kommission räumt in der Mitteilung selbst ein,

---

5 Mitteilung der Kommission an den Rat, das Europäische Parlament und den Europäischen Wirtschafts- und Sozialausschuß – Die Wahrnehmung von Urheberrechten und verwandten Schutzrechten im Binnenmarkt, KOM (2004) 261 endg., abgedruckt in **Anhang III** (S. 276 ff.).

daß *Digital-Right-Management*-Systeme derzeit weder ausgereift sind noch Akzeptanz unter den Nutzern genießen.

6. Urheber als Unternehmer und Werke als Waren?

Hält man das Wettbewerbsrecht grundsätzlich für anwendbar, so stellen sich freilich Folgefragen. Kann man den Schöpfer eines Werkes als Unternehmer ansehen? Und ist das Werk eine Ware im Geschäftsverkehr?

Ob Urheber Unternehmer im Sinne des EG-Wettbewerbsrechts sind, kann man mit guten Gründen bezweifeln. Auch der dort maßgebliche weite, nach funktionalen Merkmalen bestimmte Unternehmerbegriff kann nicht beliebig erweitert werden. Insbesondere überzeugt die Annahme nicht, den Unternehmerbegriff aus dem angeblichen Ziel des Wettbewerbsrechts zu begründen, den größten möglichen Kreis der Umsatzteilnehmer zu erfassen. Nicht selten stößt man hier auf die zirkuläre Argumentation, das Wettbewerbsrecht wolle jeden Unternehmer erfassen, also auch den Urheber.

UOKiK argumentiert, der Urheber erfülle die für den Unternehmerbegriff maßgeblichen Kriterien der Selbständigkeit und der wirtschaftlichen, nicht nur auf die Befriedigung täglicher Bedürfnisse gerichteten Tätigkeit. Sein Wirken habe professionellen Charakter und sei auf Gewinnerzielung gerichtet. Die Urhebervergütung sei der Gewinn, den der Urheber aus der Wahrnehmung seiner Rechte (Umsatz) gewinne. Freilich handelt in der hier betrachteten Situation die Verwertungsgesellschaft zugunsten des Rechteinhabers.

Der vorliegende Fall ist daher auch nicht mit dem eines Rechtsanwalts gleichzusetzen, der gegen Vergütung Rechtsrat erteilt, oder mit dem eines Facharztes, der gegen Vergütung medizinische Betreuung leistet. Bekannt sind freilich die Urteile des EuGH über die Sänger der Oper *La Scala*[6] und über Erfinder, die ihre Erfindung kommerziell verwerten.[7] Diesen Urteilen kann man zustimmen. Die dort zu beurteilenden Sachverhalte sind indes nicht mit dem Fall des Urhebers vergleichbar, der seine Rechte der für ihn handelnden Verwertungsgesellschaft anvertraut.

---

6 Kommission, Entscheidung 78/516/EWG v. 26. 5. 1978 – IV/29.559 – RAI ./. UNITEL, ABl. 1978 L 157/39.

7 Kommission, Entscheidung 79/86/EWG v. 10. 1. 1979 – IV/C-29.290 – H. Veassen BV ./. Alex Moris, ABl. 1979 L 19/32.

Diese Beziehung muß man von der Beziehung zwischen Verwertungsgesellschaft und Nutzer unterscheiden, die tatsächlich kommerziellen Charakter hat und *insoweit* die Unternehmereigenschaft der Verwertungsgesellschaften begründet.

Auch die weitere Annahme von UOKiK, urheberrechtlich geschützte Werke hätten den Charakter von Waren, weil sie neben einem künstlerischen Wert auch einen merkantilen Wert besitzen, bedarf der Überprüfung (s. schon oben, II.3). Dem mag man in gewisser Hinsicht zustimmen. Indes muß man auch hier beachten, daß die Verwertungsgesellschaften diese „Ware“ auf den Markt einführen, nicht die Rechteinhaber. Für die Qualifizierung der Urheber als Unternehmer gibt diese Erwägung daher nichts her.

7. Wettbewerb zwischen Verwertungsgesellschaften in Polen?

UOKiK ist der Ansicht, ein Wettbewerb bestehe schon derzeit zwischen den polnischen Verwertungsgesellschaften und sei auch in der Sache wünschenswert. Damit vernachlässigt das Amt allerdings die über hundertjährige Entwicklung der Verwertungsgesellschaften und ihrer internationalen Organisationen wie CISAC, BIEM und GESAC. Gerade international hat sich ein Wettbewerb zwischen den Verwertungsgesellschaften aus guten Gründen nicht etablieren können. Statt dessen haben die Verwertungsgesellschaften zusammen mit ihren Dachverbänden ein System der Gegenseitigkeitsverträge aufgebaut, das auf dem Grundsatz der Kooperation beruht, und damit zugleich dem Interesse der Rechteinhaber an einer effizienten Verwaltung und dem Interesse der Nutzer an einem einfachen und kostengünstigen Zugang zum Weltrepertoire aus einer Hand (*one-stop-shop*) gerecht wird.

Noch einmal ist in diesem Zusammenhang hervorzuheben, daß der fehlgeleitete Pluralismus in der polnischen Wahrnehmungspraxis (oben, 4) nicht mit einem wünschenswerten Wettbewerb verwechselt werden darf. Die Pluralität von Verwertungsgesellschaften auf einem Tätigkeitsbereich ist zwar nach polnischem Recht in der Tat möglich. Der derzeitige Stand indes beruht auf einer in der Sache schädlichen und zudem rechtswidrigen Genehmigungspraxis des Kultusministers, bei der insbesondere nicht sichergestellt war, daß die zugelassenen Verwertungsgesellschaften in der Lage sind, ihre Aufgaben ordnungsgemäß zu erfüllen. Ist nicht einmal die ordnungsgemäße Aufgabenerfüllung sichergestellt, so kann ein sinnvoller Wettbewerb von vornherein nicht zustande kommen. Hier ist m. a.W. nicht so sehr zu beanstanden, daß nach polnischem Recht Verwertungsgesellschaften überschneidende Tätigkeitsbereiche haben können, sondern daß der Kultusminister nicht sichergestellt hat, daß die zugelassenen Verwertungsgesellschaften die Gewähr bieten, ihre Aufgaben zuverlässig zu erfüllen.

Allgemein muß man freilich bezweifeln, daß ein Wettbewerb von Verwertungsgesellschaften sinnvolle Steuerungswirkungen hat und zu Effizienzgewinnen führt. Dabei ist zu bedenken, daß von mehreren konkurrierenden Verwertungsgesellschaften jede ihr eigenes Repertoire hat. Da aber jedes Werk eine individuelle Schöpfung ist und daher nicht ohne weiteres ersetzbar, findet nicht so sehr ein Wettbewerb als eine Verdoppelung statt. Vor allem zum Nachteil der Nutzer wird das Produkt „Weltrepertoire" nicht gebildet. Die Nutzer müssen von jeder der konkurrierenden Verwertungsgesellschaften Lizenzen erwerben, wenn sie das Weltrepertoire nutzen möchten.

Auch der Kultusminister hat die praktischen Schwierigkeiten freilich nicht verkannt und Schritte unternommen, ihnen zu begegnen. So hat er eine Reihe von Betriebserlaubnissen für Verwertungsgesellschaften widerrufen. In anderen Fällen hat er mit Aufsichtsmaßnahmen auf Mißstände in der Wahrnehmungspraxis einzelner Gesellschaften reagiert und diese zur Beseitigung aufgefordert. Auch das Urheberrechtsgesetz selbst schaltet den Wettbewerb zwischen den Verwertungsgsellschaften in einzelnen Fällen aus. Das ist der Zweck von Art. 107 plUrhG, wenn dort unter konkurrierenden Verwertungsgesellschaften die zuständige notfalls von der Urheberrechtskommission bestimmt wird.

8. Zusammenfassung

Zusammenfassend läßt sich daher sagen, daß die Mehrzahl von Verwertungsgesellschaften, die auf demselben Gebiet tätig sind, für die Nutzer keinen Wettbewerb bedeutet, weil und soweit er mit jeder von ihnen Lizenzverträge schließen muß, um das Gesamtrepertoire zu erwerben. Im Verhältnis zu den Rechteinhabern besteht zwar ein Wettbewerb, doch ist dies keineswegs ein wünschenswertes Phänomen. Kollektive Rechtewahrnehmung erfordert Konzentration und nicht Wettbewerb. Nur durch die Bündelung der Rechte kann den Nutzern das Gesamtrepertoire angeboten werden. Nur durch die Bündelung kann die Seite der Rechteinhaber mit der erforderlichen Geschlossenheit und Marktstärke auftreten. Und auch nur durch die Bündelung ist es möglich, die organisatorischen und finanziellen Voraussetzungen für eine effektive Wahrnehmungstätigkeit zu schaffen.

Das Korrelat zur marktstarken Stellung von Verwertungsgesellschaften ist die Staatsaufsicht, die in Polen der Kultusminister wahrnimmt. Auf Mißstände kann die Aufsichtsbehörde mit einem differenzierten Instrumentarium von Aufsichtsmitteln reagieren, im äußersten Fall mit der Entziehung der Betriebserlaubnis. Gleichzeitig unterliegen die Verwertungsgesellschaften aufgrund ihrer zivilrechtlichen Beziehungen zu Rechteinhabern und Nutzern auch insoweit einer Kontrolle, die die aufsichtsrechtliche Überwachung überlagert.

§ 7 Die Rechtsbeziehungen zwischen Verwertungsgesellschaft und Nutzer – Vergleichende Anmerkungen aus deutscher Sicht

Reinhold Kreile

Übersicht

I. Wahrnehmungsrecht im System des Urheberrechts

1. Die Entwicklung des polnischen Urheberrechts

Muß bereits das polnische Urheberrechtsgesetz des Jahres 1926 als eine der modernsten Gesetze seiner Zeit angesehen werden, so betont der Beitrag meines Herrn Vorredners zutreffend die große Bedeutung der Gesetzesreform von 1994, mit der der polnische Gesetzgeber an gewisse Vorkriegstraditionen anknüpfen konnte und wollte und mit der aber auch eine umfassende Neuregelung des polnischen Urheberrechts nach der politischen Wende der 80er Jahre erfolgt ist.[1]

Das neue polnische Urheberrechtsgesetz mit seinen Ergänzungen aus den Jahren 2000, 2002, 2003 und 2004 entspricht einer modernen kontinentaleuropäischen Regelung (also dem sog. *Droit d'auteur*-System).[2] Es stellt – wie mein Herr Vorredner dies zutreffend hervorhebt – die tragfähige Grundlage für die kollektive Rechtewahrnehmung durch Verwertungsgesellschaften dar, die sowohl für die Berechtigten als auch für die Nutzer – gerade in einer Zeit der ständig anwachsenden Massennutzung – unentbehrlich geworden ist. Bedingt durch die technologischen Errungenschaften und die sich damit ständig erweiternden und verändernden Verwertungsmöglichkeiten – man denke nur an die Auswirkungen der digitalen Technik – hat sich das Gebiet des Urheberrechts wie kaum ein anderes Rechtsgebiet fortentwickelt.[3] Heute erst recht gilt die Einsicht in die Notwendigkeit von starken und effizienten Verwertungsgesellschaften und zwar im Interesse sowohl der Berechtigten, für die das Urheberrecht und das Recht der Verwertungsgesellschaften gerade im Zeitalter der digitalen Technik die wirtschaftliche Basis ihres Schaffens darstellen, als auch für den Nutzer, dessen Interesse sich darauf richtet, auf umkomplizierte Weise nach Möglichkeit ein Weltrepertoire an geschützten Werken verwerten zu dürfen.

2. Die Notwendigkeit von Verwertungsgesellschaften

Die Einsicht in die Notwendigkeit von Verwertungsgesellschaften gehört inzwischen zur europäischen Urheberrechtstradition. Auch die EG-Kommission geht bei ihren Harmonisierungsbemühungen bestimmter Teilbereiche des Urheberrechts der Mitgliedstaaten der Europäischen Union von der Notwendigkeit von Verwertungsgesellschaften aus und hat dies, namentlich in den Richtlinien zum Vermiet- und Verleihrecht,[4] zum

---

1 *Dietz*, in: Möhring/Schulze/Ulmer/Zweigert (Hrsg.), Quellen des Urheberrechts, Polen (2001), Einführung, S. 11.

2 *Dietz* (Fn. 1), S. 8.

3 *Kreile/Becker*, in: Moser/Scheuermann (Hrsg.), Handbuch der Musikwirtschaft (6. Aufl. 2003), S. 599.

4 Richtlinie 92/100/EWG des Rates vom 19. 11. 1992 zum Vermietrecht und Verleihrecht sowie zu bestimmten dem Urheberrecht verwandten Schutzrechten im Bereich des geistigen Eigentums, ABl. Nr. L 346/61 vom 27. 11. 1992.

Satelliten- und Kabelrundfunk,[5] zum Folgerecht[6] und in der Richtlinie Urheberrecht und Informationsgesellschaft[7] inzwischen auch festgeschrieben.[8]

Die von meinem Herrn Vorredner anhand des Rechtsstreits zwischen VvAuBK (Verein von Autoren und Bühnenkomponisten) und dem polnischen Amt für Wettbewerb- und Verbraucherschutz dargestellten Spannungen sind weder den Interessen der Berechtigten noch denen der Nutzer förderlich. Förderlich ist eine moderne Urheberrechtsordnung, die sich gerade auch im Interesse der Nutzer auf leistungsstarke und effizient handelnde Verwertungsgesellschaften stützen muß. Gerade der aus der Tradition in Polen gewachsene Pluralismus bedarf – wie mein Herr Vorredner dies betont – einer ordnenden Hand, gesetzlich festgelegter Zulassungsvoraussetzungen für die Verwertungsgesellschaft und einer ebenso gesetzlich festgelegten Aufsicht. In Polen wird diese Aufsicht durch den Minister für Kultur und Kunst geführt; in Deutschland obliegt die Aufsicht grundsätzlich dem Deutschen Patent- und Markenamt (§ 18 Abs. 1 UrhWG).

3. Die vier Subsysteme des Urheberrechts

Für den in der Praxis tätigen Urheberrechtler gewinnt die von *Adolf Dietz* entwickelte These immer mehr an Aktualität und Überzeugungskraft, daß das moderne Urheberrecht im Sinne einer umfassenden Urheberrechtsordnung nicht nur als ein System der gesetzlichen Gewährleistung von Ausschlußrechten an bestimmten Kategorien geschützter Werke verstanden werden kann. Das moderne Urheberrecht ist vielmehr ein „Gesamtsystem“, das sich in „mindestens vier Subsysteme gliedert, nämlich das sog. materielle Urheberrecht (mit den Urheberrechtsschranken),

5 Richtlinie 93/83/EWG des Rates vom 27. 9. 1993 zur Koordinierung bestimmter urheber- und leistungsschutzrechtlicher Vorschriften betreffend Satellitenrundfunk und Kabelweiterverbreitung, ABl. Nr. L 248/15 vom 6. 10. 1993.

6 Richtlinie 2001/84/EG des Europäischen Parlaments und des Rates über das Folgerecht des Urhebers des Originals eines Kunstwerks, ABl. Nr. L 272/32 vom 13. 10. 2001.

7 Richtlinie 2001/29/EG des Europäischen Parlaments und des Rates zur Harmonisierung bestimmter Aspekte des Urheberrechts und der verwandten Schutzrechte in der Informationsgesellschaft vom 22. 5. 2001, ABl. Nr. L 167/10 vom 22. 5. 2001.

8 *Kreile/Becker* (Fn. 3), S. 600.

das Urhebervertragsrecht, das Recht der Verwertungsgesellschaften und das Recht der verwandten Schutzrechte (*droit voisins*)".[9] Nimmt man diese Gliederung einer modernen Urheberrechtsordnung zum Maßstab, dann muß, so folgert *Dietz* ganz richtig, diese sinnvollerweise auch einer künftigen europäischen Urheberrechtsordnung zugrunde gelegt werden.

4. Verwertungsgesellschaften in Urheberrecht und Wettbewerbsrecht

Es ist allerdings festzustellen, daß gerade in jüngerer Zeit Stimmen aus der EU-Kommission zu vernehmen sind, nämlich aus der Generaldirektion IV für Wettbewerb, die das Urheberrecht einer verschärften Prüfung am Maßstab des europäischen Wettbewerbs unterwerfen wollen.[10] Die Kommission schickt sich neuestens an, vom Grundsatz der Rücksichtnahme des Wettbewerbs auf das Urheberrecht praktisch und konzeptionell in gewisser Weise Abschied zu nehmen, zumindest aber die Gewichte im Verhältnis von Wettbewerbsrecht und Urheberrecht neu auszutarieren und zu Lasten des Urheberrechts zu verschieben. Dies gilt sowohl für das materielle Urheberrecht als auch für die Verwaltung seitens der Verwertungsgesellschaften.[11] *Jürgen Schwarze* kommt in seiner Untersuchung „Urheberrechte und deren Verwaltung im Lichte des europäischen Wettbewerbsrechts" zu dem nachstehend zitierten, zutreffenden Ergebnis:

> „Als Fazit läßt sich festhalten, daß die Ausübung der mit dem Urheberrecht verbundenen Befugnisse durch das europäische Wettbewerbsrecht grundsätzlich nicht eingeschränkt wird. Da das Urheberrecht auf einigen Gebieten wie z. B. der Musik nur durch kollektive Rechtewahrnehmung wirksam geltend gemacht werden kann, umfaßt diese Grundregel auch die kollektive Rechtewahrnehmung durch die Verwertungsgesellschaften.
>
> Die Ausübung der aus dem Urheberrecht erwachsenen Befugnisse ist als zeitlich befristete Ausnahme von der Konkurrenz und als Belohnung für geistig-schöpferische Innovation aus Wettbewerbsgründen prinzipiell nicht einschränkbar, so wie es die Rechtsprechung anerkannt hat."[12]

Den Feststellungen von *Schwarze* ist nichts hinzuzufügen.

---

9 *Dietz*, Das Urheberrecht in Spanien und Portugal, 1990, S. 13 f.

10 *Schwarze*, Urheberrechte und deren Verwaltung im Lichte des europäischen Wettbewerbsrechts, ZUM 2003, 15, 16; *ders.*, in: Kreile/Becker/Riesenhuber (Hrsg.), Recht und Praxis der GEMA (2005), Kap. 5 Rn. 1–8, 20–47 und *passim*.

11 *Schwarze*, ZUM 2003, 15, 18; *ders.* (Fn. 10), Kap. 5 Rn. 97 f.

12 *Schwarze*, ZUM 2003, 15, 26.

II. Einzelfragen der Rechtsbeziehungen zu den Nutzern

1. Mandat der Verwertungsgesellschaften „ohne Auftrag“

Die von meinem Herrn Vorredner beschriebene und sich aus der Tradition der polnischen Verwertungsgesellschaften ergebende Tätigkeit der Verwertungsgesellschaften als Geschäftsführer ohne Auftrag (*negotiorum gestor*), wonach die Verwertungsgesellschaft auch Rechte von Berechtigten wahrnimmt, die ihre Rechte den Verwertungsgesellschaften nicht eingeräumt haben, ist dem deutschen Wahrnehmungsgesetz nahezu fremd, mit wohl nur einer Ausnahme, die ihrerseits einen Ausnahmefall beinhaltet. § 13 b Abs. 3 UrhWG enthält eine Berechtigungsfiktion, die die Verwertungsgesellschaft, die Kabelweitersenderechte wahrnimmt, in die Lage versetzt, auch Rechte von ihr (ausnahmsweise) nicht angeschlossenen Rechtsinhabern wahrzunehmen. Die Vorschrift setzt Art. 9 Abs. 2 S. 1 der Satelliten- und Kabelrichtlinie um und ist mit dieser Richtlinienvorschrift nahezu identisch.[13] Kommen mehrere Verwertungsgesellschaften für die Rechtewahrnehmung in Betracht, so gelten sie gemeinsam als berechtigt; wählt der Rechtsinhaber eine von ihnen aus, so gilt nur diese als berechtigt (§ 13 b Abs. 3 S. 2).

2. Der doppelte Kontrahierungszwang

Insbesondere Kapitel 12 des geltenden polnischen Urheberrechts regelt in seinen Artikeln 104–110 das Wahrnehmungsrecht der Organisationen zur kollektiven Wahrnehmung von Urheberrechten oder verwandten Schutzrechten – also auch das Rechtsverhältnis von Verwertungsgesellschaft und Nutzer.

Artikel 106 enthält in seinen Absätzen 2 und 3 Regelungen, die denen in §§ 6 und 11 des deutschen Wahrnehmungsgesetzes vergleichbar sind – also den sog. doppelten Kontrahierungszwang. Nach § 6 Abs. 1 UrhWG ist jede Verwertungsgesellschaft verpflichtet, die zu ihrem Tätigkeitsbereich gehörenden Rechte und Ansprüche auf Verlangen der Berechtigten wahrzunehmen. Diesem Wahrnehmungs- bzw. Kontrahierungszwang

---

13 *Schricker-Reinbothe*, Urheberrecht Kommentar (2. Aufl. 1999), § 13 b UrhWG Rn. 11.

nach innen tritt an die Seite der Abschlußzwang nach §§ 11, 12 UrhWG als Kontrahierungszwang nach außen, gegenüber den Nutzern.[14] Der Wahrnehmungszwang gründet in der faktischen Monopolstellung, die z. B. die GEMA für ihren Tätigkeitsbereich besitzt. Da bestimmte Rechte von Urhebern und Inhabern verwandter Schutzrechte nur über Verwertungsgesellschaften wirksam wahrgenommen werden können, würde die Weigerung der Verwertungsgesellschaft, mit einem Berechtigten zu kontrahieren, für den Betroffenen zu schweren wirtschaftlichen Schäden führen. Da z. B. die GEMA aus den beschriebenen Gründen ein nachhaltiges Interesse am musikalischen Weltrepertoire hat, läge es auch nicht in ihrem Sinne, einen Berechtigten abzuweisen. So wird denn auch der Wahrnehmungszwang nur für die Fälle eingeschränkt, die zu einer „unbilligen Belastung der Verwertungsgesellschaft" führen würden: Dazu gehört, daß die Verwertungsgesellschaft nur zur Wahrnehmung der zu ihrem Tätigkeitsbereich gehörenden Rechte und Ansprüche verpflichtet ist, die sich in der Regel aus der Satzung bzw. aus dem Gesellschaftervertrag der Verwertungsgesellschaft ergeben.

Der Wahrnehmungszwang der Verwertungsgesellschaften nach dem Wahrnehmungsgesetz gilt nicht nur gegenüber Deutschen, sondern auch gegenüber Staatsangehörigen eines anderen EU-Mitgliedsstaats oder eines anderen Vertragsstaats des Abkommens über den europäischen Wirtschaftsraum. Die 1995 vorgenommene Neufassung des § 6 UrhWG beruht auf der sog. *Phil Collins*-Entscheidung des EuGH[15] zum Diskriminierungsverbot in der EU.[16] Aus der Monopolstellung der Verwertungsgesellschaft folgt auch, daß neben § 11 UrhWG auch § 20 GWB anwendbar ist, der ebenfalls einen Kontrahierungszwang, und zwar zu nicht diskriminierenden Bedingungen vorsieht.

---

14 Schricker-*Reinbothe* (Fn. 13), § 6 UrhWG Rn. 1 f.; *Riesenhuber/v. Vogel*, in: Kreile/Becker/Riesenhuber (Hrsg.), Recht und Praxis der GEMA (2005), Kap. 14 Rn. 30–64.

15 EuGH v. 20. 10. 1993 – Rs. C-92 und 326/92 *Phil Collins*, Slg. 1994, I-5145; s. schon Kommission v. 29. 10. 1981, ABl. 1981 L 370/49 Tz. 46 – GVL.; EuGH v. 2. 3. 1983 – Rs. 7/82 *GVL ./. Kommission*, Slg. 1983, 483.

16 *Kreile/Becker* (Fn. 3), S. 617.

3. Grenzen des Kontrahierungszwangs gegenüber den Nutzern

Nach Ansicht des OLG München sind aber durchaus Fälle denkbar, die z.B. der GEMA „die Lizenzverweigerung erlauben, wenn nicht gebieten".[17] Eine Lizenzverweigerung durch eine Verwertungsgesellschaft kann dann gerechtfertigt sein, „wenn das Interesse der Verwertungsgesellschaft unter Berücksichtigung der Belange des Verwerters als vorrangig anzusehen ist".[18] In der Verhandlung vor dem OLG München, die zu dieser Entscheidung des Gerichts geführt hat, hatte ich vorgetragen, der im Prinzip durchaus richtige und notwendige Abschlußzwang müsse aber in ganz besonderen Fällen, wie z. B. bei der Lizenzierung von Musikwerken mit Nazi-Texten oder sonstigen Texten, die gegen bestimmte Strafgesetze verstoßen, eingeschränkt sein.[19]

4. Angemessene Bedingungen – materielle Grundlagen und prozedurale Bestimmung

Im Rahmen von § 11 UrhWG geht es darum, daß Nutzungsverträge zu „angemessenen Bedingungen" abgeschlossen werden. Es geht also um die wirtschaftliche Seite des Urheberrechts und damit um Leistung und Gegenleistung, kurzum um die angemessene finanzielle Vergütung für die Nutzung eines urheberrechtlich geschützten Werkes. Bei der Berechnung der Vergütung muß berücksichtigt werden, daß der Urheber an der wirtschaftlichen Nutzung seines Werkes, d. h. an den geldwerten Vorteilen der Nutzung, entsprechend zu beteiligen ist. Bezugsgröße für die Vergütung ist der wirtschaftliche Erfolg des Verwerters. Bei der Beurteilung der Frage, welche Vergütung im Rahmen eines Nutzungsvertrages nach § 11 UrhWG angemessen ist, kann grundsätzlich von den Tarifen der Verwertungsgesellschaft ausgegangen werden, die diese gemäß § 13 UrhWG nach den dort normierten Kriterien aufstellen muß. Mit § 13 UrhWG, der in Abs. 3 grundsätzlich bestimmt, daß Berechnungsgrundlage für die Tarife in der Regel die geldwerten Vorteile sein sollen, die durch die Verwertung erzielt werden, ist Art. 110 plUrhG vergleichbar. Hiernach muß die Höhe der durch die Verwertungsgesellschaft geltend

17 OLG München, ZUM 1994, 306.

18 OLG München, ZUM 1994, 306.

19 *Kreile/Becker* (Fn. 3), S. 618; *Riesenhuber/v. Vogel* (Fn. 14), Kap. 14 Rn. 34–39.

gemachten Vergütungen die Höhe der aus der Nutzung der Werke und künstlerischen Darbietungen erzielten Einkünfte sowie Natur und Umfang der Nutzung dieser Werke und künstlerischen Darbietungen berücksichtigen.

Art. 108 Nr. 3 plUrhG regelt, daß eine Kommission in der Besetzung mit sechs Schiedsrichtern sowie einem Vorsitzenden als Oberschiedsrichter, die vom Minister für Kultur und Kunst aus den Reihen der Schiedsrichter bestimmt werden, die Angemessenheit der durch die Verwertungsgesellschaft vorgeschlagenen Tarife bestätigt oder ihre Bestätigung ablehnt. Einer Bestätigung der von der Verwertungsgesellschaft errichteten Tarife durch die Aufsichtsbehörde bedarf es nach dem deutschen Wahrnehmungsgesetz nicht.

Das Wahrnehmungsgesetz sieht im wesentlichen den Marktpreis als angemessene Lizenzgebühr vor. Es verpflichtet die Verwertungsgesellschaft, „mit Vereinigungen, deren Mitglieder nach dem Urheberrechtsgesetz geschützte Werke oder Leistungen nutzen oder zur Zahlung von Vergütungen nach dem Urheberrechtsgesetz verpflichtet sind, über die von ihr wahrgenommenen Rechte und Ansprüche Gesamtverträge zu angemessenen Bedingungen abzuschließen, es sei denn, daß der Verwertungsgesellschaft der Abschluß eines Gesamtvertrages nicht zuzumuten ist, insbesondere weil die Vereinigung eine zu geringe Mitgliederzahl hat" (§ 12 UrhWG). Die in den Gesamtverträgen vereinbarten Vergütungssätze gelten als Tarife (§ 13 Abs. 1 UrhWG).

Die Tarife der Verwertungsgesellschaften nach dem Wahrnehmungsgesetz – jedenfalls die der GEMA – beruhen nahezu ausnahmslos auf einem Gesamtvertrag mit Nutzervereinigungen. Gleichwohl kennt das Wahrnehmungsgesetz in den §§ 14 ff. eine dem Art. 108 Abs. 5 und 7 plUrhG vergleichbare Bestimmung, wonach Streitigkeiten über die Tarifanwendung durch eine Kommission – in Deutschland durch die Schiedsstelle für Urheberrechtsstreitigkeiten – beigelegt oder entschieden werden. Das Wahrnehmungsgesetz sieht eine Überprüfung auch derjenigen Tarife durch die Schiedsstelle vor, die aufgrund von Gesamtvertragsverhandlungen – also unter hinreichender Berücksichtigung von Nutzerinteressen – zustande gekommen sind, wenn zwischen (Einzel-)Nutzer und Verwertungsgesellschaft Streit über die Nutzung von Werken oder Leistungen, die nach dem deutschen Urheberrechtsgesetz geschützt sind, besteht (§ 14 Abs. 1 Nr. 1 UrhWG). Im Regelfall hält der Nutzer den Vergütungssatz der Verwertungsgesellschaft für zu hoch.

Bemerkenswerterweise setzt das Einigungsverfahren vor der Schiedsstelle nicht den Rechteerwerb durch den Nutzer nach § 11 Abs. 2 UrhWG, also den Rechteerwerb durch Hinterlegung oder Vorbehaltszahlung voraus.

In den Fällen des § 16 Abs. 1 und 2 S. 1 UrhWG ist die Verwertungsgesellschaft gehindert, den Rechtsverletzer im Wege der Klage in Anspruch zu nehmen, wenn nicht das Verfahren vor der Schiedsstelle vorausgegangen ist. Auch in diesen Fällen ist der Rechteerwerb durch den Nutzer nach § 11 Abs. 2 UrhWG gesetzlich nicht vorgesehen, mit der Folge, daß die Verwertungsgesellschaft zunächst die gütliche Einigung mit dem Rechtsverletzer versuchen muß, bevor sie Klage erheben darf.

5. Doppelte Lizenzgebühr und der sogenannte GEMA-Zuschlag

Zu Recht betont mein Herr Vorredner die besondere Bedeutung der gerichtlichen Geltendmachung der Ansprüche des Berechtigten durch die Verwertungsgesellschaft. Ich teile auch seinen Standpunkt, daß es sich eine Verwertungsgesellschaft leisten können muß, „sich in langjährigen und kostenaufwendigen Streitigkeiten zu engagieren, die im Einzelfall ökonomisch nicht rentabel sind, weil sie keine merklichen Einnahmen versprechen, die jedoch aus dem Gesichtspunkt der Disziplinierung des urheberrechtlichen Marktes als einer gewissen Ganzheit von Bedeutung sind“.

Unter der Überschrift „Schutz der Urhebervermögensrechte“ gewährt das polnische Urheberrecht dem Urheber in Art. 79 Abs. 1 plUrhG (u. a.) einen Schadenersatzanspruch für erlittene Rechtsverletzung. Er kann von demjenigen, der seine Urhebervermögensrechte verletzt hat, Zahlung der doppelten, im Falle, daß die Verletzung verschuldet ist, jedoch der dreifachen Höhe der im Augenblick ihrer Geltendmachung angebrachten Vergütung verlangen.

Eine vergleichbare gesetzliche Regelung kennt weder das deutsche Urheberrechtsgesetz noch das Wahrnehmungsgesetz. In Deutschland kann allerdings nach ständiger höchstrichterlicher Rechtsprechung zwar nicht der Urheber, wohl aber die GEMA bei schuldhafter Verletzung der von ihr treuhänderisch verwalteten Wiedergaberechte Schadenersatz in Höhe der doppelten Tarifgebühr verlangen.[20] Der BGH begründet dies damit, daß die von der GEMA verwalteten sog. kleinen Musikaufführungsrechte in einer solchen Vielzahl gleichzeitig und oft an entlegensten Orten in Hotels, Gaststätten, Barbetrieben genutzt werden, daß eine Aufdeckung von Urheberrechtsverletzungen durch die einzelnen Urheber praktisch nicht möglich ist. Derartige Urheberrechtsverletzungen können nur aufgespürt und nachgewiesen werden, wenn ein besonders geschultes Kontrollpersonal vorhanden ist und fortlaufend Stichproben bei den einzelnen Musikveranstaltungen durchgeführt werden. Diese umfangreichen Überwachungskosten müssen entweder von den einzelnen Urhebern getragen werden, oder aber es würden die Normaltarife zu Lasten der der gesetzestreuen Lizenznehmer erhöht werden müssen, wenn ein solcher Schadensersatzzuschlag bei Rechtsverletzungen nicht gewährt würde.[21] Beides hält der Bundesgerichtshof für unbillig.[22]

6. Die Aktivlegitimation der Verwertungsgesellschaften und die „GEMA-Vermutung"

Art. 105 plUrhG enthält zugunsten der Verwertungsgesellschaften die gesetzliche Vermutung, wonach vermutet wird, daß die Verwertungsgesellschaft „zur Wahrnehmung und zum Schutz bezüglich der von der kollektiven Wahrnehmung erfaßten Verwertungsgebiete berechtigt ist und daß sie auf diesem Gebiet die Prozeßlegitimation hat". Auf diese Vermutung kann man sich nicht berufen, wenn auf dasselbe Werk oder dieselbe künstlerische Darbietung mehr als eine Organisation zur kollektiven Wahrnehmung Anspruch erhebt. In Abs. 2 des Art. 105 heißt es: „Auf dem Gebiet ihrer Tätigkeit kann die Organisation zur kollektiven Wahrnehmung die Erteilung von Informationen und die Zugänglichmachung der zur Feststellung der Höhe der von ihr geltend gemachten Vergütungen und Zahlungen erforderlichen Dokumente verlangen."

Das Wahrnehmungsgesetz kennt eine vergleichbare gesetzliche Vermutung der Sachbefugnis der Verwertungsgesellschaft für Auskunftsansprüche, die nur durch eine Verwertungsgesellschaft geltend gemacht werden können (§ 13 b Abs. 1 UrhWG) sowie für die in der Vorschrift

20 *Riesenhuber/v. Vogel* (Fn. 14), Kap. 14 Rn. 86–90.

21 *Kröber*, in: Kreile/Becker/Riesenhuber (Hrsg.), Recht und Praxis der GEMA (2005), Kap. 15 Rn. 17.

22 BGHZ 59, 286, 292, – Doppelte Tarifgebühr.

aufgezählten Vergütungsansprüche und eine Berechtigungsfiktion im Bereich des oben erwähnten, verwertungsgesellschaftenpflichtigen Rechts der Kabelweitersendung.

Im Bereich der Wahrnehmung von (Verbots-)Rechten steht der GEMA aufgrund ihrer faktischen Monopolstellung zwar keine gesetzliche, wohl aber – nach ständiger Rechtsprechung des BGH und ihr folgend der Instanzgerichte – eine (widerlegliche) tatsächliche Vermutung ihrer Sachbefugnis (sog. GEMA-Vermutung) zu.[23]

Die Anerkennung der GEMA-Vermutung beruht maßgeblich auf der tatsächlichen Monopolstellung der GEMA; sie kann sich hinsichtlich des Repertoires an Tanz- und Unterhaltungsmusik als einzige zur Wahrnehmung von Urheberrechten an Werken der Musik für die Bundesrepublik Deutschland zuständige Verwertungsgesellschaft, die über ein System von Gegenseitigkeitsverträgen mit ausländischen Verwertungsgesellschaften auch die Rechte ausländischer Musikurheber wahrnimmt, auf einen lückenlosen oder nahezu lückenlosen Bestand berufen.

III. Schluß

Bei aller aufgezeigter Unterschiedlichkeit in der Regelung von Detailfragen ergibt sich doch ein sehr hohes Maß an Gemeinsamkeit zwischen dem polnischen Urheberrechtsgesetz und dem deutschen Urheberrechts- und Wahrnehmungsgesetz in dem – beiden gemeinsamen – Bestreben, die Rechtsbeziehungen zwischen einerseits der Verwertungsgesellschaft – und damit der durch sie vertretenen schöpferischen Menschen – und andererseits dem Nutzer von deren geistigem Eigentum zum Wohle beider interessensgerecht zu gestalten.

Hierzu bedarf es sowohl in Polen als auch in Deutschland, ja in Europa, starker Verwertungsgesellschaften. Es bedarf zudem der Erkenntnis – und auch darin darf ich an den Beitrag meines Herrn Vorredners anknüpfen – daß die geistig-schöpferische Leistung auch und gerade im Lichte wettbewerbsrechtlicher Regelungen nicht ausschließlich als Ware

23 St. Rspr. vgl. BGHZ 17, 376, 378 – Betriebsfeiern; BGH, Urt. v. 7. 10. 1960 – I ZR 17/59, GRUR 1961, 97, 98 – Sportheim; BGH, Urt. v. 12. 6. 1963 – I b ZR 23/62, GRUR 1964, 91, 92 – Tonbänder-Werbung I; BGH, Urt. v. 11. 5. 1973 – I ZR 145/71, GRUR 1974, 35, 39 – Musikautomat.

zu betrachten und zu begreifen ist. Eine solche Betrachtung würde die geistesgeschichtlichen Wurzeln des kontinentaleuropäischen Urheberrechts, nämlich das „Droit d'auteur"-System, verkennen, das sich die polnische Zivilrechtslehre auch über die sozialistische Epoche hinaus bis zum heutigen Tage zu bewahren verstanden hat.

2. Teil
Die Europäische Entwicklung

§ 8 Handlungsoptionen der EU-Politik im Bereich der Verwertungsgesellschaften

Ludwig Majer

Übersicht

I. Einleitung

Seit bald zehn Jahren wird das Thema der kollektiven Rechtewahrnehmung im Binnenmarkt mehr oder weniger intensiv diskutiert. Erste Überlegungen zu diesem Thema stellte die Europäische Kommission in ihrer Mitteilung zum Grünbuch „Initiativen zum Grünbuch über Urheberrecht und verwandte Schutzrechte in der Informationsgesellschaft“[1] an. Das Thema fand weitere Erörterung auf vier von der Kommission veranstalteten internationalen Urheberrechtskonferenzen – Florenz 1996, Wien 1998, Straßburg 2000 und Santiago de Compostela 2002. Im Jahr 2000 führte die Kommission auch eine zweitägige Anhörung zu diesem Thema durch. 2003 hat das Europäische Parlament in seinem Bericht Stellung genommen (nachfolgend II.1), und die Kommission hat daraufhin 2004 eine Mitteilung verfaßt (nachfolgend II.2). Als Ergebnis der umfangreichen Vorbereitungen (nachfolgend III) hat die Kommission am 18. Oktober 2005 die Empfehlung für die länderüber-

1 KOM(96) 568 endg. vom 20. 11. 1996. Das Grünbuch wurde am 19. 7. 1995 unter KOM(95) 382 endg. veröffentlicht.

greifende kollektive Wahrnehmung von Urheberrechten und verwandten Schutzrechten, die für legale Online-Musikdienste benötigt werden, angenommen (nachfolgend, IV).

Dieser Beitrag wird erörtern, wie die Inhalte des Berichts des Parlaments und der Mitteilung der Kommission in das Ergebnis der Initiative eingeflossen sind.

II. Rahmenbedingungen

1. Bericht des Europäischen Parlaments

a) Gegenstand

Nach Vorbereitung im Ausschuß für Recht und Binnenmarkt unter der Berichterstatterin Raina Mercedes *Echerer* hat das Europäische Parlament am 11. Dezember 2003 den Bericht über einen Gemeinschaftsrahmen für Verwertungsgesellschaften im Bereich des Urheberrechts („Echerer-Bericht")[2] angenommen. Der Bericht hat die Verwertungsgesellschaften als ein vom gemeinschaftsrechtlichen Besitzstand anerkanntes Element im Bereich des Urheberrechts und der verwandten Schutzrechte vorgefunden.[3] Er ordnet den Rechtsbereich des Wahrnehmungsrechtes als eine Art „dritte Säule" neben den Schutzrechten und dem Recht der Rechtsdurchsetzung ein.[4] Gegenstand des Berichts sind die Forderungen des Parlaments an die Gesetzgebung der Gemeinschaft, wobei das Parlament davon ausgeht, daß Handlungsbedarf – auch angesichts der Erweiterung der Europäischen Union – bestehen könnte.[5] Das Parlament betont dabei, daß die angemessene und faire Beteiligung aller Betroffenen an der gesamten Wertschöpfungskette und der rasche, faire und professionelle Rechteerwerb für den wirtschaftlichen und kulturellen Erfolg entscheidend sind, und jede Nutzung von Rechten angemessen vergütet werden

2 Echerer-Bericht, A5-0478/2003. Vgl. Entschließung des Europäischen Parlaments zu einem Gemeinschaftsrahmen für Verwertungsgesellschaften im Bereich des Urheberrechts und der verwandten Schutzrechte (2002/2274(INI)) v. 15. 1. 2004, ABl. C 92 E/425, abgedruckt in **Anhang II** (S. 267 ff.).

3 Echerer Bericht (Fn. 2), Rn. 2 = Entschließung [Fn. 2] ABl. C 92 E/425 Rn. 2.

4 Echerer Bericht (Fn. 2), Rn. 3 = Entschließung [Fn. 2] ABl. C 92 E/425 Rn. 3.

5 Echerer Bericht (Fn. 2), Rn. 8 = Entschließung [Fn. 2] ABl. C 92 E/425 Rn. 8.

sollte.[6] Es sieht dabei als entscheidende Rahmenbedingungen die Vorschriften des EG-Vertrages über den Binnenmarkt und über den Wettbewerb.[7]

b) Forderungen

Der Kommission als Initiativorgan der gemeinschaftsrechtlichen Gesetzgebung hat das Parlament eine Reihe von konkreten Anregungen gegeben. Es fordert die Europäische Kommission auf, die kulturelle Dimension der Verwertung von Rechten entsprechend zu berücksichtigen.[8] Die Verwertungsgesellschaften werden als wichtiges Element des Schutzes der Rechteinhaber dargestellt. Um so wichtiger findet es das Parlament daher, daß die Rechteinhaber an der internen Demokratie und an der Verwaltung beteiligt sind und die Verwertungsgesellschaften ihnen gegenüber transparent sind.[9] Für die Vertretung betont das Parlament, daß unter anderem der wirtschaftliche Wert der Rechte ein wichtiges Kriterium darstellt.[10] Dennoch soll es aber die Entscheidung des Rechteinhabers bleiben, ob er den Schutz der Verwertungsgesellschaften in Anspruch nehmen will oder aber individuelle Verwertung wünscht.[11] Bei der kollektiven Verwertung erkennt das Parlament dabei, daß die Gegenseitigkeitsvereinbarungen, mit denen sich die Verwertungsgesellschaften die Wahrnehmung des Repertoires ihrer Partnergesellschaften ermöglichen, zulässig sind, soweit sie den Rahmen des Wettbewerbsrechts beachten.[12] Für die Rechtsdurchsetzung erkennt das Parlament, daß das Fehlen von Gremien zur raschen Streitbeilegung eine Gefahr für die Rechteinhaber und eine Ursache für Steigerungen der Verwaltungskosten bedeutet.[13]

6 Echerer Bericht (Fn. 2), Rn. 6 f. = Entschließung [Fn. 2] ABl. C 92 E/425 Rn. 6 f.
7 Echerer Bericht (Fn. 2), Rn. 11–13 und Rn. 14–18 = Entschließung [Fn. 2] ABl. C 92 E/425 Rn. 11–13 und 14–17 (Rn. 16 des Berichts ist in der Entschließung entfallen).
8 Echerer Bericht (Fn. 2), Rn. 27.
9 Z. B. Echerer Bericht (Fn. 2), Rn. 31, 40 = Entschließung [Fn. 2] ABl. C 92 E/425 Rn. 30, 39.
10 Echerer Bericht (Fn. 2), Rn. 33 = Entschließung [Fn. 2] ABl. C 92 E/425 Rn. 32.
11 Echerer Bericht (Fn. 2), Rn. 37 = Entschließung [Fn. 2] ABl. C 92 E/425 Rn. 36.
12 Echerer Bericht (Fn. 2), Rn. 44 = Entschließung [Fn. 2] ABl. C 92 E/425 Rn. 43.
13 Echerer Bericht (Fn. 2), Rn. 30 = Entschließung [Fn. 2] ABl. C 92 E/425 Rn. 29.

c) Zusammenfassung

In seiner Grundausrichtung kann man den Bericht so zusammenfassen, daß er die Situation der kollektiven Wahrnehmung in Europa aus Sicht der Rechteinhaber aufrollt, die gewerblichen Nutzer und ihre Tätigkeit als gerechtfertigtes und unverzichtbares Element für den wirtschaftlichen Erfolg der Werke und damit für die Einkünfte der Rechteinhaber erkennt und die gemeinschaftsrechtlichen Rahmenbedingungen des Binnenmarktes und des Wettbewerbsrechts betont. Abschließend fordert er die Europäische Kommission auf, drei Jahre nach der Annahme des Berichts zu überprüfen, ob Harmonisierung, Demokratie und Transparenz bei der Verwertung von Urheberrechten und verwandten Schutzrechten durch Verwertungsgesellschaften eingetreten sind und andernfalls Maßnahmen zu ergreifen.[14]

2. Mitteilung der Europäischen Kommission

a) Allgemeines

Die Europäische Kommission hat am 16. April 2004 die Mitteilung über die Wahrnehmung von Urheberrechten und verwandten Schutzrechten im Binnenmarkt[15] angenommen. Die Kommission gibt darin einen Gesamtüberblick über den Rechtsrahmen für die Wahrnehmung von Urheberrechten und verwandten Schutzrechten, insbesondere im Zusammenhang mit der territorialen Verankerung der Urheberrechte und ihrem Spannungsverhältnis mit dem Binnenmarkt und der grenzüberschreitenden Verwertung. Sodann wird ein Kapitel der individuellen und eines der kollektiven Rechtewahrnehmung gewidmet. Letzteres schließt mit mehreren Punkten ab, bei denen die Kommission Handlungsbedarf ortet. Die Erörterung in diesem Beitrag wird sich auf diese Punkte und den vorgefundenen Rechtsrahmen beschränken.

---

14 Echerer Bericht (Fn. 2), Rn. 62 = Entschließung [Fn. 2] ABl. C 92 E/425 Rn. 61.

15 Mitteilung der Kommission an den Rat, das Europäische Parlament und den Europäischen Wirtschafts- und Sozialausschuß – Die Wahrnehmung von Urheberrechten und verwandten Schutzrechten im Binnenmarkt, KOM (2004) 261 endg., abgedruckt in **Anhang III** (S. 276 ff.).

b) Rechtsrahmen

Wie auch schon das Parlament findet die Kommission einen internationalen Rechtsrahmen vor, dem die Verwertungsgesellschaften bekannt sind. So wurde in der Berner Übereinkunft[16] und im Rom-Abkommen[17] in der Weise auf sie Rücksicht genommen, daß die Regelung der Vorraussetzung der Ausübung bestimmter Rechte den Vertragsstaaten überlassen bleibt.

Der gemeinschaftsrechtliche Rechtsrahmen sieht in der Vermiet- und Verleih-Richtlinie[18] die Möglichkeit des Verwertungsgesellschaftszwangs vor.[19] In der Satelliten- und Kabel-Richtlinie[20] findet sich eine Definition der Verwertungsgesellschaft[21] und ein Verwertungsgesellschaftszwang beim Kabelweiterleitungsrecht[22]. Die Richtlinie über das Urheberrecht in der Informationsgesellschaft[23] (nachfolgend auch „InfoGesRL") fordert in bezug auf die Verwertungsgesellschaften mehr Transparenz und anerkennt Modelle der Mitgliedsstaaten, die auf der Beteiligung von Verwertungsgesellschaften aufgebaut sind.[24] Die Folgerechtsrichtlinie[25] sieht ein Wahlrecht der Mitgliedsstaaten vor, die Wahr-

---

16 Berner Übereinkunft zum Schutz von Werken der Literatur und Kunst vom 9. 9. 1986 (in der Pariser Fassung vom 28. 9. 1979), Art. 11*bis* Abs. 2 und Art. 13 Abs. 1.

17 Internationales Abkommen über den Schutz der ausübenden Künstler, der Hersteller von Tonträgern und der Sendeunternehmen vom 26. 10. 1961, Art. 12.

18 Richtlinie 92/100/EWG vom 19. 11. 1992 zum Vermietrecht und Verleihrecht sowie zu bestimmten dem Urheberrecht verwandten Schutzrechten im Bereich des geistigen Eigentums, ABl. 1992 L 346/61.

19 Art. 4 Abs. 3 und 4 Richtlinie 92/100/EWG.

20 Richtlinie 93/83/EG vom 27. 9. 1993 zur Koordinierung bestimmter urheber- und leistungsschutzrechtlicher Vorschriften betreffend Satellitenrundfunk und Kabelweiterverbreitung, ABl. 1993 L 248/15.

21 Art. 1 Abs. 4 Richtlinie 93/83/EG.

22 Art. 9 Richtlinie 93/83/EG.

23 Richtlinie 2001/29/EG vom 22. 5. 2001 zur Harmonisierung bestimmter Aspekte des Urheberrechts und der verwandten Schutzrechte in der Informationsgesellschaft, ABl. 2001 L 167/10.

24 Begründungserwägungen 17, 18 und 26 Richtlinie 2001/29/EG.

25 Richtlinie 2001/84/EG vom 27. 9. 2001 über das Folgerecht des Urhebers des Originals eines Kunstwerks, ABl. 2001 L 272/32.

nehmung obligatorisch oder fakultativ auf Verwertungsgesellschaften zu übertragen.[26]

Die Kommission erkennt auch, daß das Recht der Verwertungsgesellschaften in den einzelnen Mitgliedsstaaten mehr oder weniger stark geregelt ist und in mehreren Mitgliedsstaaten Novellierungen unterliegt.[27]

c) Handlungsbedarf

Die Kommission beschließt ihre Mitteilung mit den Bereichen, in denen sie – nach den Sondierungen in den Jahren 1996 bis 2002[28] – Handlungsbedarf sieht: Gründung und Status von Verwertungsgesellschaften, die Beziehung zwischen Verwertungsgesellschaften und Nutzern, die Beziehung zwischen Verwertungsgesellschaften und Rechteinhabern und die externe Kontrolle der Verwertungsgesellschaften.

aa) Gründung und Status der Verwertungsgesellschaften

Die Kommission stellt in diesem Kapitel fest, daß die Rechtsform der Verwertungsgesellschaften auf ihre Effizienz keinen Einfluß hat. Gefahren sieht die Kommission nur bei etwaiger diskriminierender Wirkung der Gesetze der Mitgliedsstaaten oder bei den Monopolen der Verwertungsgesellschaften, die im Rahmen des gemeinschaftsrechtlichen Wettbewerbsrechts zu kontrollieren sind.[29]

bb) Verwertungsgesellschaften und gewerbliche Nutzer

In ihrem Verhältnis zu den Nutzern betont die Kommission die starke Stellung der Verwertungsgesellschaften. Für die Nutzer sind als Ausgleich für die Verhandlungsmacht die Verpflichtung zur Erteilung von Lizenzen unter angemessenen Bedingungen sowie Transparenz über Gebühren und Repertoire von großer Bedeutung. Von Vorteil für die Nutzer ist es dabei aber, daß Verwertungsgesellschaften als One-Stop-Shop Zugang zu einem umfangreichen Repertoire bieten.[30]

---

26 Art. 6 Abs. 2 Richtlinie 2001/84/EG.

27 Mitteilung (Fn. 15), KOM (2004) 261 endg., S. 17 mit den Beispielen Belgien, Frankreich, Luxemburg, Niederlande und Portugal.

28 S. o. I (S. 148).

29 Mitteilung (Fn. 15), KOM (2004) 261 endg., S. 21.

30 Mitteilung (Fn. 15), KOM (2004) 261 endg., S. 21.

cc) Verwertungsgesellschaften und Rechteinhaber

Auch die Rechteinhaber ziehen aus der starken Stellung der Verwertungsgesellschaften einen Nutzen: Schließlich sorgen sie im Verhältnis zu den Nutzern für einen Ausgleich der wirtschaftlichen Macht. Auf der anderen Seite kann sich diese starke Stellung natürlich auch gegen den Rechteinhaber selbst wenden. Die Verwertungsgesellschaften sollten nach der Ansicht der Kommission daher den Rechteinhabern gegenüber zur redlichen, diskriminierungsfreien Verwaltung, Transparenz und Rechenschaft verpflichtet sein.[31]

dd) Aufsicht und externe Kontrolle

Hier stellt die Kommission fest, daß die Verwertungsgesellschaften in einigen Mitgliedsstaaten der staatlichen Aufsicht bzw. einer besonderen Kontrolle unterliegen. Dabei erkennt die Kommission jedoch Unterschiede, die sie aus Sicht des Binnenmarktes als beträchtlich einschätzt, und die daher Handlungsbedarf indizieren können.[32]

d) Zusammenfassung

Die Kommission hat in der Mitteilung den Rechtsrahmen der kollektiven Rechtewahrnehmung im Binnenmarkt aufgearbeitet und auf die bestehenden Unterschiede und die im Dialog mit den beteiligten Kreisen ermittelten Themen für etwaigen Handlungsbedarf hingewiesen.

III. Studie zur Folgenabschätzung

1. Allgemeines

In Umsetzung der Aufträge der Lissabon-Agenda und des Auftrags, die Qualität der Gesetzgebung inhaltlich zu verbessern und auf den Kernbereich der Probleme auf europäischer Ebene zu beschränken,[33] hat die

31 Mitteilung (Fn. 15), KOM (2004) 261 endg., S. 22.
32 Mitteilung (Fn. 15), KOM (2004) 261 endg., S. 22.
33 Im Aktionsplan vom 5. 6. 2002 „Vereinfachung und Verbesserung des Regelungsumfeldes" („Better Regulation Action Plan", KOM(2002) 278 endg.)

Kommission eine Studie zur Folgenabschätzung einer Initiative im Bereich der kollektiven Rechtewahrnehmung unternommen.[34] Zuerst wurden dabei die beteiligten Kreise zu Stellungnahmen zur Mitteilung aus 2004 eingeladen. Die Kommission hat hierauf 107 Beiträge erhalten, von denen der Großteil die Meinung vertreten hat, daß ein Tätigwerden der Kommission angezeigt ist. Die Kommission hat die Stellungnahmen geprüft und ein Arbeitspapier mit dem Namen „Study on a community initiative on the cross-border collective management of copyright" am 7. Juli 2005 auf ihrer Web-Site[35] veröffentlicht. Darin hat sie die beteiligten Kreise noch einmal zur Stellungnahme eingeladen. In dieser zweiten Konsultation sind wiederum 80 Stellungnahmen eingegangen. Es war der Kommission daher möglich, auf der Basis von verläßlichem und ausgewogenem Material festzustellen, wo grundlegende Probleme von europaweiter Dimension vorliegen.

2. Probleme

a) Rechtssicherheit für gewerbliche Nutzer

Auf Seite der gewerblichen Nutzer hat die Kommission festgestellt, daß ihnen die Möglichkeit fehlt, Lizenzen zu erwerben, die ihnen Rechtssicherheit für mehr als ein Gebiet geben (Mehrgebietslizenzen). Dies betrifft Anbieter von Musikdiensten im Internet, die europaweit zugängliche Dienstleistungen anbieten und daher in mehr als einem Gebiet Rechtssicherheit brauchen. Dabei empfinden es Nutzer als einen hinderlichen Faktor bei der Gründung solcher Dienste, daß sie die benötigten

verpflichtet sich die Kommission u. a., Studien über die Folgenabschätzung ihrer Vorschläge durchzuführen (Näheres in der Mitteilung über Folgenabschätzung vom 5. 6. 2002, KOM(2002) 276 endg.) und die Konsultation der betroffenen Parteien zu verstärken (Näheres in der Mitteilung für allgemeine Grundsätze und Mindeststandards für die Konsultation vom 5. 6. 2002, KOM(2002) 277).

34 Impact Assessment Reforming Cross-border Collective Management of Copyright and Related Rights for Legitimate Online Music Services (nur in EN verfügbar), SEC (2005) 1254, http://europa.eu.int/comm/internal_market/copyright/docs/management/sec_2005_1254_en.pdf, abgedruckt in **Anhang IV** (S. 300 ff.).

35 Study on a community initiative on the cross-border collective management of copyright (nur EN verfügbar), http://europa.eu.int/comm/internal_market/copyright/docs/management/study-collectivemgmt_en.pdf.

Lizenzen Staat für Staat in der Gemeinschaft erwerben müssen.[36] Mehrgebietslizenzen würden kommerziellen Nutzern die Möglichkeit eröffnen, über neue Formen von Musikdienstleistungen zusätzliche Einkünfte zu generieren. Dabei sind kommerzielle Nutzer auch der Meinung, daß ihnen im Binnenmarkt offen stehen sollte, sich die Verwertungsgesellschaft unabhängig vom Sitz der Verwertungsgesellschaft und des Nutzers auszusuchen.[37]

b) Wirtschaftlicher Wert der Rechte

Die Rechteinhaber wollen an den durch die neuen Technologien möglichen Ertragssteigerungen in angemessenem Ausmaß beteiligt werden und erwarten daher Modelle für Mehrgebietslizenzen, die den Wert ihrer Urheberrechte und verwandten Schutzrechte entsprechend berücksichtigen.[38]

3. Hintergrund

a) Rechte und Rechteinhaber

Bei der Aufarbeitung des zugrundeliegenden Sachverhalts zeigt die Kommission auf, daß – wie bei der Verwertung von Urheberrechten üblich – von mehreren Berechtigten eine Mehrzahl von Rechten zu erwerben sind, die in einem Werk vereinigt sind. Im Bereich der Verwertung von Musik Online sind dabei folgende Rechte folgender Rechteinhaber betroffen:[39]

- Das ausschließliche Vervielfältigungsrecht der Urheber, ausübenden Künstler und Tonträgerhersteller zur Herstellung unkörperlicher Kopien;[40]
- das ausschließliche Recht der öffentlichen Wiedergabe der Urheber,[41] wenn der Empfänger der Dienstleistung entweder in bezug auf den Ort oder – im weltweit zugänglichen Internet eher das entscheidende

36 Impact Assessment SEC (2005) 1254 (Fn. 34), 1.1 (S. 5).
37 Impact Assessment SEC (2005) 1254 (Fn. 34), 1.1 (S. 5).
38 Impact Assessment SEC (2005) 1254 (Fn. 34), 1.1 (S. 5).
39 Impact Assessment SEC (2005) 1254 (Fn. 34), 1.2.2. (S. 7).
40 Art. 2 Richtlinie 2001/29/EG, wobei jedoch für bestimmte bloß verübergehende Vervielfältigungen in Art. 5 eine zwingende Ausnahme besteht.
41 Art. 3 Abs. 1 Richtlinie 2001/29/EG.

Kriterium – in bezug auf die Zeit den Konsum nicht individuell bestimmen kann, z. B. beim Webcasting;
- das Vergütungsrecht für öffentliche Wiedergabe der ausübenden Künstler und Tonträgerhersteller;[42]
- das ausschließliche Recht der öffentlichen Zugänglichmachung der Urheber, ausübenden Künstler und Tonträgerhersteller,[43] wenn der Empfänger der Dienstleistung Ort und Zeit individuell bestimmen kann, z. B. bei download-Diensten.

b) Lizenzierungsmodelle

aa) Mehrprogrammlizenz für ein Gebiet

In der traditionellen Form ermöglichen es Verwertungsgesellschaften in Gegenseitigkeitsvereinbarungen einander, das Repertoire der jeweils anderen Verwertungsgesellschaft für gewerbliche Nutzer zugänglich zu machen. Die Verwertungsgesellschaften vergeben die Lizenzen dabei jeweils nur für das eigene Gebiet.[44] Es entsteht also eine Mehrprogrammlizenz für ein Gebiet. Diese wird von gewerblichen Nutzern in dem Gebiet bei der jeweiligen Verwertungsgesellschaft erworben. Dieses Modell hat der Europäischen Gerichtshof als mit Artikel 85 (nunmehr Artikel 81) EG-Vertrag vereinbar erkannt.[45] Der EuGH hat zwar ausgesprochen, daß diese Vorschrift abgestimmte Verhaltensweisen von nationalen Verwertungsgesellschaften verbietet, die eine Verweigerung der direkten Vergabe von Lizenzen an gewerbliche Nutzer, die in einem anderen Mitgliedsstaat ihren Sitz haben, zum Ziel hat oder bewirkt.[46] Die stark erhöhten Kosten, die entstehen würden, wenn jede beteiligte Verwertungsgesellschaft in allen dem Gegenseitigkeitsabkommen unterliegenden Gebieten die Nutzung überprüfen sollte, können aber ein gleichartiges Verhalten erklären, ohne daß ein abgestimmtes Verhalten im Sinne des EG-Vertrags vorliegt.[47] Mehrprogrammlizenzen für ein Gebiet

42 Art. 8 Abs. 2 Richtlinie 92/100/EWG.
43 Art. 3 Abs. 1 und 2 Richtlinie 2001/29/EG.
44 Impact Assessment SEC (2005) 1254 (Fn. 34), 1.2.1 (S. 6).
45 EuGH v. 13. 7. 1989 – Rs. C-395/87 *Ministère Public ./. Tournier*, Slg. 1989, 2521.
46 EuGH v. 13. 7. 1989 – Rs. C-395/87 *Ministère Public ./. Tournier*, Slg. 1989, 2521 (Punkt 2 des Erkenntnisses).
47 EuGH v. 13. 7. 1989 – Rs. C-395/87 *Ministère Public ./. Tournier*, Slg. 1989, 2521 Rn. 24.

sind ein gängiges Lizenzierungsmodell in Verwertungsarten außerhalb des Internet, wie im Anlaßfall vor dem Gerichtshof, wo der Betreiber einer Diskothek in Frankreich sich u. a. gegen diese Praktik der Verwertungsgesellschaften gewandt hatte.

bb) Mehrprogramm- und Mehrgebietslizenz mit Wahlmöglichkeit der gewerblichen Nutzer

Die Verwertungsgesellschaften der Tonträgerhersteller haben ein Modell entwickelt, das die Mehrprogrammlizenz auch für mehrere Gebiete ermöglicht. Danach können die Rechte der Tonträgerhersteller für die Verwendung beim Simulcasting, also der zeitgleichen Wiedergabe einer Sendung im Internet, in einem Akt für die Gebiete aller am Abkommen beteiligten Verwertungsgesellschaften erworben werden. Dieses Abkommen wurde am 16. November 2000 bei der Kommission im Hinblick auf ein Negativattest oder ersatzweise Freistellung nach Artikel 81 Absatz 3 EG-Vertrag angemeldet.[48] Nach der ursprünglich angemeldeten Vereinbarung konnte die Lizenz nur an einen Sender erteilt werden, dessen Signale im Gebiet der Verwertungsgesellschaft ihren Ursprung hatten. Nach Bedenken der Kommission wurde für den Europäischen Wirtschaftsraum eine Klausel aufgenommen, nach der Sender, deren Signale im EWR ihren Ursprung haben, bei jeder im EWR niedergelassenen Verwertungsgesellschaft die Lizenz erwerben können.[49] Dadurch entstand also eine Mehrprogramm- und Mehrgebietslizenz mit Wahl der Verwertungsgesellschaft für den gewerblichen Nutzer.

cc) Mehrprogramm- und Mehrgebietslizenz ohne Wahlmöglichkeit der gewerblichen Nutzer

Ein Abkommen ohne Klausel für den EWR haben die Verwertungsgesellschaften der Autoren bei der Kommission im April 2001 angemeldet.[50] Das diesem sogenannten Santiago-Abkommen zugrunde liegende Modell war also eine Mehrprogramm- und Mehrgebietslizenz ohne Wahl der Verwertungsgesellschaft durch den gewerblichen Nutzer. Die Nutzer

48 Kommission v. 8. 10. 2002, COMP/C2/38.014 – IFPI/Simulcasting, ABl. 2003 L 107/58 Rn. 1.

49 Kommission v. 8. 10. 2002, COMP/C2/38.014 – IFPI/Simulcasting, ABl. 2003 L 107/58 Rn. 27 f.

50 Impact Assessment SEC (2005) 1254 (Fn. 34), 1.2.4 (S. 9).

wären vielmehr im Sinne einer Marktaufteilung gezwungen gewesen, sich an die Verwertungsgesellschaft zu wenden, in deren Territorium sie ihren tatsächlichen oder rechtlichen Sitz haben. Nachdem die Kommission zu erkennen gegeben hat, daß sie die Grundsätze der Entscheidung IFPI/Simulcasting auch auf dieses Abkommen anwenden will, haben die beteiligten Verwertungsgesellschaften das am 31. Januar 2004 ausgelaufene Abkommen nicht verlängert.[51]

c) Marktteilnehmer

Weiters hat die Kommission die bei der kollektiven Verwertung für Online-Nutzung von Musik beteiligten Marktteilnehmer identifiziert:[52]

aa) Rechteinhaber

Bei den Rechteinhabern gibt es die Gruppe der Inhaber von Urheberrechten bestehend aus Textdichtern, Komponisten und Verlegern, während ausübende Künstler und Tonträgerhersteller verwandte Schutzrechte innehaben.

bb) Verwertungsgesellschaften

Verwertungsgesellschaften verwalten die Rechte, wobei ihr Rechtsverhältnis zu den Rechteinhabern durch ihre Statuten bzw. den Wahrnehmungsvertrag geregelt ist.

cc) Gewerbliche Nutzer

Gewerbliche Nutzer bieten die Rechte der Rechteinhaber in Dienstleistungen oder Produkten an Konsumenten an. Der technische Fortschritt hat gewerblichen Nutzern die Möglichkeit gegeben, neuartige Dienstleistungen wie Webcasting, Simulcasting, near-on-demand-Dienste, Klingeltöne für Mobiltelefone und Musik on-demand anzubieten.[53]

---

51 Impact Assessment SEC (2005) 1254 (Fn. 34), 1.2.4 (S. 9).
52 Impact Assessment SEC (2005) 1254 (Fn. 34), 1.3 (S. 12 f.).
53 Impact Assessment SEC (2005) 1254 (Fn. 34), 1.2.3 (S. 7).

d) Kompetenz der Gemeinschaft

Die Möglichkeit, die Rechte im Binnenmarkt von einer Verwertungsgesellschaft unabhängig von Sitz der Verwertungsgesellschaft und der Nationalität bzw. dem Sitz des Rechteinhabers wahrnehmen zu lassen, ist dabei ein Problem von grenzüberschreitender Dimension im Binnenmarkt, ebenso wie die Möglichkeit der gewerblichen Nutzer, unabhängig von ihrer Nationalität bzw. ihrem Sitz die Verwertungsgesellschaft auszusuchen, von der sie Rechte erwerben wollen.[54]

Für den ersten Aspekt ist es auch notwendig, daß Rechteinhaber nach ihrer ursprünglichen Wahl die für die Nutzung im Internet notwendigen Rechte aus dem Repertoire der ursprünglichen Verwertungsgesellschaft „herausnehmen" können und einer anderen Verwertungsgesellschaft übertragen. Diese Grundsätze entsprechen auch der Entscheidungspraxis der Kommission, die Bestimmungen in der Satzung und im Berechtigungsvertrag einer Verwertungsgesellschaft als mit Artikel 86 (nunmehr Artikel 82) EG-Vertrag unvereinbar erkannt hat, soweit diese die Mitglieder (z. B. für Ansprüche aus dem Wertungsverfahren und der Sozialkasse) in ihrer freien Wahl einschränken, ihre Rechte für Länder außerhalb des Tätigkeitsbereichs der Verwertungsgesellschaft ganz oder teilweise einer anderen Verwertungsgesellschaft zu übertragen bzw. im Tätigkeitsbereich der Verwertungsgesellschaft nach Sparten auf verschiedene Verwertungsgesellschaften aufzuteilen und dazu die Verwaltung einzelner Sparten der Verwertungsgesellschaft zu entziehen.[55]

4. Ziele

a) Generell

Die Kommission setzt sich als ein Ziel die Ausnutzung von Europas großem und weitgehend unausgeschöpftem Wachstumspotential bei Online-Diensten, ein Ziel das klar in den Bereich der Lissabon-Strategie und der i2010-Strategie fällt. Für Rechteinhaber soll dabei das Vertrauen gestärkt werden, daß sie für ihr kreatives Leisten entlohnt werden, egal wo die Verwertung ihrer Rechte stattfindet.[56] Das Wachstumspotential

54 Impact Assessment SEC (2005) 1254 (Fn. 34), 1.5.1 (S. 13 f.).

55 Kommission, Entscheidung v. 2. 6. 1971, ABl. 1971 L 134/15, Art. 1 Pkt. 7 – GEMA I.

des Marktes läßt sich mit folgenden Zahlen verdeutlichen: Der digitale Musikmarkt war 2004 USD 330 Mio. wert. Für 2005 wird eine Verdoppelung erwartet, was dann 1,5% der Einkünfte der Tonträgerhersteller ausmachen würde. In den nächsten fünf Jahren ist mit einem Anstieg dieses Anteils auf 25% zu rechnen.[57] Es geht also um einen rasch wachsenden Markt, an dem Europa mitpartizipieren sollte und in dem die Rechteinhaber ihren fairen Anteil an dem „größeren Kuchen“ erhalten sollen.

b) Speziell

Für den Aspekt der Ausnutzung des Wachstumspotentials läßt sich das generelle Ziel durch das spezifische Ziel des verbesserten Zugangs zu kreativem Output für Diensteanbieter und die operationellen Ziele nachfragegerechter Lizenzmodelle, verbesserte Wahrnehmung in der EU, erhöhte Verfügbarkeit von Mehrgebietslizenzen und Transparenz präzisieren, auf der Seite der Rechteinhaber durch das spezifische Ziel der vollen Beteiligung der Rechteinhaber an den zusätzlichen Erlösen und die operationellen Ziele der freien Wahl einer Verwertungsgesellschaft durch die Rechteinhaber, direkte Verteilung der Einnahmen aus anderen Mitgliedsstaaten frei von Diskriminierung sowie Transparenz und Rechenschaft.[58]

5. Optionen

Zur Erreichung der Ziele und Problemlösung schlägt die Kommission drei Optionen vor:[59]

- Kein Tätigwerden der Gemeinschaft (Option 1)
- Eliminierung der Gebietsbeschränkungen und der Marktaufteilung in den Gegenseitigkeitsabkommen zwischen Verwertungsgesellschaften (Option 2)
- Wahlmöglichkeit der Rechteinhaber einer Verwertungsgesellschaft für die Online-Nutzung ihrer Rechte in der Gemeinschaft (Option 3)

---

56 Impact Assessment SEC (2005) 1254 (Fn. 34), 2. (S. 16).
57 Impact Assessment SEC (2005) 1254 (Fn. 34), 1.3.3 (S. 12).
58 Impact Assessment SEC (2005) 1254 (Fn. 34), 2. (S. 16).
59 Impact Assessment SEC (2005) 1254 (Fn. 34), 3. (S. 17).

6. Erste Studie

Diese Optionen hat die Kommission am 7. Juli 2005 in ihrem Arbeitspapier auf ihrer Web-Site veröffentlicht.[60] In diesem Arbeitspapier hat die Kommission ihrer Sympathie für Option 3 Ausdruck verliehen.[61] In der Verwertungskette vom Rechteinhaber über die Verwertungsgesellschaft an den Nutzer und über ihn an den Konsumenten findet in der Option 3 der Wettbewerb im Verhältnis zwischen Verwertungsgesellschaft und Rechteinhaber statt. Dies sollte dazu führen, daß Verwertungsgesellschaften mit einer ausgewogenen Kombination aus qualitativ hochwertigen aber kostengünstigen Dienstleistungen – Zahl der vergebenen Lizenzen, erzielte Einnahmen, Genauigkeit des Monitoring und der Verteilung, Höhe der Verwaltungskosten – mehr Rechteinhaber anziehen und dadurch ihrerseits wiederum die Größe und Attraktivität ihres Repertoires erhöhen, wodurch wieder die Nachfrage nach ihren Lizenzen steigen sollte. Es kristallisieren sich danach im Wettbewerb verschiedenartige Repertoires heraus, die ihrerseits verschiedene Konsumenteninteressen ansprechen, worauf wiederum die Nutzer beim Erwerb der Lizenzen achten werden. Man kann hier von einem „inter-brand“ Wettbewerb der verschiedenen Repertoires sprechen.

Im Gegensatz dazu führt Option 2 zu einem Wettbewerb der Verwertungsgesellschaften um die kommerziellen Nutzer. Dieser Wettbewerb wird über die Verwaltungskosten der Verwertungsgesellschaften geführt. Die Lizenzierungspolitik der Verwertungsgesellschaften – etwa bei der Entwicklung dieses Modells im Rahmen des IFPI/Simulcasting-Abkommens – sieht nämlich so aus, daß der anwendbare Erwerbspreis sich nach dem Bestimmungslandprinzip richtet, d. h. nach dem Gebiet, für das die Lizenz erworben wird.[62] Damit ist der Preis der Lizenz derselbe, egal von welcher Verwertungsgesellschaft das Repertoire erworben wird, die dazu kommenden Verwaltungskosten werden aber von Gesellschaft zu Gesellschaft variieren. Das führt zu einem Wettbewerb zwischen Anbietern des gleichen Produktes, man kann von einem „intra-brand“-Wettbewerb sprechen.

---

60 Study on a community initiative on the cross-border collective management of copyright (Fn. 35).

61 Study on a community initiative on the cross-border collective management of copyright (Fn. 35), S. 55.

62 S. Kommission v. 8. 10. 2002, COMP/C2/38.014 – IFPI/Simulcasting, ABl. 2003 L 107/58 Rn. 64 f.

7. Konsultation der beteiligten Kreise

Im Sinne der verstärkten Kultur der Konsultation und des Dialogs hat die Kommission zu dieser Studie noch einmal die beteiligten Kreise zur Stellungnahme eingeladen. Die Stellungnahmen haben gezeigt, daß Option 1 (*do nothing*) von den Marktteilnehmern nicht als Schritt in die richtige Richtung empfunden wird. Folgende Gruppen haben folgende Option befürwortet:[63]

- Verwertungsgesellschaften der Urheber (über GESAC): Option 2
- Verwertungsgesellschaften der ausübenden Künstler: pro governance
- Musikverleger (der Majors und der Unabhängigen): Option 3
- Große Tonträgerhersteller (IFPI): Option 2
- Unabhängige Tonträgerhersteller (IMPALA): Option 3
- Verwertungsgesellschaften der Tonträgerhersteller: Option 2
- Sendeunternehmen (Radio): Option 2
- Grenzüberschreitendes Musikfernsehen (MTV): Option 2
- Online Provider: Option 2
- Telefonnetzbetreiber (Klingeltöne): Option 2 kombiniert mit 3
- Konsumenten (über BEUC): Option 2

8. Ergebnis

a) Lösungsansatz

In Anbetracht dieser Stellungnahmen schlägt die Kommission eine Koexistenz der Optionen 2 und 3 vor. Rechteinhaber, Verwertungsgesellschaften und gewerbliche Nutzer sollen frei die individuellen oder kollektiven Strukturen der Rechtewahrnehmung bestimmen können, die sie für am besten geeignet halten.[64] Mehrere Beiträge haben nämlich darauf hingewiesen, daß das Modell ähnlich der Option 3 sich auch bei der Umsetzung der Option 2 von selbst entwickeln könnte.[65] Auch wenn in Option 2 über das Bestimmungslandprinzip die Rechteinhaber über jede der Verwertungsgesellschaft gleiche Lizenzgebühren erzielen sollten, kann das Modell nicht ausschließen, daß eine Verwertungsgesellschaft ausbricht und mit einem Unterbieten der vereinbarten Lizenz-

63 Impact Assessment SEC (2005) 1254 (Fn. 34), 6. (S. 35 f.).
64 Impact Assessment SEC (2005) 1254 (Fn. 34), 6. (S. 36).
65 Impact Assessment SEC (2005) 1254 (Fn. 34), 3. (S. 18).

gebühren versucht, mehr Nutzer anzuziehen. Durch die mehreren Eintrittspunkte für das gleiche Repertoire kann sich also ein Abwärtsdruck auf die Preise entwickeln. Dies wird wiederum dazu führen, daß Inhaber eines attraktiven Repertoires ihre Wahrnehmungsverträge kündigen, wenn sie sich aus der individuellen Verwertung mehr Einnahmen als aus einer kollektiven Verwertung mit Preisunterbietung erwarten. Die Möglichkeit, die Rechte den Gegenseitigkeitsabkommen zu entziehen, sollte also zu einer Absicherung der Rechteinhaber gegen einen Preisdruck durch gegenseitiges Unterbieten der Verwertungsgesellschaften führen.[66]

b) Rechtsform

In bezug auf die Rechtsform schlägt die Kommission das Mittel der Empfehlung vor. Sie stützt sich also auf Artikel 211 zweiter Spiegelstrich EG-Vertrag, wonach die Kommission Empfehlungen im Anwendungsbereich des Vertrages aussprechen soll, um das Funktionieren und die Entwicklung des Binnenmarktes zu fördern. Wie schon oben gezeigt,[67] sind die Sachverhalte bei der Wahrnehmung von Urheberrechten und verwandten Schutzrechten für die Online-Nutzung von Musik typischerweise grenzüberschreitend, wodurch das Mittel der Empfehlung prinzipiell in Frage kommt. In bezug auf die Härte und Dringlichkeit der Probleme hält die Kommission die Empfehlung für das geeignete Mittel.[68] Sie gibt der Kommission auch die Möglichkeit, sich flexibel an die Mitgliedsstaaten oder die beteiligten Marktteilnehmer zu wenden, je nachdem, ob die Entwicklung des Marktes durch gesetzliche Beschränkungen oder wettbewerbswidrige Verhaltensweisen beeinträchtigt wird.

Der Preis dieses raschen und flexiblen Instrumentes ist die mangelnde rechtliche Durchsetzbarkeit: Die Kommission schlägt daher den Weg ein, eine Überprüfung der Anwendung der Empfehlung vorzunehmen und allenfalls weitere Maßnahmen, inklusive Vorschläge für Gemeinschaftsrechtsakte zu ergreifen.[69]

---

66 Impact Assessment SEC (2005) 1254 (Fn. 34), 4.1 (S. 19).
67 S. o. III 3 (S. 156 ff.).
68 Impact Assessment SEC (2005) 1254 (Fn. 34), 7.2 (S. 39).
69 Impact Assessment SEC (2005) 1254 (Fn. 34), 7.2 (S. 39).

IV. Empfehlung der Kommission

1. Allgemeines

Am 18. Oktober 2005 hat die Kommission die Empfehlung für die länderübergreifende kollektive Wahrnehmung von Urheberrechten und verwandten Schutzrechten, die für legale Online-Musikdienste benötigt werden,[70] angenommen. Die Regelung betrifft einen präzisen und engen Anwendungsbereich, die Verwertung von Musik im Internet und über Mobildienste. Manche der Empfehlungen betreffen aber damit zusammenhängende Themen der ordentlichen Wahrnehmung von Rechten und lassen sich ihrer Natur nach schlecht auf den Online-Bereich beschränken. In den einzelnen Randnummern der Empfehlung läßt sich dies jedoch daran erkennen, ob sie sich ausdrücklich auf Online-Sachverhalte beziehen oder nicht.

2. Anwendungsbereich

Der Anwendungsbereich betrifft die

- Wahrnehmung, d. h. Erbringung folgender Dienste: Erteilung von Lizenzen an gewerbliche Nutzer, Prüfung und Überwachung von Rechten, Durchsetzung von Urheberrechten und verwandten Schutzrechten, Einziehung von Nutzungsgebühren und Verteilung an die Rechteinhaber;[71]
- auf Gemeinschaftsebene, d. h. Lizenzen, die sich auf mehr als ein Territorium erstrecken;[72]
- von Urheberrechten und verwandten Schutzrechten für legale Online-Musikdienste, d. h. *Vervielfältigungsrecht* (Art. 2 InfoGesRL) der Urheber, ausübenden Künstler und Tonträgerhersteller, *ausschließliches Recht der öffentlichen Wiedergabe* (Art. 3 Abs. 1 InfoGesRL) der Urheber, bzw. *Vergütungsrecht* (Art. 8 Abs. 2 Vermiet- und Verleih-RL) der ausübenden

---

70 Empfehlung 2005/737/EG für die länderübergreifende kollektive Wahrnehmung von Urheberrechten und verwandten Schutzrechten, die für legale Online-Musikdienste benötigt werden, ABl. 2005 L 276/54, abgedruckt in **Anhang V** (S. 346 ff.).

71 Empfehlung 2005/737/EG (Fn. 70), Rn. 1 lit. a.

72 Empfehlung 2005/737/EG (Fn. 70), Rn. 1 lit. d.

Künstler und Tonträgerhersteller, *Recht der öffentlichen Zugänglichmachung* (Art. 3 Abs. 1 und 2 InfoGesRL) der Urheber, ausübenden Künstler und Tonträgerhersteller;[73]

3. Verwertungsgesellschaften und Rechteinhaber

a) Wahl der Verwertungsgesellschaft durch die Rechteinhaber

Die Kommission empfiehlt, daß Rechteinhaber im Binnenmarkt ihre Verwertungsgesellschaft frei wählen und dabei über das Territorium für die Verwertung entscheiden können sollen.[74] Daß diese Möglichkeit besteht, wurde bereits in der Entscheidung GEMA I[75] entschieden. Auch das Parlament heißt Flexibilität der Rechteinhaber bei der Wahl der Verwertungsmethode offensichtlich gut, wenn es die freie Wahl zwischen individueller und kollektiver Verwertung fordert.[76] Dies erfordert die Möglichkeit einer „Herausnahme“ der Online-Rechte,[77] wenn der Rechteinhaber seine Rechte bereits an eine Verwertungsgesellschaft vergeben hat („Rückrufrecht“). Zur Vorbereitung der notwendigen administrativen Maßnahmen soll dabei eine angemessene Kündigungsfrist eingehalten werden,[78] deren genaue Bestimmung den Statuten bzw. dem Wahrnehmungsvertrag überlassen bleiben kann. Der Rechteinhaber soll die Möglichkeit haben, die Online-Rechte und das Territorium, für die der neue Wahrnehmungsvertrag gilt, festzulegen.[79] Diese Rechte sollten aus dem Anwendungsbereich der Gegenseitigkeitsabkommen ausgenommen werden.[80] Das in der Empfehlung vorgesehene Rückrufrecht ist also ein grundlegendes Element der direkten Wahrnehmung in anderen Mitgliedsstaaten, ohne den Weg über Gegenseitigkeitsabkommen.

---

73 Empfehlung 2005/737/EG (Fn. 70), Rn. 1 lit. f.

74 Empfehlung 2005/737/EG (Fn. 70), Rn. 3.

75 Kommission, Entscheidung v. 2. 6. 1971, ABl. 1971 L 134/15, Art. 1 Pkt. 7 – GEMA I; s. schon oben, III 3 d (S. 160) a. E. mit Fn. 55.

76 Zu den Verweisen auf den Bericht des Parlaments und die Mitteilung der Kommission in diesem Abschnitt s. o. II (S. 149 ff.).

77 Empfehlung 2005/737/EG (Fn. 70), Rn. 5 lit. d.

78 Empfehlung 2005/737/EG (Fn. 70), Rn. 5 lit. d.

79 Empfehlung 2005/737/EG (Fn. 70), Rn. 5 lit. a und b.

80 Empfehlung 2005/737/EG (Fn. 70), Rn. 1 lit. d.

b) Verteilung der Einnahmen und Abzüge

Die Empfehlung beschränkt sich hier auf das Erfordernis einer Verteilung frei von Diskriminierung aufgrund von Wohnsitz, Staatsangehörigkeit oder Kategorie der Rechteinhaber.[81] Die sowohl im Bericht des Parlaments als auch in der Mitteilung der Kommission wiederholt betonte Bedeutung der Transparenz zeigt sich in der Empfehlung unter anderem in bezug auf Abzüge bei Abrechnung.[82] Zur Erleichterung der Wahl der Verwertungsgesellschaft für die Rechteinhaber sollte dies bereits im Statut bzw. Wahrnehmungsvertrag klargestellt werden.

c) Diskriminierungsverbot

Auch hier greift die Kommission eine wiederholte Forderung des Berichts des Parlaments auf und gestaltet sie in der Weise aus, daß alle Kategorien von Rechteinhabern in bezug auf die Wahrnehmungsleistungen gleich behandelt und am internen Entscheidungsprozeß fair beteiligt werden sollten. Die Kommission präzisiert hier aber nicht so weit wie das Parlament, das unter anderem den wirtschaftlichen Wert der Urheberrechte als wichtiges Kriterium erwähnt,[83] auch wenn sich aus der Studie über die Folgenabschätzung ableiten läßt, daß dieser Grundgedanke bei der Interpretation herangezogen werden kann.[84]

d) Rechenschaftspflicht

Effiziente Überprüfung der Abrechnung setzt entsprechende Information der Rechteinhaber voraus. Die Kommission empfiehlt daher Rechenschaft über erteilte Lizenzen, Tarife, Einnahmen und Ausschüttungen.[85] Entsprechend der Feststellung in der Mitteilung, daß die Rechtsform der Verwertungsgesellschaft ohne Einfluß auf die Effizienz ist, wird dabei jedoch nicht auf den – durch Sekundärrecht für Kapitalgesellschaften genau definierten – Begriff der Rechnungslegung angeknüpft. Diese kann nämlich je nach Mitgliedsstaat und Rechtsform unterschiedlich

---

81 Empfehlung 2005/737/EG (Fn. 70), Rn. 10 spricht von „gerecht verteilen", Begründungserwägung 12 beinhaltet nähere Kriterien zur Auslegung.
82 Empfehlung 2005/737/EG (Fn. 70), Rn. 11 und 12.
83 S. o. II 1 b (S. 150) mit Fn. 10.
84 Impact Assessment SEC (2005) 1254 (Fn. 34), 7.1 (S. 38).
85 Empfehlung 2005/737/EG (Fn. 70), Rn. 14.

ausgestaltet sein, was in Kauf genommen wird, solange die hier in der Empfehlung genannten Rahmenbedingen erfüllt sind.

4. Verwertungsgesellschaften und gewerbliche Nutzer

a) Transparenz

Wie die Kommission schon in ihrer Mitteilung vom 16. 4. 2004 (oben, II.2) betont hat, ist für die Rechts- und Planungssicherheit des gewerblichen Nutzers in erster Linie wichtig zu wissen, welche Rechte er um welchen Preis erwirbt. Sie empfiehlt daher Transparenz in bezug auf das Repertoire, die Gegenseitigkeitsvereinbarungen, den räumlichen Geltungsbereich der Vertretungsmacht und die Tarife.[86] Nur so ist gewährleistet, daß Nutzer wissen, die Rechte welcher Werke direkt über eine Verwertungsgesellschaft bezogen werden können (bei Ausübung der Option 3) bzw. welche Rechte von einer Mehrprogrammlizenz erfaßt sind (bei Ausübung der Option 2).

b) Diskriminierungsverbot

Wie bei den Rechteinhabern soll auch den Nutzern gegenüber ohne Diskriminierung vorgegangen werden, und die Lizenzen sollen auf der Basis objektiver Kriterien vergeben werden.[87] Dies dient aber auch den Rechteinhabern. Es soll nämlich Situationen verhindern, in denen ohne sachliche Gründe Lizenzen verweigert werden, was wiederum die Einnahmen und die damit die zu verteilende Summe verringern würde.

c) Streitbeilegung

Die Kommission empfiehlt den Mitgliedsstaaten, effektive Streitbeilegungs- mechanismen zur Verfügung zu stellen.[88] Dabei handelt es sich um ein in der Konsultation immer wieder von Vertretern der gewerblichen Nutzer angesprochenes Thema. Die Kommission empfiehlt sie daher für Rechtsstreite über Tarife und Lizenzen. Aber auch die Möglichkeit der Herausnahme von Rechten und Übertragung derselben auf

86 Empfehlung 2005/737/EG (Fn. 70), Rn. 6 und 7.
87 Empfehlung 2005/737/EG (Fn. 70), Rn. 9.
88 Empfehlung 2005/737/EG (Fn. 70), Rn. 15.

eine andere Verwertungsgesellschaft birgt Konfliktpotential in sich. Auch für die Rechteinhaber empfiehlt die Kommission daher Streitbeilegungsmechanismen in bezug auf die Online-Rechte.

5. Überprüfung der Anwendung

Die Kommission richtet ihre Empfehlung an die Verwertungsgesellschaften und an die Mitgliedsstaaten und lädt sie ein, jährlich über die Maßnahmen zu berichten, die Sie in bezug auf die Empfehlung getroffen haben.[89] Die Kommission setzt damit eine Überprüfung fort, zu der sie schon das Parlament in seinem Bericht eingeladen hat. Die Kommission wird fortlaufend die Entwicklung des Online-Musiksektors im Lichte der Empfehlung beurteilen und abschätzen, ob weiterer Handlungsbedarf besteht.[90] Dies wird der Kommission die Möglichkeit geben, die Erreichung der Ziele einer besseren Ausnutzung des Wachstumspotentials europäischer Online-Musikdienste und einer Steigerung des Vertrauens der Rechteinhaber zu bewerten und – falls erforderlich – durch einen Richtlinien- oder Verordnungsvorschlag zu reagieren.

V. Zusammenfassung

Mit der gegenwärtigen Empfehlung für die länderübergreifende kollektive Wahrnehmung von Urheberrechten und verwandten Schutzrechten, die für legale Online-Musikdienste benötigt werden, hat es die Kommission in Angriff genommen, Probleme der Lizenzierung und Einnahmenverteilung in bezug auf die neuen technischen Nutzungsmöglichkeiten zu lösen.

Der Empfehlung ist ein langfristiger und umfassender Konsultationsprozeß vorangegangen, der jedoch wichtige Hinweise auf den Kern der Probleme gebracht hat. Die Probleme und ihre Lösungsmöglichkeiten wurden in einer umfassenden Studie zur Folgenabschätzung erörtert.

Die Empfehlung unternimmt es nun, sich auf den Kern der Probleme auf grenzüberschreitender Basis zu beschränken, die sich bei der Online-

89 Empfehlung 2005/737/EG (Fn. 70), Rn. 16.
90 Empfehlung 2005/737/EG (Fn. 70), Rn. 17 und 18.

Nutzung zwangsläufig ergeben. In Übereinstimmung mit dem Bericht des Parlaments werden dabei aber auch die damit untrennbar verbundenen Bereiche der good governance bei Verwertungsgesellschaften angesprochen, bei denen ein positiver externer Effekt auf alle Bereiche des Verwertungswesens erwünscht ist.

Diskussionsbericht zu § 8

Kępiński warf die Frage auf, inwieweit die der Europäischen Union im Mai 2004 beigetretenen neuen Mitgliedstaaten bei den Konsultationen Einfluß nehmen konnten bzw. ihre Interessen berücksichtigt wurden. *Majer* stellte klar, daß es im Konsultationsverfahren nicht um eine Anhörung der Mitgliedstaaten gehe. Vielmehr sollten die Betroffenen Gelegenheit zur Stellungnahme bekommen. Bei der hier in Rede stehenden Konsultation hätten sich, so *Majer*, auch Interessengruppen aus den neuen Mitgliedstaaten geäußert.[1]

Dr. Anke *Schierholz* (Justitiarin der VG Bild-Kunst) warf die Frage auf, ob man für den Bereich der Online-Nutzungen nicht dem Modell der „Kabel-Satelliten-Richtlinie"[2] folgen könne. So könne man die Verwertungsgesellschaften auch hier verpflichten, alle Rechteinhaber zu vertreten, also auch die Nichtmitglieder. Dann würden sich die Nutzer an die Verwertungsgesellschaft am Ort der Einspeisung wenden und die Vorteile eines *One-Stop-Shops* genießen können. *Majer* merkte dazu nur kurz an, daß die Europäische Kommission die Auswahl der Rechteinhaber vergrößern wollte, weshalb eine Verwertungsgesellschaftspflicht wie in Art. 9 der Richtlinie nicht in Frage gekommen war.

Dr. Tilo *Gerlach* (Geschäftsführer der GVL) wies darauf hin, daß beim

1 In dem der Empfehlung vorangegangenen Konsultationsverfahren zur „Studie über die Initiative der Gemeinschaft über die grenzüberschreitende kollektive Wahrnehmung von Urheberrechten" vom 7.7.2005 übermittelten 80 Organisationen und Interessengruppen Beiträge. Aus der Liste der 77 zur Veröffentlichung freigegebenen und im Internet unter http://forum.europa.eu.int/Public/irc/markt/markt_consultations/library?l=/copyright_neighbouring/crossborder_management&vm=detailed&sb=Title abrufbaren Beiträge läßt sich allerdings allein der Beitrag der Society ARTISJUS – Hungarian Bureau for the Protection of Authors' Rights vom 19.7.2005 einer Organisation oder Interessengruppe aus den neuen Mitgliedstaaten zuordnen.

2 Richtlinie 93/83/EWG des Rates vom 27.9.1993 zur Koordinierung bestimmter urheber- und leistungsschutzrechtlicher Vorschriften betreffend Satellitenrundfunk und Kabelweiterverbreitung, ABl. 1993 L 248/15; nachfolgend „Satelliten- und Kabelrichtlinie".

Santiago-Abkommen[3] anders als bei der Simulcasting-Vereinbarung[4] der Vergütungssatz des Nutzungslandes gelte. Außerdem wollte er von Herrn *Majer* wissen, ob die Definition der „Verwertungsgesellschaft" in der Empfehlung[5] auch Verleger erfasse, die mit mehreren Urhebern zusammenarbeiten, oder ob nur die klassischen Verwertungsgesellschaften gemeint seien. Hintergrund dieser Frage sie die englische Sprachfassung der Empfehlung, die nicht wie noch die „Satelliten- und Kabelrichtlinie" von „collecting society"[6] spreche, sondern den Begriff des „collective rights managers" einführe.[7] *Majer* räumte ein, daß die Definition(en) in der Empfehlung unter diesem Gesichtspunkt nicht klar und eindeutig seien. In der Europäischen Kommission habe man jedenfalls die Verwertungsgesellschaften im klassischen Sinne vor Augen gehabt. Daß nur diese Verwertungsgesellschaften gemeint, die Verleger also auch weiterhin als Berechtigte anzusehen seien, ergebe sich auch im Wege der systematischen Auslegung der Empfehlung.

Burkhard *Brozat* (Textdichter, stellvertretendes Mitglied im Aufsichtsrat der GEMA) gab zu Bedenken, daß Rechteinhaber nicht nur die Verleger, sondern in erster Linie die einzelnen Urheber seien. Er habe Sorge, daß hier die Verleger zu Lasten der einzelnen Autoren in den Vordergrund gerückt werden. *Majer* stellte klar, daß natürlich auch die Autoren Rechteinhaber seien und diese ihre Rechte auch weiterhin direkt von einer Verwertungsgesellschaft wahrnehmen lassen könnten. Im übrigen wies er darauf hin, daß sich die Empfehlung nicht auf das Verhältnis der Autoren zu den Verlegern beziehe.

---

3 Der als „Santiago-Abkommen" bezeichnete Mustergegenseitigkeitsvertrag wurde im Jahr 2000 von den sog. musikalischen Verwertungsgesellschaften BMI (USA), PRS (Großbritannien), SACEM (Frankreich), GEMA (Deutschland) und BUMA (Niederlande) am Rande des CISAC-Kongresses in Santiago de Chile unterzeichnet.

4 Das Simulcasting-Abkommen ist ein von den Verwertungsgesellschaften der Tonträgerhersteller unter Führung der IFPI ausgearbeiteter Mustergegenseitigkeitsvertrag über die Vergabe von Lizenzen an Radio- und Fernsehveranstalter für die gleichzeitige, unveränderte Übertragung von Rundfunk und Fernsehen via Internet (sog. „Simulcasting"). Die International Federation of the Phonographic Industry (IFPI) ist der internationale Dachverband der Tonträger- und Musikvideohersteller.

5 Ziffer 1 lit. e der Empfehlung 2005/737/EG vom 18. 10. 2005, ABl. 2005 L 276/54, abgedruckt in **Anhang V** (S. 346 ff.).

6 Art. 1 Abs. 4 Satelliten- und Kabelrichtlinie.

7 In der englischen Sprachfassung heißt es: „'Collective rights manager' means any person providing the services set out in point (a) to several right-holders".

Anschließend fragte *Brozat*, was der einzelne Autor bei der Wahl einer Verwertungsgesellschaft konkret machen solle, wenn er seine Inhalte einer Online-Verwertung zuführen möchte. Insbesondere wollte er wissen, was die Empfehlung dem einzelnen Autor hier an Mehrwert bringe. *Majer* führte aus, daß der einzelne Autor natürlich auch weiterhin bei seiner nationalen Verwertungsgesellschaft bleiben könne, wenn er mit ihr zufrieden sei. Mit der Empfehlung solle ihm lediglich der Möglichkeit eröffnet werden, sich auch an eine Verwertungsgesellschaft in einem anderen Mitgliedstaat wenden zu können.

Stefan Wichary

§ 9 Grenzen gemeinschaftsweiter Lizenzierung durch das Territorialitätsprinzip des Internationalen Urheberrechts

Hans-Jürgen Rabe

Übersicht

Das Thema meines Vortrages steht unter der Überschrift: Verwertungsgesellschaften im Binnenmarkt – Stand des Gemeinschaftsrechts und Grundlagen der Rechtsangleichung. Mein Thema behandelt offensichtlich einen Teilaspekt, und das Gleiche gilt für das folgende Referat von *Drexl* (nachfolgend, § 10). Es erscheint mir dennoch geboten, einige Bemerkungen zum Stand des Gemeinschaftsrechts vorauszuschicken, soweit es die Tätigkeit der Verwertungsgesellschaften im Binnenmarkt betrifft.

I. Das die Verwertungsgesellschaften betreffende Gemeinschaftsrecht

1. Die Grundfreiheiten der Art. 28 und 49 EG

Die Frage, ob die Tätigkeit der Verwertungsgesellschaften generell vom Anwendungsbereich des EG-Vertrages ausgenommen ist, hat der EuGH auf dem Hintergrund des Art. 86 Abs. 2 beantwortet. Nach dieser Vorschrift gelten für Unternehmen, die mit Dienstleistungen von allgemeinem wirtschaftlichen Interesse betraut sind, die Vorschriften des Vertrages, insbesondere die Wettbewerbsregeln, nur, soweit mit der Anwendung dieser Vorschriften nicht die Erfüllung der ihnen übertragenen besonderen Aufgaben rechtlich oder tatsächlich verhindert wird. Der EuGH stellte fest, daß der Staat die Verwertungsgesellschaften nicht mit einer besonderen öffentlichen Aufgabe betraut habe. Vielmehr nähmen sie Privatinteressen war, auch wenn es sich dabei um gesetzlich geschützte geistige Eigentumsrechte handelt.[1]

Dementsprechend gilt für die grenzüberschreitende Tätigkeit der Verwertungsgesellschaften die in Art. 28 EG-Vertrag garantierte Freiheit des Warenverkehrs. Dazu hat der EuGH entschieden, daß sich eine im Namen des Inhabers eines Urheberrechts oder von dessen Lizenznehmer handelnde Gesellschaft zur Verwertung von Urheberrechten nicht auf das durch das Urheberrecht verliehene ausschließliche Verwertungsrecht berufen kann, um die Einfuhr von Tonträgern zu verhindern oder zu beschränken, die auf dem Markt eines anderen Mitgliedstaates von dem Inhaber selbst oder mit dessen Zustimmung rechtmäßig in den Verkehr gebracht worden sind. Eine Bestimmung des innerstaatlichen Rechts, also das Urheberrechts, dürfe nämlich einer Gesellschaft, die mit der Wahrnehmung von Urheberrechten betraut ist und hierfür ein tat-

---

1 EuGH v. 27. 3. 1974 – Rs. 127/73 *BRT ./. SABAM*, Slg. 1974, 313 Rn. 23.

sächliches Monopol im Gebiet eines Mitgliedstaates besitzt, nicht erlauben, eine Abgabe auf Erzeugnisse aus einem anderen Mitgliedstaat zu erheben, wo sie von dem Inhaber des Urheberrechts oder mit dessen Zustimmung in den Verkehr gebracht worden sind, und auf diese Weise bei der Einfuhr von Tonträgern, die sich im gemeinsamen Markt bereits im Verkehr befinden, eine Belastung wegen ihres Grenzübertritts einführen.[2] Damit hat der EuGH auch im Urheberrecht den Grundsatz der gemeinschaftsweiten Erschöpfung etabliert.

Ebenso gilt für die Tätigkeit der Verwertungsgesellschaften Art. 49 EG, der die Freiheit des Dienstleistungsverkehrs garantiert und dessen Beschränkungen durch nationales Recht verbietet. Insbesondere das von Verwertungsgesellschaften aufgebaute Netz von Verträgen über die gegenseitige Vertretung beinhaltet die Erbringung von Dienstleistungen. Wenngleich der Schutz der Urheberrechte als Teil der nach Art. 295 vom EG-Vertrag unberührt gelassenen Eigentumsordnung den Mitgliedstaaten obliegt, müssen die Erfordernisse, die sich aus der Verpflichtung zur Beachtung der Urheberrechte ergeben, mit den Erfordernissen des freien Waren- und Dienstleistungsverkehrs in Einklang gebracht werden.[3]

2. Die Wettbewerbsvorschriften der Art. 81, 82 EG

Ebenso unterliegt die grenzüberschreitende Tätigkeit der Verwertungsgesellschaften den Wettbewerbsvorschriften des EG-Vertrages, die insbesondere wettbewerbsbehindernde Vereinbarungen von Unternehmen (Art. 81) und den Mißbrauch einer marktbeherrschenden Stellung (Art. 82) verbieten. Davon wird das Referat von *Drexl* handeln (nachfolgend, § 10).

3. Die Kultur-Querschnittsklausel des Art. 151 Abs. 4 EG

Bei der Anwendung der Vorschriften des EG-Vertrages, insbesondere bei der Rechtsetzung, ist allerdings Art. 151 Abs. 4 zu beachten. Danach trägt die Gemeinschaft bei ihrer Tätigkeit aufgrund anderer Bestimmungen des Vertrages den kulturellen Aspekten Rechnung, insbesondere zur

2 EuGH v. 20. 1. 1981 – verb. Rs. 55 und 57/80 *Musik-Vertrieb membran*, Slg. 1981, 147; ebenso EuGH v. 13. 7. 1989 – Rs. 395/87 *Tournier*, Slg. 1989, 2521.

3 EuGH v. 13. 7. 1989 – Rs. 395/87 *Tournier*, Slg. 1989, 2521.

Wahrung und Förderung der Vielfalt ihrer Kulturen. Mit dieser sogenannten Querschnittsklausel wird den Geboten der kulturellen Rücksichtnahme der Vorrang eingeräumt in dem Konflikt zwischen der möglichst konsequenten Durchsetzung der wirtschaftlichen Gebote des Binnenmarktes und dem Schutz der Vorbehaltsrechte der Mitgliedstaaten auf kulturellem Gebiet.[4] Diesen Grundsatz hat der EuGH bestätigt.[5] Für die Tätigkeit der Verwertungsgesellschaften hat er offensichtlich Bedeutung.

4. Verwertungsgesellschaften im Gemeinschaftsrecht

Unmittelbar auf die Struktur und die Tätigkeit von Verwertungsgesellschaften gerichtete gemeinschaftsrechtliche Regelungen gibt es bisher nicht. Selbstverständlich hat jedoch der Gemeinschaftsgesetzgeber die Tätigkeit der Verwertungsgesellschaften zur Kenntnis genommen. Dies kommt in verschiedenen Richtlinien zur Harmonisierung bestimmter Aspekte des materiellen Urheberrechts zum Ausdruck. So ist in Art. 1 Abs. 4 der Satelliten- und Kabelrichtlinie[6] die Verwertungsgesellschaft definiert als „jede Organisation, die Urheber- und verwandte Schutzrechte als einziges Ziel oder als eines ihrer Hauptziele wahrnimmt oder verwaltet". Art. 9 Abs. 1 der gleichen Richtlinie verpflichtet die Mitgliedstaaten, dafür zu sorgen, daß das Recht der Urheberrechtsinhaber und der Inhaber verwandter Schutzrechte, einem Kabelunternehmen die Erlaubnis zur Kabelweiterverbreitung zu erteilen oder zu verweigern, nur durch Verwertungsgesellschaften geltend gemacht werden kann. Schon vorher hatte der Gemeinschaftsgesetzgeber in der Vermiet- und Verleihrichtlinie von 1992[7] in Art. 4 Abs. 4 vorgesehen, daß die Mitgliedstaaten regeln können, ob und welchem Umfang zur Auflage gemacht werden kann, daß der von der Richtlinie garantierte Anspruch auf eine angemessene Vergütung durch eine Verwertungsgesellschaft wahrgenommen

4 *Schwarze*, Urheberrechte und deren Verwaltung im Lichte des europäischen Wettbewerbsrechts, ZUM 2003, 15, 21.

5 EuGH v. 28. 4. 1998 – Rs. C-200/96 *Metronome Musik*, Slg. 1998, 1971 Rn. 23.

6 Richtlinie 93/83/EWG des Rates vom 27. 9. 1993 zur Koordinierung bestimmter urheber- und leistungsschutzrechtlicher Vorschriften betreffend Satellitenrundfunk und Kabelweiterverbreitung, ABl. 1993 Nr. L 248/15.

7 Richtlinie 92/100/EWG des Rates vom 19. 11. 1992 zum Vermietrecht und Verleihrecht sowie zu bestimmten dem Urheberrecht verwandten Schutzrechten im Bereich des geistigen Eigentums, ABl. 1992 Nr. L 346/61.

werden muß. Was jedoch die Regelung der Tätigkeit von Verwertungsgesellschaften generell betrifft, so erklärt Art. 13 der Satellitenrichtlinie ausdrücklich, daß insoweit die Kompetenz der Mitgliedstaaten unberührt bleibt. Auch die Informationsgesellschaftsrichtlinie von 2001[8] stellt in ihrem Erwägungsgrund 18 fest, daß die Richtlinie nicht die Regelungen der betroffenen Mitgliedstaaten für die Verwaltung von Rechten, beispielsweise der erweiterten kollektiven Lizenzen, berührt. Im vorangehenden Erwägungsgrund 17 heißt es allerdings „drohend“, daß aufgrund der durch die Digitaltechnik bedingten Erfordernisse sichergestellt werden müsse, daß die Verwertungsgesellschaften im Hinblick auf die Beachtung der Wettbewerbsregeln ihre Tätigkeit stärker rationalisieren und für mehr Transparenz sorgen.[9]

5. Materielles Urheberrecht

Aus dem Vorstehenden wurde bereits deutlich, daß die Gemeinschaft seit 1991 in mehreren Richtlinien – es sind insgesamt sieben – bestimmte Aspekte des materiellen Urheberrechts harmonisiert hat. Deren Regelungen haben, wenngleich in sehr unterschiedlichem Maße, Einfluß auf die Tätigkeit der Verwertungsgesellschaften im Binnenmarkt. Auf Art. 9 Abs. 1. der Satellitenrichtlinie hatte ich bereits hingewiesen. Die Richtlinie regelt insbesondere die Lizenzierung von Rechten für eine grenzüberschreitende Programmverbreitung durch Satelliten, um die Rechtsunsicherheit im Hinblick auf die zu erwerbenden Rechte zu beseitigen und die kumulative Anwendung von mehreren nationalen Rechten auf einen Sendeakt zu verhindern. Art. 1 Abs. 2 lit. b der Richtlinie fingiert, daß die öffentliche Wiedergabe über Satellit nur in dem Mitgliedstaat stattfindet, in dem die programmtragenden Signale unter der Kontrolle des Sendeunternehmens und auf dessen Verantwortung in eine ununterbrochene Kommunikationskette eingegeben werden, die zum Satelliten und zurück zur Erde führt. Die Umsetzung der Verpflichtungen aus der Richtlinie in § 20 a des deutschen Urheberrechtsgesetzes führt dazu, daß

[8] Richtlinie 2001/29/EG des Europäischen Parlaments und des Rates vom 22. 5. 2001 zur Harmonisierung bestimmter Aspekte des Urheberrechts und der verwandten Schutzrechte in der Informationsgesellschaft, ABl 2001 Nr. L 167, 10.

[9] So auch im Erwägungsgrund 28 der Richtlinie 2001/84/EG des Europäischen Parlaments und des Rates vom 27. 9. 2001 über das Folgerecht des Urhebers des Originals eines Kunstwerks, ABl. 2001 Nr. L 272/33.

wegen der besonderen technischen Situation beim Satelliten (er kann nur im gesamten Footprint gleichermaßen ausgestrahlt werden oder gar nicht) die Rechtelizenzierung durch die Verwertungsgesellschaft, etwa die GEMA, im Land des sogenannten Uplink das Recht zur Sendung über Satelliten für dessen gesamten Direktempfangsbereich, also grundsätzlich in der gesamten Europäischen Union, erfolgt.

Weitere Einzelheiten über die Auswirkungen der Harmonisierung des materiellen Urheberrechts auf die Tätigkeit der Verwertungsgesellschaften im Binnenmarkt zu erörtern, verbietet sich in einem Rahmen, der nur wesentliche Aspekte des für die Verwertungsgesellschaften geltenden Gemeinschaftsrechts darlegen wollte.

II. Gemeinschaftsweite Lizenzierung – warum?

1. Forderungen der Nutzer

Auf den ersten Blick gesehen erscheint die gemeinschaftsweite Lizenzierung von Urheberrechten durch Verwertungsgesellschaften, also insbesondere die Genehmigung der Verbreitung und Aufführung von urheberrechtlich geschützten Werken der Musik, als geboten. Anders ausgedrückt: Die Weigerung einer Verwertungsgesellschaft, solche Rechte gemeinschaftsweit zu lizenzieren, behindert die Freiheit der Dienstleistung im Binnenmarkt. Es ist daher zunächst verständlich, daß – wie etwa im vom EuGH entschiedenen Fall *Tournier* – sich französische Diskotheken durch die sich von der französischen Verwertungsgesellschaft SACEM abgeschlossenen Gegenseitigkeitsverträge beschwert fühlten, weil sie dadurch gehindert sind, von einer nicht französischen Verwertungsgesellschaft – natürlich zu vermeintlich günstigeren Bedingungen – Aufführungsrechte in Frankreich zu erwerben. Ebenso leuchtet ein, daß gemeinschaftsweit tätige Rundfunk- und Fernsehanstalten die Vorschriften des Gemeinschaftsrechts in Anspruch nehmen, um zu erreichen, daß ihnen von einer Verwertungsgesellschaft Senderechte für den Bereich der gesamten Europäischen Union eingeräumt werden – auch dies sicherlich mit der Motivation, Kosten zu sparen und Gebühren zu reduzieren.

2. Die Mitteilung der Europäischen Kommission vom 16. 4. 2004

Vor diesem Hintergrund ist die Feststellung der Kommission in ihrer Mitteilung vom 16. 4. 2004 zur Wahrnehmung von Urheberrechten und verwandten Schutzrechten im Binnenmarkt[10] zu sehen, daß insbesondere von gewerblichen Nutzern für den wachsenden Markt in der Online-Umgebung die Forderung nach gemeinschaftsweiter Lizenzierung, also die Einräumung einer gemeinschaftsweit gültigen Nutzungslizenz durch eine einzelne Verwertungsgesellschaft in einer einzigen Rechtshandlung erhoben würde. Freilich muß man sehen, daß es sich hierbei wohl nur um eine sehr kleine Zahl international tätiger Nutzer handelt, allerdings – auch davon ist wohl auszugehen – solcher von weitreichendem wirtschaftlichen Gewicht.

Die Kommission erwägt daher in ihrer Mitteilung eine Reihe gemeinschaftsrechtlicher Maßnahmen.[11] Dazu gehört die Verpflichtung der Rechteinhaber zur Erteilung einer gemeinschaftsweiten Nutzungserlaubnis, also einer Zwangslizenz. Hier sieht die Kommission zu Recht Hindernisse in den internationalen Abkommen zum Urheberrecht ebenso wie in Art. 295 EG, der die Regelung der Eigentumsordnung den Mitgliedstaaten vorbehält. Eine andere denkbare Regelung sieht die Kommission in einer Gemeinschaftsvorschrift, die bestimmt, daß jede Lizenz, die das Recht der öffentlichen Wiedergabe oder der Zugänglichmachung betrifft, zumindest für die grenzüberschreitende Tätigkeit *per definitionem* Nutzungshandlungen in der gesamten Gemeinschaft erlaubt. Die Kommission verkennt nicht, daß eine solche Regelung der teilweisen Abschaffung des Territorialitätsgrundsatzes gleich käme. Eine dritte Lösung: die Übernahme des bereits beschriebenen Modells der Satellitenrichtlinie, würde, wie die Kommission zutreffend feststellt, nicht zwangsläufig zum gewünschten Ergebnis der länderübergreifenden Lizenzierung führen, weil damit lediglich das anwendbare Recht bestimmt wird und dies nicht ohne weiteres zur Ausweitung der Lizenz auf den in Frage stehenden Ausstrahlbereich führt. Ein anderer Lösungsansatz bestünde nach Auffassung der Kommission darin, den gewerblichen Nutzern ein Wahlrecht dergestalt zuzugestehen, daß sie die Verwertungsgesellschaft im Europäischen Wirtschaftsraum, die die ge-

10 KOM (2004) 261 endg.

11 Mitteilung der Kommission v. 16. 4. 2004, KOM (2004) 261 endg., S. 10, 11.

wünschte Lizenz erteilt, frei wählen können, wie es etwa für die Lizenzierung von Leistungsschutzrechten durch die Simulcasting-Vereinbarung im Bereich der Online-Nutzung[12] verwirklicht sei. Die letzte Option ist nach Auffassung der Kommission die Regelung der Modalitäten der kollektiven Rechtewahrnehmung durch Verwertungsgesellschaften durch die Beseitigung aller Unterschiede zwischen den Mitgliedstaaten hinsichtlich der gesetzlichen Anforderungen an die kollektive Rechtewahrnehmung und die Einführung von Vorschriften über die redliche Verwaltung für das Funktionieren von Verwertungsgesellschaften – eine Lösung, die die Kommission wohl zu Unrecht als die am wenigsten eingreifende Option bezeichnet.

Am 12. 10. 2005 hat die Kommission eine auf Art. 211 EG gestützte Empfehlung an die Mitgliedstaaten und alle Marktteilnehmer gerichtet.[13] Sie betrifft die länderübergreifende kollektive Wahrnehmung von Urheberrechten und verwandten Schutzrechten, die für Online-Musikdienste benötigt werden. Welche der von der Kommission erwogenen Lösungen sonst, wenn überhaupt, verwirklicht werden können und sollten, kann nicht Gegenstand meiner Überlegungen sein. Ich bin beschränkt auf die Erörterung der Frage, ob und inwieweit einer gemeinschaftsweiten Lizenzierung das Territorialitätsprinzip Grenzen setzt.

III. Das Territorialitätsprinzip im Urheberrecht

Das Territorialitätsprinzip hat zwei Aspekte: Einen materiell-rechtlichen und einen kollisionsrechtlichen.

1. Materielles Recht

Das in Deutschland allgemein anerkannte Territorialitätsprinzip besagt materiell-rechtlich, daß der Schutz des Urhebers eines Werkes auf das

12 Vgl. Kommission, Entscheidung v. 8. 10. 2002, ABl. 2003 Nr. L 107/58 – Simulcasting.

13 Empfehlung der Kommission v. 18. 10. 2005 für die länderübergreifende kollektive Wahrnehmung von Urheberrechten und verwandten Schutzrechten, die für legale Online-Musikdienste benötigt werden, ABl. 2005 L 276/54, Berichtigung in ABl. 2005 L 284/10; abgedruckt in **Anhang V** (S. 346 ff.).

Territorium Deutschland begrenzt ist. Deutsches Recht entscheidet über die Entstehung und den Inhalt des Urheberrechts. Es entscheidet ebenfalls über die Anerkennung des Urheberrechtsschutzes für ausländische Staatsangehörige. Nutzungs- und Verbietungsrechte richten sich nach deutschem Recht. Ob und inwieweit solche Rechte für Deutsche oder ihnen gleichgestellte Urheber, insbesondere Bürger der Europäischen Union oder des Europäischen Wirtschaftsraumes, jenseits des Territoriums der Bundesrepublik Deutschland bestehen, entscheidet nicht das deutsche Recht, sondern das Recht des Staates, in dem vom Urheber Schutz beansprucht wird. So entsteht für den deutschen Urheber ein Bündel von Urheberrechten, das sich aus den in Deutschland und in anderen Staaten gewährten Urheberrechten zusammensetzt. Dementsprechend übertragen etwa in dem Berechtigungsvertrag der GEMA die Berechtigten (Urheber oder Musikverleger) der GEMA als Treuhänderin für alle Länder alle ihnen gegenwärtig zustehenden und in Zukunft erworbenen Urheberrechte zur Wahrnehmung. Darin eingeschlossen sind also die deutschen ebenso wie die im Ausland begründeten Urheberrechte.

2. Kollisionsrecht (Schutzlandprinzip)

Aus dem materiell-rechtlichen Territorialitätsprinzip wird als kollisionsrechtliche Anknüpfung das sogenannte Schutzlandprinzip abgeleitet. Danach richten sich die Ansprüche aus Urheberrechtsnutzungen und -verletzungen nach dem Urheberrecht desjenigen Staates, für dessen Gebiet sie in Anspruch genommen werden. Dies gilt insbesondere für Vergütungsansprüche und für Verbotsrechte. Nach dem Schutzlandprinzip kann es daher zur Nutzung des Schutzrechts ebenso wie zu seiner Verletzung nur durch Handlungen im jeweiligen Schutzland kommen. Für im Ausland vorgenommene Nutzungen ebenso wie für Verletzungen des Schutzrechts gilt das Recht jedes Staates in dem von ihm vorgesehenen Umfang. Schutzrechtsverletzungen im Ausland können zwar auch in Deutschland geltend gemacht werden, jedoch gilt insoweit das materielle Recht des Staates, auf dessen Territorium die Nutzung oder die Verletzung erfolgen.

3. Internationale und gemeinschaftsrechtliche Anerkennung

Auch die Rechtsordnungen in der Europäischen Union gehen von dem Territorialitätsprinzip und dem daraus folgenden Schutzlandprinzip aus. Es liegt ebenso den internationalen Abkommen über den Schutz von Urheberrechten zugrunde, insbesondere der Revidierten Berner Übereinkunft zum Schutz von Werken der Literatur und Kunst (Pariser Fassung von 1971). Nach dessen Art. 5 genießen die Urheber für die Werke, für die sie durch die Übereinkunft geschützt sind, in allen Verbandsländern mit Ausnahme des Ursprungslandes des Werkes die Rechte, die die einschlägigen Gesetze den inländischen Urhebern gewähren, sowie die in der Übereinkunft besonders gewährten Rechte. Der Umfang des Schutzes sowie die dem Urheber zur Wahrung seiner Rechte zustehenden Rechtsbehelfe richten sich ausschließlich nach den Rechtsvorschriften des Landes, in dem der Schutz beansprucht wird, soweit die Übereinkunft nichts anderes bestimmt.

In der Europäischen Union ist das Territorialitätsprinzip vom Gemeinschaftsgesetzgeber anerkannt und vom EuGH bestätigt worden.[14]

Somit kann davon ausgegangen werden, daß im internationalen Urheberrecht das Territorialitätsprinzip gilt. Hindert nun dieses Prinzip die Verwertungsgesellschaften an einer gemeinschaftsweiten Lizenzierung oder setzt es ihr Grenzen?

IV. Rechtewahrnehmung durch Verwertungsgesellschaften

Wenn ich im folgenden auf die Rechtewahrnehmung durch Verwertungsgesellschaften eingehe, so beschränke ich mich auf die Tätigkeit der größten deutschen Verwertungsgesellschaft, der GEMA, und zwar auch deshalb, weil sie – und ihre Schwestergesellschaften in der Europäischen Union – in erster Linie im Focus der Europäischen Kommission stehen.

14 Mitteilung der Kommission v. 16. 4. 2004, KOM (2004) 261, Fn. 10 m. N.

1. Rechte der Mitglieder (eigener Rechtebestand)

Autoren und Musikverleger übertragen mit den Berechtigungsverträgen die Wahrnehmung ihrer Urheberrechte auf die GEMA als Treuhänder. Die GEMA verfügt also zunächst nur über die Rechte ihrer Mitglieder. Sie ist verpflichtet, mit den Nutzern nach dem Gleichbehandlungsgrundsatz Lizenzverträge für die übertragenen Rechte abzuschließen (§§ 6, 11 UrhWG). Die GEMA übernimmt das Inkasso der Lizenzgebühren, verarbeitet und kontrolliert die Nutzungsmeldungen und überwacht darüber hinaus, ob die Urheberrechte von nicht lizenzierten Nutzern verletzt werden. Dazu gehört die Durchsetzung der Vergütungsansprüche ihrer Mitglieder. Die Lizenzgebühren werden nach Abzug des Verwaltungskostenanteils sowie eines weiteren Abzugs von derzeit 10% für soziale und kulturelle Zwecke aufgrund eines Verteilungsplanes vollständig an die Autoren und Rechteinhaber ausgeschüttet.

2. Gemeinschaftsweite Lizenzierung eigener Rechte?

Soweit es um diese Rechte geht, ist die GEMA durch die von ihr wahrgenommenen Urheberrechte bzw. das Territorialitätsprinzip rechtlich nicht gehindert, Nutzern eine gemeinschaftsweite Lizenz zu erteilen. Auch die mit ihren Mitgliedern abgeschlossenen Berechtigungsverträge enthalten insoweit keine Restriktion. Was steht einer gemeinschaftsweiten Lizenzierung im Wege?

Es sind vor allen Dingen zwei Gründe. Zur Wahrung der Rechte ihrer Mitglieder in den Mitgliedstaaten der Europäischen Union wäre die GEMA gezwungen, ein umfassendes System der Kontrolle der Nutzung des von ihr lizenzierten Repertoires aufzubauen. Der EuGH hat dies in der *Tournier*-Entscheidung[15] ausdrücklich bestätigt. Generalanwalt *Jacobs* hat in seinen Schlußanträgen ausgeführt, es handele sich in jeder Hinsicht um einen Markt mit Ausnahmecharakter, und zwar wegen der ungewöhnlichen Natur der in Rede stehenden Rechte am geistigen Eigentum, die nicht nur ihrem Geltungsbereich nach territorial begrenzt sind, sich ausschließlich nach innerstaatlichen, voneinander stark abweichenden Rechtsvorschriften richten und im übrigen sehr lange Schutzfristen genießen, sondern die auch, um wirksam ausgeübt werden zu

[15] EuGH v. 13.7.1989 – Rs. 395/87 *Tournier*, Slg. 1989, 2521.

können, innerhalb der jeweiligen inländischen Territorien einer ständigen Überwachung und Verwaltung bedürfen[16].

Was es bedeuten würde, ein solches Überwachungs- und Verwaltungssystem innerhalb der Territorien der Mitgliedstaaten aufzubauen, wird beispielhaft deutlich, wenn man nur einen Blick auf die Rundfunk- und Fernsehsender wirft, denen in den sieben wichtigsten Ländern der EU durch die jeweiligen Verwertungsgesellschaften Lizenzen, auch für das Repertoire der GEMA, erteilt worden sind. Lizenziert sind in Deutschland, Frankreich, Spanien, Griechenland, den Niederlanden, England und Italien etwa 9000 öffentliche und private Radio- und Fernsehsender. Es kommen in letzter Zeit hinzu sogenannte web-Radios, mit denen allein in Deutschland die GEMA rund 450 Lizenzverträge abgeschlossen hat. Es liegt auf der Hand, daß es unmöglich ist und sich jedenfalls wegen der letztlich den Autoren und Musikverlagen zur Last fallenden Kosten verbietet, in allen Ländern der Europäischen Union Verwertungs- und Überwachungsinstitutionen aufzubauen, die an Größe und Effizienz den in jenen Ländern derzeit bestehenden entsprechen.

Der zweite, wesentliche Grund gegen die gemeinschaftsweite Lizenzierung nur des GEMA-Repertoires besteht darin, daß seitens der Nutzer kein Interesse daran besteht. Die für eine Gemeinschaftslizenz in Betracht kommenden, grenzüberschreitend tätigen Nutzer haben keinerlei Interesse an einer Lizenz nur für das GEMA-Repertoire. Ihr Interesse richtet sich vielmehr auf den Gesamtbestand der Musikwerke, über den die GEMA verfügt. Damit komme ich zu den zwischen den Verwertungsgesellschaften abgeschlossenen Gegenseitigkeitsverträgen.

3. System der Gegenseitigkeitsverträge

Die GEMA hat mit Verwertungsgesellschaften in nahezu allen Ländern der Welt sogenannte Gegenseitigkeitsverträge abgeschlossen, und zwar sowohl für die Aufführungs- und Senderechte als auch (teilweise) für mechanische Vervielfältigungsrechte. Es handelt es sich um ein Netzwerk von rund 70 Verträgen.[17]

Durch diese Verträge überträgt die GEMA der jeweils anderen Verwer-

16 *Jacobs*, SchlA in: EuGH v. 13.7.1989 – Rs. 395/87 *Tournier*, Slg. 1989, 2521 Tz. 33 f.

17 GEMA-Jahrbuch 2004/2005, S. 204–206.

tungsgesellschaft die Wahrnehmungsrechte an dem Repertoire, das ihr von ihren Mitgliedern treuhänderisch übertragen wurde, und erhält im Gegenzug die gleichen Rechte des Vertragspartners. Die Verwertungsgesellschaften sind berechtigt und verpflichtet, gemäß ihren Statuten sowie der nationalen Gesetzgebung des jeweiligen Landes Genehmigungen für die öffentliche Aufführung von Werken aus dem Repertoire der anderen Gesellschaft zu erteilen, die dafür festgesetzten Gebühren zu kassieren und nach Abzug ihrer Kosten sowie 10% für soziale Zwecke ihrer Mitglieder sowie zur Förderung der nationalen Künste an die andere Gesellschaft auszuhändigen. Ferner obliegt der jeweiligen Verwertungsgesellschaft die Kontrolle der Nutzungen sowie die Durchsetzung der Urheberrechte bei unrechtmäßigen Aufführungen der Werke. Die Ausübung dieser Rechte bzw. die Erfüllung der damit verbundenen Verpflichtungen ist beschränkt auf das Verwaltungsgebiet der jeweiligen Verwertungsgesellschaft, das heißt auf das Territorium des Landes, in dem sie tätig ist.

Aufgrund des Netzwerkes dieser Gegenseitigkeitsverträge verfügt jede Verwertungsgesellschaft über nahezu das gesamte Welt-Musikrepertoire und ist in der Lage, es den Nutzern durch Lizenzverträge zur Verfügung zu stellen. Gäbe es diese Verträge nicht, wären die Nutzer etwa in Deutschland gezwungen, mit allen Verwertungsgesellschaften Nutzungsverträge abzuschließen. Für die Autoren und Musikverlage ist durch das System der Gegenseitigkeitsverträge gewährleistet, daß ihre Rechte in allen Ländern effektiv wahrgenommen und durchgesetzt werden, ein Ergebnis, daß auf andere Weise offensichtlich nicht erreichbar ist.

4. Anerkennung der Gegenseitigkeitsverträge im Gemeinschaftsrecht

Es kann davon ausgegangen werden, daß das System der Gegenseitigkeitsverträge als solches gemeinschaftsrechtlich anerkannt ist. Dies bedeutet insbesondere, daß die Bestimmungen der Gegenseitigkeitsverträge keine mit dem EG-Vertrag nicht vereinbaren Behinderungen der Dienstleistungsfreiheit enthalten. Anders ausgedrückt: Die Erfordernisse des freien Dienstleistungsverkehrs stehen mit den Erfordernissen, die sich aus der Respektierung und Wahrung der Urheberrechte ergeben, in Einklang. Der EuGH hat die Gegenseitigkeitsverträge als Verträge über die Erbringung von Dienstleistungen charakterisiert, durch die die Verwertungsgesellschaften einander das Recht gewähren, in dem Gebiet, in dem sie jeweils tätig sind, Genehmigungen zu erteilen, die für die öffentliche Aufführung von Musikwerken erforderlich sind, an denen Mitgliedern der anderen Gesellschaften Urheberrechte zustehen, und diese Genehmigungen bestimmten Bedingungen gemäß den in dem betroffenen Gebiet geltenden gesetzlichen Vorschriften zu unterwerfen. Dazu gehören die Zahlung von Gebühren, die von der beauftragten Gesellschaft für Rechnung der anderen Gesellschaft erhoben werden, wobei jede Gesellschaft bezüglich der zum Bestand der jeweiligen anderen Verwertungsgesellschaft gehörenden Werke bei der Erhebung und Verteilung der Gebühren die gleichen Tarife, Methoden, und Mittel anwendet, wie bei den Werken aus ihrem eigenen Bestand.[18] Zutreffend folgert der EuGH, daß die Verwertungsgesellschaften mit den miteinander geschlossenen Verträgen über die gegenseitige Vertretung ein doppeltes Ziel anstreben: Zum einen bezwecken sie, im Einklang mit dem in den internationalen Übereinkommen niedergelegten Grundsatz die Gesamtheit der geschützten Musikwerke ohne Rücksicht auf deren Herkunft einheitlichen Bedingungen für die in ein und demselben Staat ansässigen Benutzer zu unterwerfen. Zum anderen ermöglichen sie es den Verwertungsgesellschaften, sich für den Schutz ihrer Bestände in einem anderen Staat auf die von der dort tätigen Verwertungsgesellschaft aufgebaute Organisation zu stützen, ohne genötigt zu sein, diese Organisation durch ein eigenes Netzwerk von Verträgen mit den Benutzern und eigenen an Ort und Stelle vorgenommene Kontrollen zu ergänzen.[19] Schließlich stellt der Gerichtshof im Hinblick auf die globale Natur der Wahrnehmung der Rechte ihrer Mitglieder durch die Verwertungsgesellschaften fest, daß sie ein rechtmäßiges Ziel verfolgen, wenn sie sich bemühen, die Rechte und Interessen ihrer Mitglieder gegenüber den Benutzern von aufgezeichneter Musik zu wahren.[20]

Auch die Europäische Kommission scheint das auf die Wirkungen des Territorialitätsprinzips gegründete System der Gegenseitigkeitsverträge im Prinzip nicht in Frage stellen zu wollen. Das erweist insbesondere die Empfehlung der Kommission vom 12. 10. 2005. Eine in Ziff. 1 (i) aufgenommene Definition der Gegenseitigkeitsvereinbarungen impliziert sogar ausdrücklich die territoriale Beschränkung der Tätigkeit der Ver-

18 EuGH v. 13. 7. 1989 – Rs. 395/87 *Tournier*, Slg. 1989, 2521 Rn. 17 f.
19 EuGH v. 13. 7. 1989 – Rs. 395/87 *Tournier*, Slg. 1989, 2521 Rn. 19.
20 EuGH v. 13. 7. 1989 – Rs. 395/87 *Tournier*, Slg. 1989, 2521 Rn. 20.

wertungsgesellschaften. Der Kommission geht es ersichtlich nur um bestimmte Aspekte der Territorialitätsklausel, nämlich die Eröffnung gemeinschaftsweiter Lizenzierung und die Freiheit der Wahl der Verwertungsgesellschaft durch die Nutzer. Nach der auf die Online-Musikdienste beschränkten Empfehlung der Kommission sollen die Verwertungsgesellschaften sicherstellen, daß die Online-Rechte vom Geltungsbereich aller Gegenseitigkeitsvereinbarungen untereinander ausgenommen werden.

V. Territorialitätsprinzip gegen gemeinschaftsweite Lizenzierung

1. Rechtsetzungskompetenzen der Gemeinschaft

Das Gemeinschaftsrecht bietet keine Möglichkeit, Verwertungsgesellschaften zu gemeinschaftsweiter Lizenzierung zu zwingen. Dieser Satz gilt selbstverständlich vorbehaltlich der Eingriffsmöglichkeiten, die der Kommission nach den Wettbewerbsvorschriften des EG-Vertrages zustehen. Allerdings hat die Gemeinschaft gem. Art. 95 EG das Recht, Maßnahmen zu erlassen zur Angleichung der Rechts- und Verwaltungsvorschriften der Mitgliedstaaten, welche die Errichtung und das Funktionieren des Binnenmarktes zum Gegenstand haben. Danach könnte die Gemeinschaft die Mitgliedstaaten verpflichten, ihre Rechtssysteme so zu ändern, daß den Verwertungsgesellschaften – unter welchen Bedingungen auch immer – die Erteilung gemeinschaftsweiter Lizenzen für ihren gesamten Rechtebestand geboten wird. Voraussetzung dafür wäre jedoch zunächst, daß die Territorialitätsbeschränkung der Gegenseitigkeitsverträge das Funktionieren des Binnenmarkts behindert. Hinzukommen muß, daß dadurch spürbare Wettbewerbsverzerrungen hervorgerufen werden.[21] Diese Nachweise sind von der Kommission bisher ersichtlich nicht erbracht worden.[22] Nicht zu vergessen ist, daß im Hinblick auf die

---

[21] EuGH v. 5. 10. 2000 – Rs. 376/98 Deutschland ./. Kommission und Rat, Slg. 2000, I-8419 Rn. 106–108.

[22] Vgl. Mitteilung der Kommission v. 16. 4. 2004, KOM (2004) 261 endg; dazu *Riesenhuber/v. Vogel*, Europäisches Wahrnehmungsrecht – Zur Mitteilung der Kommission über die Wahrnehmung von Urheberrechten und verwandten Schutzrechten im Binnenmarkt, EuZW 2004, 519 f.

nicht zu übersehende Kulturförderung durch die Verwertungsgesellschaften Art. 151 Abs. 4 EG-Vertrag zu berücksichtigen ist. Vor allem jedoch setzt die bei den Mitgliedstaaten verbliebene Regelung der Eigentumsordnung der Rechtsetzungskompetenz der Gemeinschaft Grenzen. Bestandteil der Eigentumsordnung sind die Urheberrechte und ihre Ausübung, bei der die Wirkungen des Territorialprinzips zu beachten sind.

2. Grenzen der gemeinschaftsweiten Lizensierung durch die Wirkungen des Territorialitätsprinzips

Diese Wirkungen stehen einer Verpflichtung zu gemeinschaftsweiter Lizenzierung entgegen. Die Verwertungsgesellschaften sind durch die Gegenseitigkeitsverträge und die in ihnen enthaltene Beschränkung der Lizenzierung auf das Verwaltungsgebiet gebunden. Eingriffe in diese Verträge sind der Rechtsetzung der Gemeinschaft entzogen.

Bestrebungen zur Beseitigung der Territorialitätsklausel sind zudem nicht realistisch, da sie das System der Gegenseitigkeitsverträge gefährden. Die jetzigen Vertragspartner der GEMA wären kaum bereit, die Rechte an ihrem Repertoire auch zu europaweiter Lizenzierung zu übertragen. Mit der Reduzierung auf den eigenen Rechtebestand einer Verwertungsgesellschaft würde das für die Nutzer wesentliche Prinzip des *one-shop-stop* obsolet. Die Existenz von Verwertungsgesellschaften in kleineren Ländern wäre gefährdet. Es besteht jedoch ein kulturelles Interesse daran, daß diese Verwertungsgesellschaften ihre Tätigkeit fortführen können, um den Autoren in jenen Ländern die Möglichkeit einer auf ihren jeweiligen kulturellen Wirkungskreis abgestellten, kollektiven Wahrnehmung ihrer Rechte zu bewahren.

Schließlich würde der durch das System der Gegenseitigkeitsverträge in der bestehenden Form gewährleistete umfassende Schutz der Autoren und Musikverlage erheblich reduziert, wenn nicht gefährdet. Das System der Verträge garantiert die effektive Wahrnehmung der Rechte der Urheber. Sie unterliegen den jeweiligen nationalen Rechten. Das gilt insbesondere für die Vergütungsansprüche ebenso wie für die Rechtsverfolgung, bei der die Aktivlegitimation der jeweiligen Verwertungsgesellschaft eine wesentliche Rolle spielt. Ein Verwaltungs- und Überwachungssystem in allen Ländern der Gemeinschaft aufzubauen, ist den Verwertungsgesellschaften – auch einer so großen Gesellschaft wie der

GEMA – faktisch unmöglich, wie das Beispiel der Lizenzierung der Rundfunk- und Fernsehanstalten erweist.

3. Abkopplung der Lizenzierungsrechte von den Inkasso- und Kontrollpflichten

Natürlich kann man die Frage stellen, ob eine Abkopplung der Berechtigung zur Lizenzerteilung von den Pflichten, die die Verwertungsgesellschaften gegenseitig übernommen haben, möglich ist. Die Frage läßt sich nur in der Theorie mit ja beantworten. In einem solchen Falle würden sämtliche für die Nutzung der Rechte in der Gemeinschaft entstehenden Lizenzeinnahmen bei der lizenzierenden Gesellschaft verbleiben. Dies zwingt zu Vereinbarungen über die auf der Grundlage des Gleichbehandlungsgrundsatzes für die einzelnen Länder anzuwendenden Tarife. Auch wenn mit den das Inkasso und die Überwachung sowie Rechtsverfolgung durchführenden Verwertungsgesellschaften die Erstattung ihrer Kosten vereinbart würde, bliebe die Notwendigkeit eines umfassenden Kontrollnetzes sowie die Einräumung von Rechten zur Überwachung der Administration und der Verteilung der Gebühren. Man sollte in diesem Zusammenhang nicht verkennen, daß von den großen Verwertungsgesellschaften mit Millionen Nutzern Einzelverträge abgeschlossen werden. Man kann sich leicht das Chaos vorstellen, das entsteht, wenn auch nur ein Teil der Nutzer von einem Recht Gebrauch machen würde, durch eine Verwertungsgesellschaft ihrer Wahl eine gemeinschaftsweite Lizenzierung des Welt-Musikrepertoires zu erhalten.

Daher ist die Abkopplung der Lizenzierung von der Inkasso- und Überwachungstätigkeit der Verwertungsgesellschaften faktisch nicht möglich. Sie würde das dem Nutzen aller Marktbeteiligten dienende System der Gegenseitigkeitsverträge gefährden.

VI. Neue Überwachungstechnologien

Diskutiert wird schließlich, ob durch neue Techniken digitaler Überwachung die Inkasso- und Kontrolltätigkeit der Verwertungsgesellschaften in anderen Ländern überflüssig wird. Insbesondere die Kommission verweist in diesem Zusammenhang auf die von den Verwertungsgesellschaften geschlossenen Abkommen von Santiago und Barcelona, die für den Online-Betrieb eine gemeinschaftsweite Lizenzierung der Aufführungsrechte bzw. der mechanischen Vervielfältigungsrechte vorsahen. Zunächst stellt sich natürlich die – hier nicht zu beantwortende – Frage, ob diese neuen Techniken effektiv und ausreichend sind. Sodann ist festzustellen, daß die genannten Abkommen ausgelaufen sind und nicht mehr angewendet werden, nachdem die Kommission im Rahmen ihrer Prüfung der Vereinbarkeit mit dem Wettbewerbsrecht auf der Streichung der Klauseln bestanden hat, die die Provider jeweils an die Verwertungsgesellschaft ihres Sitzlandes verwiesen.

Ein weiterer Hinweis der Kommission gilt dem Simulcasting-Agreement[23], das ebenfalls eine gemeinschaftsweite Lizenzierung der Leistungsschutzrechte für die simultane Übertragung im Internet vorsieht. Für Verwertungsgesellschaften wie die GEMA ist dies jedoch irrelevant. Die Nutzung der Rechte durch Simultanübertragung ist in den Lizenzverträgen der GEMA mit den Nutzern eingeschlossen. In den Gebühren schlägt sich eine Erhöhung der Werbeeinnahmen aufgrund der Wirkung der Sendungen über das Territorium Deutschland hinaus nieder. Das Gleiche gilt übrigens für die Satellitenübertragung sowie die Übertragung im Kabelnetz.

Schließlich gilt, was etwa Jürgen *Schwarze*[24] zu Recht festgestellt hat: Anerkannte rechtliche Grundsätze können durch tatsächliche Veränderungen, so bedeutsam sie auch sein mögen, nicht aufgehoben oder obsolet werden. Die faktische Entwicklung kann die Normativität des Rechts weder beseitigen noch grundlegend verändern. Es muß bei der Freiheit der Entscheidung und der Vertragsgestaltung bleiben, jedenfalls außerhalb des Rahmens der regulatorischen Einschränkungen, die der Monopolstellung der Verwertungsgesellschaften geschuldet sind. Es ist nicht nur Sache, sondern auch Pflicht der Verwertungsgesellschaften, sich auf neue technische Entwicklungen einzustellen und deren Möglichkeiten zu nutzen, um im Interesse ihrer Mitglieder – der Autoren und Musikverlage – Kosten zu reduzieren.

---

23 Kommission, Entscheidung v. 8.10.2002, ABl. 2003 Nr. L 107/58 – Simulcasting.

24 *Schwarze*, ZUM 2003,15, 22; *ders.*, in: Kreile/Becker/Riesenhuber (Hrsg.), Recht und Praxis der GEMA (2005), Kap. 5 Rn. 59.

VII. Schlußbemerkung

Ich bin mir darüber im klaren, daß meine Ausführungen die wirklichen oder vermeintlichen Probleme nur holzschnittartig aufzeigen konnten. Aber: Wenn man die umfangreichen Papiere und die in ihnen enthaltenen komplexen Argumentationen, insbesondere die Studien der Kommission und die Stellungnahmen dazu, durchsieht, drängt sich für den Außenstehenden die Frage auf: *a quoi bon?* Wozu Regelungen von Teilaspekten eines Marktes, die ein ganzes etabliertes und bewährtes System des Interessenausgleichs von Urhebern und Nutzern zum Einsturz bringen können? Und man vermißt insbesondere in der Folgenabschätzung der Kommission eine Kosten-Nutzen-Analyse. Sie sollte eigentlich im Vordergrund stehen. Wenn sie denn so ausfällt wie ich vermuten würde, sollte jede *petitio principii* selektiver Binnenmarktfreiheiten zurückstehen.

§ 10 Auf dem Weg zu einer neuen europäischen Marktordnung der kollektiven Wahrnehmung von Online-Rechten der Musik? – Kritische Würdigung der Kommissionsempfehlung vom 18. Oktober 2005

Josef Drexl

Übersicht

I. Einführung

1. Systeme grenzüberschreitender kollektiver Wahrnehmung im Wandel

Das Recht der Verwertungsgesellschaften wird europarechtlich bislang durch die wettbewerbsrechtlichen Bestimmungen des EG-Vertrages beherrscht.[1] Dabei geht es zum einen um die wettbewerbsrechtliche Kontrolle des Verhaltens der Verwertungsgesellschaften als marktbeherrschende Unternehmen im Sinne von Art. 82 EG, soweit sie gegenüber den Wahrnehmungsberechtigten (Rechteinhabern)[2] oder den Nutzern handeln. Zum anderen können Verträge der Verwertungsgesellschaften gegen das Kartellverbot des Art. 81 Abs. 1 EG verstoßen. Zu den kartellrechtlich problematischen Verträgen gehören vor allem die bilateralen Gegenseitigkeitsverträge.[3] Obwohl sich die Verwertungsgesellschaften von den Berechtigten durchaus die Weltrechte einräumen lassen, werden direkt an die Werknutzer regelmäßig nur die Rechte für das Inland

---

1 Siehe dazu z. B. *Allendesalazar/Vallina*, Collecting Societies: The Usual Suspects, http://www.iue.it/RSCAS/Research/Competition/2005/200510-CompAllende salazar.pdf (zuletzt abgerufen am 9. 12. 2005); *Mestmäcker/Schweizer*, Europäisches Wettbewerbsrecht (2004), § 30 Rn. 1 ff.; *Pickrahn*, Verwertungsgesellschaften nach deutschem und europäischem Kartellrecht (1996), S. 101 ff.

2 Siehe hierzu besonders *Riesenhuber*, Die Auslegung und Kontrolle des Wahrnehmungsvertrages (2004), S. 137 ff.

3 Zu ihrer kartellrechtlichen Beurteilung, siehe etwa *Pickrahn* (Fn. 1), S. 134 ff.; *Steden*, Das Monopol der GEMA (2003), S. 74 ff.

lizenziert (direkte oder unmittelbare Rechtewahrnehmung). Die Wahrnehmung der ausländischen Rechte gewährleisten die Verwertungsgesellschaften dagegen über eine Ermächtigung und Beauftragung der jeweiligen ausländischen Partnergesellschaft (mittelbare Wahrnehmung). Diese wechselseitige Ermächtigung der Verwertungsgesellschaften ist Gegenstand der bilateralen Gegenseitigkeitsverträge.

Im Unterschied zu den traditionellen Nutzungsformen ist die Notwendigkeit und Adäquanz dieses komplexen Lizenzierungssystems im Online-Bereich in Frage gestellt. Online-Anbieter von urheberrechtlich geschützten Inhalten benötigen die Nutzungsberechtigung für alle Abrufstaaten[4] und wünschen sich daher die Erteilung von Mehrstaatenlizenzen durch einzelne Verwertungsgesellschaften. Zudem erscheint es aufgrund der modernen Internet-Technologie nunmehr möglich, von einem Ort aus die Einhaltung von Lizenzverträgen weltweit zu überwachen und Rechtsverstöße im Internet aufzuspüren.[5] Damit verliert im Online-Bereich das traditionelle Argument zur Rechtfertigung der Erteilung nur territorial beschränkter Lizenzen, wonach nämlich die unmittelbare Rechtewahrnehmung im Ausland den kostenträchtigen Aufbau eines eigenen lokalen Überwachungsapparats voraussetzen würde, an Überzeugungskraft.

Auf die besondere Situation im Online-Bereich reagiert die Kommissions-Empfehlung vom 18. Oktober 2005.[6] Sie „empfiehlt" den Marktbeteilig-

4 Vorausgesetzt wird hierbei, daß die Online-Verwertung auch tatsächlich die Rechte in allen Abrufstaaten berührt und nicht nur die Rechte im Staate der Handlung des Zugänglichmachens. Hiervon gehen vor allem die Verwertungsgesellschaften in ihren Gegenseitigkeitsverträgen aus. Siehe zur dennoch bestehenden Komplexität der Thematik: Münchener Kommentar-*Drexl*, BGB (4. Aufl. 2005), IntImmGR Rn. 157 ff.

5 In diesem Sinne auch *Gotzen*, A New Perspective for the Management of Copyright and Competition Law in the Internal Market, in: Ohly/Bodewig/Dreier/Götting/Haedicke/Lehmann (Hrsg.), Perspektiven des Geistigen Eigentums und Wettbewerbsrechts, Festschrift für Schricker (2005), S. 299, 301.

6 Empfehlung der Kommission vom 18. 10. 2005 über die länderübergreifende kollektive Wahrnehmung von Urheberrechten und verwandten Schutzrechten, die für legale Online-Musikdienste benötigt werden, ABl. 2005 L 276/54 (Datum berichtigt durch ABl. 2005 L 284/10), abgedruckt in **Anhang V** (S. 346 ff.) (nachfolgend auch Online-Musikdienste-Empfehlung). Die Politik der Empfehlung wird verdeutlicht durch ein „Impact Assessment"; siehe Commission Staff Working Document vom 11. 10. 2005, Impact Assessment reforming cross-border collective management of copyright and related rights for legiti-

ten[7] eine Änderung der bisherigen Praxis in Richtung auf eine neue Marktordnung für die Verwertung von Online-Rechten im Bereich der Musik. In dieser Marktordnung sollen die als nachteilig empfundenen und tatsächlich mißbrauchsanfälligen Gegenseitigkeitsverträge überwunden werden. Dabei ist für das von der Kommission favorisierte Lizenzierungsmodell nicht nur die Möglichkeit der Vergabe von Mehrstaatenlizenzen charakteristisch. Zentrales Element der Empfehlung bildet das Recht der Rechteinhaber, sich die zuständige Verwertungsgesellschaft auszusuchen. So soll ein Wettbewerb zwischen den Verwertungsgesellschaften „um die Rechteinhaber" etabliert werden, weshalb dieses Modell in den Kommissionspapieren als *right-holders option* bezeichnet wird.[8] Erklärtes Ziel ist es denn auch, ein Verwertungssystem zu etablieren, das vor allem den Rechteinhabern nützt.[9]

Für die Online-Nutzer ist das Modell der Kommission dagegen suboptimal. Sie können zwar von der vom Rechteinhaber beauftragten Verwertungsgesellschaft Mehrstaatenlizenzen erlangen.[10] Diese beschränken sich freilich auf das Repertoire dieser einzelnen Gesellschaft. Möchte ein Online-Nutzer auch auf das Repertoire einer weiteren Gesellschaft zugreifen, ist ein zweiter Vertrag abzuschließen. Vergleichbar dem traditionellen Verwertungsmodell auf der Basis von Gegenseitigkeitsverträgen verweigert also auch die *right-holders option* dem Internet-Nutzer den Zugriff auf das Repertoire aller Verwertungsgesellschaften mittels eines einzigen Vertrages.

Dagegen wird das effizientere Lizenzierungssystem eines *one-stop shop* von den Verwertungsgesellschaften, die die Leistungsschutzrechte der Tonträgerhersteller verwalten, bereits auf der Grundlage der IFPI/Simulcasting-Vereinbarung praktiziert.[11] Dieses Modell war ursprünglich auf

---

mate online music services, SEC (2005) 1254 = http://www.europa.eu.int/comm/internal_market/copyright/docs/management/sec_2005_1254_en.pdf, abgedruckt in **Anhang IV** (S. 300 ff.).

7 Nach Nr. 19 Online-Musikdienste-Empfehlung sind neben den Mitgliedstaaten auch die „Marktbeteiligten" Adressaten der Empfehlung.

8 Siehe Impact Assessment SEC (2005) 1254 (Fn. 6), 4.5 (S. 26).

9 Siehe Impact Assessment SEC (2005) 1254 (Fn. 6), 2. (S. 16).

10 Für welche und für wie viele Staaten eine Mehrstaatenlizenz erteilt werden kann, soll nach der Online-Musikdienste-Empfehlung von der Entscheidung des Rechteinhabers abhängen. Danach ist zwar eine „Weltlizenz" denkbar, nämlich sofern der Rechteinhaber die Weltrechte einer einzelnen Verwertungsgesellschaft zur Wahrnehmung eingeräumt hat, aber für den Online-Nutzer keineswegs garantiert.

11 Beim IFPI/Simulcasting Agreement handelt es sich um eine Mustervereinbarung

die besondere Verwertungsform der gleichzeitigen Übertragung von Rundfunk- und Fensehsendungen im Internet (Simulcasting) beschränkt, erfaßt heute jedoch auch das Webcasting ohne gleichzeitig Rundfunkübertragung.[12] Damit wird allen Internet-Radiostationen der *one-stop shop* ermöglicht.[13] Auf der Grundlage der IFPI-Simulcasting-Vereinbarung räumen sich die Verwertungsgesellschaften gegenseitig die Berechtigung zur Lizenzierung für ihr jeweiliges Repertoire ein. So erlangt jede Verwertungsgesellschaft die Möglichkeit, eine Weltlizenz für das Gesamtrepertoire der miteinander verbundenen Gesellschaften zu erteilen. Schließlich bleibt dem Online-Nutzer die Entscheidung darüber überlassen, welche Gesellschaft ihm diese Weltlizenz erteilt. Auch nach der IFPI/Simulcasting-Vereinbarung besteht also zwischen den Verwertungsgesellschaften Wettbewerb, der allerdings im Unterschied zur *right-holders option* von den Online-Nutzern gesteuert wird. Insoweit läßt sich von einer *commercial users option* sprechen. Auch die Kommission gesteht ein, daß das IFPI/Simulcasting-Modell für die „*commercial users*" günstiger sei.[14] Die Charakteristika der IFPI/Simulcasting-Vereinbarung wurden von der Kommission im Vorfeld des Erlasses der Empfehlung zwar – als „Option 2" – diskutiert,[15] aber schließlich als überwiegend nachteilig verworfen.[16]

---

barung, die von der Internationalen Vereinigung der Tonträgerhersteller IFPI ausgearbeitet wurde. Umgesetzt wird sie durch die jeweiligen bilateralen Gegenseitigkeitsverträge der Verwertungsgesellschaften. Ausführlich zu dieser Vereinbarung *Bortloff*, Internationale Lizenzierung von Internet-Simulcasts durch die Tonträgerindustrie, GRUR Int. 2003, 669.

12 Siehe http://www.p2pnet.net/ifpi.html (zuletzt abgerufen am 9. 12. 2005). Der genaue Anwendungsbereich der Vereinbarung ergibt sich aus der Freistellungs-Entscheidung der Kommission v. 8. 10. 2002 – COMP/C2/38.014 – IFPI/Simulcasting, ABl. 2003 L 107/38 Rn. 2 mit Fn. 6; siehe dazu *Mestmäcker*, Gegenseitigkeitsverträge von Verwertungsgesellschaften im Binnenmarkt, WuW 2004, 754.

13 Zur heutigen Lizenzierungspraxis nach diesem Modell, siehe die Hinweise der GVL: http://www.gvl.de/gvl-neuer-webcastingtarif.htm (zuletzt abgerufen am 9. 12. 2005).

14 Impact Assessment SEC (2005) 1254 (Fn. 6), 4.5 (S. 26).

15 Insbesondere Commission Staff Working Document vom 7. 7. 2005, Study on a Community initiative on the cross-border collective management of copyright, http://www.europa.eu.int/comm/internal_market/copyright/docs/management/study-collectivemgmt_en.pdf (zuletzt abgerufen am 9. 12. 2005), Punkt 3.2 (S. 34 f.) (dort als Verbesserung der hier noch zu besprechenden Vereinbarungen von Santiago und Barcelona).

16 Zum Vergleich der beiden Optionen aus der Sicht der Kommission, unten II.2. und 3.

Gescheitert ist der Versuch der Verwertungsgesellschaften, für den Bereich außerhalb des Anwendungsbereichs der IFPI/Simulcasting-Vereinbarung, also vor allem für das eigentliche Urheberrecht der Werkschöpfer, im Rahmen der Vereinbarungen von Santiago und Barcelona Mehrstaatenlizenzen für die Online-Nutzung zu ermöglichen. Freilich hätten diese Vereinbarungen im Unterschied zum IFPI/Simulcasting-Modell allein der Verwertungsgesellschaft im Staate der Niederlassung des Online-Nutzers die Berechtigung verschafft, die Mehrstaatenlizenz zu erteilen. Wegen des damit verbundenen vollständigen Ausschlusses einer Wahlmöglichkeit für Online-Nutzer verwundert es nicht, daß die Kommission noch im Jahre 2004 diesbezüglich ein Verfahren gegen 16 Verwertungsgesellschaften wegen Verletzung von Art. 81 Abs. 1 EG eingeleitet hatte.[17] Wohl mit dem Ziel, diesem Verfahren den Boden zu entziehen, ließen die Verwertungsgesellschaften die beiden Abkommen Ende 2004 ersatzlos auslaufen. Damit steht außerhalb des Anwendungsbereichs der IFPI/Simulcasting-Modells allein das eingangs geschilderte, für den Online-Bereich besonders untaugliche Lizenzierungsmodell zur Verfügung, das den Online-Nutzer zum Erwerb nationaler Lizenzen bei allen Verwertungsgesellschaften zwingt. Auf den unbestreitbar bestehenden Handlungsbedarf reagiert die Kommission mit der Empfehlung vom 18. Oktober 2005.

2. Die Kommissionsempfehlung als sektorspezifisches europäisches Soft-Law mit potentiell weitreichender Wirkung

Die Empfehlung der Kommission vom 18. Oktober 2005 bildet den jedenfalls vorläufigen Schlußpunkt einer ersten Intitiative des Gemeinschaftsgesetzgebers zur Regelung des Wahrnehmungsrechts. Mit dem sog. *Echerer*-Bericht,[18] der vom Europäischen Parlament durch Entschlie-

---

17 Siehe die Pressemitteilung der Kommission vom 3. 5. 2004: http://europa.eu.int/rapid/pressReleasesAction.do?reference=IP/04/586&format=HTML&aged=0&language=EN&guiLanguage=en (zuletzt abgerufen am 9. 12. 2005).

18 Bericht über einen Gemeinschaftsrahmen für Verwertungsgesellschaften im Bereich des Urheberrechts (Berichterstatterin Raina A. Mercedes Echerer), EP-Doc. A5-0478/2003 = http://www.europarl.eu.int/omk/sipade3?L=DE&OBJID=31582&LEVEL=4&MODE=SIP&NAV=X&LSTDOC=N (zuletzt abgerufen am 9. 12. 2005).

ßung vom 15. Januar 2004 angenommen wurde,[19] sowie der Kommissions-Mitteilung vom 16. April 2004[20] hatten sich erste Schritte in Richtung auf eine umfassende sekundärrechtliche Regelung des Wahrnehmungsrechts in der Europäischen Union abgezeichnet.[21] Gegenüber den geweckten Erwartungen bleibt die Kommissions-Empfehlung gleich in doppelter Hinsicht zurück: Zum einen fehlt der Empfehlung ein rechtsverbindlicher Charakter. Als Adressaten der Maßnahme nimmt die Kommission nicht nur die Mitgliedstaaten in den Blick, sondern auch die „Marktteilnehmer, die auf dem Gebiet der Wahrnehmung von Urheberrechten und verwandten Schutzrechten in der Gemeinschaft tätig sind".[22] Gerade von letzteren erhofft sich die Kommission, daß sie sich entsprechend der Empfehlung verhalten werden. Zum anderen entscheidet sich die Kommission mit der Empfehlung gegen eine umfassende Regelung des Verwertungsgesellschaftssystems in der EU. Erfaßt wird nur die Online-Vermarktung von Urheber- und verwandten Schutzrechten an Musik.[23]

Trotz des zurückhaltenden Regelungsansatzes wäre es verhängnisvoll, die Tragweite der Empfehlung zu unterschätzen. Nach den deutlichen

19 Entschließung des Europäischen Parlaments zu einem Gemeinschaftsrahmen für Verwertungsgesellschaften im Bereich des Urheberrechts und der verwandten Schutzrechte (2002/2274(INI)) v. 15. 1. 2004, ABl. C 92 E/425, abgedruckt in **Anhang II** (S. 267 ff.).

20 Mitteilung der Kommission vom 16. 4. 2004 – Die Wahrnehmung von Urheberrechten und verwandten Schutzrechten im Binnenmarkt, KOM (2004) 261 endg. = http://europa.eu.int/eur-lex/de/com/cnc/2004/com2004_0261de01.pdf (zuletzt abgerufen am 9. 12. 2005); abgedruckt in **Anhang III** (S. 276 ff.); siehe hierzu insbesondere *Riesenhuber/v. Vogel*, Europäisches Wahrnehmungsrecht – Zur Mitteilung der Kommission über die Wahrnehmung von Urheberrechten und verwandten Schutzrechten im Binnenmarkt, EuZW 2004, 519; aus der Zeit der Vorbreitung der Mitteilung, siehe *Reinbothe*, Rechtliche Perspektiven für Verwertungsgesellschaften im Europäischen Binnenmarkt, ZUM 2003, 27.

21 Siehe insgesamt *Dietz*, Marketing and Enforcing Intellectual Property in Europe – European Parliament Versus Commission: How to Deal with Collecting Societies?, IIC 2004, 809, der schon für die Mitteilung Abweichungen der Kommissionspolitik von der Linie des Europäischen Parlaments feststellt.

22 Nr. 19 Online-Musikdienste-Empfehlung nennt diese Marktbeteiligten neben den Mitgliedstaaten als Adressaten. In Nr. 2 Online-Musikdienste-Empfehlung werden die Mitgliedstaaten lediglich „eingeladen", alle rechtlichen Rahmenbedingungen zur optimalen Rechtewahrnehmung auf Gemeinschaftsebene zu setzen.

23 Gleichwohl wird in Nr. 1 b) Online-Musikdienste-Empfehlung der Begriff der

Worten des zuständigen Binnenmarkt-Kommissars *Charlie McCreevy* soll mit dem *soft-law* und *partnership approach* dem Markt die Chance eröffnet werden, „sich in die richtige Richtung zu entwickeln". Für den Fall, daß sich diese Entwicklung nicht einstellen sollte, werde die Kommission den Erlaß eines rechtlich verbindlichen Instruments in Betracht ziehen.[24]

Schließlich hat jede Detailregelung für den Bereich der Musik-Online-Verwertung unweigerlich Auswirkungen auf das Verwertungsgesellschaftssystem insgesamt. Dies läßt sich ökonomisch wie juristisch begründen.

Ökonomisch betrachtet wird die Online-Vermarktung von Musik gegenüber Verbrauchern die Vermarktung in körperlicher Form immer mehr ersetzen. Zwar hatten die Verwertungsgesellschaften bislang keinen Zugang zu den Einkünften aus der körperlichen Verwertung, so daß den einzelnen Gesellschaften nicht notwendig etwas entginge, sofern es ihnen nicht gelänge, im Wettbewerb um die Online-Rechte der Rechteinhaber zu bestehen. Anders sieht es jedoch aus, soweit der Online-Bereich auch den klassischen Rundfunk zunehmend substituieren sollte. Das Überleben nationaler Verwertungsgesellschaften erscheint deshalb keineswegs gesichert, wenn sich nicht auch Einnahmen aus dem Online-Bereich erzielen lassen. Schließlich ist zu bedenken, daß Rechteinhaber in aller Regel versuchen werden, eine „gespaltene" Wahrnehmung für den Online- und den Offline-Bereich zu vermeiden. Damit geht von dem jetzt angepeilten Systemwechsel für die Verwertung der Online-Rechte eine Sogwirkung für eine Neuverteilung aller Rechte zwischen den Verwertungsgesellschaften aus. Nicht auszuschließen ist daher ein grundsätzlicher Strukturwandel in der europäischen Musikverwertungslandschaft.

Juristisch betrachtet müßte jede Detailregelung für den Online-Bereich der Musik spätestens im Rahmen der nationalen Umsetzung auch für andere Bereiche berücksichtigt werden. So kann, was für die Online-Verwertung von Musik richtig ist, für die Online-Verwertung audiovisueller Werke nicht falsch sein. Europarechtliche Grundsätze, die das

„Musikwerke" viel zu weit und in geradezu unverständiger Weise als „jedes Werk der Musik oder anderer Inhalte" definiert.

24 Siehe die Rede des Kommissars *McCreevy* anläßlich der „UK Presidency Conference on Copyright and the Creative Economy" vom 7. 10. 2005, http://www.europa.eu.int/rapid/pressReleasesAction.do?reference=SPEECH/05/588&format=HTML&aged=0&language=EN&guiLanguage=en (zuletzt abgerufen am 9. 12. 2005).

Treuhandverhältnis zwischen Rechteinhaber und Verwertungsgesellschaft regeln, haben allgemeingültigen Charakter und lassen sich vom nationalen Gesetzgeber nicht auf den Online-Bereich beschränken.

3. Gang der Darstellung

Im positiven Sinne verspricht die Empfehlung vom 18. Oktober 2005 mehr Wettbewerb, als ihn bisher das europäische Wettbewerbsrecht zu garantieren vermochte. Deshalb liegt das Ziel dieses Beitrags in einer *wettbewerbspolitischen Überprüfung und Bewertung des Ansatzes der Kommission.*[25] Dazu sollen im folgenden zunächst die verschiedenen Verwertungsmodelle beschrieben und bewertet werden, zwischen denen nunmehr ein Systemwettbewerb beginnen soll (unten II.). Strebt man ein System des Wettbewerbs zwischen den Verwertungsgesellschaften an, ist es erforderlich, sich Klarheit über die Ursachen und die Notwendigkeit des heutigen Charakters der nationalen Verwertungsgesellschaften als Monopolunternehmen zu verschaffen (unten III.). Mit diesem Verwertungsmonopol kontrastiert das von der Kommission in der Empfehlung aufgestellte Postulat von der Freiheit des Rechteinhabers bei der Wahl der lizenzierenden Verwertungsgesellschaft. Diese Freiheit bedarf der juristischen Präzisierung. Gleichzeitig stellt sich die Frage nach ihrer rechtlichen Durchsetzbarkeit (unten IV.). Im Lichte des unverbindlichen Charakters der Empfehlung geht es heute nicht um die rechtliche Umsetzung in den Mitgliedstaaten. Vielmehr gelingt eine wettbewerbspolitische Würdigung der Empfehlung nur im Lichte einer Analyse ihrer Folgen bei Zugrundelegung unterschiedlicher Handlungsalternativen der Marktbeteiligten, wobei das geltende europäische Wettbewerbsrecht die Rahmenordnung für mögliches Handeln bildet (unten V.). Diese Analyse führt zu einer Kritik an dem Kommissionsempfehlung und zum Ratschlag an die Verwertungsgesellschaften, sich für das Urheberrecht insgesamt am IFPI/Simulcasting-Modell zu orientieren (unten VI).

25 Vgl. M. M. *Schmidt*, Die kollektive Verwertung der Online-Musikrechte im Europäischen Binnenmarkt, ZUM 2005, 783, mit einer Würdigung der Kommissionspolitik nach Veröffentlichung der Mitarbeiterstudie vom 7. 7. 2005 (Fn. 15).

II. Systemwettbewerb verschiedener Verwertungsmodelle im Online-Bereich

1. Die Entscheidung der Kommission zugunsten eines Systemwettbewerbs verschiedener Verwertungsmodelle

Der Text der Empfehlung selbst läßt die von der Kommission bevorzugte *right-holders option* allenfalls erahnen. Entsprechendes gilt erst recht für mögliche Alternativen. Verschiedene Optionen kollektiver Verwertung im Online-Bereich wurden im Vorfeld der Annahme der Empfehlung erstmalig durch eine Mitarbeiterstudie der Kommission vom 7. Juli 2005 aufgezeigt.[26] Diese Studie bildet den Schlußpunkt zum Konsultationsprozeß, der durch die Mitteilung aus dem Jahre 2004[27] in Gang gesetzt wurde. Im Ergebnis begrenzte sie das ursprünglich global angelegte Kommissionsvorhaben auf die Online-Verwertung von Musik und leitete eine zweite Phase der Konsultationen ein,[28] die schließlich schon wenige Wochen später zur Empfehlung führte.

---

26 Commission Staff Working Document, Study on a Community Initiative (Fn. 15); dazu M. M. *Schmidt*, ZUM 2005, 783.

27 Mitteilung (Fn. 20), KOM (2004) 261 endg.

28 Im Rahmen dieser zweiten Konsultation wurde trotz der kurzen Zeit, die noch dazu in die Sommermonate fiel, 80 Stellungnahmen, hauptsächlich von Verwertungsgesellschaften und Wirtschaftsverbänden abgegeben; siehe die Liste der freigegebenen 77 Stellungnahmen: http://forum.europa.eu.int/Public/irc/markt/markt_consultations/library?l=/copyright_neighbouring/cross-border_management&vm=detailed&sb=Title (zuletzt abgerufen am 9. 12. 2005). Auffallend ist das Desinteresse der Mitgliedstaaten. Eine Ausnahme bildet lediglich die Stellungnahme der deutschen Bundesregierung vom 20. 9. 2005; http://forum.europa.eu.int/irc/DownLoad/kvebA1J8mlG-pq63LPI0RbAqNINRpEy-XZQBqDprAORQT6BYR4Id21fEoMqyJRqDyzUeUtvFZFZV5p6QsroUmVK-oCYxMQ2G/CQHYS4Rb4/Bundesministerium%20der%20Justiz%20-%20Deutschland_de.pdf (zuletzt abgerufen am 9. 12. 2005). Auf der Website der Kommission ist diese Stellungnahme erst mit Datum vom 26. 9. 2005 vermerkt. So läßt sich vermuten, daß auch die deutsche, sehr kritische Position wegen ihres späten Eingangs nicht mehr berücksichtigt werden konnte. Konkret bittet die Bundesregierung die Kommission um die Prüfung, ob die *right-holders option* tatsächlich geeignet ist, die gesteckten Ziele zu erreichen und nennt Gründe, weshalb hieran Zweifel bestehen könnten. Da nach der Mitteilung (Fn. 20), KOM (2004) 261 endg. der Text der Online-Musikdienste-Empfehlung in keiner Weise vorhersehbar war, bleibt festzustellen, daß die

Die Mitarbeiterstudie vom Juli 2005 stellte *drei Optionen* zur Diskussion: Nach „Option 1“ bliebe alles beim alten. Nach „Option 2“ würde ein Wettbewerb zwischen den Verwertungsgesellschaften um die Online-Verwerter hergestellt (also: *commercial users option*). Letztlich favorisiert wird von der Kommission „Option 3“, die sog. *right-holders option*.

Da die Empfehlung die *right-holders option* nicht verbindlich vorschreibt, behalten die Marktbeteiligten juristisch betrachtet die Freiheit, das ihnen am günstigsten erscheinende Verwertungsmodell zu wählen. So scheint die Empfehlung den Weg eines Systemwettbewerbs zu gehen. Dennoch bleibt die Haltung der Kommission ambivalent, soweit sie gleichzeitig droht, die eigene Präferenz durchsetzen, sofern sich die Marktbeteiligten nicht für die *right-holders option* entscheiden. Mit der an sie gerichteten „Einladung“, der Kommission jährlich im Hinblick auf die Umsetzung der Empfehlung zu berichten,[29] werden die Verwertungsgesellschaften mit sanftem Druck diszipliniert. Wer nicht berichtet, zieht besondere Aufmerksamkeit und Mißfallen der Kommission auf sich. Das Ergebnis des Systemwettbewerbs ist daher keineswegs offen, sondern von der Kommission vorherbestimmt. Kurz: Die Kommission hält sich für klüger als der Wettbewerb, dem eigentlich als dezentrales Koordinationsinstrument die Aufgabe überlassen bleiben sollte, die Information über das ökonomisch Sinnvolle zu gewinnen (*v. Hayek*: Wettbewerb als Erkenntnisverfahren).

Weder in der Mitarbeiterstudie vom Juli 2005 noch gar in der Empfehlung und dem sie begleitenden Impact Assessment wird ein weiteres System der Verwertung angesprochen, mit dem jedes kollektive Verwertungssystem im Online-Bereich notwendig im Wettbewerb steht. Gibt man dem Markt freie Hand, so ist es alles andere als ausgeschlossen, daß sich die Marktbeteiligten gar nicht für die Verwertung über Verwertungsgesellschaften, sondern für die Individualverwertung entscheiden.[30] Zu berücksichtigen ist daher auch der Systemwettbewerb zwischen der

---

Empfehlung in einem kulturell sensiblen Bereich in einem unglaublichen Eiltempo erlassen wurde, ohne daß auch nur ein Mitgliedstaat die Kommissionsposition ausdrücklich unterstützt hätte.

29 Nr. 16 Online-Musikdienste-Empfehlung.

30 Siehe hierzu die Stellungnahme der deutschen Bundesregierung (Fn. 28), S. 7 f., die befürchtet, daß die großen Verwerter sich gleich direkt an jene Rechteinhaber wenden werden, die die Rechte für besonders attraktive Musikstücke halten. Die Folge wäre ein noch stärkerer Trend zur vertikalen Integration im Medienbereich.

kollektiven Verwertung an sich und der unmittelbaren Individualverwertung durch den Rechteinhaber selbst. Insoweit handelt es sich bei der Individualverwertung um ein von der Empfehlung „verschwiegenes Verwertungsmodell".

Im folgenden wird zunächst der Blick auf die von der Kommission diskutierten Optionen gerichtet. Dabei verkürzt sich die Darstellung auf den Vergleich der *right-holders option* (unten 1.) mit der *commercial users option* (unten 2.). Daß absoluter Handlungsbedarf von europäischer Seite besteht und die Beibehaltung das klassische Modell der Vergabe national begrenzter Lizenzen nicht den Bedürfnissen der Online-Wirtschaft entspricht, wurde bereits (oben I. 1.) in Übereinstimmung mit der Kommissionsposition[31] herausgearbeitet. Deshalb erübrigt sich ein weiteres Eingehen auf die erste, von der Kommission diskutierte Option. Hinzuzufügen ist eine Analyse des von der Kommission verschwiegenen Systemwettbewerbs mit der Individualverwertung (unten 3.).

2. Das Kommissionsmodell der right-holders option

Jenseits der Ermöglichung multiterritorialer Lizenzen[32] bildet die Freiheit des Rechteinhabers, sich die zuständige Verwertungsgesellschaft auszusuchen, den Dreh- und Angelpunkt der in der Empfehlung favorisierten *right-holders option*.[33] Diese Freiheit konzipiert die Empfehlung in einem umfassenden Sinne. Der Rechteinhaber soll grundsätzlich auch in der Lage sein, einzelnen Verwertungsgesellschaften nur einzelne Rechte oder nur für ein bestimmtes geographisches Gebiet einzuräumen.[34] Es ist also durchaus denkbar, daß ein Rechteinhaber einer Verwertungsgesellschaft seine Rechte nur für bestimmte Staaten einräumt, im Hinblick auf die Rechte in anderen Staaten aber eine Konkurrenzgesellschaft betraut. Diese Lösung vertritt die Empfehlung ohne Rücksicht auf die Interessen der Online-Nutzer, die in einem solchen Falle, wie nach dem traditionellen Verwertungsmodell (oben I. 1.), erneut gezwungen wären, sich nationale Rechte bei verschiedenen Verwertungsgesellschaften zusammenzusuchen.[35]

31 Siehe Impact Assessment SEC (2005) 1254 (Fn. 6), 1.2.1 (S. 6).

32 Siehe Begründungserwägung 8 Online-Musikdienste-Empfehlung.

33 Nr. 3 und Begründungserwägung 9 Online-Musikdienste-Empfehlung.

34 Nr. 3 sowie Nr. 5 a) und b) Online-Musikdienste-Empfehlung.

35 Gerade in diesem Zusammenhang ist das Bedenken der dt. Bundesregierung

Zur *right-holders option* gehört es, daß die beauftragte Verwertungsgesellschaft die ihnen eingeräumten Rechte unmittelbar, d. h. ohne den Umweg über Gegenseitigkeitsverträge wahrnimmt, und, soweit ihr die Rechte für mehrere Staaten eingeräumt sind, Mehrstaatenlizenzen erteilt.[36] Dennoch verbietet die Empfehlung das System der Gegenseitigkeitsverträge nicht. Die Kommission schlägt vielmehr den Weg einer Migration der Rechteinhaber vom alten System der Gegenseitigkeitsverträge zur *right-holders option* ein. Dazu wird empfohlen, daß der Rechteinhaber das Recht haben soll, die Online-Rechte aus bestehenden Wahrnehmungsverträgen „herauszunehmen", um diese Rechte – u. U. mit einer möglichen geographischen Beschränkung – einer anderen Verwertungsgesellschaft zur Wahrnehmung einräumen zu können.[37] Kommt es zu einem solchen Wechsel, sollen „alle beteiligten Verwertungsgesellschaften", also auch jene zu der gewechselt wird, sicherstellen, daß die Online-Rechte dieses wechselnden Rechteinhabers vom Geltungsbereich aller Gegenseitigkeitsverträge ausgenommen werden.[38] Entsprechend dem unverbindlichen Charakter sind die Verwertungsgesellschaften natürlich nicht verpflichtet, diese Migration zu ermöglichen. Sollten sie freilich im Rahmen von Neuverträgen auch weiterhin die Verwertung über Gegenseitigkeitsverträge steuern, haben sie damit zu rechnen, daß die Kommission ihre Drohung wahr macht und versucht, über einen verbindlichen Rechtsakt die *right-holders option* durchzusetzen.[39]

Im Abrücken von den Gegenseitigkeitsverträgen sieht die Kommission wesentliche Vorteile der *right-holders option* im Vergleich zur *commercial users option*. Nach dem letzteren Modell blieben zunächst Gegenseitigkeitsverträge weiterhin erforderlich, die die Kommission durchaus zu

---

(Fn. 28), S. 7 f., berechtigt, wonach wegen der Unklarheit über die zuständige Verwertungsgesellschaft der Online-Nutzer sich beim Rechteinhaber erkundigen und dann gleich den Vertrag mit diesem schließen wird. Im Ergebnis verschlechtert die Kommission damit die Wettbewerbsfähigkeit der kollektiven Verwertung im Verhältnis zur Individualverwertung.

36 Impact Assessment SEC (2005) 1254 (Fn. 6), 3. (S. 18).

37 Nr. 5 c) Online-Musikdienste-Empfehlung. M. M. *Schmidt*, ZUM 2005, 783, 784, weist überzeugend darauf hin, daß dieses „Rückholrecht" entgegen der Formulierung der Empfehlung doch auch dazu eingesetzt werden kann, die Rechte individuell wahrzunehmen.

38 Nr. 5 d) Online-Musikdienste-Empfehlung.

39 Wofür die Kommission nach Art. 95 EG freilich auf die keineswegs sichere Unterstützung der Mitgliedstaaten im Rat und des Europäischen Parlaments angewiesen wäre.

Recht als einen Schwachpunkt des gegenwärtigen grenzüberschreitenden Verwertungsmodells ansieht. Dabei muß nicht unterstellt werden, daß einzelne nationale Verwertungsgesellschaften ausländische Rechteinhaber gegenüber eigenen Wahrnehmungsberechtigten benachteiligen.[40] Schon allein in der Einschaltung einer zweiten Verwertungsgesellschaft liegt ein wesentlicher Nachteil, soweit dadurch zusätzliche Verwaltungskosten generiert werden. Schließlich sind die Anreize zum Unterlaufen der Pflicht zum Abführen von Einnahmen an ausländische Partnergesellschaften groß. Auf die Geschäftspolitik der einzelnen Verwertungsgesellschaften haben allenfalls die in ihr organisierten Rechteinhaber Einfluß, denen das Abführen von Geldern an ausländische Gesellschaften zum Nachteil gereicht. Wird die ausländische Partnergesellschaft auf eine unzulängliche Erfüllung der Gegenseitigkeitsverträge aufmerksam, bleibt ihr als Sanktion lediglich die Drohung mit der Kündigung des Gegenseitigkeitsvertrages. Dies würde jedoch den eigenen Rechteinhabern jegliche Chance auf ausländische Einkünfte nehmen. Unabhängig davon, ob man sich im Online- oder Offline-Bereich befindet, handelt es sich bei den Gegenseitigkeitsverträgen mithin um den zentralen, im Lichte des Binnenmarktziels regelungsbedürftigen Aspekt des Verwertungsgesellschaftsrechts. Mit der Empfehlung vom Oktober 2005 versucht die Kommission zwar, die unliebsamen Gegenseitigkeitsverträge ganz zu vermeiden, läuft dabei aber womöglich Gefahr, das verbleibende Regelungsbedürfnis im Offline-Bereichs nicht mehr wahrzunehmen.

Nach Auffassung der Kommission liegt in der Sicherung von tendenziell höheren Lizenzeinnahmen für den Rechteinhaber ein zweiter Vorteil der *right-holders option*.[41] Zum Teil läßt sich dieser Effekt schon mit der Ver-

---

40 In diesem Sinne jedoch Commission Staff Working Paper, Study on a Community Initiative (Fn. 15), Punkt 1.4.2 (S. 25). Hierzu führte die Kommission sogar Statistiken an, wonach die Beträge, die Verwertungsgesellschaften über Gegenseitigkeitsverträge ins Ausland abführen, bei weitem nicht dem Anteil ausländischer Musik am jeweiligen nationalen Musikmarkt entsprechen. Verwertungsgesellschaften bestreiten diese Kritik. Tatsächlich gibt die Kommission weder eine Quelle für ihre Daten an noch trifft sie eine Aussage über die Erhebungsmethode. Zweifelnd an der Kommissionsauffassung jedenfalls in bezug auf die deutschen Gesellschaften auch die Stellungnahme der Bundesregierung (Fn. 28), S. 6.

41 Siehe hierzu insbesondere Impact Assessment SEC (2005) 1254 (Fn. 6), 4.11 (S. 30 f.); siehe auch M. M. *Schmidt*, ZUM 2005, 783, 785.

meidung der Gegenseitigkeitsverträge begründen.[42] Die Logik des Kommissionsvorschlags greift jedoch weiter. Nach der *right-holders option* stehen die Verwertungsgesellschaften nicht nur in bezug auf die Qualität der Dienstleistung für die Rechteinhaber im Wettbewerber zueinander. Es wird vor allem auch jene Gesellschaft im Wettbewerb mehr Erfolg haben, die den Rechteinhabern höhere Ausschüttungen versprechen kann.

Unterstellt man die Richtigkeit der Kommissionsannahme, wonach die *right-holders option* ein höheres Vergütungsaufkommen für die Rechteinhaber garantiert, müßte freilich konsequenterweise ein höheres Preisniveau für die Online-Nutzer befürchtet werden. Diesen ökonomischen Effekt räumt die Kommission auch anstandslos ein, hält aber dagegen, daß ein *„out-pricing"* durch den Wettbewerbsdruck der nach wie vor zulässigen *commercial users option* ausgeschlossen werde.[43] Diese Argumentation ist nicht überzeugend. Da die *commercial users option* im Online-Bereich nur noch als ein Auslaufmodell beibehalten werden und eine „Rückkehr" in das alte System ausgeschlossen sein soll, ist die Wettbewerbskontrolle durch das auf Gegenseitigkeitsverträge angewiesene alternative Lizenzierungsmodell der *commercial users option* gerade nicht dauerhaft gesichert. Wenn Rechteinhaber mit dem neuen System höhere Erträge erzielen können, sollte der Prozeß der Migration sogar besonders schnell ablaufen und bald zum Abschluß kommen.

Die Argumentationsweise der Kommission offenbart ein grundsätzlich gestörtes wettbewerbspolitisches Denken. Funktionierender Wettbewerb führt stets zu Preiswettbewerb zugunsten der Endverbraucher. Weshalb diese wettbewerbspolitische Binsenweisheit bei der Steuerung des Wettbewerbs zwischen den Verwertungsgesellschaften durch die Rechteinhaber außer Kraft gesetzt sein soll, bleibt unerfindlich.[44]

3. Das Auslaufmodell der commercial users option

Zu klären bleibt, ob die *right-holders option*, wie die Kommission meint, tatsächlich der *commercial users option* überlegen ist.

---

42 Hierauf legt die Kommission den Schwerpunkt ihrer Betrachtung; siehe auch M. M. *Schmidt*, ZUM 2005, 783, 785.

43 Impact Assessment SEC (2005) 1254 (Fn. 6), 4.7 (S. 29).

44 Auf die Fehlerhaftigkeit des wettbewerbspolitischen Ansatzes der Kommission wird noch näher einzugehen sein, unten 3. d).

a) Repertoire-Vorteile der commercial users option

Jedenfalls ist die *commercial users option* dem favorisierten Modell der *right-holders option* überlegen, soweit sie dem Online-Nutzer durch einen einzigen Vertragsschluß die Nutzung der Weltrechte am Repertoire aller beteiligten Verwertungsgesellschaften ermöglicht (*one-stop shop*),[45] während sich der Online-Nutzer bei der *right-holders option* u. U. durch eine Vielzahl von Verträgen sein Wunschrepertoire zusammensuchen muß. Die *right-holders option* schafft schließlich Informationsprobleme im Zusammenhang mit der Ermittlung, wer überhaupt zur Lizenzierung berechtigt ist,[46] und erhöht auch deshalb die Transaktionskosten. Die *right-holders option* ermöglicht damit im Ergebnis nur den Zugriff auf ein vergleichsweise kleines Repertoire bei gleichwohl höheren Vertragskosten.

b) Mögliche Nachteile der commercial users option

Trotz dieser offensichtlichen Nachteile hält die Kommission die *right-holders option* für insgesamt überlegen. Neben dem Angewiesensein auf die nachteiligen Gegenseitigkeitsverträge,[47] sieht die Kommission vor allem im geringeren Maß an Wettbewerb zwischen den Verwertungsgesellschaften sowie im niedrigeren Gebührenaufkommen für die Rechteinhaber Nachteile der *commercial users option.*

c) Geringere Wettbewerbsintensität nach der commercial users option

Tatsächlich läßt die *commercial users option*, jedenfalls in der Ausformung der IFPI/Simulcasting-Vereinbarung, an der sich auch die Kommission bei der Diskussion der „Option 2" orientiert, nur in beschränktem Maße Wettbewerb zwischen den Verwertungsgesellschaften zu. Zum einen gibt es keinen Qualitätswettbewerb, da alle Gesellschaften ein identisches Produkt anbieten.[48] Zum anderen ist der Preiswettbewerb erheblich

45 Dazu schon oben I. 1.
46 So auch M. M. *Schmidt*, ZUM 2005, 783, 786 f.
47 Oben 2.
48 Dies sieht die Kommission vor allem als besonderen Nachteil an, siehe das Impact Assessment SEC (2005) 1254 (Fn. 6), 4.5. (S. 26 f.). Dieses Argument überzeugt nicht. Die Kommission spricht sich für ein mehr an Qualitätswettbewerb aus, in dem sie die Unterschiedlichkeit der Qualität durch eine Ab-

eingeschränkt.[49] Die Lizenzgebühr berechnet sich nämlich nach der IFPI/Simulcasting-Vereinbarung auf der Grundlage einer Addition der einseitig von den Verwertungsgesellschaften der Abrufstaaten festgesetzten Tarife. Mit dieser Berechnungsmethode gewährleistet die IFPI/Simulcasting-Vereinbarung – im Unterschied zur *right-holders option* der Kommission – die Übertragung der Territorialität des Urheberrechts auf die Ebene der Lizenzierung.[50] Andererseits wird aber der Preiswettbewerb im wesentlichen auf jenen Teil des Nutzungsentgelts beschränkt, den die lizenzierende Verwertungsgesellschaft aufschlägt, um ihre eigenen Verwaltungskosten abzudecken.[51] Trotzdem ist die IFPI/Simulcasting-Vereinbarung von der Kommission im Jahre 2002 nach Art. 81 Abs. 3 EG freigestellt worden.[52] Zwar wurde die dargestellte Tarifberechnungsmethode als Beschränkung des Wettbewerbs i. S. Art. 81 Abs. 1 EG angesehen.[53] Für die Freistellung letztlich entscheiden war jedoch der Umstand, daß die Kommission die Mehrstaatenlizenz nach dem Prinzip des *one-stop shop* als „neues Produkt" ansah und damit im Ergebnis eine Rechtfertigung der Wettbewerbsbeschränkung durch die Förderung des technischen und wirtschaftlichen Fortschritts im Sinne der Voraussetzungen

---

senkung der Qualität bei allen Anbietern erkauft. Wettbewerb soll aber gerade optimale Qualität ermöglichen. Deshalb ist es angemessen, wenn alle Wettbewerber dasselbe, aber optimale Produkt anbieten und über den Preis konkurrieren.

49 So auch *Gotzen*, FS Schricker (2005), S. 302.

50 In ihrer Freistellungsentscheidung spricht die Kommission insoweit von der Geltung des Bestimmungslandprinzips; siehe Kommission v. 8. 10. 2002 – COMP/C2/38.014 – IFPI/Simulcasting, ABl. 2003 L 107/38 Rn. 21 ff.

51 In ihrer Freistellungsentscheidung spricht die Kommission auch die Möglichkeit der lizenzerteilenden Gesellschaft an, den Tarifanteil im eigenen Land zu Zwecken des Wettbewerbs im konkreten Fall abzusenken oder Rabatte zu erteilen; Kommission v. 8. 10. 2002 – COMP/C2/38.014 – IFPI/Simulcasting, ABl. 2003 L 107/38 Rn. 68.

52 Kommission v. 8. 10. 2002 – COMP/C2/38.014 – IFPI/Simulcasting, ABl. 2003 L 107/38. Die Freistellung war auf den 31. 12. 2004 befristet. Mit Ablauf dieser Frist endete freilich nicht automatisch die Freistellung. Vielmehr ist nach Art. 1 Abs. 2 Verordnung (EG) Nr. 1/2003 vom 16. Dezember 2002 zur Durchführung der in den Artikeln 81 und 82 des Vertrags niedergelegten Wettbewerbsregeln, ABl. 2003 L 1/1, Art. 81 Abs. 3 EG nunmehr als Legalausnahme anzuwenden und daher die Zulässigkeit eines Gegenseitigkeitsvertrages im Einzelfall unmittelbar nach dieser Vorschrift zu beurteilen.

53 Kommission v. 8. 10. 2002 – COMP/C2/38.014 – IFPI/Simulcasting, ABl. 2003 L 107/38 Rn. 76.

des Art. 81 Abs. 3 EG für gegeben hielt.[54] Im Rahmen der Prüfung der „Unerläßlichkeit" der Wettbewerbsbeschränkung legte die Kommission großes Gewicht auf eine deutliche Unterscheidung zwischen der eigentlichen Lizenzgebühr und der von der lizenzierenden Gesellschaft festgesetzten Verwaltungsgebühr, um den verbleibenden Restwettbewerb zu sichern.[55]

Freilich läßt sich auch im Rahmen einer Wettbewerbssteuerung durch die Online-Nachfrager ein Verwertungsmodell denken, das mehr Wettbewerb als nach der IFPI/Simulcasting-Vereinbarung zuließe. Dazu müßte die Bestimmung des vom Nutzer zu zahlenden Entgeltes nur ganz der Verwertungsgesellschaft überlassen werden, die die Mehrstaatenlizenz erteilt. Verständlicherweise haben sich die Verwertungsgesellschaften in der IFPI/Simulcasting-Vereinbarung nicht für diese alternative Berechnungsmethode entschieden. Zwei Gründe haben auch bei der Kommission im Rahmen ihrer Freistellungsentscheidung Anerkennung gefunden:[56]

Der erste Grund ergibt sich aus der Zielsetzung der Vereinbarung, eine Mehrstaatenlizenz in bezug auf das Weltrepertoire aller Verwertungsgesellschaften zu ermöglichen. Wäre es den Verwertungsgesellschaften erlaubt, die Lizenzgebühr frei zu bestimmten, könnten sich im Wettbewerb schwächere Verwertungsgesellschaften veranlaßt sehen, das System der Gegenseitigkeitsverträge zu verlassen oder sich erst gar nicht daran zu beteiligen. Nur die gegenseitige Kontrolle der Lizenzhöhe durch die verschiedenen Verwertungsgesellschaften ermöglicht also die Bereitstellung des erwünschten Produkts.[57]

Dieser Gesichtspunkt begründet freilich nicht, weshalb die IFPI/Simulcasting-Vereinbarung als Berechnungsmethode die Addition der Tarife in den Abrufstaaten wählt. Eine Erklärung ergibt sich aus dem zweiten, von

---

54 Kommission v. 8. 10. 2002 – COMP/C2/38.014 – IFPI/Simulcasting, ABl. 2003 L 107/38 Rn. 84–88.

55 Kommission v. 8. 10. 2002 – COMP/C2/38.014 – IFPI/Simulcasting, ABl. 2003 L 107/38 Rn. 99 ff. Dieser Aspekt hat in der Literatur Kritik erfahren; siehe *Mestmäcker*, WuW 2004, 754, 761 ff. Diese Kritik knüpft u. a. daran an, daß es dem Online-Nutzer ja nur auf den zu zahlenden Gesamtbetrag ankomme. Die Notwendigkeit, Transparenz hinsichtlich des Anteils der Verwaltungsgebühren herzustellen, kann daher ökonomisch nicht überzeugen.

56 Kommission v. 8. 10. 2002 – COMP/C2/38.014 – IFPI/Simulcasting, ABl. 2003 L 107/38 Rn. 109 ff.

57 Siehe Kommission v. 8. 10. 2002 – COMP/C2/38.014 – IFPI/Simulcasting, ABl. 2003 L 107/38 Rn. 109–111.

der Kommission akzeptierten Grund, nämlich dem Interesse, die angemessene Vergütung auch im Online-Bereich „entsprechend den wirtschaftlichen Gegebenheiten im Gebiet der Verwertung" zu bestimmen.[58]

Damit bezieht sich die Kommission in der Freistellungsentscheidung auf einen Gesichtspunkt, den die Kommission in ihrer Entscheidung für die *right-holders option* nicht zur Kenntnis nimmt. Die Territorialität des Urheberrechts ist im Internet keineswegs aufgehoben. Vielmehr läßt sich die Bemessung der Gebühren und ihre Verteilung nach einzelnen Gruppen von Berechtigten gar nicht losgelöst vom nationalen Urheberrecht und dem Regelungsinteresse des jeweiligen Mitgliedstaates denken. Eine zentrale Frage des nationalen, insoweit europarechtlich nicht angeglichenen Rechts ist es dabei, wie das Verhältnis zwischen den Kreativen und anderen Rechteinhabern, die zum Teil über originäre Leistungsschutzrechte (z. B. Tonträgerherstellerrechte) verfügen und zum Teil Rechte von den Kreativen erworben haben, zu bestimmen und auf der Stufe der kollektiven Verwertung zu berücksichtigen ist. Das nationale Recht kann dabei den Verwertungsgesellschaften „eine den Staat entlastende Funktion"[59] in bezug auf die ökonomische Grundsicherung der Urheber und ausübenden Künstlern zuweisen. Diese Funktion wird in Frage gestellt, wenn man die Bestimmung der Gebührenhöhe in einem europäischen Markt dem freien Wettbewerb überläßt.

d) Niedrigere Einnahmen für die Rechteinhaber nach der commercial users option?

Die Stichhaltigkeit des Arguments, wonach das Vergütungsniveau nach der *commercial users option* niedriger liege, kann auf der Grundlage einer Analyse des Preismechanismus nach den beiden Optionen widerlegt werden.

Für das IFPI/Simulcasting-Modell läßt sich ein niedrigeres Vergütungsniveau schon deshalb nicht begründen, weil die Gebührenhöhe vorab im Interesse der Rechteinhaber entsprechend den Tarifen in den Abrufstaaten bestimmt wird und die Verwertungsgesellschaften nur noch hinsichtlich ihrer Verwaltungsgebühren konkurrieren können. Ausschüt-

---

58 Siehe Kommission v. 8. 10. 2002 – COMP/C2/38.014 – IFPI/Simulcasting, ABl. 2003 L 107/38 Rn. 112.

59 So auch die Stellungnahme der dt. Bundesregierung (Fn. 28), S. 7, unter Hinweis auf den Echerer-Bericht (Fn. 18), Rn. 13 und 14 (= Entschließung [Fn. 19] ABl. C 92 E/425 Rn. 13, 14).

tungsmindernd wirkt sich allenfalls die mangelhafte Einhaltung der Gegenseitigkeitsverträge und das Anfallen von Verwaltungskosten bei einer zweiten Gesellschaft aus. Jedenfalls dem ersten Problem kann durch eine europarechtliche Regelung und Kontrolle der Gegenseitigkeitsverträge entgegengewirkt werden.

Schließlich scheint die Kommission zu übersehen, daß bei der *right-holders option*, für die die Wettbewerbssteuerung durch den Rechteinhaber begriffsbestimmend sein soll, die Wettbewerbssteuerung durch die Online-Nutzer keineswegs ausgeschlossen ist. Im Gegenteil kann der Preismechanismus auf Märkten *nolens volens* nie ohne die Endkunden gedacht werden. So würde es nicht überraschen, wenn ein Rechteinhaber, der im System der *right-holders option* die zuständige Verwertungsgesellschaft alleine nach den ihm von den Gesellschaften pro Nutzungsvorgang versprochenen Vergütungen auswählt, sein Ziel der Maximierung seiner Gesamteinkünfte verfehlt. Denn eine Gesellschaft, die Rechteinhabern hohe Einzelgebühren verspricht, muß auch tendenziell hohe Preise von den Online-Nutzern verlangen und mindert in der Folge die Gesamtnachfrage nach der Nutzung. Dieser Mechanismus entspricht der ökonomischen Binsenweisheit, daß die Verwertungsgesellschaften letztlich nur ausschütten können, was sie vorher von den Online-Nutzern einnehmen. So ist es auch bei der *right-holders option* die vom Publikumsinteresse abhängige Nachfragepräferenz der Online-Nutzer, die darüber entscheidet, wie sich Nachfrage und Lizenzpreis im Wettbewerb und mittelbar die Ausschüttungen an die Rechteinhaber berechnen. Im Ergebnis wird daher bei der *right-holders option* der Wettbewerb keineswegs weniger durch den Online-Nutzer gesteuert als bei der *commercial users option*.[60] Gerade auch bei *right-holders option* hängt die Höhe der Ausschüttungen für die Rechteinhaber von der Wettbewerbssteuerung der Online-Nutzer ab, während die Tarifhöhe auf der Grundlage der IFPI/Simulcasting-Vereinbarung dem Wettbewerb entzogen ist. Damit erweist sich die Begriffsbildung der Kommission („*right-holders option*") jedenfalls im Hinblick auf die Preisbildung geradezu als irreführend.

60 Zu berücksichtigen wäre allenfalls, daß bei der *right-holders option* das von den Verwertungsgesellschaften angebotene Produkt (Repertoire) nicht identisch ist. Die Verschiedenartigkeit des Repertoires schließt zwar Wettbewerb nicht schlechterdings aus. Bei entsprechender Zunahme der genrespezifischen Spezialisierung der Verwertungsgesellschaften können jedoch eigene sachliche Märkte für die verschiedenen Genres und damit marktbeherrschende Stellungen entstehen.

Richtig ist, daß sich die Rechteinhaber im Verhältnis zu den Verwertungsgesellschaften auch in der Situation von Nachfragern einer Dienstleistung (Wahrnehmung als Geschäftsbesorgung) befinden. In bezug auf die Kontrolle von Qualität und „Preis“[61] dieser Dienstleistung fällt ihnen in der Tat die Rolle zu, den Wettbewerb zu steuern. Deshalb vertritt die Kommission im Ausgangspunkt ganz zu Recht ein Modell, das die Rechteinhaber nicht auf den Vertragsschluß mit einer bestimmten Gesellschaft festlegt. Diese Wahlfreiheit läßt sich aber, wie das deutsche Recht (§ 6 UrhWG) mit der Erstreckung des Wahrnehmungszwangs auf Rechteinhaber mit der Staatsangehörigkeit eines anderen EU- oder EWR-Staates zeigt, auch im Rahmen der *commercial users option* verwirklichen.

e) Sozialer und kultureller Ausgleich contra Bevorzugung europaweit populärer Musik

Soeben konnte herausgearbeitet werden, daß das Kommissionsmodell gerade nicht in der Lage ist, den Rechteinhabern eine vergleichsweise höhere Vergütung zu sichern, sich eine solche im Gegenteil wegen des Wettbewerbsausschlusses in bezug auf die Tarifbestimmung sogar eher von dem Modell der IFPI/Simulcasting-Vereinbarung erwarten läßt. Diese Feststellung ist zunächst wertneutral zu verstehen. Die umgekehrte Vorzugswürdigkeit des IFPI/Simulcasting-Modells setzt nämlich voraus, daß spezifische Vorteile die Beschränkung des Wettbewerbs rechtfertigen können.

Als rechtspolitische Rechtfertigungsgründe greifen vor allem sozial- und kulturpolitische Erwägungen. Das Kommissionsmodell bevorzugt im Ergebnis die Verwertung europaweit populärer Musik und benachteiligt im Gegenzug weniger populäre und vor allem stark national geprägte Musik.

Der wesentliche Unterschied zwischen beiden Optionen besteht, wie gesehen, nicht darin, *wer* den Wettbewerb steuert. Vielmehr ergeben sich Unterschiede im Hinblick auf die Art des Wettbewerbs. Auch die sozial- und kulturpolitischen Auswirkungen der zu vergleichenden Modelle lassen sich durch eine Marktanalyse verdeutlichen.

Bei der *right-holders option* kann die Berechtigung eines für die Nutzung eines Musikstücks erforderliches Recht stets nur eine bestimmte Gesell-

61 Ausgedrückt durch den Betrag, den die Verwertungsgesellschaften zur Abdekkung ihres Wahrnehmungsaufwandes einbehalten.

schaft verschaffen. Ausgeschlossen ist damit ein Wettbewerb zwischen den Verwertungsgesellschaften, soweit es um die Lizenzierung eines spezifischen Rechts geht. Dagegen konkurrieren die Verwertungsgesellschaften in bezug auf die Attraktivität ihres jeweiligen Repertoires. Im Wettbewerb um die Rechteinhaber werden die Verwertungsgesellschaften bemüht sein, ein Repertoire zusammenzustellen, das auf eine hohe Nachfrage bei Online-Nutzern stößt. Weniger attraktive Musik erhöht die Verwaltungskosten im Verhältnis zum Ertrag überproportional. Dies macht die *right-holders option* vor allem für populäre, international nachgefragte, zumeist in englischer Sprache produzierte Musik besonders rentabel.[62] Über die notwendige Flexibilität für eine solche Geschäftspolitik verfügen die Verwertungsgesellschaften nur, wenn sie den Vertragsschluß in bezug auf die Wahrnehmung ökonomisch unattraktiver Rechte ablehnen können. Diese Voraussetzung ist jenseits der Formulierung eines „Wahlrechts" der Rechteinhaber nach dem jetzigen Stand gegeben, da die Empfehlung keinen Kontrahierungszwang vorsieht.[63] Die Bevorzugung grenzüberschreitend populärer Musik bedeutet nicht notwendig, daß weniger populäre und vor allem national geprägte Musik nicht den Zugang zur *right-holders option* finden wird. Vielmehr ist es durchaus denkbar, daß sich einzelne Verwertungsgesellschaften der zentralen Verwertung von Spartenmusik annehmen werden. Sicher ist freilich, daß sich die Vergütungssätze der Verwertungsgesellschaften erheblich unterscheiden würden, wobei die Attraktivität des Repertoires ausschlaggebend sein wird für die Höhe der Ausschüttungen an die Rechteinhaber. Damit wird in der *right-holders option* das grenzüberschreitende europäische Publikumsinteresse zum entscheidenden Kriterium für die Vermarktungs- und Ertragsfähigkeit von Musik im Online-Bereich.

Bei der *commercial users option* liegen die Dinge, was den Wettbewerb betrifft, genau umgekehrt. Jede Verwertungsgesellschaft kann die Rechte für jedes einzelne Musikstück verschaffen; die Verwertungsgesellschaften konkurrieren insoweit. Der Umstand, daß eine Gesellschaft ein bestimmtes Recht nicht verschaffen kann, ist also kein Grund für den Online-Nutzer, mit einer Gesellschaft nicht ins Geschäft zu kommen. Weil aber das Repertoire, zu dem Zugang verschafft wird, identisch ist, spielt die musikalische Attraktivität, d. h. die Marktgängigkeit des An-

62 So auch der Hinweis in der Stellungnahme der dt. Bundesregierung (Fn. 28), S. 3.

63 Hierzu näher unten IV.

gebots der Verwertungsgesellschaft keine Rolle im Wettbewerb. Anders ausgedrückt: Kein Online-Nutzer wird den Vertrag mit einer bestimmten Verwertungsgesellschaft abschließen, weil nur diese ihm den Zugang zu einem besonderen Repertoire verschaffen kann. In der *commercial users option* werden Musikstücke aller Art deshalb grundsätzlich diskriminierungsfrei bewertet. Dies bedeutet, daß die Vergütungshöhe in bezug auf den einzelnen Nutzungsvorgang für alle Musikstücke identisch ist. Die Ausschüttungen an die Rechteinhaber unterscheiden sich nur aufgrund unterschiedlicher Nutzungshäufigkeit.

Die sozial- und kulturpolitischen Vorteile des zweiten Systems sind offensichtlich. Die Rechte an grenzüberschreitend publikumsträchtige Musik befinden sich regelmäßig in den Händen großer Unternehmen, die oftmals sogar die Initiative für deren Produktion im Hinblick auf das zu erwartende Marktpotential ergriffen haben. Die *right-holders option* nützt diesen „Rechteinhabern". Dagegen liegen die Rechte für anspruchsvolle Musik oder Musik, die neue Richtungen einschlägt und deren Popularität noch nicht vorherzusehen ist, häufiger in den Händen der Werkschöpfer und ausübenden Künstler. Die *commercial users option* garantiert auch den Rechteinhaber dieser zweiten Gruppe von Musik den Zugang zur kollektiven Verwertung und entlohnt jeden Nutzungsvorgang ohne Unterschied auf die Attraktivität der Musik identisch. Insoweit wirkt dieses Modell auf eine sozial ausgewogenes Vergütungssystem hin. Aus kulturpolitischer Sicht ist die *commercial users option* schließlich vorzugswürdig, weil es den Marktzugang innovativer oder national geprägter, damit insgesamt kulturell vielfältiger Musik genauso gewährleistet wie für die am Durchschnittsgeschmack orientierte kommerzialisierte Musik. Die *right-holders option* tendiert dagegen zu einer Perpetuierung des Musikgeschmacks. Weil Musikproduzenten und Verwertungsgesellschaften nicht wissen können, welche neuen Musikrichtungen morgen attraktiv sein werden, richten sie ihre Produktion und ihr Programm am heutigen Durchschnittsgeschmack aus. Neuer Musikgeschmack kann aber nur entstehen, wenn der Markt dem Endverbraucher auch den Zugang zu neuen Musikströmungen verschafft. Damit läßt sich das bisherige, auf Gegenseitigkeitsverträgen aufbauende Verwertungsmodell, als notwendige Wettbewerbsbeschränkung verstehen, die dem „kulturellen" Marktversagen der *right-holders option* entgegenwirkt.

4. Kollektive Verwertung contra Individualverwertung

Schließlich ist keineswegs gesichert, daß Rechteinhaber in der Zukunft ihre Rechte überhaupt den Verwertungsgesellschaften zur kollektiven Verwertung anvertrauen werden. So wie das veränderte technologische Umfeld im Online-Bereich den Verwertungsgesellschaften die unmittelbare Rechtewahrnehmung und -durchsetzung weltweit ermöglicht, erlaubt sie auch dem einzelnen Rechteinhaber die unmittelbare Online-Vermarktung.

Zwei Grundkonstellationen der individuellen Online-Verwertung von Rechten sind denkbar: Im ersten Fall entschließt sich der Rechteinhaber, die betreffenden Musikstücke selbst direkt an den Verbraucher zu vermarkten; der Rechteinhaber agiert also gleichzeitig als Content-Provider im Internet. Im zweiten Fall erteilt der Rechteinhaber – ohne den Umweg über eine Verwertungsgesellschaft – einem Unternehmen, etwa einer Internet-Radiostation, eine Lizenz zur Online-Nutzung.

a) Direkte Online-Vermarktung von Musikstücken durch die Rechteinhaber

Die direkte Vermarktung von Musikstücken durch die Rechtinhaber selbst wird durch Systeme des sog. *Digital Rights Management (DRM)* ermöglicht.[64] Hierunter versteht man den„Betrieb eines Kontrollsystems, das dazu in der Lage ist, jeden wiederholten Gebrauch elektronischer Daten, die sich auf einen Medieninhalt oder ein Computerprogramm beziehen, zu überwachen, zu regulieren und mit einem Preis zu versehen“.[65]

Ein spezifischer Vorteil der Internet-Technologie besteht darin, daß bei entsprechender Verfügbarkeit dieser DRM-Systeme grundsätzlich auch der Werkschöpfer in die Lage versetzt wird, seine Werke direkt an Verbraucher zu vermarkten. Im Ergebnis leistet das Internet also einen Bei-

64 Nicht eingegangen wird hier auf die Möglichkeit von Verwertungsgesellschaften, DRM für ihre Belange einzusetzen; siehe dazu *Kreile/Becker*, Digital Rights Management und private Vervielfältigung aus der Sicht der GEMA, in: Ohly/Bodewig/Dreier/Götting/Haedicke/Lehmann (Hrsg.), Perspektiven des Geistigen Eigentums und Wettbewerbsrechts, Festschrift für Schricker (2005), S. 309.

65 Übersetzung durch den Autor nach *Einhorn*, Media, technology and copyright: integrating law and economics (2004), S. 47.

trag dazu, den „Kreativen" gegenüber den großen Verwertern, insbes. den Tonträgerproduzenten, zu emanzipieren. Gleichwohl wird diese Form der direkten Rechtewahrnehmung nur die zweitbeste Wahl darstellen. Der einzelne Werkschöpfer muß nicht nur über die ökonomischen und technischen Möglichkeiten verfügen, seine Musik selbst zu produzieren und im Internet anzubieten. Um einen möglichst großen Ertrag zu erwirtschaften, kommt es auch darauf an, daß über entsprechendes Marketing seine Musik bekannt gemacht und der Rechteinhaber schließlich Zugang zu den großen Plattformen der Internet-Verwertung erlangt. Für den einzelnen Urheber ist daher die unmittelbare Internet-Verwertung keineswegs eine wirtschaftlich tragfähige Alternative zur Kooperation mit den Verwertern. Die ökonomisch bedeutsame Individualverwertung von Musik im Internet wird deswegen wohl nur von den Unternehmen der Musikindustrie organisiert werden.

An der Wettbewerbsfähigkeit der kollektiven Verwertung im Verhältnis zur „industriellen" Form der Individualverwertung bestehen ernsthafte Zweifel. Das Grundproblem widerspiegelt bereits der Begriff des DRM, in dem der Hinweis auf das Immaterialgüterrecht nicht vorkommt. Allein die technischen Möglichkeiten des Nutzungsausschlusses gestatten es dem Anwender von DRM, eine Ausschließlichkeit der Nutzung zu schaffen, die über das gesetzliche Ausschließlichkeitsrecht – etwa im Hinblick auf die Schutzfähigkeit und die gesetzlichen Schranken – hinausgeht.[66] Die Anwendung von DRM durch Unternehmen der Musikindustrie, die über die „abgeleiteten" Rechte der Urheber und ausübenden Künstler verfügen, kann damit sogar „originäre" Exklusivität in den Händen dieser Unternehmen begründen. Verwertungsgesellschaften ist dagegen schon aufgrund des Wahrnehmungsrechts verboten, auch wenn sie im Rahmen der Online-Lizenzierung auf technische Schutzmaßnahmen zurückgreifen, die Exklusivität des Urheberrechts auszudehnen. Die Wettbewerbsfähigkeit der kollektiven Verwertung hängt damit wesentlich davon ab, in welchem Maße das Recht die faktische Ausdehnung des Exklusivrechts über DRM – regelmäßig im Zusammenspiel mit vertraglichen Bestimmungen in den Nutzungsvereinbarungen – erlaubt.

Dieses Wettbewerbsverhältnis zwischen kollektiver und individueller Online-Verwertung stellt sich ganz unterschiedlich dar, je nachdem, ob

66 Siehe nur die vergleichsweise knappe, aber inhaltlich doch umfassende Darstellung der Problematik bei *Peukert*, Digital Rights Management und Urheberrecht, UFITA 2002, 689.

man sich an der *right-holders option* oder der *commercial users option* orientiert. Bei diesem verfeinerten Vergleich fällt auf, daß sich die Kommission mit der von ihr bevorzugten *right-holders option* ähnlich der Individualverwertung über DRM von der materiellen Rechtslage in den Mitgliedstaaten in gefährlicher Weise löst. Sie bezieht sich in ihrer Argumentation lediglich auf die durch europäisches Recht harmonisierten Ausschließlichkeitsrechte der Vervielfältigung und des öffentlichen Zugänglichmachens sowie den Anspruch von Inhabern von Leistungsschutzrechten auf eine angemessene Vergütung,[67] während sie andere Aspekte des Urheberrechts, wie insbesondere die Schutzvoraussetzungen und die Schranken des Urheberrechts, die national unterschiedlich geregelt sind, unberücksichtigt läßt. Die IFPI/Simulcasting-Vereinbarung behält dagegen die Rückbindung an den Territorialitätsgrundsatz jedenfalls bei, soweit sie für die Gebührenbestimmung auf die Tarife der Abrufstaaten abstellt, die wiederum unter der Kontrolle des nationalen Aufsichtsrechts der dortigen materiellen Rechtslage entsprechen sollten. Die *right holders option* läßt daher kaum wertungsmäßige Unterschiede zwischen der industriellen Individualverwertung über DRM und der kollektiven Verwertung erkennen. Im Text der Kommission kommt dies durch zwei Dinge paradigmatisch zum Ausdruck. Zum einen werden „Verwertungsgesellschaften" im englischen Text mit *„collecting rights managers"* bezeichnet und nicht wie dem üblichen Sprachgebrauch entsprechend als *„collecting societies"*.[68] Zum anderen wird dieser Begriff in einer Weise definiert, die die Unterschiede zu einem Unternehmen der Musikindustrie, das Rechte von Werkschöpfern und ausübenden Künstlern erworben hat und im Online-Bereich „wahrnimmt", verschwimmen läßt.[69] Dabei geht es hier nicht darum, nun alle Unternehmen der Musikindustrie, die ihre Rechte in der Zukunft selbst wahrnehmen, als „Verwertungsgesellschaften" zu

---

67 Siehe Impact Assessment SEC (2005) 1254 (Fn. 6), 1.2.2. (S. 7).

68 Der Begriff taucht zum ersten Mal in der Mitarbeiterstudie vom 7.7.2005 (Fn. 15) in den Kommissionsdokumenten auf. Dagegen wird in der Mitteilung (Fn. 20), KOM (2004) 261 endg. noch von den „collecting societies" gesprochen.

69 Nr. 1 e) Online-Musikdienste-Empfehlung beschreibt Verwertungsgesellschaften als Dienstleistungserbringer im Verhältnis zu anderen Rechteinhabern in bezug auf bestimmte Handlungen der Rechtewahrnehmung. Von Nr. 1 a) Online-Musikdienste-Empfehlung werden die folgenden Handlungen genannt: Erteilung von Lizenzen an gewerbliche Nutzer, die Prüfung und Überwachung von Rechten, die Durchsetzung von Urheberrechten und verwandten Schutzrechten, die Einziehung von Nutzungsgebühren und die Verteilung an Rechteinhaber.

definieren. Die zugrunde liegende Wertung ist entscheidend. Ob ein Rechteinhaber – egal welcher Art – die Individualverwertung oder die *right-holders option* vorzieht, hängt letztlich vom Ertrag ab. Sowohl die Individualverwertung als auch das Kommissionsmodell der kollektiven Verwertung lösen sich vom materiellen Urheberrecht mit seiner komplexen Abwägung unterschiedlichster Interessen der Kreativen, der Verwerter sowie der Nutzer und Verbraucher.[70] Damit ist die *right-holders option* durchaus mit der Individualverwertung über DRM wettbewerbsfähig. Dies liegt aber nur daran, daß das kollektive Verwertungsmodell in Loslösung vom nationalen Urheberrecht bis zur Unkenntlichkeit an das Modell der Individualverwertung angenähert wird. Verwertungsgesellschaften fungieren gleichsam nur noch als Inkassobüros der Rechteinhaber und werden damit selbst zu Unternehmen der Musikindustrie.

b) Direkter Vertragsschluß der Online-Nutzer mit den Rechteinhabern

Schließlich wird sich ein Rechteinhaber für das System der kollektiven Wahrnehmung nur dann entscheiden, sofern das Dazwischenschalten einer Verwertungsgesellschaft gegenüber dem unmittelbaren Vertragsschluß mit Online-Nutzern vorteilhaft erscheint. Vor allem die sog. „Majors" verfügen jedoch über ein Musikrepertoire, das mit jenem einer Verwertungsgesellschaft nach dem Modell der „*right-holders option*" jederzeit konkurrieren könnte.[71] So ist es alles andere als ausgeschlossen, daß vor allem das kommerzielle Repertoire US-amerikanischen Ursprungs überhaupt nicht mehr den Weg in die kollektive Verwertung in Europa finden würde. Dem ist schon heute weitgehend so, soweit es um die Vergabe von Rechten an Plattformen für On-Demand-Diensten – etwa Apple/iTunes – geht. In der Zukunft spricht nichts dagegen, daß die Rechte an diesen Musikstücken auch in bezug auf das Webcasting von den großen Unternehmen direkt lizenziert werden.

---

70 Dagegen weist die Kommission in der Mitteilung (Fn. 20), KOM (2004) 261 endg., S. 12, noch darauf hin, daß DRM – implizit damit auch die individuelle Rechtewahrnehmung im Internet – keine Lösung für den komplizierten Interessenausgleich im Internet bringen könne.

71 So kontrollieren die fünf Majors BMG Entertainment, EMI Recorded Music, Sony Music Entertainment, Vivendi Universal Music Group und Warner Music Group 85% des US-Musik-Markts; siehe *Einhorn* (Fn. 65) S. 51. Für den europäischen Markt wird eine ähnliche Zahl genannt; siehe *Gyertiánfy*, Cisac News, April 2004, Editorial, S. 3.

c) Bewertung

Die individuelle Verwertung ist im Vergleich zur kollektiven Verwertung nicht von Hause aus als das schlechtere Verwertungsmodell abzulehnen. Die europäischen Verwertungsgesellschaften in ihrer heutigen Form haben im Bereich der Online-Verwertung keine Existenzberechtigung, sofern sich nicht auch die Erforderlichkeit der kollektiven Verwertung begründen läßt.

Der Vergleich von kollektiver und individueller Wahrnehmung führt jedoch zu zwei Grunderwägungen, die für die Beibehaltung einer wesentlichen Rolle der Verwertungsgesellschaften im Online-Bereich sprechen. Beide Erwägungen betreffen Konfliktlagen, zu denen jedes materielle Urheberrecht notwendig Stellung beziehen muß. Zum einen geht es um den Konflikt zwischen dem Interesse der Rechteinhaber an einer Ausdehnung der Exklusivität und dem Interesse der Allgemeinheit auf freien Zugang zu Werken. Der zweite Konflikt betrifft jenen zwischen den Kreativen – Urhebern und ausübenden Künstlern – einerseits und den industriellen Verwertern der ersten Stufe (Produzenten, Verleger etc.) andererseits. In der Individualverwertung werden beide Konflikte tendenziell zugunsten der Unternehmen der Musikindustrie und zulasten der Allgemeinheit auf Bewahrung des gesetzlichen definierten *domain public* sowie zulasten der Kreativen entschieden. Verwertungsgesellschaften – und die kollektive Verwertung – sollten dagegen auf die Beachtung des *domain public* verpflichtet sein. Gleichzeitig lassen sie sich als Wahrer der Interessen der Kreativen konstruieren. Diesen Anliegen wird die Bestimmung der Rolle und der Funktion von Verwertungsgesellschaften als *„collective rights managers“* in der Kommissions-Empfehlung in keiner Weise gerecht. Vielmehr lassen sich in bezug auf das Kommissionsmodell dieselben rechtspolitischen Bedenken formulieren wie für die individuelle Verwertung.

III. Verwertungsgesellschaften als Monopolunternehmen

Nach den obigen Ausführungen (II.) erscheint die Gestaltung der kollektiven Verwertung nach dem Modell der IFPI/Simulcasting-Vereinbarung als vorzugswürdig. Freilich würde dieses Modell die Stellung der Verwertungsgesellschaften als nationale Monopole auch im Online-Bereich dauerhaft absichern. Im Rahmen der rechtspolitischen Beurteilung der Kommissionspräferenz kommt es also auch darauf an, die Erforderlichkeit der Konstituierung von Verwertungsgesellschaften als Monopolunternehmen zu untersuchen. Dabei ist es wesentlich, genau zwischen den Gründen zu unterscheiden, die einerseits die kollektive Verwertung im Verhältnis zur Individualverwertung rechtfertigen, und andererseits jenen, die zum Verwertungsmonopol führen. Gründe, die für die kollektive Verwertung sprechen, begründen nicht notwendig das Monopol.

1. Gründe für die kollektiven Verwertung an sich

a) Ökonomische Gründe

Die ökonomischen Gründe für die Erforderlichkeit der kollektiven Wahrnehmung von Rechten sind wohlbekannt. Zum einen ist die kollektive Wahrnehmung notwendig, wenn der Nutzer den Zugriff auf ein großes Repertoire wünscht, der Vertragsschluß mit jedem einzelnen Rechteinhaber aber prohibitive Transaktionskosten erzeugen würde.[72] Die Bündelung vieler Rechte zu einem großen Repertoire in den Händen von Verwertungsgesellschaften löst das Problem. Zum anderen ist der einzelne Rechteinhaber in bezug auf verschiedenste Nutzungsarten nicht in der Lage, die Beachtung seiner Rechte durch Nichtberechtigte zu überwachen und gegebenenfalls Rechtsverletzungen zu verfolgen. Die Bündelung der Rechte in der Hand einer Verwertungsgesellschaft ermöglicht den Aufbau eines effektiven Überwachungsapparates zugunsten aller vertretenen Rechteinhaber.

b) Schutz der Kreativen im Verhältnis zu den Werkverwertern

Jenseits dieser ökonomischen Gründe lassen sich Verwertungsgesellschaften auch zur Sicherung von Vertragsparität einsetzen. Vor allem das kontinentaleuropäische *Droit d'auteur* räumt den „Kreativen", den Werkschöpfern und ausübenden Künstlern, zwar originäre Rechte ein. Diese gesetzgeberische Grundwertung schlägt sich allerdings über das Vertragssystem nicht notwendig in eine angemessene Vergütung nieder,

72 Siehe auch *Mestmäcker/Schweizer* (Fn. 1), § 30 Rn. 6.

vor allem nicht in Situationen, in denen die Kreativen von den Verwertern der ersten Stufe sozial abhängig sind oder sogar nur in deren Auftrag tätig werden. Der Kreative riskiert den Ausverkauf seiner Verwertungsrechte aufgrund einer einmaligen Transaktion, während andere – nämlich die Verwerter – bis 70 Jahre nach dem Tod des Werkschöpfers den Nutzen aus dem Werk ziehen können.

Diesem Problem gestörter Vertragsparität kann im Urheberrecht durch zwingende Regeln des Urhebervertragsrechts[73] und durch ein System von Verwertungsgesellschaften, die stets auch den Kreativen eine Beteiligung am Nutzungsvorgang garantieren, entgegengewirkt werden. Im Wahrnehmungsrecht besteht damit ein Spannungsverhältnis zwischen der „Freiheit" der Werkschöpfer und ausübenden Künstler, ein bestimmtes Recht einer Verwertungsgesellschaft vorzuenthalten, und der Gefahr, das dieses Recht dann einem übermächtigen Unternehmer zu unangemessenen Bedingungen eingeräumt wird.[74] Um die Beteiligung der Kreativen zu verhindern, entscheidet sich der Gesetzgeber in manchen Fällen für die Verwertungsgesellschaftspflichtigkeit.[75] Im Rahmen der Anwendung von Art. 82 EG anerkennt der EuGH unter dem Vorbehalt der Verhältnismäßigkeit die Möglichkeit der Verwertungsgesellschaften, Rechteinhaber auf die Übertragung von Rechten zu verpflichten, um ihre Verhandlungsmacht gegenüber „bedeutenden" Verwertern zu stärken.[76] Für die Frage, ob ein Mißbrauch nach Art. 82 EG vorliegt, komme es auch darauf an, wie sich das Verhalten auf die Interessen des „Urhebers" auswirkt.[77] Danach ließe sich begründen, daß die Verpflichtung des Urhebers zur Überlassung seiner Rechte an eine Verwertungsgesellschaft immer dann zulässig ist, wenn diese Verpflichtung den Urheber vor einem *buy out* durch übermächtige Verwerter schützt.

---

73 Siehe nur §§ 32 ff. und 36 f. UrhG.

74 Anschaulich zum Phänomen, daß Verwerter Druck auf Urheber und ausübende Künstler ausüben, ihre Rechte nicht mehr über die Verwertungsgesellschaften geltend zu machen, *von Lewinski*, Gedanken zur kollektiven Rechtewahrnehmung, in: Ohly/Bodewig/Dreier/Götting/Haedicke/Lehmann (Hrsg.), Perspektiven des Geistigen Eigentums und Wettbewerbsrechts, Festschrift für Schricker (2005), S. 401, 407.

75 Siehe beispielsweise § 27 Abs. 1 dt. UrhG, wonach dem Urheber ein gesetzlicher Anspruch für die Nutzung des Vermietrechts gegen den Vermieter zusteht, wobei dieser Anspruch im voraus nur an eine Verwertungsgesellschaft – also nicht an den Tonträger- oder Filmhersteller – abgetreten werden kann.

76 EuGH v. 21. 3. 1974 – Rs. 127/73 *BRT ./. SABAM*, Slg. 1974, 313 Rn. 10 und 15.

77 EuGH v. 21. 3. 1974 – Rs. 127/73 *BRT ./. SABAM*, Slg. 1974, 313 Rn. 14.

Die Frage nach der Notwendigkeit der kollektiven Verwertung ist stets für jede einzelne Verwertungsart und damit auch für die Online-Verwertung gesondert zu beurteilen. Im Online-Bereich können die ersten beiden, ökonomischen Gründe – jener der prohibitiven Transaktionskosten und der Erforderlichkeit der Errichtung eines lokalen Überwachungsapparats – möglicherweise überwunden werden. Vor allem das Problem der Aufrechterhaltung eines lokalen Überwachungsapparats überzeugt angesichts der Möglichkeiten der elektronischen Kontrolle der Werknutzung immer weniger.

Dagegen besteht unverändert ein Bedürfnis nach Beibehaltung der Verwertungsgesellschaften als Wahrer der Interessen der Kreativen im Verhältnis zu den Werkverwertern. In ihrer wettbewerbsrechtlichen Entscheidung zum sog. *Daft Punk*-Fall aus dem Jahre 2002 hat die Kommission selbst die Funktion der Verwertungsgesellschaften in bezug auf die Sicherung der Vertragsparität zwischen den Kreativen und den Verwertern grundsätzlich bestätigt, gleichzeitig aber den Zwang, Rechte einer Verwertungsgesellschaften anzuvertrauen, im Lichte der Entwicklung der Internet-Technologie in Frage gestellt.[78] Dabei weist die Kommission darauf hin, daß diese Technologie es nunmehr auch dem Urheber erlauben würde, die Rechte selbst wahrzunehmen. Auf die Vermittlung durch Dritten – Musikverwerter oder Verwertungsgesellschaften – sei er nicht mehr notwendig angewiesen.

In der Tat versetzt die Internet-Technologie den einzelnen Urheber dazu in die Lage, mit dem Verbraucher unmittelbar Kontakt aufzunehmen und seine Rechte selbst zu verwerten. Das Internet vermindert die Abhängigkeit der Kreativen von den Verwertern.[79] Gleichzeitig führt aber auch die Kommission aus, daß viele Urheber freiwillig ihre Rechte weiter-

78 Kommission v. 12. 8. 2002 – COMP/C2/37.219, *Banghalter & Homem Christo ./. SACEM*, http://europa.eu.int/comm/competition/antitrust/cases/decisions/37219/fr.pdf, S. 10 f. (zuletzt abgerufen am 9. 12. 2005; nur französische Fassung verfügbar). Die französische SACEM hatte es entsprechend ihren Statuten abgelehnt, die beiden Komponisten Banghalter und Homem Christo, die für die Punk-Musikgruppe Daft Punk schreiben, als Mitglieder aufzunehmen. Die Statuten der SACEM verlangten, daß bestimmte Rechte jedenfalls durch eine Verwertungsgesellschaft, also nicht notwendig durch die SACEM, wahrgenommen werden. Die Komponisten wollten bestimmte Rechte vom Wahrnehmungsvertrag mit der SACEM ausnehmen. Nur zum Teil waren diese Rechte der britischen PRS eingeräumt worden, zum anderen Teil wollten die Komponisten die Rechte selbst wahrnehmen.

79 Dazu schon oben II. 4. a).

hin bei der Verwertungsgesellschaft belassen. Im Ergebnis vertritt die Kommission in der *Daft Punk*-Entscheidung ein Modell, in dem die unmittelbare Rechtewahrnehmung durch den Urheber und die Rechtewahrnehmung über Verwertungsgesellschaften konkurrieren, was wiederum die Verwertungsgesellschaften als marktbeherrschende Unternehmen diszipliniert.[80] Damit trifft die Kommission aber nur ein Negativurteil über den von den Verwertungsgesellschaften durchgesetzten Zwang zur kollektiven Verwertung. Urheber, die sich nicht im hinreichenden Maße in der Lage sehen, ihre Werke selbst online zu vermarkten, sollen weiterhin die Möglichkeit haben, ihre Rechte Verwertungsgesellschaften anzuvertrauen, um ihre Interessen angemessen gegen die Verwerter durchzusetzen. Damit spricht sich die Kommission in *Daft Punk* gerade nicht gegen eine Tätigkeit der Verwertungsgesellschaften aus. Im Gegenteil hält sie die kollektive Verwertung im Online-Bereich als Angebot für die Kreativen zur Sicherung ihrer Vertragsfreiheit weiterhin für erforderlich. Tatsächlich sieht sich eben nicht jeder Urheber in der Lage, seine Werke selbst zu produzieren und im Internet zu vermarkten sowie Rechtsverletzungen im Online-Bereich aufzudecken. Will man die Kreativen nicht vollkommen dem Vertragsschluß mit den Verwertern überlassen, muß man dafür sorgen, daß es auch im Online-Bereich Verwertungsgesellschaften gibt, die eine angemessene Beteiligung der Kreativen an den Einkünften aus der Online-Verwertung sicherstellen.

Dagegen nimmt die Kommission in ihrer Empfehlung vom 18. Oktober 2005 in keiner Weise auf die Vertragsparität sichernde Funktion von Verwertungsgesellschaften Rücksicht. Die Empfehlung läßt jede Differenzierung zwischen den Inhabern originärer und abgeleiteter Rechte vermissen, spricht pauschal nur von dem „Rechteinhaber" – als „jede natürliche oder juristische Person, die Online-Rechte hält"[81] – und vermeidet schließlich peinlichst den Urheberbegriff.[82] Im Unterschied dazu spricht der Echerer-Bericht des Europäischen Parlaments eine deutliche Sprache. Der darin enthaltenen „Forderung" des Parlaments nach einem „Ende von Interessenkonflikten (Personenidentität zwischen Rechteinhaber und Nutzer) beim Vertrieb von Verwertungsgesellschaften"[83] wird

80 So ausdrücklich Kommission (Fn. 78), S. 11.

81 Nr. 1 g) Online-Musikdienste-Empfehlung.

82 Siehe jedoch den Gebrauch des Urheberbegriffs im Erwägungsgrund 3, wo die Kommission bezeichnenderweise nur den Echerer-Bericht des Europäischen Parlaments zitiert.

83 Echerer-Berichts (Fn. 18) Rn. 43 = Entschließung [Fn. 19] ABl. C 92 E/425 Rn. 42.

von der Kommission nicht gehört. Nachzudenken wäre in der Tat über die Schaffung von getrennten Verwertungsgesellschaften für die Werkschöpfer und ausübenden Künstler einerseits und den unternehmerischen Rechteinhabern (Produzenten, Verlegern, etc.) andererseits, um hierdurch die Position der Kreativen weiter zu stärken. Die Kommission geht dagegen genau den entgegengesetzten Weg. Nach der Empfehlung sollen „alle Kategorien von Rechteinhabern (...) in bezug auf alle angebotenen Wahrnehmungsleistungen gleich behandelt werden".[84] In diesem Zusammenhang kritisiert die Kommission besonders, daß in einigen Mitgliedstaaten die Musikverleger nicht in den dortigen Verwertungsgesellschaften aufgenommen werden können.[85] Ausdrücklich genannt wird dabei etwa die polnische ZAIKS.[86] Im Kreuzfeuer der Kritik stehen also ausgerechnet jene Gesellschaften, die die Forderung des Echerer-Berichts bereits heute erfüllt haben. Nicht überzeugend ist das Argument der Kommission,[87] wonach die Verleger einen direkten Zugang zu den nationalen Verwertungsgesellschaften erhalten müssen, um den angeblich eintragsmindernden Gegenseitigkeitsverträgen entgehen zu können.[88] Jenseits der Möglichkeit, die Rechte im Online-Bereich auch individuell wahrzunehmen,[89] ist nämlich den Verwertern und Inhabern abgeleiteter Rechte die freie Gründung von Verwertungsgesellschaften jederzeit gestattet.[90] In der Empfehlung geht es also nicht um den Ausschluß von Diskriminierungen, sondern um eine Beschneidung der ökonomischen Interessen der Kreativen unter Verkennung des Regelungs-

84 Wobei offen bleibt, ob dies auch bedeutet, daß die Berechnungssätze in bezug auf die Ausschüttungen gleichen Regeln folgen soll.

85 Commission Staff Working Document, Study on a Community Initiative (Fn. 15), Punkt 1.1.4.3. (S. 13 f.).

86 Commission Staff Working Document, Study on a Community Initiative (Fn. 15), S. 14 Fn. 12; unter gleichzeitiger Nennung der griechischen AEPI, der portugiesischen SPA und der französischen SACD.

87 Commission Staff Working Document, Study on a Community Initiative (Fn. 15), S. 13 f.

88 Ein Rechteinhaber könnte schon heute den Gegenseitigkeitsverträgen entgehen, wenn er die einzelnen nationalen Rechte jeweils der entsprechenden nationalen Verwertungsgesellschaft einräumen würde. Dies setzt in der Tat freilich voraus, daß es in jedem Land auch eine Verwertungsgesellschaft gibt, die die Rechte der entsprechenden Gruppe von Rechteinhabern vertritt.

89 Dazu oben II. 4.

90 Soweit Staaten ein gesetzliches Monopol von Verwertungsgesellschaften vorsehen, schließt das Monopol von „Urhebergesellschaften" die Gründung von „Verwertergesellschaften" nicht aus.

problems gestörter Vertragsparität im Urheberrecht. Die Kommission möchte den Verwertern zu einer Beteiligung an den Einkünften der heute existierenden reinen „Urhebergesellschaften" verhelfen.

Im Ergebnis läßt sich damit festhalten, daß die Beibehaltung eines Verwertungsgesellschaftssystem als Träger der kollektiven Wahrnehmung vor allem aus dem Blickwinkel des Schutzes der Kreativen im Verhältnis zu den Werknutzern auch im Online-Bereich erforderlich ist.

2. Gründe für die Entstehung des Verwertungsmonopols

Die Gründe, die für die kollektive Wahrnehmung sprechen, rechtfertigen aber keineswegs die Konstituierung von Verwertungsgesellschaften als Monopolunternehmen. Prohibitive Transaktionskosten lassen sich auch durch ein System konkurrierender, wenn auch nicht zu zahlreicher Verwertungsgesellschaften senken. Für den Aufbau eines effektiven Überwachungsapparats ist eine bestimmte Unternehmensgröße erforderlich, aber nicht das Verwertungsmonopol. Die Kreativen, deren Interessen eine Verwertungsgesellschaft eigentlich besonders wahren soll, sehen sich sogar mit der Gefahr eines Mißbrauchs der Marktmacht durch dieses Gesellschaft konfrontiert. Vorsicht ist schließlich gegenüber dem Argument geboten, der Urheber werde weniger geschützt, wenn das Monopol gegenüber den Nutzern durch das Wettbewerbsprinzip aufgehoben werde.[91] Denn auch der Urheber hat keinen Anspruch auf die Monopolrendite.

Im Wahrnehmungsrecht der Mitgliedstaaten koexistieren die beiden Systeme des gesetzlichen Monopols und der freien Gründung von Verwertungsgesellschaften. Deutschland hat sich für das zweite Modell entschieden. Nach §§ 1 ff. UrhWG besteht zwar eine Erlaubnispflicht. § 3 UrhWG zählt die Versagungsgründe aber abschließend auf. Hierzu gehört gerade nicht, daß bereits eine Verwertungsgesellschaft in einem bestimmten Bereich tätig ist. Trotzdem hat sich in Deutschland ein monopolistisch strukturiertes Verwertungsgesellschaftssystem herausgebildet.[92]

Diese Struktur läßt sich ökonomisch erklären. Aufgrund der besonderen Marktgegebenheiten ist bei der kollektiven Verwertung mit der Entste-

91 So anklingend bei *von Lewinski*, FS Schricker (2005), S. 405 f.

92 Zur Struktur in Deutschland, siehe *Schack*, Urheber- und Urheberverlagsrecht (3. Aufl. 2005), Rn. 1159.

hung natürlicher Monopole zu rechnen. In einem System mit mehreren Verwertungsgesellschaften wird der Online-Nutzer tendenziell den Vertragsschluß mit jener Gesellschaft vorziehen, die ihm das attraktivste Angebot verschafft. Dieses wird wesentlich durch die Größe des angebotenen Repertoires bestimmt. Da die größere Gesellschaft mehr Nutzer findet, werden die von ihr verwalteten Rechte auch häufiger genutzt werden. Entsprechend kann die größere Gesellschaft im Vergleich zu kleineren Konkurrenten den Rechteinhabern auch ein größeres Vergütungsaufkommen in Aussicht stellen. Also werden auch die Rechteinhaber den Vertragsschluß mit der größeren Verwertungsgesellschaft vorziehen. Der ökonomische Vorteil von Nutzern und Rechteinhabern aus der Nutzung der kollektiven Verwertung wächst mit der Größe der Verwertungsgesellschaft, und zwar exponential, da etwa mit dem Anschluß eines neuen Rechteinhabers nicht nur eine weitere Verwertungsbeziehung möglich wird, sondern mehrere, nämlich entsprechend der Zahl der Nutzer, die Zugriff auf das Repertoire haben. Ökonomisch formuliert handelt es sich hierbei um einen sog. „Netzwerkeffekt". Erreicht eine Gesellschaft eine kritische Größe, kippt der Markt um und es entsteht ein natürliches Monopol. Die Gründung einer neuen, konkurrierenden Gesellschaft erscheint dann ökonomisch chancenlos.[93]

Die Monopolstruktur von Verwertungsgesellschaften beruht damit auf spezifischen Größenvorteilen für die Vertragspartner. Sie ist ein ökonomisch unausweichliches Übel, das den Vertragspartnern zugleich Vorteile bringt. Viele der Regeln des deutschen UrhWG knüpfen an der Notwendigkeit der Regulierung dieses natürlichen Monopols an. Von zentraler Bedeutung ist vor allem der Wahrnehmungszwang (§ 6 UrhWG) als Kontrahierungszwang im Verhältnis zu den Rechteinhabern sowie der Abschlußzwang (§ 11 UrhWG) im Verhältnis zu den Nutzern.

Die Präferenz der Kommission für die *right-holders option*, die auf der freien Wahl der direkt verwertenden Gesellschaft durch den Rechteinhaber beruht, erscheint damit problematisch. Zwar bestehen heute in der EU mehrere Verwertungsgesellschaften, die in der Lage wären, sich an einer solchen Verwertung zu beteiligen. Freilich besteht auch hier die Gefahr, daß letztlich der Markt umkippen und sich alle Rechteinhaber und Nutzer bei einer Verwertungsgesellschaft treffen werden. So

93 Mit der Gründung der VG Werbung + Musik GmbH im Jahre 2004 gab es jedenfalls den Versuch, ein Konkurrenzunternehmen zur GEMA im Bereich der Musikverwertung zu etablieren.

kann die Politik der Empfehlung im Ergebnis in ein europäisches Verwertungsmonopol für die Online-Verwertung von Musikstücken führen. Die Wahlfreiheit der Rechteinhaber, vor allem der Kreativen, denen der Zugang zur unmittelbaren individuellen Online-Verwertung schwerer fällt, stünde damit endgültig nur auf dem Papier. Zur Kontrolle dieses Monopols könnte allein auf das europäische Kartellrecht zurückgegriffen werden. Für eine weitreichendere „präventive" Regulierung, etwa nach dem Modell des deutschen Wahrnehmungsrechts, hat die Kommission keine Vorsorge getroffen.

Wie sich der Markt im Rahmen der *right-holders option* im einzelnen entwickeln würde, läßt sich nicht mit Bestimmtheit vorhersehen. Dies hängt nicht zuletzt davon ab, wie die Freiheit der Rechteinhaber bei der Wahl der zuständigen Verwertungsgesellschaft juristisch ausgestaltet wird. Zu befürchten ist jedenfalls ein Monopol für die besonders marktgängige, international populäre, stark kommerziell geprägter Musik. Daneben bleiben vielleicht kleinere Gesellschaften erhalten, die Sparten- und national geprägte Märkte abdecken. Die spartenspezifische Spezialisierung liegt auf der Linie der Kommissionsüberlegungen.[94] Eine solche Marktstruktur bedeutet aber gerade kein Mehr an Wettbewerb. Vielmehr teilt sich hier das Verwertungsgesellschaftssystem in unterschiedliche sachliche Märkte, wobei jeder Einzelmarkt einen besonders hohen Konzentrationsgrad aufweist.[95]

Ein solches europäisches Verwertungsmonopol wäre weniger für die großen institutionellen Rechteinhaber ein Problem, denn diese können auf die individuelle Verwertung ausweichen. Betroffen wären vor allem die Online-Nutzer. Die Kommission räumt selbst ein, daß die *right-holders option* zu einem starken Konzentrationsprozeß führen wird, an deren Ende vielleicht nur wenige europäische Verwertungsgesellschaften in einem oligopolistisch strukturierten Markt übrig bleiben.[96] Mögliche, den Wettbewerb beschränkende Wirkungen hält die Kommission offenbar für gerechtfertigt, um die Rechteinhaber gegenüber großen Verwertern zu stärken. Damit greift die Kommission auf ein Argument zurück, das auch in der Rechtsprechung des EuGH bei der wettbewerbsrechtli-

94 Commission Staff Working Document, Study on a Community Initiative (Fn. 15), Punkt 3.3 (S. 36).

95 Hierzu auch besonders kritisch M. M. *Schmidt*, ZUM 2005, 783, 787.

96 Commission Staff Working Document, Study on a Community Initiative (Fn. 15), Punkt 4.7 (S. 42). Die Kommission spricht hier von 3 bis 4 Verwertungsgesellschaften.

chen Kontrolle von Verwertungsgesellschaften immer wieder eine Rolle gespielt hat.[97] Gedacht wurde dabei aber immer an die großen nationalen Verwerterinstitutionen, wie die Rundfunk- und Fernsehanstalten. Das Internet hat aber die Kosten für die Sendung von Musikprogrammen im Vergleich zum terrestrischen Rundfunk enorm sinken lassen. Frequenzbegrenzungen gibt es nicht. Damit erlaubt das Internet den Marktzutritt vieler kleiner Online-Nutzer. Dies bedeutet nicht, daß es nicht auch im Online-Bereich große, marktmächtige Nutzer geben kann, etwa im Bereich des Betriebs von On-Demand-Musikplattformen (Bsp.: Apple/iTunes).[98] Damit weist der Markt auf der Nutzerseite eine durchaus komplexe Struktur auf. Ein Verwertungsmonopol kann zwar einen Ausgleich bieten zur Marktmacht großer Online-Nutzer,[99] wird aber umgekehrt auch die Konzentration auf der Nutzer-Seite fördern, da kleine Unternehmen sich kaum gegen das Verwertungsmonopol wehren können.

IV. Die Freiheit des Rechteinhabers bei der Wahl der Verwertungsgesellschaft

Zentrales Element der von der Kommission bevorzugten *right-holders option* ist die Freiheit des Rechteinhabers, sich jene Verwertungsgesellschaft auszusuchen, die seine Rechte in dem von ihm zu beschreibenden sachlichen und geographischen Umfang unmittelbar wahrnehmen soll. Dabei wird von Nr. 3 der Empfehlung lediglich formuliert, daß die Rechteinhaber „das Recht haben sollten, die Wahrnehmung aller Online-Rechte (...) einer Verwertungsgesellschaft ihrer Wahl anzuvertrauen". Dies wird in Nr. 5 a) und b) dahingehend ergänzt, daß die Rechteinhaber „festlegen können sollten", welche Rechte und für welches geographische Gebiet diese Rechte einer Verwertungsgesellschaft eingeräumt werden.

97 So schon EuGH v. 21. 3. 1974 – Rs. 127/73 *BRT ./. SABAM*, Slg. 1974, 313 Rn. 10 und 15.

98 Siehe die Stellungnahme der dt. Bundesregierung (Fn. 28), S. 4, die davon berichtet, daß es der GEMA nicht gelungen sei, mit Apple/iTunes ins Geschäft zu kommen. Apple/iTunes habe das Angebot der GEMA für eine grenzüberschreitende Lizenz sogar ausdrücklich abgelehnt.

99 Ebenso M. M. *Schmidt*, ZUM 2005, 783, 786.

1. Zwischen Vertragsfreiheit und Kontrahierungszwang

Juristisch betrachtet wird diese Freiheit auf seiten des Rechteinhabers durch die Exklusivität des Schutzrechts gewährleistet. Da aber auch die kollektive Verwertung über das Privatrecht gesteuert wird und dieses auf den Vertragsschluß angewiesen ist, bleibt diese Freiheit des Rechteinhabers ein philosophisches Postulat, soweit nicht der Gesetzgeber mit einem Kontrahierungszwang dafür sorgt, daß die Verwertungsgesellschaften das entsprechende Vertragsangebot auch annehmen. In der gegenwärtigen Form erschöpft sich die Empfehlung in der bloßen Aufforderung an die Verwertungsgesellschaften als „Marktteilnehmer" und damit Adressaten (Nr. 19 der Empfehlung), entsprechende Verträge anzubieten.

Jenseits der großen Worte vom „Recht auf die freie Wahl" gilt also weiterhin im Grundsatz das Gebot der Vertragsfreiheit. Anderes würde sich ergeben, soweit bereits das nationale Wahrnehmungsrecht einen Kontrahierungszwang im Sinne der *right-holders option* vorsähe. Das deutsche Wahrnehmungsrecht mit seinem Wahrnehmungszwang nach § 6 UrhWG bleibt jedenfalls weit hinter der Zielvorstellung der Kommission zurück. Die Vorschrift verpflichtet zwar auch zur Wahrnehmung der Rechte der Staatsangehörigen anderer Mitgliedstaaten der EU und des EWR.[100] Gleichzeitig kommt darin auch zum Ausdruck, daß zwischen deutschen und den genannten ausländischen Rechteinhabern bei der Vertragsgestaltung nicht diskriminiert werden darf. Wie freilich die Wahrnehmung im einzelnen gestaltet werden muß, regelt die Vorschrift nicht. Insbesondere verpflichtet sie deutsche Gesellschaften nicht, das System der Gegenseitigkeitsverträge nun zu verlassen und im Online-Bereich im Zusammenhang mit Neuverträgen die ihr anvertrauten Rechte unmittelbar wahrzunehmen. Damit ist die *right-holders option* aufgrund deutschen Wahrnehmungsrechts heute jedenfalls juristisch nicht durchsetzbar.

100 Eine Verpflichtung des deutschen Gesetzgebers auf Erstreckung des Wahrnehmungszwangs auf Angehörige anderer EU- und von EWR-Staaten ergibt sich aus dem Diskriminierungsverbot des Art. 12 EG; siehe *Mestmäcker/Schweizer* (Fn. 1), § 30 Rn. 29; weiterführend *Winghardt*, Gemeinschaftsrechtliches Diskriminierungsverbot und Inländerbehandlungsgrundsatz unter dem Blickwinkel der kollektiven Wahrnehmung urheberrechtlicher Ansprüche, GRUR Int. 2001, 993.

2. Kartellrechtliche Durchsetzung

Aufgrund der Monopolstellung der Verwertungsgesellschaften im nationalen Bereich liegt der Gedanke an eine kartellrechtliche Durchsetzung der Wahlfreiheit der Rechteinhaber nahe. Rechtsgrundlage hierfür wäre Art. 82 EG. Freilich führt auch die Anwendung diese Vorschrift nicht zu dem von der Kommission erwünschten Ergebnis.

Aus Art. 82 EG ergibt sich einmal ein an die nationalen Verwertungsgesellschaften gerichtetes Verbot, Vertragsschlüsse mit Rechteinhabern aus anderen Mitgliedstaaten abzulehnen.[101] Würde also die GEMA beispielsweise die Wahrnehmung der Rechte eines polnischen Urhebers verweigern, würde sie gleichzeitig gegen deutsches Wahrnehmungsrecht (§ 6 UrhWG) und europäisches Wettbewerbsrecht verstoßen. Art. 82 EG hat für jene Staaten eigenständige Bedeutung, die keinen Kontrahierungszwang kennen. Denn für die Anwendung von Art. 82 EG genügt es, daß die Verwertungsgesellschaft zwischen inländischen und ausländischen Rechteinhabern (mit EU-Staatsangehörigkeit) diskriminiert. Damit gewährleistet das europäische Wettbewerbsrecht eine „Grundsicherung" in bezug auf die freie Wahl der Verwertungsgesellschaft durch die Rechteinhaber.

Art. 82 EG kontrolliert schließlich auch den Spielraum der Verwertungsgesellschaften bei der Gestaltung der Wahrnehmungsverträge. Die in der Rechtsprechung des EuGH entwickelten Grundsätze zwingen die Verwertungsgesellschaften aber nicht dazu, den Rechteinhabern ganz generell die freie Bestimmung der überlassenen Rechte sowie des relevanten Wahrnehmungsterritoriums zu überlassen. Nach dem grundlegenden Urteil *BRT gegen SABAM* ist es nicht als Mißbrauch im Sinne von Art. 82 EG anzusehen, wenn sich eine Verwertungsgesellschaft jene Rechte einräumen läßt, die notwendig sind, um ihrer Tätigkeit das erforderliche Volumen und Gewicht im Verhältnis zu den Werknutzern zu verleihen.[102] Freilich verlangt der EuGH, daß die Verwertungsgesellschaft Rücksicht auf die Interessen des Rechteinhabers nimmt. So sei ein Mißbrauch dann anzunehmen, wenn sich die Gesellschaft Rechte einräumen läßt, „die für die Erreichung des Gesellschaftszwecks nicht unentbehrlich sind und die Freiheit des Mitglieds, sein Urheberrecht auszuüben, un-

---

101 EuGH v. 3. 3. 1983 – Rs. 7/82 *GVL ./. Kommission*, Slg. 1983, 483 Rn. 56.
102 EuGH v. 3. 3. 1983 – Rs. 7/82 *GVL ./. Kommission*, Slg. 1983, 483 Rn. 9/11.

billig beeinträchtigt wird".[103] Die Kommissionsempfehlung weicht von dieser Rechtsprechungsleitlinie insoweit ab, als sie die Abwägung der Interessen zwischen der Verwertungsgesellschaft und der Rechteinhaber einseitig zulasten der ersteren verschiebt. So mutet die Kommission einer Verwertungsgesellschaft etwa durchaus zu, daß sie nur die Rechte für ein einzelnes, im konkreten Fall ökonomisch nicht lukratives Staatsgebiet zuweist, während die Rechte für lukrative Staaten einer Konkurrenzgesellschaft anvertraut oder gar individuell wahrgenommen werden. Im Ergebnis könnten sich die Rechteinhaber die Rosinen für die Individualverwertung herauspicken und das weniger oder gar unrentable Geschäft den Verwertungsgesellschaften zuweisen. Man sieht deutlich: Nur auf der Linie der EuGH-Rechtsprechung entsteht ein funktionsfähiges Verwertungsgesellschaftssystem.

Schließlich läßt sich auf der Grundlage von Art. 82 EG keine Pflicht der Verwertungsgesellschaften zur unmittelbaren Lizenzierung von Rechten im Ausland begründen. Eine solche Pflicht würde nämlich voraussetzen, daß die jeweilige Verwertungsgesellschaft über eine marktbeherrschende Stellung auch für die Verwertung im Ausland verfügt. Hieran fehlt es aber, da Verwertungsgesellschaften allenfalls für ihr eigenes nationales Territorium marktbeherrschend sind.[104]

3. Kontrahierungszwang ohne marktbeherrschende Stellung?

Fehlt es damit nach geltendem europäischen Kartellrecht an einer Verpflichtung des Verwertungsgesellschaften, ein unbeschränktes Wahlrecht der Rechteinhaber in der von der Kommissions-Empfehlung beschriebenen Form einzuführen, stellt sich die rechtspolitische Frage nach der Einführung eines entsprechenden Kontrahierungszwangs in der Zukunft.

Jeder Kontrahierungszwang bedarf jedoch als Einschränkung der Vertragsfreiheit der inhaltlichen Rechtfertigung. Ökonomisch betrachtet wäre ein Marktversagen nachzuweisen, das durch den Kontrahierungszwang ausgeglichen werden soll. Im vorliegenden Fall kann sich eine

103 EuGH v. 3.3.1983 – Rs. 7/82 *GVL ./. Kommission*, Slg. 1983, 483 Rn. 15.

104 Im entsprechenden Sinne *Mestmäcker/Schweizer* (Fn. 1), § 30 Rn. 26, in bezug auf die Frage, ob sich aus Art. 82 EG ein Anspruch eines Nutzers auf die Lizenzierung des Rechts im Ausland ergibt.

Rechtfertigung aber nur aus der Monopolstellung der jeweiligen Verwertungsgesellschaft ergeben. Zwar ließe sich möglicherweise ein „präventiver“ Kontrahierungszwang auch schon im Hinblick auf ein zu befürchtendes europäisches Verwertungsmonopol rechtfertigen. Wie jedoch die Ausführungen zu Art. 82 EG im heutigen Kontext zeigen, rechtfertigt das wettbewerbsrechtliche Argument nicht die von der Kommission gewünschte weitgehende Einschränkung der Vertragsfreiheit. Damit krankt die Politik der Kommissions-Empfehlung an einen wesentlichen konzeptionellen Fehler: Sie verspricht ein Maximum an Wettbewerb zwischen den Verwertungsgesellschaften, indem sie sich für eine massive Einschränkung der wirtschaftlichen Handlungsfreiheit und damit der Wettbewerbsfreiheit der „collective rights managers“ als Dienstleistungserbringer ausspricht.

Noch weniger darf vom deutschen Gesetzgeber erwartet werden, daß er unter dem Eindruck der Empfehlung den Wahrnehmungszwang nach § 6 UrhWG entsprechend den Kommissionsvorstellungen ausweitet.[105] Fehlt es nämlich an einer inhaltlichen Rechtfertigung des Kontrahierungszwangs, ist die zugrunde liegende gesetzliche Vorschrift als Verstoß gegen die Berufsfreiheit der Verwertungsgesellschaften nach Art. 12 Abs. 1 GG oder wenigstens als Verstoß gegen die von Art. 2 Abs. 1 GG verfassungsrechtlich abgesicherte Vertragsfreiheit anzusehen.

V. Folgen zukünftigen Verhaltens der Marktbeteiligten

Angesichts des bloß empfehlenden Charakters und des auch ansonsten fehlenden rechtlichen Zwangs auf Verwertungsgesellschaften, sich in ihrer Praxis der von der Empfehlung vorgestellten *right-holders option* anzuschließen, hängen die weiteren Entwicklungen entscheidend vom Verhalten der Verwertungsgesellschaften selbst ab. Diese müssen sich, vor allem für den Fall, daß Rechteinhaber sich auf das von der Kommission deklarierte „Recht“ berufen, die Vor- und Nachteile verschiedener Verhaltensoptionen überlegen. Für das weitere Geschehen lassen sich

105 Siehe Nr. 16 Online-Musikdienste-Empfehlung. Danach sind die Mitgliedstaaten „eingeladen“, jährlich über Maßnahmen in bezug auf die Empfehlung zu berichten.

drei Szenarien unterscheiden: Nach dem ersten Szenario bleiben die Verwertungsgesellschaften geschlossen beim bisherigen traditionellen Verwertungssystem, das lediglich begrenzte nationale Lizenzen erlaubt. Nach dem zweiten Szenario einigen sich Verwertungsgesellschaften auf die *commercial users option* entweder nach dem Vorbild der Santiago-/Barcelona- oder der IFPI/Simulcasting-Vereinbarung. Bei weitem am spannendsten und konfliktreichsten sind die Folgen des dritten Szenarios, dem Ausscheren einzelner Verwertungsgesellschaften zugunsten der *right-holders option*.

1. Beibehaltung des traditionellen Verwertungsmodells

Die nächstliegende Handlungsoption besteht darin, alles beim Bisherigen zu lassen. Da das traditionelle System der Wahrnehmung von ausländischen Rechten über Gegenseitigkeitsverträge den Online-Anbieter zwingt, sich die erforderlichen nationalen Rechte bei den verschiedenen Verwertungsgesellschaften zusammenzusuchen, entspricht dieses System freilich weder den Bedürfnissen der Online-Verwertung noch den technischen Möglichkeiten. Auch die Verwertungsgesellschaften selbst müssen im Interesse der Rechteinhaber daran interessiert sein, auf Dauer ein effizientes, die Nachfrager optimal bedienendes System zu entwikkeln, das gleichzeitig das Vergütungsaufkommen für die Rechteinhaber optimiert. Trotzdem bildet die Ist-Situation den Ausgangspunkt aller weiteren Überlegungen.

Dabei stellt sich zunächst die Frage, ob die Verwertungsgesellschaften eventuell nach dem europäischen Kartellrecht verpflichtet sein könnten, vom traditionellen Verwertungsmodell abzurücken. Das Ziel der Kartellrechtsanwendung bestünde in diesem Zusammenhang in der Erzwingung einer Mehrstaatenlizenz.

Einen ersten Angriffspunkt könnten hier die Gegenseitigkeitsverträge in ihrer traditionellen Form bieten, die in Abweichung von der IFPI/Simulcasting-Vereinbarung und den inzwischen ausgelaufenen Abkommen von Santiago und Barcelona gerade keine Mehrstaatenlizenz ermöglichen. Gegenseitigkeitsverträge waren schon mehrfach Gegenstand der kartellrechtlichen Beurteilung. Dabei ging der EuGH stets davon aus, daß diese Verträge jedenfalls keinen Verstoß gegen Art. 81 Abs. 1 EG darstellen, soweit der beauftragten Partnergesellschaft keine ausschließliche Lizenz für die Rechtewahrnehmung in deren Staatsgebiet erteilt wird.[106] Europäisches Kartellrecht verlangt also, daß die Ursprungsgesellschaft die juristische Möglichkeit behält, auch selbst eine Lizenz für das Ausland zu erteilen. Die gegenwärtigen Gegenseitigkeitsverträge entsprechen diesen Anforderungen.

Die Verhinderung von Ausschließlichkeitsklauseln durch das europäische Kartellrecht verhilft den ausländischen Nutzern gleichwohl zu keinem durchsetzbaren Anspruch gegen die Ursprungsgesellschaft auf Lizenzerteilung. Ein solcher Anspruch läßt sich insbesondere nicht aus Art. 82 EG begründen. Die Vorschrift würde nämlich voraussetzen, daß die Ursprungsgesellschaft auch im Hinblick auf die Rechtewahrnehmung im Ausland marktbeherrschend ist. Hieran fehlt es aber.[107] Die Ursprungsgesellschaften haben zudem auch gute Gründe, die Rechtewahrnehmung freiwillig ganz der beauftragten ausländischen Partnergesellschaft zu überlassen. In den klassischen Verwertungsfällen ist die inländische Verwertungsgesellschaft mangels eigenen Kontrollapparats im Ausland nicht in der Lage, die Einhaltung der Lizenzverträge bezogen auf das Ausland zu überwachen.

Wie gesehen, ist diese Rechtfertigung aber im Online-Bereich in Frage gestellt. Die Erteilung einer Online-Linzenz für das Ausland und damit ein System der Mehrstaatenlizenz soll nicht nur möglich sein. Dieses System könne, so das Argument, auch vom Staat der lizenzerteilenden Gesellschaft aus überwacht werden. Das Lizenzangebot der Ursprungsgesellschaft, das ihm typischerweise Weltrechte verschafft, würde jenem der beauftragten Gesellschaft zudem regelmäßig im Wettbewerb überlegen sein. Die von der Ursprungsgesellschaft erteilte Mehrstaatenlizenz berechtigt den Lizenznehmer nämlich sofort zur Online-Verwertung, wenn auch beschränkt auf das Repertoire dieser einen Gesellschaft. Es läge dann beim Online-Nutzer, ob er Verträge mit weiteren Verwertungsgesellschaften, die ihm das nutzbare Repertoire erweitern, für ökonomisch sinnvoll hält. Wird dagegen die Lizenzierung über das klassische System der Gegenseitigkeitsverträge mit einem Bündel nationaler Lizenzen abgewickelt, muß der Online-Nutzer, der eine Rechtsverletzung auf jeden Fall vermeiden möchte, zunächst Verträge mit allen Verwertungsgesellschaften abschließen. Für die Verweigerung der Mehrstaatenlizenz

106 EuGH v. 13. 7. 1989 Rs. 395/87 *Tournier*, Slg. 1989, 2521 Rn. 20; EuGH v. 13. 7. 1989, Rs. 110/88 *Lucazeau ./. SACEM*, Slg. 1989, 2811 Rn. 14; siehe dazu auch *Pickrahn* (Fn. 1), S. 134 ff.

107 So auch *Mestmäcker/Schweizer* (Fn. 1), § 30 Rn. 26.

im Wettbewerb mit der über Gegenseitigkeitsverträgen (ohne Ausschließlichkeitsklausel) beauftragten Gesellschaft fehlt es folglich möglicherweise, anders als im Offline-Bereich, an einer nachvollziehbaren betriebswirtschaftlichen Erklärung.

Verweigern alle Verwertungsgesellschaften gleichermaßen die unmittelbare Erteilung einer Mehrstaatenlizenz, liegt der Verdacht nahe, daß sich die Gesellschaften jenseits der förmlich abgeschlossenen Gegenseitigkeitsverträge diesbezüglich untereinander abgestimmt haben. Tatsächlich kann vom Nachweis einer abgestimmten Verhaltensweise i. S. von Art. 81 Abs. 1 EG ausgegangen werden, wenn es an einem nachvollziehbaren Grund für das Parallelverhalten der Wettbewerber fehlt.[108] Da sich die Verwertungsgesellschaften im Bereich der Online-Verwertung nicht auf die Notwendigkeit eines ausländischen Überwachungsapparats berufen können,[109] setzen sie sich der Gefahr des Vorwurfs eines gegen Art. 81 Abs. 1 EG verstoßenden abgestimmten Verhaltens aus. Diesem Vorwurf können die Verwertungsgesellschaften entgehen, indem sie sich entweder im Verband auf ein der *commercial users option* entsprechendes neues Verwertungsmodell einigen oder die Verbandssolidarität aufgeben und aufgrund autonomer Entscheidung zur unmittelbaren Erteilung von Mehrstaatenlizenzen bezogen auf ihr jeweilig eigenes Repertoire übergehen. Letzteres entspräche der von der Kommission favorisierten *rightholders option.*[110]

2. Kollektive Entscheidung der Verwertungsgesellschaften für die commercial users option

Im Anwendungsbereich der Gegenseitigkeitsverträge nach dem IFPI/Simulcasting-Modell, das heißt für die Leistungsschutzrechte der Tonträgerhersteller in bezug auf die Verwertungsform des Simulcasting und

108 EuGH v. 31. 3. 1993 – Rs. 89/85 *Ahlström Osareythiö ./. Kommission*, Slg. 1993, I-1307 Rn. 71.

109 Zur Anerkennung dieses Grundes als Erklärung eines nicht koordinierten Parallelverhaltens, siehe *Mestmäcker/Schweitzer* (Fn. 1), § 30 Rn. 27.

110 Nicht ersichtlich ist, ob Verwertungsgesellschaften solche Mehrstaatenlizenzen bereits erteilen. Angeblich hatte die GEMA Apple/iTunes bereits eine grenzüberschreitende Lizenz für ihr Repertoire angeboten; so der Bericht in der Stellungnahme der dt. Bundesregierung (Fn. 28), S. 4. Die Ablehnung des Angebots lag wohl daran, daß Apple/i-Tunes kein Interesse am deutsch geprägten Repertoire der GEMA hatte.

inzwischen auch des Webcasting, wird schon heute die Mehrstaatenlizenz im Rahmen der *commercial users option* im Bereich der Online-Verwertung von Musik verwirklicht. Da die Kommission diese Vereinbarung im Jahre 2002 gemäß Art. 81 Abs. 3 EG, wenn auch nur befristet, freigestellt hat, ist davon auszugehen, daß dieses Modell auch in der Zukunft der Kartellrechtskontrolle standhalten würde. Es bietet sich daher als alternatives Verwertungsmodell für das Urheberrecht insgesamt an.

Keinen Erfolg verspricht das Santiago-/Barcelona-Modell, bei dem im Unterschied zur IFPI/Simulcasting-Vereinbarung nur die Verwertungsgesellschaft am Ort der Geschäftsniederlassung des Online-Nutzers die Mehrstaatenlizenz erteilen kann (*economic residence clause*). Nachdem die Kommission wegen dieses offensichtlichen Ausschlusses des Wettbewerbs zwischen den Gesellschaften wettbewerbsrechtliche Bedenken geäußert hatte,[111] ist der Kommission durch das ersatzlose Auslaufen der Abkommen der Untersagungsgegenstand i. S. von Art. 81 Abs. 1 EG abhanden gekommen. Weil bei jetzigem Zustand im System der klassischen Gegenseitigkeitsverträge die Verwertungsgesellschaften sich des Vorwurfs eines abgestimmten Verhaltens i. S. von Art. 81 Abs. 1 EG ausgesetzt sehen müssen, wenn sie sich geschlossen weigern, Mehrstaatenlizenzen im Hinblick auf die von Ihnen vertretenen Rechte zu erteilen,[112] bleibt ihnen nur die Wahl zwischen dem IFPI/Simulcasting-Modell und dem Übergang zur *right-holders option*.

3. Ausscheren einzelner Verwertungsgesellschaften zugunsten des Kommissionsmodells

Nicht auszuschließen ist, daß einzelne Verwertungsgesellschaften aus dem Verband mit ihren Partnergesellschaften ausscheren und unter Verzicht auf Gegenseitigkeitsverträge Rechteinhabern die Verwertung über unmittelbar zu erteilende Mehrstaatenlizenzen anbieten werden. Die Konsequenzen eines solchen Verhaltens für das Verwertungssystem in Europa sind weitreichend und mit mehr oder weniger großer Sicherheit vorhersehbar:

Das System der Gegenseitigkeitsverträge wird jedenfalls durchbrochen, wenn die Verwertungsgesellschaften die Rechte, wie von der Kommission

111 Dazu oben I. 1.
112 Oben 1.

erhofft, von den Gegenseitigkeitsverträgen herausnehmen. Schon wenn nur eine Verwertungsgesellschaft ausschert, wird den übrigen Gesellschaften die Möglichkeit genommen, den Nutzern über einen Vertrag den Zugang zum maximalen Repertoire, d. h. aller Gesellschaften zu verschaffen.

Der Übergang zur unmittelbaren Mehrstaatenlizenzierung nach der *right-holders option* erscheint jedenfalls zunächst für die Verwertungsgesellschaften nur für die international populäre Musik lohnend. Online-Nutzer werden entsprechende Lizenzen wegen des großen Publikumsinteresses der Musik nachfragen, obwohl sie nur Zugang zu einem beschränkten Repertoire verschafft. Es entsteht die Chance der Inhaber der Rechte an solcher Musik, entstehenden Wettbewerb zwischen den Verwertungsgesellschaften zu nutzen.

Dagegen eignet sich *national geprägte Musik*, die hauptsächlich nur innerhalb eines Landes Beliebtheit genießt,[113] kaum für die unmittelbare Mehrstaatenlizenzierung. Ausländischen Verwertungsgesellschaften wird schon die notwendige Kenntnis in bezug auf den Marktwert dieser Musik fehlen. Der Rechteinhaber bleibt also auf den Vertragsschluß mit der eigenen, nationalen Verwertungsgesellschaft festgelegt. Was die Nutzung im Ausland anlangt, hat für diese Art der Musik die Verwertung über Gegenseitigkeitsverträge Vorteile, da sie auf jeden Fall eine grenzüberschreitende Wahrnehmung garantiert.

Nicht auszuschließen ist, daß der zunehmende Übergang zur unmittelbaren Mehrstaatenlizenzierung das System der Gegenseitigkeitsverträge zum Zusammenbrechen bringt. Es bestünde dann die Gefahr, daß die auf das internationale Publikum ausgerichteten Online-Nutzer nur noch Lizenzen für die international nachgefragte Musik erwerben. Die national geprägte Musik bliebe auf die nationalen Verwertungsgesellschaften angewiesen, die ebenfalls unmittelbare Mehrstaatenlizenzen anbieten müßten. Anklang wird diese Musik aber nur bei Online-Nutzern mit national geprägtem Programm oder solchen finden, die sich auf Spartenprogramme spezialisieren. Das Ergebnis besteht in einer stärkeren Selektierung nationaler und internationaler Musik und damit einer Abnahme kultureller Vielfalt im Angebot einzelner Online-Nutzer.

Der damit drohenden Gefahr einer Zweiklassengesellschaft in der euro-

113 Nicht hierher gehört also national geprägte Musik, die international populär ist. Ein Beispiel hierfür wäre irische Volksmusik.

päischen Musik wäre wiederum nur durch einen umfassenden Kontrahierungszwang zu begegnen, der die Verwertungsgesellschaften zwingt, auch weniger populäre Musik in ihr Programm aufzunehmen und zu gleichen Bedingungen zu verwerten. Freilich läßt sich, wie gezeigt wurde, ein solcher Kontrahierungszwang nicht rechtfertigen, wenn die Gesellschaften gleichzeitig verstärkten Wettbewerb ausgesetzt werden. Verzichtet man aber auf einen Kontrohierungszwang, wird das „Recht" des Rechteinhabers, sich die zuständige Verwertungsgesellschaft auszusuchen, zur bloßen Worthülse. In Wirklichkeit treffen jene Personen und Institutionen, die die Popularität von Musik für den internationalen Markt vorab bewerten, die Entscheidung über die Aufnahme einzelner Rechte in die *right holders option*. Dies sind neben den Verwertungsgesellschaften, die sich überlegen müssen, ob sie bestimmte Musik verwerten wollen, die großen Musikproduzenten, die gezielt Musik für den internationalen Markt herstellen, und die großen Verwerter, die die Rechte an vorhersehbar international erfolgreicher Musik in ihren Händen bündeln.[114]

Die soeben erwähnten institutionellen „Rechteinhaber" können den Wettbewerb zwischen den Verwertungsgesellschaften zudem erheblich besser nutzen als individuelle Rechteinhaber. Die Kommission möchte mit ihrer Empfehlung zum Wechsel der Verwertungsgesellschaft anspornen. Zu diesem Wechsel ist der international agierende institutionelle Rechteinhaber viel eher in der Lage als der einzelne Komponist, Textdichter oder ausübende Künstler. Letztere sind nicht nur durch Sprache und Wohnsitz viel stärker an den nationalen Raum gebunden. Die Abspaltung der Online-Rechte und deren Zuweisung an eine andere Gesellschaft als jene, die vielleicht für die Wahrnehmung der übrigen Rechte zuständig bleibt, werden für diesen Rechteinhaber praktisch kaum handhabbar sein.[115] Ungeachtet des Umstandes, daß die Kommission in der Empfehlung allen „Rechteinhabern" gleiche Rechte zu versprechen scheint, droht damit das Entstehen einer Zweiklassengesellschaft auch im Verhältnis verschiedener Gruppen von Rechteinhabern.

Damit ist zugleich ein weiterer, von der Kommission nicht hinreichend bedachter Problemkreis angesprochen. Die Anbieter von Online-Inhalten wollen nicht einzelne Rechte verwerten, sondern ganze Musikstücke.

114 Zu den Folgen für Pluralität in der europäischen Musik und die Anreizstruktur für Kreativität oben II. 3. b).

115 Dazu auch oben I. 2.

Dazu benötigen sie aber die Berechtigung im Hinblick auf ein Bündel von Rechten, die jedenfalls originär unterschiedlichen Personen (Komponisten, Textdichter, ausübende Künstler, Tonträgerhersteller) zustehen. Soweit die Kommission in der Empfehlung ganz allgemein von den „Rechteinhabern" spricht, scheint sie die Beauftragung ganz verschiedener Verwertungsgesellschaften durch die unterschiedlichen Rechteinhaber in Kauf zu nehmen. Dies geht nun aber vollkommen an dem Bedürfnis nach einem effizienten Verwertungsmodell im Online-Bereich vorbei und würde die Nutzbarkeit einzelner Musikstücke ganz erheblich einschränken. In der Praxis führt daher kein Weg an einer Bündelung der Entscheidungsfindung im Verhältnis der verschiedenen Rechteinhaber vorbei. Diese Aufgabe kann allein der Verwerter der ersten Stufe übernehmen, in der Regel also der Produzent, der als Tonträgerhersteller über ein eigenes originäres Recht verfügt und im übrigen seine Rechte von den Kreativen ableitet. Dies bedeutet, daß im neuen System der *right holders option* in vielen Fällen, gerade auch in jenem der für den internationalen Markt produzierten Musik, die Kreativen überhaupt nicht mehr bis zu den Verwertungsgesellschaften als Vertragspartner vordringen werden. Damit besteht die Gefahr, daß im Online-Bereich nicht nur wegen der stets vorhandenen Möglichkeit der Individualverwertung durch die Verwerter der ersten Stufe, sondern auch bei der kollektiven Verwertung über Verwertungsgesellschaften die Interessen der Kreativen nicht mehr hinreichend geschützt werden können.

Daneben steht die ausgeführte[116] Gefahr der Entstehung eines „europäischen Verwertungsmonopols" infolge zu erwartender Netzwerkeffekte. Dieses Monopol muß sich nicht notwendig zum Nachteil der „Rechteinhaber" auswirken, denn die großen institutionellen Rechteinhaber können ihre, zumeist abgeleiten Rechte auch individuell wahrnehmen. Bedroht sind vor allem die Interessen kleinerer Online-Nutzer sowie schließlich die Verbraucher, die die Kosten des Monopols zu tragen hätten. Ein europäisches Monopol muß nicht gefährlicher sein als die bisherige Addition nationaler Monopole. Nur sollte der europäische Gesetzgeber, sofern er den Weg in diese Richtung einschlagen möchte, auch die notwendigen Vorkehrungen zur Kontrolle eines solchen Monopols treffen.

116 Ausführlich oben III. 2.

VI. Schluß

1. Überlegenheit des IFPI/Simulcasting-Modells

Insgesamt ergibt die Analyse der Kommissions-Empfehlung eine Überlegenheit des IFPI/Simulcasting-Modells als eine Variante der *commercial users option*. Hierfür sprechen vor allem drei Gründe:

(a) *Das IFPI/Simulcasting-Modell ist zunächst wettbewerbspolitisch vorzugswürdig*. Es kommt darauf an, ein praktikables Lizenzierungsmodell zur Verfügung zu stellen, das den Nachfragern (Online-Nutzern) ein optimales Produkt und mittelbar den Rechteinhabern insgesamt ein maximales Vergütungsaufkommen garantiert. Diese Leistung erbringt grundsätzlich das IFPI/Simulcasting-Modell. Im Gegensatz zu diesem Modell verspricht zwar die *right-holders option* ein Mehr an Wettbewerb. Da aber nach dieser Option aufgrund zu erwartender Netzwerkeffekte ein europäisches Verwertungsmonopol droht, ist Preiswettbewerb auf Dauer alles andere als gesichert.

(b) *Gegenseitigkeitsverträge sind auch im Bereich der Online-Verwertung unverzichtbar*. Diese Verträge garantieren die notwendige Rückbindung an das nationale Recht und sichern einen diskriminierungsfreien Zugang aller Rechteinhaber zum System kollektiver Verwertung im Online-Bereich. Der europäische Gesetzgeber bleibt aufgefordert, die Gegenseitigkeitsverträge als das zentrale europäische Regelungsthema im Lichte der Herstellung eines funktionieren Binnenmarktes aufzugreifen und einer überzeugenden Kontrolle zu unterwerfen.

(c) *Das IFPI/Simulcasting-Modell sichert den Werkschöpfern und ausübenden Künstlern einen angemessenen Anteil an der Online-Verwertung*. Dagegen geht die *right-holders option* in der von der Kommission vertreten Form genau in die entgegengesetzte Richtung, indem sie jede Differenzierung zwischen verschiedenen Rechteinhabern aufgibt.

Die nationalen Verwertungsgesellschaften bewegen sich mit der Beibehaltung des traditionellen Verwertungsmodells, das nur jeweils auf das nationale Territorium begrenzte Lizenzen ermöglicht, im Bereich wettbewerbswidrigen Verhaltens. In ihrem eigenen Interesse und jenem der von ihnen vertretenen Kreativen sollten sie daher Mehrstaatenlizenzen nach dem IFPI/Simulcasting-Modell zulassen.

2. Kritische Bewertung der Kommissionspolitik

Die Empfehlung der Kommission zur kollektiven Verwertung von Online-Rechten für Musik ist danach kritisch zu bewerten:

Die Empfehlung beruht auf verfehlten wettbewerbspolitischen Überlegungen. Sie erhebt im Systemwettbewerb der Verwertungsmodelle die ökonomische Werthaltigkeit eines Musikstücks bezogen auf den europäischen Markt zum entscheidenden Faktor. Dieser Systemwettbewerb weist den Weg in ein „Produzenten-Urheberrecht" für international populäre Musik, das die Wertungen des nationalen Rechts zugunsten des Schutzes der Kreativen im Urheberrecht übergeht sowie die Verwertungschancen innovativer Musikrichtungen und national geprägter Musik beschränkt. Die Empfehlung ist daher im Lichte des Ziels der Wahrung und Förderung kultureller Vielfalt in der EU problematisch. Schließlich trifft die Empfehlung keine wettbewerbspolitische Vorkehrungen gegen ein drohendes europäisches Verwertungsmonopol.

Die Kommissionsempfehlung soll erklärtermaßen als Teil der Lissabon-Strategie einen Beitrag zur Stärkung der europäischen Wirtschaft leisten.[117] Es ist zu befürchten, daß die Empfehlung das genaue Gegenteil bewirkt. Im Lichte der Lissabon-Strategie wäre es vor allem wichtig zu garantieren, daß Online-Nutzer außerhalb der EU die Rechte an europäischer Musik beachten und die notwendigen Lizenzen auch tatsächlich nachfragen. Erforderlich hierfür wäre ein möglichst unkompliziertes, auf globaler Ebene angelegtes Lizenzierungssystem. Dieses wird von der IFPI/Simulcasting-Vereinbarung bereitgestellt, die den unkomplizierten Erwerb der Weltrechte in bezug auf in Europa produzierte Musik bei der nationalen Verwertungsgesellschaft gestattet. Im Vergleich dazu erschwert die Kommissionslösung die internationale Lizenzierung europäischer Musik und verringert damit die Nachfragebereitschaft nichteuropäischer Online-Nutzer. Umgekehrt fördert die Empfehlung die Vermarktungsfähigkeit international populärer, nicht selten in den USA produzierter Musik im Binnenmarkt zulasten der eigenen, eher national geprägten europäischen Musik.

---

117 Impact Assessment SEC (2005) 1254 (Fn. 6), 2. (S. 16).

Diskussionsbericht zu §§ 9 und 10

Becker dankte *Drexl* für dessen „flamboyanten Vortrag". Dieser habe gezeigt, daß das Thema einen sehr breiten, die grundlegenden Rechte und Interessen schöpferisch tätiger Menschen betreffenden Umfang habe und eigentlich nicht innerhalb von drei Monaten gelöst werden könne. *Becker* fühlte sich verpflichtet, auf die von *Drexl* in seinem Vortrag an die Verwertungsgesellschaften gerichteten Fragen einzugehen. Zunächst würden sich die Verwertungsgesellschaften der von *Drexl* geforderten Diskussion über ihre Funktion nicht verschließen. Vielmehr seien sie sehr daran interessiert, ihre Legitimation durch eine solche Diskussion zu verstärken. Die Funktion der Verwertungsgesellschaften sei nach der Auffassung *Beckers* eine sehr einfache: Verwertungsgesellschaften wollten die wirtschaftlichen und ideellen Interessen schöpferisch tätiger Menschen sichern. Dabei komme den Verwertungsgesellschaften im von *Drexl* angesprochenen Bereich des Kontrahierens mit den Erstverwertern eine besondere Bedeutung zu. Auf sich allein gestellt würden die Rechteinhaber hier sonst schlußendlich „vergewaltigt".

Hinsichtlich des mittlerweile ausgelaufenen Santiago-Abkommens[1] wies *Becker* auf die besondere Bedeutung der *economic residency clause*[2] für die Frage der Kontrolle der Nutzung von Musik im Internet hin. Soweit die Europäische Kommission früher, insbesondere in ihrer Simulcasting-Entscheidung[3] davon ausgegangen war, eine Kontrolle könne hier schon

1 Der als „Santiago-Abkommen" bezeichnete Mustergegenseitigkeitsvertrag wurde im Jahr 2000 von den sog. musikalischen Verwertungsgesellschaften BMI (USA), PRS (Großbritannien), SACEM (Frankreich), GEMA (Deutschland) und BUMA (Niederlande) am Rande des CISAC-Kongresses in Santiago de Chile unterzeichnet. Nach Zweifeln der Europäischen Kommission an der Vereinbarkeit der darin enthaltenden sog. economic residency clause mit dem europäischen Wettbewerbsrecht (vgl. die Pressemitteilung der Europäischen Kommission IP/04/586 vom 3. 5. 2004) wurde das zum 31. 12. 2004 auslaufende Abkommen nicht verlängert.

2 Nach der economic residency clause sollte die Lizenz nur von der Verwertungsgesellschaft des Landes erteilt werden können, in dem der Content Provider seine übliche Betriebsstätte unterhielt.

3 Europäische Kommission, Entscheidung 2003/300/EG vom 8. 10. 2002, ABl. 2003 L 107/58 Rn. 61.

dadurch erreicht werden, daß man zwei Computer zusammenschließe, sei diese Annahme durch die Realität schlichtweg widerlegt. So müsse zum Beispiel die GEMA die Kontrollrechte in nicht wenigen Fällen, insbesondere im Bereich der Ruftonmelodien und der damit verbundenen Geschäftsmodelle, bei den Gerichten einklagen. Besondere Probleme werfe dies vor allem in grenzüberschreitenden Sachverhalten auf.

Bezüglich der Simulcasting-Vereinbarung[4] äußerte *Becker* die Auffassung, diese sei beim Santiago-Abkommen abgeschrieben, freilich mit Ausnahme der von der Kommission gegenüber der IFPI[5] erzwungenen Regelung, wonach die Verwertungsgesellschaft ihre Verwaltungs- und die Lizenzkosten getrennt ausweisen müsse[6]. Das mit dieser Ausweisungspflicht verfolgte Ziel, unter den Verwertungsgesellschaften Wettbewerb hinsichtlich ihrer Lizenzierungskosten zu schaffen, hielt *Becker* für verfehlt. Denn soweit die Verwertungsgesellschaften im Bereich der Lizenzierung Kosten sparen könnten, sollte dieser Gewinn seiner Meinung nach gerade nicht an die Nutzer zurückfließen, sondern an die Rechteinhaber ausgeschüttet werden. Im Hinblick auf das von *Drexl* angesprochene Problem der Aufsicht über eine in einem Mitgliedstaat tätig werdende ausländische Verwertungsgesellschaft durch die nationalen Behörden, berichtete *Becker*, die Europäische Kommission habe der GEMA hierzu bereits entgegen gehalten, daß dies wohl eine den Wettbewerb behindernde, mitgliedstaatliche Maßnahme darstellen würde. Das gelte auch im Hinblick auf gesetzliche Monopole nationaler Verwertungsgesellschaften.

Becker bat darum, einen ganz wichtigen Punkt bei der Diskussion nicht außer acht zu lassen. Wie *Drexl* zu Recht deutlich gemacht habe, müsse man bei einem Werk nicht nur von einem Rechteinhaber sondern in der Regel von einer ganzen Kette von Rechteinhabern ausgehen. So stehen neben dem Autor ein Textdichter, der Verleger und vielleicht noch ein Co-Autor. Dabei würden sich die Rechteinhaber nach *Beckers* Einschät-

4 Das Simulcasting-Abkommen ist ein von den Verwertungsgesellschaften der Tonträgerhersteller unter Führung der IFPI ausgearbeiteter Mustergegenseitigkeitsvertrag über die Vergabe von Lizenzen an Radio- und Fernsehveranstalter für die gleichzeitige, unveränderte Übertragung von Rundfunk und Fernsehen via Internet (sog. „Simulcasting").

5 Die International Federation of the Phonographic Industry (IFPI) ist der internationale Dachverband der Tonträger- und Musikvideohersteller.

6 Vgl. Europäische Kommission, Entscheidung 2003/300/EG vom 8.10.2002, ABl. 2003 L 107/58 Rn. 4 und 99 ff.

zung nicht so verhalten, daß jeder von ihnen zu einer anderen Verwertungsgesellschaft ginge. Sie würden dort bleiben, wo sie sind. Die einzigen, die von diesen Freiheiten profitieren können, seien die *Major Publisher* aufgrund ihrer ökonomischen Macht. Für die Verwertungsgesellschaften stelle sich dann die Frage, inwiefern sie in einem System, das besonders auf Gleichbehandlung und Nichtdiskriminierung ausgelegt ist, dieser Gruppe, sofern sie das verlange, Sonderrechte gewähren können. Zum Schluß versicherte *Becker*, die Verwertungsgesellschaften würden ständig darüber nachdenken, wie sie das bestehende System vor diesem Hintergrund anpassen könnten. Was immer dabei herauskomme, müsse aber funktionieren, d. h. wer ein Recht haben wolle, müsse dieses einfach bekommen, und das Geld müsse zu dem kommen, der es sich durch den Schweiß seiner schöpferischen Arbeit verdient habe.

Dr. Martin *Schäfer* (Rechtsanwalt, Potsdam) berichtete, er habe das Simulcasting-Abkommen auf seiten der IFPI, dem Verband der Tonträgerhersteller, begleitet. Er widersprach *Becker* insoweit, als das Simulcasting-Abkommen beim Santiago-Abkommen abgeschrieben sein solle. Zwar habe man hier tatsächlich „abgeschrieben"; Vorlage sei allerdings das BIEM-Abkommen[7] gewesen. Die Tonträgerhersteller hätten das Simulcasting-Abkommen sogar anschieben müssen, weil die Verwertungsgesellschaften der Musikautoren das von Ihnen selbst seit Jahrzehnten praktizierte Modell der internationalen Tonträgerlizenzierung für den Online-Bereich nicht anzuwenden bereit gewesen seien. Nach diesem Modell, so führte *Schäfer* weiter aus, schließe ein international tätiges Tonträgerunternehmen mit einer europäischen Verwertungsgesellschaft einen Vertrag, nach dem die Administration über eine Verwertungsgesellschaft laufe, aber Bestimmungslandbedingungen angewandt würden. Dieses von den Autorengesellschaften entwickelte Modell hielten die Tonträgerhersteller auch für die Anwendung im Onlinebereich für ausgesprochen gut geeignet, weil es auch hier um einen Gegenstand gehe, der zwangsläufig europaweit verwertet werden müsse.

Hierin sah *Schäfer* auch den großen Unterschied zum Inhalt der von *Rabe* angeführten *Tournier*-Entscheidung des EuGH[8]. Dort sei es um solche

7 Das BIEM-Abkommen ist eine Rahmenvereinbarung zwischen der BIEM (= Bureau International des Sociétés Gérant les Droits d'Enregistrement et de Reproduction Mécanique), dem Dachverband der musikalischen Verwertungsgesellschaften bezüglich der Rechte der mechanischen Vervielfältigung, und der IFPI (International Federation of the Phonographic Industry).

8 EuGH v. 13. 7. 1989 – Rs. 395/87 *Ministère public ./. Tournier*, Slg. 1989, 2521.

Rechte gegangen, die allein in Frankreich haben anfallen können. Weil die betroffene französische Diskothek nun einmal nur an einem einzigen, klar zuordenbaren Ort belegen gewesen sei und man sie nicht einfach in einen anderen Mitgliedstaat habe verlegen können, stelle das französische „Diskothekenrecht" keinen europäischen Wettbewerbsfaktor dar. Dagegen sei die Online-Nutzung zwar manchmal national angelegt – etwa durch die Sprache –, aber in den allermeisten Fällen eine der Natur der Sache nach grenzüberschreitende Nutzung. Diese könne dann auch von jedem an jedem Ort in Europa kontrolliert werden. Entscheidender sei daher die Frage, wo mit so einer Sendung Einkommen generiert werde. In diesem Zusammenhang sah *Schäfer* ein Netzwerk wie das über die Simulcasting-Lösung im Moment als viel wichtiger an. Auch spiele hier die Beibehaltung der nationalen Verwertungsgesellschaften eine wichtige Rolle, da man ansonsten gleich zum Modell der „Satelliten- und Kabel-Richtlinie"[9] übergehen könne. Eine besondere Bedeutung maß *Schäfer* dem Territorialitätsprinzip schließlich auch für die Rechtsdurchsetzung bei.

Im Anschluß ergriff Dr. Tilo *Gerlach* (Geschäftsführer der GVL) das Wort und dankte *Drexl* für seine kritischen Ausführungen. Der Redner habe ihm wirklich aus dem Herzen gesprochen. Hinsichtlich des nicht echten Systemwettbewerbs beim Ausscheren einzelner Verwertungsgesellschaften in der von *Drexl* angesprochen Option 3 wollte *Gerlach* jedoch über das Gesagte noch hinausgehen. *Gerlach* meinte, das Modell der Verbundenheit der territorial tätigen Verwertungsgesellschaften durch Gegenseitigkeitsverträge, wie es *Drexl* in seiner Option 2 skizzierte habe, werde mit Blick auf das wirtschaftlich erfolgreiche Repertoire, das über die Option 3 vergebenen werde, ausgehöhlt. Dies sei ein systemimmanenter Wettbewerbsnachteil, so daß die Option 2 überhaupt nicht siegen könne. Der Europäischen Kommission könne man hier – neben der Kritik am Procedere – den Vorwurf machen, die Option 3 offen präferiert und damit entsprechende Weichenstellungen getroffen zu haben. Insbesondere sei es nicht so, daß die Europäische Kommission die damit verbundenen, von *Drexl* angesprochenen Probleme nicht gesehen habe. Er selbst, *Gerlach*, habe drei Stunden mit Herrn Dr. *Lüder*[10] über genau diese Punkte, insbesondere die Fragen der Aufsicht und einer einheitlichen Tarifge-

9 Richtlinie 93/83/EWG des Rates vom 27. 9. 1993 zur Koordinierung bestimmter urheber- und leistungsschutzrechtlicher Vorschriften betreffend Satellitenrundfunk und Kabelweiterverbreitung, ABl. 1993 L 248/15.

10 Herr Dr. Tilman Lüder ist Referatsleiter für Urheberrecht und wissensbe-

staltung, gesprochen. Auch die Schlußfolgerung *Drexls*, das ganze liege im Interesse des angloamerikanischen Repertoires und der entsprechenden Verleger, sei vollkommen richtig. *Gerlach* sah hier sogar eine in diesem Sinne ganz gezielt beabsichtige Entscheidung der Europäischen Kommission. Er mutmaßte, daß die räumliche Nähe des zuständigen Kommissars[11] und die gleichzeitige Konferenz in London[12] wohl keine geographischen Zufälle seien. Letztlich gab *Gerlach* seiner Hoffnung Ausdruck, daß die kontinentaleuropäische Sicht bei der Evaluation der Entwicklung nach der Empfehlung und bei der Beantwortung der sich dann stellenden, politischen Frage zur Notwendigkeit einer Richtlinie (mehr) diskutiert werde.

Drexl räumte ein, daß *Gerlach* und er in der Einschätzung der Zukunft einen kleinen Unterschied hätten. Nach seiner Auffassung würden sich die einzelnen Werke eher sortieren, so daß dem Rechteinhaber keine Wahlmöglichkeit bleibe, ob er in dem einen oder dem anderen System landen möchte. Wie es ausgehe, werde die Zukunft zeigen. In der Bewertung des von der Europäischen Kommission angestrebten Ergebnisses bestehe dieser Unterschied jedoch nicht. Zu der von *Gerlach* angeführten angloamerikanischen Dimension berichtete *Drexl* von einer inzwischen zum Urheberrecht geübten Praxis im Rahmen des Freihandelsabkommens der USA, die er für katastrophal halte. Mit dem kontinentaleuropäischen Verständnis des Urheberrechts völlig unvereinbar sei zum Beispiel die Verpflichtung der Vertragsstaaten, einerseits Werke auch siebzig Jahre nach dem Tod des Urhebers zu schützen und andererseits die freie Übertragbarkeit des Urheberrechts vorzusehen. *Drexl* warf die Frage auf, ob die Vertragsstaaten dann überhaupt noch ein Urhebervertragsrecht vorsehen könnten, und erinnerte an die Worte von Eugen *Ulmer*, den Urheber brauche man im Urheberrecht nur zur Berechnung der Schutzfrist. Weiter kritisierte *Drexl* das Vorgehen der Europäischen Kommission, die über ein Detailthema den Boden des Urheberrechts in der Mehrheit der europäischen Mitgliedsstaaten verlassen habe, ohne eine ehrliche und fundierte Diskussion geführt zu haben. *Drexl* sah es

---

stimmte Branchen in der Generaldirektion Binnenmarkt und Dienstleistungen bei der Europäischen Kommission.

11 Kommissar für die Bereiche Binnenmarkt und Dienstleistungen ist der Ire Charlie McCreevy.

12 Kommissar McCreevy stellte die Empfehlung 2005/737/EG vom 12. 10. 2005 anläßlich der "UK Presidency Conference on Copyright and the Creative Economy" vor, die bereits am 7. 10. 2005 in London stattfand.

als Aufgabe der Wissenschaft und auch der Verwertungsgesellschaften, gerade auf diesen Schwachpunkt hinzuweisen. Eine gewisse Allianz lasse sich hier im Europäischen Parlament finden. Denn letztlich verfolge die Europäische Kommission mit ihrer Empfehlung[13] doch ein politisches Ziel, welches sie mit *hard law* nicht erreichen würde. Das sei auch über die bereits angesprochene Frage nach der Rechtsgrundlage hinaus ein verfassungsrechtliches Problem. So schloß *Drexl* mit den Worten, ihm gefalle dieses Vorgehen auch aus Sicht der europäischen Demokratie nicht.

Majer bezeichnete die in den Vorträgen und in der Diskussion vorgebrachten Einwände als sehr interessant. So habe *Drexl* mit seinem Hinweis, die nationalen Verwertungsgesellschaften könnten allein auf ihrem Territorium eine marktbeherrschende Stellung haben, ein in seinen Augen sehr schlagkräftiges Argument angeführt, welches in den internen Diskussionen bei der Europäischen Kommission bislang keine Rolle gespielt habe. Soweit die Gefahr einer Entwicklung hin zu großen *Publishers* und hin zu einem Produzentenurheberrecht gesehen und diese Entwicklung kritisiert werde, gab *Majer* zu, daß dies eine mögliche Folge sei. Die Europäische Kommission habe sich jedoch im Rahmen der europarechtlichen Rechtsprechung gehalten und wolle gar nicht weiter steuernd eingreifen. Aus diesem Grunde wollte er sich auf die rechtliche Argumentation zurückziehen. So habe der EuGH in der bereits angesprochenen Entscheidung in der Rechtssache *Tournier* festgestellt, daß „Art. 85 EWG dahin auszulegen [sei], daß er jegliche zwischen nationalen Gesellschaften zur Wahrnehmung von Urheberrechten abgestimmte Verhaltensweise untersagt, die bezweckt oder bewirkt, daß jede Gesellschaft den in anderen Mitgliedstaaten ansässigen Benutzern den unmittelbaren Zugang zu ihren Beständen verweigert“[14]. Gleichfalls habe der Gerichtshof ausgeführt, daß es sich nicht um eine kartellrechtlich bedenkliche abgestimmte Verhaltensweise handle, wenn sich ein Parallelverhalten durch andere Gründe als das Vorliegen einer Abstimmung erklären lasse[15] und insbesondere auf die Kosten der Überwachung verwiesen. Im Bereich der Offline-Nutzungen, räumte *Majer* ein, gebe es tatsächlich

[13] Europäische Kommission, Empfehlung 2005/737/EG vom 12. 10. 2005, ABl. 2005 L 276/54, abgedruckt in **Anhang V**, nachfolgend auch „Online-Musikdienste-Empfehlung“.

[14] Leitsatz 4 des Urteils des EuGH v. 13. 7. 1989 – Rs. 395/87 *Ministère public ./. Tournier*, Slg. 1989, 2521. *Majer* zitierte hier aus der ihm vorliegenden englischen Sprachfassung.

[15] Vgl. EuGH, a. a. O., Rn. 24.

eine Reihe von Nutzungsarten, bei welchen eine Kontrolle vor Ort notwendig und daher die Kontrolle auch sehr aufwendig sein würde. Für den Bereich der Online-Nutzungen habe die Europäische Kommission eben dieses Argument umgedreht. Um z. B. festzustellen, welche Musik in einem *Webcast* verwertet werde, genüge es nach Auffassung der Kommission, wenn eine Person diesen *Webcast* beobachte und sich die angezeigte Musik notiere. Dabei sei es egal, wo diese eine Person sitze. Auf einer europaweiten Basis würde es demnach genügen, wenn die Mitarbeiter einer (anderen) Verwertungsgesellschaft einen Computer hätten und die Überwachung dieses Webcastes übernähmen. Für ein Funktionieren dieses Modell stellte *Majer* die besondere Bedeutung der Informationen darüber heraus, bei wem die Rechte lägen. Daher empfehle die Kommission den Verwertungsgesellschaften klarzustellen, welcher Teil ihres Repertoires noch über Gegenseitigkeitsverträge und welche außerhalb dieser vergeben werde.[16]

Hinsichtlich der am Option-3-Modell geäußerten Kritik meinte *Majer*, seiner Einschätzung nach werde das Option-3-Modell keinesfalls in allen Bereichen das auf die Dauer überlegene sein. Es werde nur für bestimmte Nutzungsarten überlegen sein. So könne es zum Bespiel bei *On-Demand*-Nutzungen und gerade für kleinere Nutzer interessant sein, nur mit einem Teilrepertoire zu arbeiten. Bei weniger interaktiven Nutzungen, wie zum Beispiel beim *Webcasting* und *Streaming*, nehme die Kommission hingegen an, es liege im Interesse der Nutzer, ein möglichst breites Repertoire zu bekommen und dann nicht in der Zusammenstellung des Musikprogramms gebunden zu sein. Für diesen Bereich sei das Option-2-Modell ein sehr starkes Modell. Weiter wies *Majer* auf einen aus seiner Sicht sehr wichtigen Punkt hin, den die Europäische Kommission bitte nicht mißverstanden haben wolle: den der steigenden Preise. Die Empfehlung der Europäischen Kommission für das Modell der Option 3 sei vor dem von *Gerlach* angesprochenen Hintergrund zu sehen, daß der Option 2 die Gefahr einer Preisunterwanderung immanent und daher ein Retorsionsmechanismus erforderlich sei. Letztlich, so *Majer*, könne sich die Europäische Kommission auf jeden Fall auf den Standpunkt zurückziehen, sich im Rahmen der europarechtlichen Rechtsprechung zu halten. Soweit die Europäische Kommission nun zunächst den Weg der Empfehlung gegangen sei und damit eine Diskussion im Rat und Parlament vermieden habe, hielt *Majer* dies als Mitgliedsstaatenvertreter für

16 Siehe Ziffer 6 Online-Musikdienste-Empfehlung.

bedauerlich. Daß die Kommission tätig geworden sei, liege aber auch an den Autorengesellschaften, die eine dem für den Bereich der Online-Nutzung sehr gerechten Simulcasting-Modell entsprechende Lösung gerade nicht gefunden hätten. *Majer* verwies hier auf die Ausführungen von *Schäfer*. Soweit die Kommission nach der Empfehlung noch einen Schritt weiter gehen sollte, komme man dann natürlich im Gesetzgebungsverfahren um einen Diskurs im Rat und im Europäischen Parlament nicht herum. Auch müsse man sich dann nochmals mit den in den Vorträgen aufgeworfenen rechtlichen Fragen eingehend beschäftigen, ob man eine europaweite Lizenzierung vorschreiben könne, inwieweit hier ein Eingriff in absolut geschützte Rechtspositionen zulässig sei, auf welche Rechtsgrundlage man einen solchen Rechtsakt stützen müsse und – wie bereits angesprochen – ob und wo eine wettbewerbsbeherrschende Stellung der Verwertungsgesellschaften vorliege.

In diesem Zusammenhang regte *Rabe* an, sich noch einmal mit Art. 211 EG zu beschäftigen, auf den die Empfehlung der Europäischen Kommission vom 12. Oktober 2005 gestützt sei. Insbesondere warf er die Frage auf, ob überhaupt der Anwendungsbereich des EG-Vertrages eröffnet sei. Auch unter dem Gesichtspunkt, daß der Gemeinschaft keine Gesetzgebungskompetenz für den Bereich der Eigentumsordnung zukomme, müsse man sich die Empfehlung noch einmal sehr genau ansehen. Zudem äußerte *Rabe* Zweifel, ob das gemeinschaftsrechtliche Subsidiaritätsprinzip gewahrt sei. Zwar habe die Kommission in ihrem Arbeitspapier den schneidigen, im Hinblick auf Art. 95 EG sicherlich nicht unzutreffenden Satz geschrieben: „The provision of cross-border services falls under the exclusive competence of the Community. The subsidiarity principle therefore does not apply.“[17] Die Empfehlung sei jedoch auf Art. 211 EG gestützt und in dessen Rahmen würde diese Aussage dem Subsidiaritätsprinzip nicht genügen. Im übrigen habe Art. 95 EG sehr viel weiter gehende und höchst problematische Voraussetzungen für ein legislatives Tätigwerden. In bezug auf Art. 151 Abs. 4 EG sollte die kulturelle Dimension nach Meinung von *Rabe* entgegen der Aussage *Majers* keinesfalls „den anderen“ überlassen werden. Vielmehr sei es Aufgabe der Kommission, auch im Rahmen von Empfehlungen, also von „ziemlich

---

[17] Europäische Kommission, Arbeitsdokument „Impact Assessment Forming Cross-Border Collective Management of Copyright and Related Rights for Legitimate Online Music Services“ vom 11. 10. 2005, SEC (2005) 1254, http://europa.eu.int/ comm/internal_market/copyright/docs/management/sec_2005_1254_en.pdf, S. 14, abgedruckt in **Anhang IV** (S. 300 ff.).

hartem *Soft-Law*", Art. 151 Abs. 4 EG und damit das gesamte System der Verwertungsgesellschaften und ihrer Aufgaben zu berücksichtigen.

In seinem Schlußwort wollte *Kreile* dem „Schlußwort" des Vertreters der EG-Kommission, nach dem in der Zukunft einiges geändert werden müsse, und den rechtlichen Ausführungen nur wenig mehr hinzufügen. Wer die Vorträge und insbesondere die Diskussionen verfolgt habe, dem dränge sich die Frage auf, wie es um das Rechtssystem der Verwertungsgesellschaften stehe. *Kreile* meinte hierzu in Anlehnung an Leibniz, es sei das beste denkbare System, was es gebe. Denn es sei systemimmanent verbesserungsfähig. In diesem Sinne würden die Verwertungsgesellschaften auch das Vorhaben und den Auftrag der EG-Kommission verstehen.

Soweit die EG-Kommission aber 20 Jahre lang den Gesichtspunkt des Durchbrechens der Monopole in den Vordergrund gestellt habe, sei diese Überlegung heute nicht mehr das Entscheidende. Vielmehr habe die Europäische Gemeinschaft in ihrer Lissabon-Strategie nun eine andere Frage in den Vordergrund gestellt: Wie könne man die wirtschaftliche Situation in Europa verbessern? Wie könne der Markt sich verbessern? Nach *Kreiles* Auffassung hätten die Verwertungsgesellschaften seit jeher das Ohr am Markt, da sie für den Markt tätig seien. Dies entspreche den Interessen der Autoren, die ihre Rechte so gut wie möglich in den Markt bringen, ihn aber in keiner Weise hindern wollen. Auch würden 25 Verwertungsgesellschaften den Markt nicht hindern, sondern ihn in ihrer Zusammenarbeit über das System der Gegenseitigkeitsverträge, das sie in der Tat wie eine Verwertungsgesellschaft erscheinen lasse, vorantreiben wollen. Soweit Überlegungen der EG-Kommission dahin gegangen seien, daß 25 Verwertungsgesellschaften den Markt hindern würden, merkte *Kreile* an, man habe hier wohl das Ohr zu sehr an der Seite der Nutzer und nicht so sehr an der Seite der Autoren gehabt. Die Tatsache aber, daß mit Herrn *Majer* ein Vertreter der EG-Kommission gekommen sei, beweise, daß die EG-Kommission den Autoren und ihren Verwertungsgesellschaften ihr Ohr sehr wohl öffnen wolle. Deswegen sei man für die nächsten Monate sehr positiv auf das Gespräch mit der EG-Kommission eingestellt. Jedenfalls, so *Kreile*, könne die Vorlage der EG-Kommission wirklich aufgegriffen und das Gespräch der Verwertungsgesellschaften untereinander, das Gespräch mit der EG-Kommission, aber auch das Gespräch mit den jeweiligen Regierungen sehr vertieft werden. Alle Vertiefung habe dabei für ihn jedoch nur den Sinn, im Interesse der Autoren den Markt soweit wie möglich zu öffnen und sein Funktionieren sicherzustellen.

Zum Abschluß dankte *Kreile* den Referenten für die gründliche Behandlung des Themas und dem Auditorium für das gute Zuhören und gute Mitdiskutieren. Er wünschte den Teilnehmern ein besinnliches Wochenende. Vielleicht habe der eine oder der andere noch Lust, manche der vorgebrachten Argumente dabei zu überdenken. Letztendlich gab *Kreile* noch seiner Hoffnung Ausdruck, man werde sich bei geeigneter Gelegenheit im Rahmen der INTERGU wiedersehen. Es sei dann immer ein Gespräch in freundschaftlichem Geiste, im Sinne der Kultur und der Autoren.

Stefan Wichary

3. Teil
Anhänge

Anhang I
Polnische Gesetze

Übersicht

1. Gesetz über das Urheberrecht und verwandte Schutzrechte (plUrhG) – Auszug
2. Zivilgesetzbuch (plZGB) – Auszug
3. Vereinsgesetz (plVereinsG) – Auszug
4. Gesetz über die Freiheit der wirtschaftlichen Betätigung – Auszug

1. Gesetz über das Urheberrecht und verwandte Schutzrechte (plUrhG)[1] – Auszug

Art. 8 1. Das Urheberrecht steht dem Urheber zu, sofern das Gesetz nichts anderes bestimmt.
2. Es wird vermutet, dass Urheber die Person ist, deren Name in dieser Eigenschaft auf den Exemplaren des Werkes kenntlich gemacht ist oder deren Urheberschaft auf irgendeine andere Weise im Zusammenhang mit der Veröffentlichung des Werkes zur öffentlichen Kenntnis gebracht wurde.
3. Solange der Urheber seine Urheberschaft nicht offenbart hat, vertritt ihn der Produzent oder Verleger in der Ausübung seines Urheberrechts, bei deren Fehlen jedoch die zuständige Organisation zur kollektiven Wahrnehmung von Urheberrechten.
Art. 16 Wenn das Gesetz nichts anderes bestimmt, schützen die Urheberpersönlichkeitsrechte das zeitlich unbegrenzte und weder dem Verzicht noch der Veräußerung unterliegende Band zwischen Urheber und Werk, insbesondere das Recht auf:
1) Urheberschaft am Werk,
2) Kennzeichnung des Werkes mit seinem Namen oder Pseudonym sowie dessen anonyme Zugänglichmachung,
3) Unversehrtheit von Inhalt und Form des Werkes sowie seine redliche Benutzung,
4) Entscheidung über die erste Zugänglichmachung des Werkes an die Öffentlichkeit,
5) Aufsicht über die Art und Weise der Nutzung des Werkes.

---

1 Gesetz über das Urheberrecht und verwandte Schutzrechte vom 4. 2. 1994, Dz.U. Nr. 24 vom 23. 2. 1994, Pos. 83, S. 301; Dz.U. 2000, Nr. 80, Pos. 904; letzte Änderung vom 1. 9. 2005, Dz.U. 2005 Nr. 164 Pos. 1365. Übersetzung von Adolf *Dietz*, Polen/II – Gesetzestexte, in: Katzenberger/Schricker/E. Schulze/Zweigert (Hrsg), Quellen des Urheberrechts (Stand 54. Lieferung Mai 2004), erschienen im Verlag Luchterhand; mit freundlicher Genehmigung des Übersetzers und der Wolters Kluwer Deutschland GmbH.

Art. 17 Wenn das Gesetz nichts anderes bestimmt, steht dem Urheber das ausschließliche Recht auf Nutzung des Werkes und auf Verfügung darüber auf allen Verwertungsgebieten sowie auf Vergütung für die Werknutzung zu.

Art. 20 1. Produzenten und Importeure von

1) Magnetofonen, Videorecordern und anderen ähnlichen Geräten,

2) Xerokopierern, Scannern und anderen ähnlichen Reprografiegeräten, die die Gewinnung von Kopien eines vollständigen oder teilweisen Exemplars eines erschienenen Werkes ermöglichen,

3) leeren Trägern, die im Bereich des eigenen persönlichen Gebrauchs unter Einsatz der in Ziff. 1 und 2 erwähnten Geräte zur Aufzeichnung von Werken oder Gegenständen verwandter Schutzrechte dienen,

sind zur Zahlung von Vergütungen in Höhe des drei Prozent nicht übersteigenden, ihnen für den Verkauf dieser Geräte und Träger geschuldeten Betrags an die gemäß Abs. 5 bestimmten, für Urheber, ausübende Künstler, Produzenten von Phonogrammen und Videogrammen sowie Verleger tätigen Organisationen zur kollektiven Wahrnehmung verpflichtet.

2. Von dem aus den Vergütungen für den Verkauf von Magnetofonen und anderen ähnlichen Geräten sowie von damit zusammenhängenden leeren Trägern erlangten Betrag stehen

1) fünfzig Prozent den Urhebern

2) fünfundzwanzig Prozent den ausübenden Künstlern,

3) fünfundzwanzig Prozent den Produzenten von Phonogrammen zu.

3. Von dem aus den Vergütungen für den Verkauf von Videorecordern und anderen ähnlichen Geräten sowie von damit zusammenhängenden leeren Trägern erlangten Betrag stehen

1) fünfunddreißig Prozent den Urhebern,

2) fünfundzwanzig Prozent den ausübenden Künstlern,

3) vierzig Prozent den Produzenten von Videogrammen zu.

4. Von dem aus den Vergütungen für den Verkauf von Reprografiegeräten sowie von damit zusammenhängenden leeren Trägem erlangten Betrag stehen

1) fünfzig Prozent den Urhebern,

2) fünfzig Prozent den Verlegern zu.

5. Der für Angelegenheiten der Kultur und des Schutzes des nationalen Erbes zuständige Minister legt im Verordnungsweg nach Erkundung der Auffassungen der Organisationen zur kollektiven Wahrnehmung von Urheberrechten oder verwandten Schutzrechten, der Vereinigungen von Urhebern und ausübenden Künstlern, der Organisationen der Phonogrammproduzenten, der Videogrammproduzenten sowie der Verleger ebenso wie der Organisationen der Produzenten oder Importeure von Geräten und leeren Trägern, wie in Abs. 1 erwähnt, die Kategorien der Geräte und Träger sowie die Höhe der Vergütungen im Sinne von Abs. 1, wobei er sich von der Kapazität der Geräte und Träger zur Vervielfältigung von Werken ebenso wie von ihrer Bestimmung zur Ausübung anderer Funktionen als der Werkvervielfältigung leiten lässt, sodann das Verfahren der Einziehung und Verteilung der Vergütungen sowie die zu ihrer Einziehung berechtigten Organisationen zur kollektiven Wahrnehmung von Urheberrechten und verwandten Schutzrechten fest.

Art. 20[1] 1. Die Besitzer von Reprografiegeräten, die auf dem Gebiet der Vervielfältigung von Werken für den eigenen persönlichen Gebrauch dritter Personen eine Wirtschaftstätigkeit ausüben, sind unter Einschaltung von Organisationen zur kollektiven Wahrnehmung von Urheberrechten oder verwandten Schutzrechten zur Zahlung von Vergütungen in Höhe von bis zu drei Prozent der Einnahmen aus dieser Tätigkeit zugunsten von Urhebern sowie Verlegern verpflichtet, es sei denn die Vervielfältigung erfolgt auf Grund eines Vertrags mit dem Berechtigten. Diese Vergütungen stehen Urhebern und Verlegern zu gleichen Teilen zu.
2. Der für Angelegenheiten der Kultur und des Schutzes des nationalen Erbes zuständige Minister legt im Verordnungsweg nach Erkundung der Auffassungen der Organisationen zur kollektiven Wahrnehmung von Urheberrechten oder verwandten Schutzrechten, der Vereinigungen von Urhebern und Verlegern sowie der Auffassung der zuständigen Wirtschaftskammer die Höhe der Vergütungen im Sinne von Abs. 1, wobei er das Anteilsverhältnis der zum eigenen persönlichen Gebrauch vervielfältigten Werke an den vervielfältigten Materialien berücksichtigt, sodann das Verfahren ihrer Einziehung und Verteilung fest und bestimmt die zu ihrer Einziehung berechtigten Organisationen zur kollektiven Verwaltung von Urheberrechten und verwandten Schutzrechten.
Art. 21 1. Rundfunk- und Fernsehorganisationen ist die Sendung kleiner erschienener Musik-, Sprach- und Musikwerke mit Text ausschließlich auf der Grundlage eines mit einer Organisation zur kollektiven Wahrnehmung von Urheberrechten geschlossenen Vertrags erlaubt, es sei denn das Recht zur Sendung von durch die Rundfunk- oder Fernsehorganisation bestellten Werken steht ihr auf Grund eines gesonderten Vertrags zu.
2. Der Urheber kann im Vertrag mit der Rundfunk- oder Fernsehorganisation auf die Einschaltung einer Organisation zur kollektiven Wahrnehmung von Urheberrechten im Sinne von Abs. 1 verzichten. Dieser Verzicht erfordert die Einhaltung der Schriftform, deren Nichtbefolgung zur Unwirksamkeit führt.
2[1]. Die Vorschriften in Abs. 1 und 2 sind entsprechend auf die öffentliche Zugänglichmachung von Werken in der Weise, dass jedermann von einem Ort und zu einer Zeit seiner Wahl Zugang dazu haben kann, anzuwenden.
Art. 21[1] 1. Betreibern von Kabelnetzen ist die Weitersendung von in Programmen von Rundfunk- und Fernsehorganisationen gesendeten Werken in den Kabelnetzen ausschließlich auf der Grundlage eines mit der zuständigen Organisation zur kollektiven Wahrnehmung von Urheberrechten geschlossenen Vertrags erlaubt.
2. Im Falle von mit dem Abschluss eines Vertrags im Sinne von Abs. 1 zusammenhängenden Streitigkeiten ist Art. 108 Abs. 5 anzuwenden.
Art. 30 1. Informations- oder Dokumentationszentren können eigene dokumentarische Bearbeitungen oder einzelne Exemplare von nicht mehr als einem Druckbogen von Fragmenten erschienener Werke herstellen und veröffentlichen.
2. Der Urheber oder die zuständige Organisation zur kollektiven Wahrnehmung von Urheberrechten oder verwandten Schutzrechten ist berechtigt, von den Zentren im Sinne von Abs. 1 eine Vergütung für die entgeltliche Zugänglichmachung von Exemplaren der Werkfragmente einzuziehen.
Art. 41 1. Wenn das Gesetz nichts anderes bestimmt,

1) können Urhebervermögensrechte auf andere Personen im Wege der Vererbung oder aufgrund Vertrages übergehen,

2) kann der Erwerber von Urhebervermögensrechten diese auf andere Personen übertragen, es sei denn, durch Vertrag ist etwas anderes bestimmt.

2. Der Vertrag über die Übertragung von Urhebervermögensrechten oder der Vertrag über die Nutzung eines Werkes (im Folgenden „Lizenz" genannt) umfasst die ausdrücklich darin genannten Verwertungsgebiete.

3. Unwirksam ist der Vertrag in dem Teil, der alle Werke oder alle Werke einer bestimmten Art ein- und desselben Urhebers betrifft, die in Zukunft entstehen können.

4. Der Vertrag kann sich nur auf solche Verwertungsgebiete beziehen, die im Augenblick seines Abschlusses bekannt sind.

5. Der Urheber eines in einem audiovisuellen Werk genutzten oder in es eingefügten Werkes oder eines in den Bestand eines Sammelwerkes aufgenommenen Werkes kann nach Entstehung neuer Werkverwertungsarten die Erteilung der Einwilligung zur Nutzung dieses Werkes im Rahmen des audiovisuellen Werkes oder des Sammelwerkes auf im Augenblick des Vertragsschlusses unbekannten Verwertungsgebieten nicht ohne wichtigen Grund verweigern.

Art. 53 Der Vertrag über die Übertragung von Urhebervermögensrechten erfordert Einhaltung der Schriftform, andernfalls ist er unwirksam.

Art. 66 1. Der Lizenzvertrag ermächtigt zur Nutzung des Werkes im Zeitraum von fünf Jahren auf dem Territorium des Staates, in dem der Lizenznehmer seinen Sitz hat, es sei denn, im Vertrag ist etwas anderes bestimmt.

2. Nach Ablauf der Frist im Sinne von Abs. 1 erlischt das aufgrund des Lizenzvertrags erworbene Recht.

Art. 70 1. Es wird vermutet, dass der Produzent eines audiovisuellen Werkes kraft des Vertrages über die Schaffung des Werkes oder des Vertrages über die Nutzung eines bereits bestehenden Werkes die ausschließlichen Vermögensrechte zur Verwertung dieser Werke im Rahmen des audiovisuellen Werkes als ganzem erwirbt.

2. Der Hauptregisseur, der Kameramann, der Urheber des Drehbuchs, die Urheber der anderen literarischen und Musikwerke, die für das audiovisuelle Werk geschaffen oder in ihm genutzt worden wurden, sowie die ausübenden Künstler haben das Recht auf:

1) eine Vergütung proportional zu den Einnahmen aus der Vorführung des audiovisuellen Werkes in Kinos,

2) eine angemessene Vergütung für die Vermietung von Exemplaren audiovisueller Werke und ihrer öffentlichen Wiedergabe,

3) eine angemessene Vergütung für die Sendung des Werkes im Fernsehen oder durch andere Mittel der öffentlichen Zugänglichmachung von Werken,

4) eine angemessene Vergütung für die Reproduktion des audiovisuellen Werkes auf einem für den eigenen persönlichen Gebrauch bestimmten Exemplar.

3. Der Nutzer des audiovisuellen Werkes bezahlt die Vergütung im Sinne von Abs. 2 unter Einschaltung der zuständigen Organisation zur kollektiven Wahrnehmung von Urheberrechten und verwandten Schutzrechten.

4. Die angemessene Vergütung für die Nutzung eines polnischen audiovisuellen

Werkes im Ausland oder eines ausländischen audiovisuellen Werkes in der Republik Polen kann pauschal festgesetzt werden.

Art. 79 1. Der Urheber kann von demjenigen, der seine Urhebervermögensrechte verletzt hat, Unterlassung der Verletzung, Herausgabe der erlangten Vorteile oder Zahlung der doppelten, im Fall, dass die Verletzung verschuldet ist, jedoch der dreifachen Höhe der im Augenblick der Geltendmachung angemessenen Vergütung verlangen; der Urheber kann auch Ersatz des zugefügten Schadens verlangen, wenn die Handlung des Verletzers verschuldet war.

2. Unabhängig von den in Abs. 1 erwähnten Ansprüchen kann der Berechtigte verlangen, dass der Täter einer verschuldeten Verletzung, die im Rahmen einer im fremden oder zwar im eigenen Namen, aber auf fremde Rechnung unternommenen Wirtschaftstätigkeit begangen wurde, einen angemessenen Geldbetrag, der für den Fonds im Sinne von Art. 111 bestimmt ist, entrichtet. Dieser Betrag darf nicht niedriger sein als die doppelte Höhe der glaubhaft gemachten, durch den Täter aus der begangenen Verletzung gezogenen Vorteile.

3. Die Vorschrift in Abs. 1 ist im Fall der Beseitigung oder Umgehung technischer Schutzmaßnahmen gegen den Zugang zum Werk bzw. gegen dessen Vervielfältigung oder Veröffentlichung entsprechend anzuwenden, wenn diese Handlungen eine rechtswidrige Nutzung des Werks zum Ziel haben.

4. Die Vorschriften in Abs. 1 und 2 sind im Fall der unbefugten Beseitigung oder Änderung irgendwelcher elektronischer Informationen für die Wahrnehmung von Urheberrechten oder verwandten Schutzrechten sowie im Fall der wissentlichen Veröffentlichung von Werken mit derartigen rechtswidrig beseitigten oder modifizierten Informationen entsprechend anzuwenden.

Art. 83 Auf Ansprüche im Falle der Veröffentlichung des Bildnisses einer darauf dargestellten Person sowie der Veröffentlichung einer Korrespondenz ohne die erforderliche Einwilligung der Person, an die sie gerichtet war, ist die Vorschrift in Art. 78 Abs. 1 entsprechend anzuwenden; diese Ansprüche können nach Ablauf von 20 Jahren nach dem Tode dieser Personen nicht geltend gemacht werden.

Art. 92 Auf künstlerische Darbietungen sind die Vorschriften in Art. 8–10, 12, 18, 21, 21^1, 41–45, 47–49, 52–55, 57–59, 62–68, 71 und 78 entsprechend anzuwenden.

Art. 104 1. Organisationen zur kollektiven Wahrnehmung von Urheberrechten oder verwandten Schutzrechten (im Folgenden „Organisationen zur kollektiven Wahrnehmung" genannt) im Sinne des Gesetzes sind Vereine, die Urheber, ausübende Künstler, Produzenten oder Rundfunk- und Fernsehorganisationen vereinigen und deren statutenmäßige Aufgabe die kollektive Wahrnehmung und der Schutz der ihnen anvertrauten Urheberrechte oder verwandten Schutzrechte sowie die Ausübung der sich aus dem Gesetz ergebenden Befugnisse ist.

2. Auf Organisationen im Sinne von Abs. 1 sind die Vorschriften des Vereinsgesetzes mit der Maßgabe anzuwenden, dass

1) Mitglied der Organisation auch eine juristische Person sein kann,
2) die Aufnahme der im Gesetz festgelegten Tätigkeit durch die Organisation die Bewilligung des Ministers für Kultur und Kunst erfordert,
3) die Aufsicht über die Organisationen der Minister für Kultur und nationales Erbe führt.

3. Der Minister für Kultur und nationales Erbe erteilt die Bewilligung im Sinne von Abs. 2 Ziff. 2 Organisationen, die die Gewähr für eine gehörige Wahrnehmung der anvertrauten Rechte bieten.
4. Im Falle der Feststellung einer Verletzung des Umfangs der erteilten Bewilligung fordert der Minister für Kultur und Kunst die Organisation zur Beseitigung der Verletzung in der gesetzten Frist unter Androhung des Widerrufs der Bewilligung auf.
5. Die Bewilligung im Sinne von Abs. 2 Ziff. 2 kann widerrufen werden, wenn die Organisation
 1) ihre Verpflichtungen auf dem Gebiet der Wahrnehmung der ihr anvertrauten Urheberrechte oder verwandten Schutzrechte oder des Schutzes der letzteren nicht gehörig erfüllt,
 2) die Rechtsvorschriften auf dem Gebiet der erteilten Bewilligung verletzt.
6. Die Entscheidung des Ministers für Kultur und nationales Erbe über die Erteilung oder den Widerruf der Bewilligung zur Aufnahme der Ausübung der kollektiven Wahrnehmung der in Abs. 1 festgelegten Befugnisse durch die Organisation unterliegt der Bekanntmachung im Amtsblatt „Monitor Polski" der Republik Polen.

Art. 105 1. Es wird vermutet, dass die Organisation zur kollektiven Wahrnehmung zur Wahrnehmung und zum Schutz bezüglich der von der kollektiven Wahrnehmung erfassten Verwertungsgebiete berechtigt ist und dass sie auf diesem Gebiet die Prozesslegitimation hat. Auf diese Vermutung kann man sich nicht berufen, wenn auf dasselbe Werk oder dieselbe künstlerische Darbietung mehr als eine Organisation zur kollektiven Wahrnehmung Anspruch erhebt.
2. Auf dem Gebiet ihrer Tätigkeit kann die Organisation zur kollektiven Wahrnehmung die Erteilung von Informationen und die Zugänglichmachung der zur Feststellung der Höhe der von ihr geltend gemachten Vergütungen und Zahlungen erforderlichen Dokumente verlangen.

Art. 106 1. Die Organisation zur kollektiven Wahrnehmung ist zur einheitlichen Behandlung der Rechte ihrer Mitglieder und der anderen durch sie vertretenen Rechtsinhaber auf dem Gebiet der Wahrnehmung dieser Rechte oder der Geltendmachung ihres Schutzes verpflichtet.
2. Die Organisation zur kollektiven Wahrnehmung darf in den Grenzen der durch sie ausgeübten Wahrnehmung die Zustimmung zur Nutzung von Werken oder künstlerischen Darbietungen nicht ohne wichtige Gründe ablehnen.
3. Die Organisation zur kollektiven Wahrnehmung darf die Übernahme der Wahrnehmung eines Urheberrechts oder verwandten Schutzrechts nicht ohne wichtige Gründe ablehnen. Diese Wahrnehmung übt sie gemäß ihren Statuten aus.

Art. 107 Ist auf einem gegebenen Verwertungsgebiet mehr als eine Organisation zur kollektiven Wahrnehmung tätig, so ist zuständige Organisation im Sinne des Gesetzes die Organisation, zu der der Urheber oder ausübende Künstler gehört; gehört der Urheber oder ausübende Künstler jedoch zu keiner Organisation oder hat er seine Urheberschaft nicht offenbart, so ist es die durch die Urheberrechtskommission im Sinne von Art. 108 Abs. 1 bestimmte Organisation.

Art. 108 1. Der Minister für Kultur und nationales Erbe beruft eine Urheber-

rechtskommission (im Folgenden „Kommission" genannt), die sich aus vierzig Schiedsrichtern zusammensetzt, die im entsprechenden Verhältnis unter den Kandidaten im Sinne von Abs. 2 berufen werden.
2. Kandidaten für die Mitgliedschaft in der Kommission werden von den Organisationen zur kollektiven Wahrnehmung, den Vereinigungen der Urheber, ausübenden Künstler und Produzenten, den Organisationen, die gewerbsmäßig mit der Nutzung von Werken befasste Subjekte vereinigen, sowie von Rundfunk- und Fernsehorganisationen in der durch den Minister für Kultur und nationales Erbe bestimmten Frist vorgeschlagen. Die Information über die Frist wird in der gedruckten Tagespresse veröffentlicht.
3. In der Besetzung mit sechs Schiedsrichtern sowie einem Vorsitzenden als Oberschiedsrichter, die vom Minister für Kultur und nationales Erbe aus den Reihen der Schiedsrichter bestimmt werden, bestätigt die Kommission die durch die Organisationen zur kollektiven Wahrnehmung vorgeschlagenen Tarife der Vergütungen für die Nutzung der von der kollektiven Wahrnehmung erfassten Werke oder künstlerischen Darbietungen oder sie lehnt die Bestätigung ab; außerdem bestimmt sie die zuständige Organisation im Sinne von Art. 107.
4. Auf das Verfahren vor der Kommission in Angelegenheiten im Sinne von Abs. 3 sind die Vorschriften des Verwaltungsverfahrensgesetzbuchs entsprechend anzuwenden. Gegen in diesem Verfahren erlassene Entscheidungen der Kommission ist Beschwerde zum Minister für Kultur und nationales Erbe möglich.
5. In der Besetzung mit drei aus den Reihen der Schiedsrichter, und zwar je eine durch jede der Parteien, bestimmten Personen sowie einem durch die so bestimmten Schiedsrichter gewählten Oberschiedsrichter entscheidet die Kommission Streitigkeiten über die Anwendung der Tarife im Sinne von Abs. 3 sowie mit dem Abschluss eines Vertrages im Sinne von Art. 21^1 Abs. 1 zusammenhängende Streitigkeiten. Wenn eine der Parteien keinen Schiedsrichter bestimmt oder die Schiedsrichter keinen Oberschiedsrichter bestimmen, werden sie durch den Minister für Kultur und nationales Erbe bestimmt.
6. Auf das Verfahren vor der Kommission in Angelegenheiten im Sinne von Abs. 5 sind die Vorschriften des Zivilprozessgesetzbuchs über das Verfahren vor dem Schiedsgericht entsprechend anzuwenden.
7. Eine Partei, die mit einer Entscheidung der Kommission im Sinne von Abs. 5 nicht einverstanden ist, kann innerhalb von 14 Tagen nach dem Tag der Zustellung der Entscheidung vor dem zuständigen Kreisgericht Klage erheben.
8. Den Schiedsrichtern steht für die Teilnahme an den Sitzungen der Kommission eine Vergütung zu.
9. Der Minister für Kultur und nationales Erbe legt im Wege der Verfügung die detaillierten Grundsätze und die Verfahrensweise der Kommission, die Höhe der Vergütung im Sinne von Abs. 8, die Höhe der Gebühren für das Verfahren vor der Kommission sowie die Grundsätze ihrer Entrichtung fest.

Art. 109 Für die Urheber weniger günstige Vertragsbestimmungen, als sich aus den Tarifen im Sinne von Art. 108 Abs. 3 ergeben würden, sind unwirksam; an ihre Stelle treten diesen Tarifen entsprechende Bestimmungen.

Art. 110 Die Höhe der durch die Organisation zur kollektiven Wahrnehmung auf dem Gebiet der kollektiven Wahrnehmung geltend gemachten Vergütungen muss die Höhe der aus der Nutzung der Werke und künstlerischen Darbietungen erzielten Einkünfte sowie Natur und Umfang der Nutzung dieser Werke und künstlerischen Darbietungen berücksichtigen.

2. Zivilgesetzbuch (plZGB)[2] – Auszug

Art. 56 **[Wirkungen des Rechtsgeschäfts]** Ein Rechtsgeschäft ruft nicht nur die in ihm zum Ausdruck gebrachten, sondern auch die sich aus dem Gesetz, den Grundsätzen des gesellschaftlichen Zusammenlebens und den festgestellten Gebräuchen ergebenden Wirkungen hervor.

Art. 66 **[Angebot]** § 1. Die einer anderen Partei abgegebene Erklärung des Willens zum Abschluss eines Vertrages gilt als Angebot, wenn darin die wesentlichen Bestimmungen dieses Vertrages angegeben sind.

Art. 96 **[Gesetzliche Vertretung, Vollmacht]** Die Bevollmächtigung zum Handeln im fremden Namen kann sich auf das Gesetz (gesetzliche Vertretung) oder auf eine Erklärung des Vertretenen (Vollmacht) stützen.

Art. 155 **[Eigentumsübertragung durch Vertrag]** § 1. Durch einen Kauf-, Tausch-, Schenkungs- oder anderen Vertrag, der zur Übertragung des Eigentums an einer genau bestimmten Sache verpflichtet, wird das Eigentum auf den Erwerber übertragen, es sei denn, dass eine besondere Vorschrift etwas anderes bestimmt oder dass die Parteien etwas anderes vereinbart haben.

Art. 353 **[Definition]** § 1. Ein Schuldverhältnis besteht darin, dass der Gläubiger vom Schuldner eine Leistung verlangen kann und der Schuldner die Leistung zu erbringen hat.

§ 2. Die Leistung kann in einer Handlung oder Unterlassung bestehen.

Art. 353[1] **[Vertragsfreiheit]** Die Vertragsparteien können ihr Rechtsverhältnis nach freiem Willen gestalten, soweit dessen Inhalt und Ziel der Besonderheit (der Natur) des Rechtsverhältnisses, dem Gesetz und den Grundsätzen des gesellschaftlichen Zusammenlebens nicht widerspricht.

Art. 384 **[Vertragsmuster]** § 1. Die von einer Partei festgelegten Vertragsmuster, insbesondere allgemeine Vertragsbedingungen, Musterverträge und Reglements sind für die andere Partei verbindlich, wenn sie ihr bei Vertragsabschluss ausgehändigt worden sind.

§ 2. Ist in den Beziehungen der gegebenen Art die Verwendung eines Vertragsmusters üblich, so ist es auch dann verbindlich, wenn die andere Partei von seinem Inhalt mit Leichtigkeit Kenntnis nehmen könnte. Das gilt jedoch nicht für Verträge mit der Beteiligung von Verbrauchern, mit Ausnahme von Verträgen, die gewöhnlich in kleinen laufenden Angelegenheiten des täglichen Lebens geschlossen werden.

§ 3. (aufgehoben)

---

2 Zivilgesetzbuch vom 23. 4. 1964, Dz.U.1964 Nr. 16 Pos. 93; letzte Änderung vom 10. 12. 2005, Dz.U. 2005 Nr. 172 Pos. 1438. Übersetzung entnommen aus der Sammlung „Polnische Wirtschaftsgesetze" (7. Auflage 2005), ISBN 3-406-53759-6, erschienen im Verlag C. H. Beck, mit freundlicher Genehmigung des Verlages.

§ 4. Bedient sich eine der Parteien eines Vertragsmusters in elektronischer Form, so hat sie es der anderen Partei vor Vertragsabschluss in einer solchen Weise zugänglich zu machen, dass diese das Muster aufbewahren und im gewöhnlichen Geschäftsbetrieb rekonstruieren kann.

Art. 409 [Wegfall der Bereicherung] Die Verpflichtung zur Herausgabe des Vorteils oder zum Ersatz seines Werts erlischt, wenn derjenige, der den Vorteil erlangt hat, diesen verbraucht oder in einer Weise verloren hat, dass er nicht mehr bereichert ist, es sei denn, dass er beim Verlust oder Verbrauch des Vorteils mit der Ersatzpflicht rechnen musste.

Art. 450 [Teilleistung] Der Gläubiger darf die Annahme einer Teilleistung nicht ablehnen, auch wenn die gesamte Forderung schon fällig ist, es sei denn, dass die Annahme einer solchen Leistung sein gerechtfertigtes Interesse verletzt.

Art. 555 [Verkauf von Energie und von Rechten] Die Vorschriften über den Verkauf von Sachen finden auf den Verkauf von Energie und von Rechten entsprechende Anwendung.

Art. 734 [Definition] § 1. Durch den Auftragsvertrag verpflichtet sich der Beauftragte zur Vornahme eines bestimmten Geschäfts für den Auftraggeber.

Art. 752 [Definition] Wer ohne Auftrag eine fremde Angelegenheit besorgt, muss im Interesse des Geschäftsherrn und in Übereinstimmung mit dessen wahrscheinlichem Willen handeln und ist verpflichtet, bei der Besorgung der Angelegenheit die erforderliche Sorgfalt einzuhalten.

Art. 753 [Pflichten des Geschäftsführers] § 1. Der Geschäftsführer ohne Auftrag muss nach Maßgabe der Möglichkeit den Geschäftsherrn über die Geschäftsführung unterrichten und den Umständen nach entweder dessen Aufträge abwarten oder die Angelegenheiten solange besorgen, bis der Geschäftsherr in der Lage ist, die Angelegenheiten selbst zu besorgen.

§ 2. Der Geschäftsführer ohne Auftrag muss über seine Geschäfte Rechenschaft ablegen und alles herausgeben, was er bei der Besorgung der Angelegenheit für den Geschäftsherrn erlangt hat. Wenn er in Übereinstimmung mit seinen Pflichten gehandelt hat, so kann er Erstattung begründeter Auslagen und Aufwendungen zuzüglich der gesetzlichen Zinsen sowie Befreiung von Verbindlichkeiten verlangen, die er bei der Besorgung der Angelegenheit eingegangen ist.

3. Vereinsgesetz (plVereinsG)[3] – Auszug

Art. 2 1. Ein Verein ist eine freiwillige, sich selbst verwaltende, dauerhafte Vereinigung mit nicht wirtschaftlichen Zielen.

2. Ein Verein bestimmt selbständig seine Ziele, Tätigkeitsprogramme und Organisationsstrukturen und verabschiedet Innenakte, die seine Tätigkeit betreffen.

3. Ein Verein stützt seine Tätigkeit auf die gemeinschaftliche Arbeit seiner Mitglieder; zur Führung seiner Angelegenheiten kann er Arbeitnehmer beschäftigen.

Art. 4 1. Ausländer, die auf dem Gebiet der Republik Polen ihren Wohnort

3 Vereinsgesetz vom 7. 4. 1989, Dz.U. 1989 Nr. 20, Pos. 104; konsolidierte Fassung Dz.U. 2001, Nr. 79 Pos. 855; letzte Änderung vom 1. 5. 2004, Dz.U. 2004 Nr. 102 Pos. 1055. Übersetzung von Aleksandra *Mojkowska*/Martin *Bredol*.

haben, können sich in Vereinen gemäß der für die polnischen Bürger geltenden Vorschriften zusammenschließen.
2. Ausländer, die kein Wohnort auf dem Gebiet der Republik Polen haben, können solchen Vereinen beitreten, deren Satzungen diese Möglichkeit vorsehen.
Art. 10 1. Die Satzung eines Vereins bestimmt insbesondere:
1) den Namens des Vereins, der ihn von anderen Vereinen, Organisationen und Institutionen unterscheidet,
2) den Tätigkeitsgebiet und den Vereinssitz,
3) Ziele des Vereines und Methoden, diese Ziele zu verwirklichen,
4) die Möglichkeiten des Mitgliedschaftserwerbs und -verlusts, die Ursachen des Verlusts sowie die Mitgliederrechte und -pflichten,
5) den Vereinsvorstand, das Verfahren seiner Wahl und seiner Ergänzung sowie die Kompetenzen des Vorstands,
6) das Verfahren der Vertretung und der Eingehung von vermögensrechtlichen Verpflichtungen des Vereins sowie die Bedingungen für die Gültigkeit der Vereinsbeschlüsse,
7) das Verfahren zur Gewinnung von Finanzmitteln und zur Einführung von Mitgliedsbeiträgen,
8) die Regelungen für Satzungsänderungen,
9) das Verfahren zur Selbstauflösung des Vereins.
2. Der Verein, der die territorialen Organisationseinheiten zu gründen beabsichtigt, ist dazu verpflichtet, in seiner Satzung die Organisationsstruktur der Einheiten sowie die Regeln zu ihrer Gründung zu bestimmen.
3. Eine juristische Person kann lediglich unterstützendes Vereinsmitglied werden.
Art. 11 1. Oberstes Organ des Vereins ist die allgemeine Mitgliederversammlung. Bei Angelegenheiten, in denen die Satzung keine Zuständigkeit des Vereinsvorstands vorsieht, steht die Beschlussfassung der allgemeinen Mitgliederversammlung zu.
2. Die Satzung kann anstatt der allgemeinen Mitgliederversammlung eine allgemeine Vertreterversammlung oder die Ersetzung der allgemeinen Mitgliederversammlung durch eine Vertreterversammlung vorsehen, wenn die Mitgliederanzahl eine in der Satzung bestimmte Größe überschreitet. In solchen Fällen bestimmt die Satzung die Regeln der Vertreterwahl sowie die Dauer ihrer Wahlperiode.
3. Der Verein ist dazu verpflichtet, einen Vorstand und Innenkontrollorgane zu haben.
Art. 17 1. Der Verein erlangt in dem Augenblick der Eintragung in das Landes-Gerichtsregister Rechtspersönlichkeit und kann seine Tätigkeit aufnehmen.
1a. Die territoriale Organisationseinheit, von der in Art. 10 Abs. 2 die Rede ist, kann Rechtspersönlichkeit erlangen, soweit dies in der Vereinssatzung vorgesehen ist.
3. Von der Eintragung in das Landes-Gerichtsregister benachrichtigt das Registergericht die Gründer des Vereins sowie das Aufsichtsorgan und übersendet diesem Organ gleichzeitig die Satzung.
4. Das Verfahren in Sachen der Eintragung von Vereinen in das Vereinsregister

und anderer gesellschaftlicher oder gewerbsmäßiger Organisationen, Stiftungen sowie öffentlicher Gesundheitszentrum in das Landes-Gerichtsregister ist frei von Gerichtskosten.

Art. 25 Das Aufsichtsorgan hat das Recht:
in der dafür gesetzten Frist von dem Vereinsvorstand die Lieferung von Abschriften der Beschlüsse zu verlangen, die die allgemeine Mitgliederversammlung (Vertreterversammlung) gefasst hat,
von der Vereinsführung die notwendigen Erklärungen zu fordern.

Art. 26 Im Fall, dass sich der Verein nicht entsprechend den in Art. 25 bestimmten Anforderungen verhält, kann das Gericht auf Antrag des Aufsichtsorgans ein Bußgeld in Höhe von einmalig nicht mehr als 5000 zł anordnen. Von der Zahlung des Bußgeldes kann befreit werden, wenn sich der Verein unverzüglich nach dessen Zumessung entsprechend den Anforderungen vom Aufsichtsorgan verhält. Der Verein kann bei Gericht innerhalb von 7 Tagen die Befreiung vom Bußgeld beantragen.

Art. 28 Im Falle der Feststellung, dass die Vereinstätigkeit mit dem Recht unvereinbar ist oder die Bestimmungen der Satzung in den Angelegenheiten gem. Art. 10 Abs. 1 und 2 verletzt, kann das Aufsichtsorgan, in Abhängigkeit der Art und der Schwere der festgestellten Rechtsverletzungen, deren Beseitigung innerhalb einer gesetzten Frist vorgeben, der Vereinsführung eine Abmahnung erteilen oder bei Gericht die Anwendung eines der in Art. 29 vorgesehenen Mittels beantragen.

Art. 29 1. Das Gericht kann auf Antrag des Aufsichtsorgans oder des Staatsanwalts:
1) der Vereinsführung eine Verwarnung erteilen,
2) einen mit dem Recht oder mit der Satzung unvereinbaren Beschluss des Vereins aufheben,
3) den Verein auflösen, wenn seine Tätigkeit eine gravierende oder beharrliche Verletzung des Rechts oder der Satzungsbestimmungen aufweist und die Bedingungen zur Wiederherstellung einer rechts- oder satzungskonformen Tätigkeit nicht gegeben sind.

2. Das Gericht kann, wenn es den Antrag gem. Abs. 1 Ziff. 3 untersucht, auf Antrag oder aus eigener Initiative eine einstweilige Anordnung über die Amtsenthebung des Vereinsvorstand erlassen und gleichzeitig einen Vertreter zur Führung der laufenden Angelegenheiten des Vereins bestimmen.

3. Bei der Untersuchung des Antrags auf Auflösung eines Vereins kann das Gericht die Vereinsführung zu der Beseitigung der festgestellten Rechtsverletzungen innerhalb einer dafür gesetzten Frist verpflichten und das Verfahren einstellen. Wenn die Frist erfolglos abgelaufen ist, nimmt das Gericht auf Antrag des Aufsichtsorgans oder aus eigener Initiative das eingestellte Verfahren wieder auf.

Art. 34 Der Verein kann eine wirtschaftliche Tätigkeit nach allgemeinen, in anderen Vorschriften festgelegten Regeln ausüben. Das Einkommen aus der wirtschaftlichen Tätigkeit des Vereins dient der Verwirklichung der Satzungszwecke und kann nicht zur Verteilung unter seinen Mitgliedern verwendet werden.

Art. 36 1. Im Fall der Auflösung eines Vereins aufgrund eines eigenen Beschlusses sind die Mitglieder seines Vorstands Liquidatoren, soweit die Satzung oder, im

Falle des Fehlens entsprechender Bestimmungen in der Satzung, der Beschluss der letzten allgemeinen Mitgliederversammlung (Vertreterversammlung) dieses Vereins nichts anderes bestimmt.
2. Im Fall der Auflösung des Vereins durch ein Gericht, ordnet dieses Gericht dessen Liquidation an und bestimmt den Liquidator.

4. Gesetz über die Freiheit der wirtschaftlichen Betätigung[4] – Auszug

Art. 6 1. Die Aufnahme, Ausübung und Beendigung einer wirtschaftlichen Tätigkeit ist jedermann unter Einhaltung der Bedingungen, die durch Rechtsvorschriften bestimmt sind, ohne Diskriminierung gestattet.
2. [Vom Abdruck wurde abgesehen]
Art. 75 1. Die Ausübung wirtschaftlicher Tätigkeit bedarf in dem Umfang, der in folgenden Vorschriften bestimmt ist, der Erlaubniserteilung: (...)
[es folgt eine Aufzählung von Gesetzen unter 1. – 28.; das plUrhG wird dort nicht genannt; vom Abdruck wurde abgesehen. In Absätzen 2–5 werden weitere erlaubnis- und lizenzpflichtige Tätigkeiten sowie die zuständigen Organe bestimmt.]

[4] Vom 2.7.2004, Dz.U. 2004, Nr. 173 Pos. 1807; letzte Änderung Dz.U. 2005, Nr. 183 Pos. 1538. Übersetzung von Aleksandra *Mojkowska*/Martin *Bredol*.

Anhang II
Die Entschließung des Europäischen Parlaments vom 15. Januar 2004

Verwertungsgesellschaften: Urheberrecht und verwandte Schutzrechte

Entschließung des Europäischen Parlaments zu einem Gemeinschaftsrahmen für Verwertungsgesellschaften im Bereich des Urheberrechts und der verwandten Schutzrechte (2002/2274(INI))*

Das Europäische Parlament,

- unter Hinweis auf den Vertrag zur Gründung der Europäischen Gemeinschaft, insbesondere auf die Artikel 95 und 151,
- unter Hinweis auf die Artikel 17, 22 und 41 der Charta der Grundrechte der Europäischen Union,
- unter Hinweis auf Artikel III-181 des Entwurfs eines Vertrags über eine Verfassung für Europa,
- unter Hinweis auf seine Entschließung vom 15. Mai 2003 zum Schutz von audiovisuellen Darstellern[1],
- unter Hinweis auf die verschiedenen internationalen Übereinkommen in diesem Bereich, wie das Abkommen von Rom vom 26. Oktober 1961 über den Schutz der ausübenden Künstler, der Hersteller von Tonträgern und der Sendeunternehmen, die Berner Übereinkunft vom 24. Juli 1971 zum Schutz von Werken der Literatur und Kunst, das Übereinkommen von Genf vom 29. Oktober 1971 zum Schutz der Hersteller von Tonträgern gegen die unerlaubte Vervielfältigung ihrer Tonträger, den WIPO-Urheberrechtsvertrag vom 20. Dezember 1996, den WIPO-Vertrag über Darbietungen und Tonträger vom 20. Dezember 1996 und das WTO-Übereinkommen über handelsbezogene Aspekte der Rechte an geistigem Eigentum (TRIPS) vom 15. April 1994, **[426]**
- in Kenntnis des gemeinschaftlichen Besitzstandes in diesem Bereich, nämlich Richtlinie 91/250/EWG[2] zum Schutz von Computerprogrammen; Richt-

* ABl. C 92 E/425–432. Seitenumbrüche sind durch **fette Zahlen** in [eckigen Klammern] gekennzeichnet; die Fußnoten sind auf fortlaufende Zählung umgestellt.

1 P5_TA(2003)0221.

2 ABl. L 122 vom 17. 5. 1991, S. 42.

linie 92/100/EWG[3] zum Vermiet- und Verleihrecht sowie verwandten Schutzrechten; Richtlinie 93/83/EWG[4] zu Satellitenrundfunk und Kabelweiterverbreitung; Richtlinie 93/98/EWG[5] zur Schutzdauer; Richtlinie 96/9/EG[6] zum Schutz von Datenbanken; Richtlinie 2001/29/EG[7] zum Urheberrecht in der Informationsgesellschaft; Richtlinie 2001/84/EG[8] zum Folgerecht bildender Künstler,
- gestützt auf Artikel 163 seiner Geschäftsordnung,
- in Kenntnis des Berichts des Ausschusses für Recht und Binnenmarkt sowie der Stellungnahmen des Ausschusses für Wirtschaft und Währung und des Ausschusses für Kultur, Jugend, Bildung, Medien und Sport (A5-0478/2003),

1. stellt fest, dass die Wahrnehmung und Verwaltung von Urheber- und Leistungsschutzrechten seit 1995 auf EU-Ebene diskutiert wird;
2. betont, dass die kollektive Wahrnehmung vom EG-Gesetzgeber seit 1992 als eine nicht zu beanstandende Form der Wahrnehmung von Rechten anerkannt und sanktioniert ist; weist darauf hin, dass in der Richtlinie 92/100/EWG zum Vermietrecht und Verleihrecht sowie zu bestimmten verwandten Schutzrechten den Urhebern und den ausübenden Künstlern ausdrücklich die Möglichkeit eingeräumt wird, die Wahrnehmung ihrer unverzichtbaren Rechte auf eine angemessene Vergütung für die Vermietung auf Verwertungsgesellschaften zu übertragen, die sie vertreten; weist darauf hin, dass in der Richtlinie 93/83/EWG betreffend Satelliten-, Rundfunk- und Kabelweiterverbreitung eine obligatorische kollektive Wahrnehmung von Kabelweiterverbreitungsrechten vorgesehen ist, und dass in der Richtlinie 2001/84/EG über das Folgerecht ausdrücklich auf die Möglichkeit hingewiesen wird, dass die Mitgliedstaaten vorsehen, dass die Wahrnehmung des Rechts von Urhebern des Originals eines Kunstwerks auf eine Folgerechtsvergütung einer Verwertungsgesellschaft übertragen wird; weist darauf hin, dass die Richtlinien den gemeinschaftlichen Besitzstand darstellen;
3. stellt fest, dass die Verwaltung von Urheber- und Leistungsschutzrechten zusammen mit den anerkannten Schutzrechten und den Bestimmungen über ihre Durchsetzung das dritte unverzichtbare Glied im Bereich des Urheberrechts und verwandter Schutzrechte ist;
4. angesichts der Tatsache, dass etwa 5–7% des EU-Bruttoinlandprodukts durch Produkte und Dienstleistungen erwirtschaftet wird, die durch das Urheberrecht oder verwandte Schutzrechte geschützt sind;
5. stellt fest, dass die Richtlinie 2001/29/EG ein bedeutender Schritt zur Errichtung des urheberrechtlichen Binnenmarktes ist, wobei die durch die Digitalisierung notwendig gewordenen Anpassungen auch eine Anpassung im Bereich der Verwertungshandlungen mit sich bringen können, bei der immer der Inhalt der Rechte zu beachten ist und die insbesondere Auswirkungen auf den Schutz der

---

3 ABl. L 346 vom 27. 11. 1992, S. 61.
4 ABl. L 248 vom 6. 10. 1993, S. 15.
5 ABl. L 290 vom 24. 11. 1993, S. 9.
6 ABl. L 77 vom 27. 3. 1996, S. 20.
7 ABl. L 6 vom 10. 1. 2002, S. 70.
8 ABl. L 272 vom 13. 10. 2001, S. 32.

verwandten Schutzrechte mittels „Digital Rights Management"-Systemen (Digitale Rechteverwertungssysteme) haben wird;
6. stellt fest, dass im Bereich der Urheber- und Leistungsschutzrechte die angemessene und faire Beteiligung aller Betroffenen an der gesamten Wertschöpfungskette sowie der rasche, faire und professionelle Rechteerwerb für den wirtschaftlichen wie kulturellen Erfolg entscheidend sind;
7. unterstützt die Forderung, dass jede Nutzung gemäß dem geltenden Recht und dem Drei-Stufen-Test angemessen vergütet sein soll, insbesondere in denjenigen Fällen, in denen sie sich aus gesetzlich zugelassenen Verwertungen ableitet und einen Anspruch auf Vergütung begründet (Zwangslizenz, Privatkopie, Bibliothekstantiemen); **[427]**
8. stellt fest, dass es im Bereich der kollektiven Wahrnehmung von Rechten, bedingt auch durch die Erweiterung der Europäischen Union, geeigneter Maßnahmen bedarf und Handlungsbedarf bestehen könnte;
9. erinnert daran, dass die technischen Hilfsprogramme PHARE und TACIS, die von der Europäischen Union im Bereich des geistigen Eigentums angesiedelt wurden, die Entwicklung von Verwertungsgesellschaften in Ländern Mittel- und Osteuropas und der GUS und insbesondere als Teil der Vorbeitrittsstrategie in den neuen Ländern unterstützt und ermöglicht haben;
10. weist auf die Tatsache hin, dass es in den neuen Mitgliedsstaaten immer noch keine Verwertungsgesellschaften in allen Sparten für alle Rechteinhaber und für alle Repertoires gibt, dass die bestehenden Verwertungsgesellschaften weiterhin anfällig sind und sich Schwierigkeiten bei der Einziehung von ihren Mitgliedern zustehenden Gebühren gegenüber sehen, dass deshalb die spezifischen Unterstützungsprogramme für die Verwertungsgesellschaften dieser Länder, wie sie im Rahmen von PHARE und TACIS als Teil der Heranführungsstrategie verwendet wurden, weitergeführt werden sollten, um die Zirkulation von Werken, die Wertschätzung des europäischen Erbes und die Rechtssicherheit zu stärken; ersucht die Kommission, einen Vorschlag in diesem Sinn zu unterbreiten;

Binnenmarkt

11. betont, dass Wahrnehmung und Verwaltung von Rechten auf dem Territorialitätsprinzip und auf völkerrechtlichen Verträgen basieren; stellt auch fest, dass die durch die Digitalisierung (vor allem globale Vertriebsmechanismen) notwendigen und bisher erfolgten Anpassungen im Bereich der Rechtewahrnehmung noch nicht ausreichend sind;
12. ist der Auffassung, dass ein gemeinschaftlicher Ansatz im Bereich der Wahrnehmung und Verwaltung von Urheber- und Leistungsschutzrechten, insbesondere der effektiven kollektiven Rechtewahrnehmung im Binnenmarkt, unter Achtung und Wahrung der urheberrechtlichen Prinzipien, des Wettbewerbsrechts und im Einklang mit den Grundsätzen der Subsidiarität und Verhältnismäßigkeit verfolgt werden muss;
13. legt der Kommission nahe, dafür zu sorgen, dass bei Verwertungsgesellschaften, wenn sie auch, soweit sie Diensteanbieter sind, in den bevorstehenden Vorschlag zum Binnenmarkt für Dienstleistungen aufgenommen werden, ihre treu-

händerischen Funktionen und ihre besondere Verantwortung für die kulturellen und sozialen Aspekte und für die Gesellschaft als solche gebührend berücksichtigt werden;

Wettbewerb

14. stellt fest, dass die de jure oder de facto Monopole, die den Verwertungsgesellschaften in der Regel zukommen, dem Grundsatz nach kein Wettbewerbsproblem darstellen, sofern sie ihren Mitgliedern oder beim Zugang zu Rechten durch potentielle Kunden keine unangemessenen Beschränkungen auferlegen; erkennt an, dass Verwertungsgesellschaften Aufgaben im öffentlichen Interesse sowie im Interesse der Rechteinhaber und ebenso der Nutzer erfüllen und daher einer gewissen Regulierung bedürfen; unterstreicht die Bedeutung des Wettbewerbsrechts insofern, als im Einzelfall mögliche Missbräuche des Monopols durch Verwertungsgesellschaften geprüft werden, um die Rechteverwaltung auch in Zukunft erfolgreich gewährleisten zu können;
15. stellt hingegen fest, dass die zunehmende vertikale Medienkonzentration die eigentliche Herausforderung im Bereich Zugang zu und Verbreitung von durch das Urheberrecht oder verwandte Rechte geschützten Werken und Dienstleistungen, wie auch der Wahrnehmung und Verwertung dieser Werke [**428**] und Dienstleistungen ist; und fordert daher die Kommission auf, die vertikale Medienkonzentration und ihren Einfluss auf die Rechtewahrnehmung zu überwachen und gegebenenfalls die nötigen Maßnahmen zu ergreifen;
16. ist der Auffassung, dass eine einfache, zügige und verlässliche Klärung der Rechte im Interesse der Rechteinhaber, -nutzer und Verbraucher ist; dass ein gemeinschaftlicher Ansatz die Besonderheiten der Inhaberschaft und Wahrnehmung von Urheber- und Leistungsschutzrechten in vollem Umfang berücksichtigen soll, um sowohl wirtschaftliche wie kulturelle Fehlallokationen zu vermeiden;
17. fordert daher, unter der Voraussetzung der Einführung und Kontrolle notwendiger Transparenz, eine Beschränkung des Wettbewerbsrechts auf Fälle des Missbrauchs, um die Rechteverwaltung auch in Zukunft erfolgreich gewährleisten zu können;

Informationsgesellschaft

18. stellt fest, dass die gegenwärtig geführte Diskussion über kollektive Vergütungsansprüche und DRMs Auswirkung auf die Rechtewahrnehmung und -verwaltung haben; stellt weiterhin fest, dass DRMs ein geeignetes Hilfsmittel für verbessertes Rechtemanagement entwickeln können;
19. ist sich der Tatsache bewusst, dass die Einführung von DRMs zu einem Mehr an individuell zuordenbaren Einnahmen führen kann, aber vorläufig nicht automatisch die kollektive Vergütung für private Vervielfältigung ersetzen wird; stellt weiterhin fest, dass ein Großteil des Tätigkeitsbereiches der Verwertungsgesellschaften nicht durch die Systeme des DRM ersetzt werden können;
20. stellt hinsichtlich DRMs fest, dass sie nur erfolgreich einzusetzen sind, wenn

Prinzipien des Urheberrechts und der Leistungsschutzrechte sowie Interoperabilität die Grundlage für ihre Anwendung sind, wobei insbesondere die Chancengleichheit der Rechtsinhaber gewahrt werden muss und es einheitlicher Kodierungsstandards und der strikten Einhaltung der einschlägigen Datenschutzbestimmungen bedarf;
21. weist darauf hin, dass es hinsichtlich der Vergütungsansprüche, die erhoben werden müssen und wobei die Anwendung eines Systems von Genehmigungen oder Lizenzen unmöglich ist, einer Prüfung des Marktes gemäß der Richtlinie 2001/29/EG bedarf, auch um Verwirrung und unnötige administrative Belastung für den Verbraucher zu vermeiden, sowie der Schaffung einer fairen Balance zwischen den Sparten;

Verwertungsgesellschaften

22. weist darauf hin, dass der Schutz und die Verwertung von Rechten an geistigem Eigentum wichtige Faktoren zur Förderung der kulturellen Kreativität und Beeinflussung der Zunahme der kulturellen und sprachlichen Vielfalt sind;
23. verweist auf die Bedeutung der Realisierung eines Gleichgewichts zwischen den Rechten und Interessen der Künstler und Inhaber von Rechten einerseits sowie der Notwendigkeit, die optimale Verbreitung ihrer Werke zu Gunsten ihres potentiellen Publikums zu gewährleisten; erkennt an, dass in diesem Zusammenhang Verwertungsgesellschaften einen größeren Vorteil bei der Erleichterung des Zugangs der Benutzer zu Inhalt und Verbreitung der Werke zu Gunsten der gesamten Kette bieten;
24. verweist auf die Tatsache, dass das Urheberrecht zwei Hauptaspekte von Rechten umfasst, nämlich wirtschaftliche Rechte, bei denen es sich um das Recht auf Vervielfältigung, Verbreitung in der Öffentlichkeit (einschließlich Senderechten), Verteilung usw. handelt, und Urheberpersönlichkeitsrechte, die das Recht von Urhebern und darstellenden Künstlern beinhalten, gegen jede Verzerrung, Verstümmelung oder sonstige Änderung ihres Werkes Einspruch zu erheben;
25. erkennt die bedeutende Rolle von Verwertungsgesellschaften an, die eine unverzichtbare Verbindung zwischen Künstlern und Benutzern urheberrechtlich geschützter Werke darstellen, weil sie gewährleisten, [**429**] dass Künstler und Inhaber von Rechten für die Nutzung ihrer Werke eine Bezahlung erhalten, da die technologischen Entwicklungen zu neuen Formen geschützter Werke geführt haben, insbesondere im multimedialen Bereich, und da diese Entwicklungen die Möglichkeiten zur internationalen Nutzung der Rechte an geistigem Eigentum vergrößert haben und es einzelnen Künstlern und Inhabern von Rechten nicht möglich ist, selbst den neuen Schwierigkeiten zu begegnen;
26. fordert die Kommission bei der Prüfung der Frage der Verwertungsgesellschaften auf, die kulturelle Dimension der Verwertung von Rechten entsprechend zu berücksichtigen, da die Rechte von Künstlern und Inhabern von Rechten durch nationale Rechtsvorschriften, durch das Berner Übereinkommen, den TRIPS-und den WIPO-Vertrag und verschiedene EU-Richtlinien geschützt sind, während Verwertungsgesellschaften nationalen, europäischen und internationalen Regelungen unterliegen, die sich in den einzelnen Mitgliedstaaten der Europäischen

Union aus historischen, rechtlichen, wirtschaftlichen und vor allem kulturellen Gründen voneinander unterscheiden;
27. betont, dass die Praxis bestimmter Verwertungsgesellschaften (vor allem im Bereich Musik), über die Verteilungsregelung nicht kommerzielle, aber kulturell wertvolle Werke zu fördern, zur Entwicklung der Kultur und zur kulturellen Vielfalt beiträgt; erkennt ferner die kultur- und gesellschaftspolitische Tätigkeit der Verwertungsgesellschaften an, was sie auch zu Trägern öffentlicher Gewalt macht;
28. weist darauf hin, dass künftige europäische Richtlinien der Kommission auf dem Gebiet des Fernsehens, des Radios, der Kommunikation, der Übertragung und der Telekommunikation im digitalen Bereich den Grundsatz des Eigentums sowie des Schutzes der Urheberrechte anerkennen und entsprechende Bestimmungen enthalten müssen, damit die europäische Kunst und Kultur in der Union gestärkt und das Vertrauen von Künstlern, einschließlich Schriftstellern, Musikern und Filmemachern gefördert wird, sodass neue Werke geschaffen werden, die ausreichend vor Piraterie geschützt sind, und die Urheberpersönlichkeitsrechte und finanzielle Anreize gewährleistet werden;
29. betont, dass das Fehlen verfahrensrechtlicher Vereinfachungen für die Verwertungsgesellschaften und das Nichtvorhandensein von Gremien zur raschen Beilegung von Streitigkeiten dazu führen, dass die Urheber unzureichend geschützt werden und die Verwaltungskosten ansteigen; unterstreicht, dass es Wesen und Rolle der Verwertungsgesellschaft gebieten, dass sie von den Rechteinhabern verwaltet und kontrolliert werden;
30. betont, dass Verwertungsgesellschaften die wichtigste Option für den wirksamen Schutz des Urheberrechts des Künstlers darstellen und dass sie nach dem Prinzip der Transparenz, der Demokratie und der Beteiligung der Künstler arbeiten müssen; betont, dass die Einführung einer angemessenen Entschädigung (levies) für die freie Reproduktion zu privaten Zwecken die einzige Möglichkeit zur Sicherung eines gerechten Entgelts für die Urheber und eines leichten Zugangs der Nutzer zu den Werken geistigen Eigentums darstellt und nicht durch DRM ersetzt werden kann;
31. begrüßt Initiativen wie ISAN (International Standard Audiovisual Number), die von der UN-Organisation ISO (Internationale Normenorganisation) anerkannt wird und mit deren Hilfe durch Software Zeitpunkt und Ort der Nutzung audiovisueller Werke ermittelt werden können, und spricht sich ganz allgemein für die Förderung der internationalen Zusammenarbeit in diesem Bereich aus;
32. betont, dass ein wichtiges, jedoch nicht das einzige Kriterium für die Vertretung der Rechteinhaber in den Verwaltungs- und Kontrollgremien der Verwertungsgesellschaften der wirtschaftliche Wert der Rechte sein sollte, den jeder Rechteinhaber in die Verwertungsgesellschaft einbringt; betont ferner, dass auch rechtlich die Freiheit des Urhebers verankert werden muss, darüber zu entscheiden, welche Rechte er Verwertungsgesellschaften übertragen und welche er individuell verwalten möchte;
33. regt an, die Potenziale neuer Technologien und Vertriebsnetze im Hinblick auf die Wahrung von Urheberrechten kreativ zu nutzen;
34. sieht es als zwingend notwendig an, Verwertungsgesellschaften für Urheber-

rechte dort, wo sie in einer Monopolstellung öffentliche Aufgaben wahrnehmen, entsprechend zu regulieren, um die wettbewerbsrechtlich gebotene Transparenz zu gewährleisten; [430]
35. stellt fest, dass die unterschiedlichen Gesetze und Vorschriften sowie Statuten und Praktiken der Verwertungsgesellschaften von unterschiedlichen einzelstaatlichen Traditionen und Besonderheiten historischer, juristischer, kultureller und wirtschaftlicher Art herrühren;
36. betont die Freiheit der Rechteinhaber, nach Maßgabe der gesetzlichen und vertraglichen Bestimmungen zu wählen, ob sie eine individuelle oder kollektive Wahrnehmung wünschen; in diesem Rahmen können auch Erwägungen hinsichtlich der Zweckmäßigkeit zum Tragen kommen;
37. stellt fest, dass Verwertungsgesellschaften hinsichtlich ihrer Organisationsform von Sparte zu Sparte, von einer Kategorie Rechteinhaber zur anderen und von Land zu Land sehr unterschiedliche Ausformungen haben, wobei für die Wahrnehmung von Rechten im EU-Binnenmarkt in erster Linie entscheidend ist, dass die Gesellschaften ihren treuhänderischen Funktionen nachkommen;
38. fordert zur besseren Kooperation zwischen Verwertungsgesellschaften und zur Berücksichtigung der Entwicklung der Informationsgesellschaft die Schaffung gemeinsamer Hilfsmittel, vergleichbarer Parameter und eine Abstimmung der Tätigkeitsbereiche;
39. stellt fest, dass interne demokratische Strukturen von Verwertungsgesellschaften für die Legitimierung ihrer Tätigkeit wie auch für ihr erfolgreiches Funktionieren fundamental sind; fordert daher Mindeststandards für Organisationsstrukturen, Transparenz, Rechungslegung und Rechtsbehelfe;
40. fordert, dass alle Wahrnehmungsberechtigten Repräsentanten ihrer Wahl mit Stimmberechtigung in die Mitgliederversammlung entsenden können und bei der Besetzung der Führungsorgane berücksichtigt werden sollen;
41. fordert eine gleichberechtigte Beteiligung aller unterschiedlichen Mitgliedergruppen und – in Anbetracht der vertikalen Medienkonzentration – besonderes Augenmerk bei der Besetzung der Führungsorgane; dies alles muss mit der Festlegung interner Vorschriften über die Arbeitsweise und Führung der Verwertungsgesellschaften vereinbar sein, in denen weitere vernünftige Kriterien (Anzahl der Werke und Darbietungen, Höhe der Vergütungen usw.) zu berücksichtigen sind und schließlich ein Prinzip eingeführt werden muss, dass gleich gelagerte Fälle gleich zu behandeln sind;
42. fordert ein Ende von Interessenskonflikten (Personenidentität zwischen Rechteinhaber und Nutzer) beim Betrieb von Verwertungsgesellschaften;
43. erkennt an, dass die Gegenseitigkeitsverträge zwischen Verwertungsgesellschaften von der Rechtssprechung ausdrücklich als zulässig anerkannt wurden, soweit diese nicht in Widerspruch zu wettbewerbsrechtlichen Vorgaben stehen; sieht aber auch die Gefahr, dass der faire Betrieb einer „One-stop-shop"-Einrichtung gefährdet ist, wenn unter den Gruppen von Rechteinhabern, die sie gründen, ungleiche Rechte bestehen; unter solchen Umständen sollten die verschiedenen Gruppen von Rechteinhabern die Möglichkeit haben, die Lizenzvergabe auszuhandeln und die Einziehung und Verteilung von Einnahmen aus der Verwertung ihrer Rechte getrennt zu verwalten;

44. fordert ein Ende der Bevorzugung nationaler Repertoires gegenüber „non qualified recordings", wobei allerdings geltende internationale Verträge, insbesondere das Abkommen vom Rom sowie die Berner Übereinkommen zu beachten sind;
45. fordert ein Auslaufen der sog. „B-Verträge";
46. geht davon aus, dass kulturelle und soziale Tätigkeiten, sowie Aufgaben im gemeinsamen Interesse gerechtfertigt sind, soweit sie innerhalb der Gesellschaft demokratisch legitimiert und/oder gesetzlich vorgeschrieben sind und soweit alle Mitgliedergruppen in fairer Weise Nutzen daraus ziehen können; wobei alle Mitgliedergruppen gleichberechtigt repräsentiert sein müssen; [**431**]
47. stellt fest, dass es hinsichtlich der Kontrollmechanismen von VGs zwischen den EU-Mitgliedstaaten zum einen größere strukturelle Unterschiede gibt, zum anderen die Effizienz dieser Kontrollen sehr unterschiedlich ist;
48. fordert effiziente, unabhängige, regelmäßige, transparente und sachkundige Kontrollmechanismen in allen Mitgliedstaaten – unter Einbeziehung aller rechtlichen, sozialen, wirtschaftlichen und kulturellen Aspekte;
49. fordert europaweit vergleichbare und kompatible sowie auch für Kleinnutzer und Kleinurheber bezahlbare Schlichtungsmechanismen für Streitfälle zwischen Rechtinhabern und Verwertungsgesellschaften, zwischen Verwertungsgesellschaften untereinander sowie zwischen Verwertungsgesellschaften und Nutzern;
50. regt darüber hinaus an, ein geeignetes Verfahren zur grenzüberschreitenden Lösung von einander widersprechenden Entscheidungen in den Mitgliedsländern zu suchen;
51. wünscht eine abgestufte Informationspflicht der Verwertungsgesellschaften nach innen wie nach außen und fordert daher die Veröffentlichung der Tarife, der Verteilungsschlüssel und des Jahresabschlusses, sowie von Informationen über Gegenseitigkeitsverträge – auch im Internet;
52. hält es für erforderlich, dass bei einem gemeinschaftlichen Ansatz ein Rahmen für Mindestkriterien für die Berechnung von Tarifen geschaffen wird, um auch auf diese Art und Weise die wettbewerbsrechtlich erforderliche Transparenz herzustellen;
53. fordert eine für die Bezugsberechtigten nachvollziehbare Auflistung sämtlicher angemessener Verwaltungskosten;
54. fordert einheitliche Kodierungsstandards für Werke, die die Rechtewahrnehmung vereinfachen und eine effizientere Kontrolle ermöglichen, sowie Interoperabilität auf dem Markt, einschließlich zwischen Verwertungsgesellschaften; nimmt zur Kenntnis, dass Verwertungsgesellschaften an internationalen Foren teilnehmen, um die Entwicklung gemeinsamer, interoperabler und sicherer Standards zu fördern;
55. unterstützt den Wunsch nach EU-Förderung zur Implementierung einheitlicher Kodierungsstandards;
56. fordert einen effizienten Informationsaustausch zwischen Verwertungsgesellschaften, wobei darüber hinaus unter Einhaltung der Vorschriften über die Vertraulichkeit von Daten bestimmt werden sollte, dass die Verwertungsgesellschaften Zugang zu wirtschaftlichen Daten untereinander und die Möglichkeit haben, Überprüfungen mit dem Ziel in Auftrag zu geben, die Übereinkommen über die

gegenseitige Vertretung durchzusetzen und die Transparenz in ihrer Leitung zu bekräftigen;
57. unterstützt die Forderung, die notwendigen Informationen über die sachliche Zuständigkeit von Verwertungsgesellschaften, d. h. die von ihr repräsentierten Rechteinhaber sowie die von diesen eingeräumten Rechte bzgl. Verwertungshandlungen, und die gegenständliche Zuständigkeit, d. h. die Werke und die sonstigen verwandten Schutzgüter zentral zusammenzuführen; dies ist ein weiterer Beitrag zur Transparenz, Rechtssicherheit und zu einem praxisgerechten Zugang zur Verwertung;
58. fordert hinsichtlich der Nutzung eine rechtlich verbindliche Pflicht seitens der Lizenznehmer, relevante Informationen zu liefern;
59. fordert von den Mitgliedstaaten und der Kommission strengere Regeln für die Einhaltung und Kontrolle der einzelstaatlichen Rechtsvorschriften über Urheber und Leistungsschutzrechte vor allem in jenen Einzelfällen, in denen für die Nutzung der geschützten Werke und Dienstleistungen die entsprechende Vergütung nicht geleistet wird; [**432**]
60. fordert die Kommission auf, die Implementierung und die gemeinschaftsrechtskonforme Anwendung des urheberrechtlichen Gemeinschaftsbesitzstands zu kontrollieren;
61. fordert die Kommission auf, drei Jahre nach der Annahme dieser Entschließung zu überprüfen, ob die angestrebte Harmonisierung, Demokratie und Transparenz der Verwertung von Urheberrechten und verwandter Schutzrechte durch Verwertungsgesellschaften erreicht worden ist, und nötigenfalls ergänzende Maßnahmen zu ergreifen;
62. fordert eine verbindliche Definition des Schutzgegenstandes unter Miteinbeziehung neuer audiovisueller Medien und Produkte, sofern es sich um eigenschöpferische, kreative Leistungen handelt;
63. fordert – nach dem Vorbild des Media + Programms – eine geordnete Rechterückfallsfrist (drei Jahre) insbesondere im Fernsehbereich zur Stärkung der unabhängigen Hersteller und zur besseren Zirkulation europäischer Werke;
64. beauftragt seinen Präsidenten, diese Entschließung dem Rat und der Kommission sowie den Regierungen der Mitgliedstaaten zu übermitteln.

Anhang III
Die Mitteilung der Kommission vom 16. April 2004

Kommission der Europäischen Gemeinschaften

Brüssel, den 16. 4. 2004
KOM (2004) 261 endgültig

Mitteilung der Kommission an den Rat, das Europäische Parlament und den Europäischen Wirtschafts- und Sozialausschuss*

Die Wahrnehmung von Urheberrechten und verwandten Schutzrechten im Binnenmarkt

[2]

INHALTSVERZEICHNIS

* http://europa.eu.int/eur-lex/de/com/cnc/2004/com2004_0261de01.pdf. Die Seitenumbrüche des KOM-Dokuments sind durch **fette Zahlen** in [eckigen Klammern] gekennzeichnet; die Fußnoten sind auf fortlaufende Zählung umgestellt; die Seitenangaben im Inhaltsverzeichnis wurden weggelassen.

[4]

Zusammenfassung

Der Begriff „Rechtewahrnehmung" bezieht sich auf die Systeme zur Wahrnehmung von Urheberrechten und verwandten Schutzrechten, d. h. deren Lizenzierung, Übertragung oder Vergütung für alle Nutzungsarten. Bei der individuellen Rechtewahrnehmung handelt es sich um die Vermarktung von Rechten für die gewerbliche Nutzung durch einzelne Rechteinhaber. Beim System der kollektiven Rechtewahrnehmung verwaltet und überwacht eine Verwertungsgesellschaft als Treuhänder die Rechte mehrerer Inhaber, zieht die Entgelte ein und verteilt sie.

Seit 1991 haben sich die Rechtsvorschriften der Gemeinschaft über Urheberrecht und verwandte Schutzrechte erheblich weiterentwickelt: Es sind sieben Richtlinien auf dem Gebiet des materiellen Urheberrechts in Kraft getreten, und im Januar 2003 legte die Kommission einen Vorschlag für eine Richtlinie über die Durchsetzung von Rechten (Sanktionen und Rechtsmittel) vor. Die Rechtewahrnehmung wurde bisher nur am Rande im Acquis Communautaire behandelt und weitgehend der Rechtsetzung der Mitgliedstaaten überlassen. Zwischen 1995 und 2002 hat die Kommission umfassende Sondierungen zur Frage der Rechtewahrnehmung – sowohl der individuellen als auch der kollektiven – vorgenommen.

Als Schlussfolgerung aus dem Sondierungsprozess, behandelt die Mitteilung sowohl die individuelle als auch die kollektive Rechtewahrnehmung sowie die Frage, ob die gegenwärtigen Formen der Rechtewahrnehmung das Funktionieren des Binnenmarktes, insbesondere im Zeitalter der Informationsgesellschaft, behindern.

In Kapitel 1 wird die Rechtewahrnehmung einschließlich ihrer Beziehungen zum und Auswirkungen auf den Binnenmarkt beleuchtet. Zur Frage der gemeinschaftsweiten Lizenzierung bestimmter Rechte mit grenzüberschreitender Wirkung wurden verschiedene Alternativen in dieser Richtung überprüft. Hier sollte sich die Entwicklung am Markt orientieren und in erster Linie ein breiterer Konsens über die Bedingungen der kollektiven Rechtewahrnehmung angestrebt werden. Ein anderes Thema von Kapitel 1 ist die Einführung von Systemen der digitalen Rechteverwaltung (Digital Rights Management – DRM). Die Kommission ist der Meinung, dass die Entwicklung von Digital Rights Management-Systemen prinzipiell von der Akzeptanz aller Interessenträger, einschließlich der Verbraucher, sowie von der Haltung des Gesetzgebers zum Urheberrecht abhängt. Eine Grundvoraussetzung, einen gemeinschaftsweiten Zugang zu DRM-Systemen und -Dienstleistungen sowohl durch Rechteinhaber wie auch Nutzer und insbesondere Verbraucher zu gewährleisten, liegt in der Interoperabilität von DRM-Systemen und -Dienstleistungen.

Zur individuellen Rechtewahrnehmung (Kapitel 2) kommt die Kommission zu dem Ergebnis, dass insgesamt eine ausreichende gemeinsame Grundlage in allen Mitgliedstaaten vorhanden ist. In der nationalen Gesetzgebung bestehende Unterschiede haben also bisher keinen ernsthaften Anlass zur Sorge hinsichtlich des Funktionierens des Binnenmarktes gegeben. Die Kommission wird die Entwicklung in den einzelnen Mitgliedstaaten weiter beobachten. Kapitel 3 behandelt die kollektive Rechtewahrnehmung, die in allen Mitgliedstaaten der Union fest etabliert ist. Sie ist für bestimmte Rechte zu einem wirtschaftlichen, kulturellen und sozialen Muss geworden, auch in den Beitrittsländern. Dabei sind Effizienz, Transparenz und Rechenschaftsfähigkeit von Verwertungsgesellschaften unerlässlich, wenn der grenzüberschreitende Handel mit Waren und Dienstleistungen, die durch das Urheberrecht oder verwandte Rechte geschützt sind, im Binnenmarkt reibungslos funktionieren soll. Ein besseres Funktionieren des Binnenmarkts in Bezug auf die kollektive Rechtewahrnehmung kann nur entstehen, wenn größere [5] Gemeinsamkeit erzielt wird. Dies betrifft die Einrichtung und den Status von Verwertungsgesellschaften; ihre Arbeiten und ihre Rechenschaftspflicht nach den Regeln redlicher Verwaltung; sowie ihre interne und externe Kontrolle, einschließlich der Mechanismen zur Regelung von Streitigkeiten. Die Festlegung der allgemeinen Bedingungen hierfür durch eine Rahmenregelung der Gemeinschaft hätte zur Aufgabe, das in dieser Mitteilung definierte Ziel zu verwirklichen. [6]

Einführung

Der Markt für Waren und Dienstleistungen, die dem Urheberrecht oder verwandten Rechten unterliegen, umfasst eine breite Palette von Produkten und Dienstleistungen. Während traditionelle analoge Güter und Dienstleistungen stets eine wichtige Rolle bei der Verwertung von Urheberrechten und verwandten Schutzrechten gespielt haben, eröffnet die Informationsgesellschaft neue Märkte, in denen geschützte Werke durch neue elektronische Produkte und interaktive Dienste verwertet werden können.

Der wirtschaftliche Beitrag der Urheberrechtsbranchen in der EU liegt unionsweit bei mehr als 5% des BIP[1]. Für die meisten Formen der Verwertung ist mittlerweile der Binnenmarkt auf Grund der Größenvorteile der geeignete Rahmen. Die Grenzen für die Vermarktung von urheberrechtlich oder durch verwandte Rechte geschützten Waren und Dienstleistungen verschwinden mehr und mehr. Urheberrechtlich geschützte Waren und Dienstleistungen werden, und das ist auch wünschenswert, heutzutage europaweit angeboten, wenn es wirtschaftlich machbar ist.

Der Rechtsrahmen für das Urheberrecht und die verwandten Schutzrechte in der Europäischen Union muss dem Rechnung tragen. Die Ausgestaltung des Urheberrechts in den einzelnen Ländern orientiert sich jedoch an unterschiedlichen rechtlichen und kulturellen Traditionen. Gleichzeitig wurde in den siebziger Jahren deutlich, dass eine Harmonisierung der nationalen Urheberrechtsgesetze notwendig war für einen reibungslos funktionierenden Binnenmarkt ohne unnötige Hindernisse für den freien Waren- und Dienstleistungsverkehr und ohne Wettbewerbsverzerrungen; das wurde auch in mehreren Entscheidungen des Gerichtshofs[2] hervorgehoben.

Zwischen 1995 und 2002 fand eine umfassende Sondierung statt; die ersten Harmonisierungsbemühungen konzentrierten sich auf das materielle Urheberrecht. Zwischen 1991 von 2001 wurden sieben Richtlinien verabschiedet[3], durch die Rechte und Ausnahmen sowie bestimmte Elemente des materiellen Urheberrechts harmonisiert wurden.

Wenn der Binnenmarkt für urheberrechtlich geschützte Waren und Dienstleistungen reibungslos funktionieren soll, brauchen wir jedoch nicht nur eine gemeinsame Grundlage für das materielle Urheberrecht, sondern auch für die verfahrensrechtlichen Vorschriften. Derzeit wird hierzu eine [7] Richtlinie vom Gemeinschaftsgesetzgeber verabschiedet. Der verbleibende Aspekt des Urheberrechts liegt in der Rechtewahrnehmung. Jetzt, wo viele Aspekte des materiellen Urheberrechts harmonisiert worden sind, sollten auch gemeinschaftsweit gleiche Voraussetzungen durch einheitliche Regeln und Bedingungen für die Rechtewahrnehmung gewährleistet werden.

Mit dieser Mitteilung zieht die Kommission das Fazit aus den Sondierungen der letzten Jahre und schlägt die erforderlichen weiteren Schritte vor.

---

1 Die wirtschaftliche Bedeutung von Urheberrechtsschutz und verwandten Schutzrechten in der Europäischen Union war Gegenstand einer von der Europäischen Kommission in Auftrag gegebenen Studie. Die Ergebnisse liegen seit November 2003 vor.

2 Rechtssache 158/86 Warner Brothers und Metronome Video gegen Christiansen (1988) Slg. 2605; EMI Electrola GmbH gegen Patricia Rechtssache 341/87 Slg. (1989) Seite 79.

3 Richtlinie 91/250/EWG des Rates vom 14. Mai 1991 über den Rechtsschutz von Computerprogrammen (ABl. L 122 vom 17.5.1991, S. 42).

1. Rechtewahrnehmung im Binnenmarkt

1.1. Rechtewahrnehmung – Hintergrund und Hauptmerkmale

1.1.1. Arten und Verfahren der Rechtewahrnehmung

Neben allgemeineren wirtschaftlichen Zielen wie Ankurbelung von Investitionen, Wachstum und Beschäftigung dient der Urheberrechtsschutz auch nichtwirtschaftlichen Zielsetzungen, insbesondere der Förderung von Kreativität, kultureller Vielfalt und kultureller Identität. Die Schöpfer literarischer oder künstlerischer Werke sowie die Inhaber verwandter Rechte besitzen das ausschließliche Recht, die Nutzung ihrer Werke sowie anderer Schutzgegenstände gegen Zahlung einer Gebühr bzw. Vergütung zu genehmigen oder zu verbieten. In Fällen, in denen ausschließliche Rechte nicht gegenüber dem Einzelnen durchgesetzt werden können oder eine individuelle Rechtewahrnehmung aufgrund von Zahl und Art der Nutzungen nicht angemessen wäre, wird Rechteinhabern stattdessen ein Vergütungsanspruch gewährt.
Rechte können individuell oder kollektiv wahrgenommen werden. Ausschließliche Rechte werden in der Regel individuell von den Rechteinhabern selbst, durch Lizenzerteilung an die gewerblichen Nutzer wie Verleger oder Produzenten, oder von Mittlern wie Verlegern, Produzenten oder Vertriebsunternehmen wahrgenommen. Individuelle Rechtewahrnehmung erfolgt normalerweise über Vertragslizenzen; dabei kann es sich um ausschließliche oder nicht ausschließliche Lizenzen für eine oder für alle Nutzungsarten handeln. Vergütungsansprüche werden gewöhnlich durch Verwertungsgesellschaften wahrgenommen, die als Treuhänder der Rechteinhaber fungieren.

1.1.2. Der bestehende Rechtsrahmen

Auf internationaler Ebene enthalten Artikel 11bis Abs. 2 und Art. 13 Abs. 1 der Berner Übereinkunft[4] und Artikel 12 des Rom-Abkommens[5] Regelungen zur kollektiven Rechtewahrnehmung und bestimmen, dass Mitgliedstaaten die Voraussetzungen für die Ausübung bestimmter Rechte gesetzlich regeln können (vgl. oben zitierte Artikel der Berner Konvention). Artikel 2 Absatz 6 der Berner Übereinkunft berührt die Rechtewahrnehmung, denn er bestimmt, dass der Schutz „zugunsten des Urhebers und seiner Rechtsnachfolger“ besteht. Artikel 14bis Abs. 2 Buchstabe b legt fest, dass bestimmte Urheber von Filmwerken ihre Rechte nicht getrennt ausüben können.

---

4 Berner Übereinkunft zum Schutz von Werken der Literatur und Kunst vom 9. September 1986 (in der Pariser Fassung vom 28. September 1979).

5 Internationales Abkommen über den Schutz der ausübenden Künstler, der Hersteller von Tonträgern und der Sendeunternehmen vom 26. Oktober 1961.

Auf nationaler Ebene bestehen erhebliche Unterschiede sowohl in der Gesetzgebung als auch in der Praxis. Die Gesetzgebung auf dem Gebiet der kollektiven Rechtewahrnehmung sowohl in den [8] Mitgliedsstaaten als auch in den Beitrittsländern scheint sich in unterschiedlicher Weise weiterzuentwickeln.
Auf Gemeinschaftsebene wurde die Thematik in beschränktem Umfang in mehreren Gemeinschaftsrichtlinien behandelt. Bezüglich der individuellen Rechtewahrnehmung bestätigen die Richtlinien in der Regel, dass wirtschaftliche Ausschließlichkeitsrechte übertragen oder abgetreten werden oder Gegenstand von Lizenzverträgen sein können; die Bedingungen der Rechtewahrnehmung als solche werden in diesen Richtlinien jedoch nicht geregelt. Was die kollektive Rechtewahrnehmung angeht, so beziehen sich die Gemeinschaftsrichtlinien häufig auf die Verwaltung durch Verwertungsgesellschaften, regeln jedoch wiederum nicht die Bedingungen der Rechtewahrnehmung als solche[6].

1.2. Auswirkungen des Binnenmarktes auf die Rechtewahrnehmung

1.2.1. Die territoriale Verankerung der Rechte an geistigem Eigentum

Traditionell ist auf die Wahrnehmung der Rechte das Recht des Verwertungsortes anwendbar. Dieser Grundsatz wird in Artikel 5 Absatz 2 der Berner Übereinkunft bekräftigt und in den nationalen Gesetzen anerkannt.
Für die Europäische Union bedeutet das, dass der Urheberrechtsschutz durch die einzelnen Mitgliedstaaten gewährt wird. Es gibt kein gemeinschaftliches Urheberrecht. Bei der Harmonisierung des materiellen Urheberrechts wurde nicht versucht, dessen territoriale Verankerung und die Möglichkeiten der Rechteinhaber zur territorialen Ausübung ihrer Rechte einzuschränken. Das Territorialitätsprinzip ist vom Gemeinschaftsgesetzgeber anerkannt und auch vom Gerichtshof bestätigt worden[7], obwohl er die Auswirkungen des Territorialitätsprinzips in gewissem Grad abgeschwächt hat. Der Gerichtshof hat seine Anwendung nur hinsichtlich der gemeinschaftsweiten Erschöpfung der Verbreitungsrechte, sofern dies in Widerspruch zum freien Warenverkehr gerät, sowie hinsichtlich von Wett-

6 Vgl. Punkt 3.2.1.

7 Vgl. Rechtssache 62/79, Coditel gegen Ciné-Vog Films (1980) Slg. 881; Rechtssache 262/81, Coditel gegen Ciné-Vog Films (1982) Slg. 3381. In der Rechtssache Coditel II (Absatz 14) stellte der Gerichtshof folgendes klar: „Ebenso wie sich nicht ausschließen lässt, dass bestimmte Modalitäten dieser Ausübung gegen Artikel 59 und 60 verstoßen, kann auch nicht ausgeschlossen werden, dass sich Modalitäten der Ausübung als mit Artikel 85 unvereinbar herausstellen, wenn sie Gegenstand einer Kartellabsprache sind, die möglicherweise eine Verhinderung, Einschränkung oder Verfälschung des Wettbewerbs innerhalb des gemeinsamen Markts bezweckt oder bewirkt."

bewerbsvorschriften, sofern sich dies aus wettbewerbsbeschränkenden Vereinbarungen, aufeinander abgestimmten Verhaltensweisen oder aus der missbräuchlichen Ausnutzung einer beherrschenden Stellung ergibt, eingeschränkt.

1.2.2. Grenzüberschreitende Verwertung von Urheberrechten und verwandten Schutzrechten

Für die meisten Formen der Verwertung ist der Binnenmarkt, auf Grund der Größenvorteile, mittlerweile der geeignete wirtschaftliche Rahmen.
Im digitalen Umfeld ist der grenzüberschreitende Handel mit Waren und Dienstleistungen, die dem Urheberrecht oder verwandten Rechten unterliegen, die Regel geworden, insbesondere was das Vervielfältigungsrecht, das Recht der öffentlichen Wiedergabe und das Recht der Zugänglichmachung angeht. Bei jeder digitalen Übermittlung sind diese Rechte berührt, sie wurden daher durch Richtlinie 2001/29/EG für diesen Zweck harmonisiert. [9]

1.2.3. Hindernisse für einen Binnenmarkt auf dem Gebiet der Rechtewahrnehmung

Die Lizenzierung in der Offline-Welt erfolgt also zunehmend über Ländergrenzen hinweg, und die Online-Lizenzierung erlaubt per definitionem eine grenzüberschreitende Transaktion. Da jedoch für die Lizenzierung das Gesetz des Landes der Verwertung gilt, finden bei einer Verwertung in mehr als einem Mitgliedstaat unterschiedliche Vorschriften Anwendung.
Im Falle einer individuellen Rechtewahrnehmung gibt es unterschiedliche Vorschriften über den originären Rechtserwerb und die Urheberschaft, die für Urheberrechtsverträge geltenden Bedingungen oder die Schutzkriterien. Auch die Bedingungen für die kollektive Rechtewahrnehmung sind von Mitgliedstaat zu Mitgliedstaat unterschiedlich. Das Fehlen gemeinsamer Vorschriften über die Verwaltung von Verwertungsgesellschaften kann sowohl den Nutzern als auch den Rechteinhabern schaden, da sie in den Mitgliedstaaten jeweils unterschiedlichen Bedingungen, mangelnder Transparenz und mangelnder Rechtssicherheit ausgesetzt sein können. Je unterschiedlicher diese Vorschriften sind, desto schwieriger ist im Prinzip eine grenzüberschreitende Lizenzierung bzw. eine Lizenzierung, die sich auf mehrere oder alle Mitgliedstaaten erstreckt.

1.2.4. Die Forderung nach gemeinschaftsweiten Lizenzen

Eine Forderung, die im Sondierungsprozess immer wieder vorgebracht wurde, insbesondere von gewerblichen Nutzern für den wachsenden Markt in der Online-Umgebung, war die nach mehr gemeinschaftsweiter Lizenzierung[8]. In diesem

[8] In einem ähnlichen Zusammenhang stellt die Kommission in zunehmendem Maße eine Forderung nach Zugang zu geschützten Satellitenfernsehprogram-

Zusammenhang soll der Begriff „gemeinschaftsweite Lizenzierung“ als Oberbegriff dienen für die Erteilung einer gemeinschaftsweit gültigen Nutzungslizenz durch eine einzelne Verwertungsgesellschaft in einer einzigen Rechtshandlung. Die Betroffenen bemühen sich schon um vertragliche und technische Lösungen, die europa- oder sogar weltweit angemessenen Zugang zu geschützten Werken und anderen Schutzgegenständen gewährleisten.
Eine direkte gemeinschaftsweite Lizenzierung ermöglichte früher die Rahmenvereinbarung zwischen der Gesamtorganisation der Verwertungsgesellschaften (BIEM – Bureau International des Sociétés Gérant les Droits d’Enregistrement et de Reproduction Mécanique) und der Gesamtorganisation der Schallplattenindustrie (IFPI – International Federation of the Phonographic Industry), die BIEM/IFPI-Vereinbarung, die sich auf die Rechte der mechanischen Vervielfältigung bezieht. Hinsichtlich der elektronischen Übermittlung, einschließlich Webcasting und On-demand-Bereitstellung von Musik durch Streaming oder Download teilen Verwertungsgesellschaften seit kurzem der Kommission eine Anzahl von Vereinbarungen angesichts von Negativattesten oder einer Befreiung nach Artikel 81 EG-Vertrag mit. Entsprechend der Absicht der Beteiligten soll in der Regel die gemeinschaftsweite Lizenz von der Verwertungsgesellschaft des Landes erteilt werden, in dem der Content-Provider tätig ist. Für den Bereich der musikalischen Aufführungsrechte sind fast alle größeren Verwertungsgesellschaften, die Urheber vertreten, Vertragspartei eines Gegenseitigkeitsabkommens [**10**] (des sog. „Santiago“-Abkommens), das es jeder dieser Gesellschaften ermöglicht, das Recht der öffentlichen Aufführung im Internet über ihr Verwaltungsgebiet hinaus zu lizenzieren. Eine andere internationale Vereinbarung, das sogenannte „Simulcasting“-Abkommen, betrifft die Vergütungsansprüche von Tonträgerherstellern für die zeitgleiche Wiedergabe von über Hörfunk- oder Fernsehen ausgestrahlten Tonaufnahmen über das Internet. Die Nutzer (in diesem Fall Sendeunternehmen, deren Sendesignale aus einem EWR-Land ausgestrahlt werden) können von jeder Verwertungsgesellschaft innerhalb des EWR eine europaweite Lizenz erhalten. Nach einer anderen Vereinbarung können gemeinschaftsweite Lizenzen für die Online-Nutzung von Werken aus dem Bereich der Kunst und der Fotografie von jeder der beteiligten Verwertungsgesellschaften zu denselben Konditionen erteilt werden (OnLineKunst-Vereinbarung).
Die erste Frage, die sich in diesem Zusammenhang stellt, ist, ob es dem Markt

---

men fest, die von einem anderen Mitgliedsstaat ausgestrahlt wird als demjenigen, in dem die Zuschauer wohnhaft sind. Derzeitige bedingte Zugangskontrolltechnologien ermöglichen es vollkommen, den Kreis der bezahlenden Zuschauer im Ausstrahlbereich des Satelliten genau zu bestimmen; hingegen führen Geschäftsmodelle und vertragliche Vereinbarungen oftmals zu gebietsbezogenen Dienstleistungsangeboten. Obwohl sich dieses Thema auf den in diesem Abschnitt behandelten Ruf nach gemeinschaftsweiter Lizenzierung bezieht, ist es eher mit Zugangskontrolle als mit Urheberrecht und verwandten Schutzrechten sowie deren Lizenzierung verwurzelt. Vgl. diesbezüglich den Bericht der Kommission über den rechtlichen Schutz elektronischer Bezahldienste, KOM (2003) 198 endg., 24. 4. 2003, Punkt 4.4.

überlassen werden sollte, die gemeinschaftsweite Lizenzierung unter Wahrung der Grundregeln des Schutzes des Urheberrecht einschließlich seiner territorialen Verankerung weiterzuentwickeln, oder ob der Gemeinschaftsgesetzgeber versuchen sollte, die gemeinschaftsweite Lizenzierung voranzubringen.
Zunächst sei darauf hingewiesen, dass eine gesetzgeberische Maßnahme, die vom Rechteinhaber verlangt, dass er eine gemeinschaftsweite Nutzungserlaubnis erteilt, einer Zwangslizenz gleichkommen könnte. Es müsste sorgfältig geprüft werden, ob eine solche Maßnahme mit den internationalen Verpflichtungen vereinbar ist, die die Gemeinschaft im Berner Übereinkommen und im Rom-Abkommen sowie, in jüngerer Zeit, im WIPO-Urheberrechtsvertrag (WCT) und im WIPO-Vertrag über Darbietungen und Tonträger (WPPT) eingegangen ist. Entsprechend müsste die Vereinbarkeit mit Artikel 295 EG-Vertrag geprüft werden. Diese Erwägungen gelten selbstverständlich unbeschadet der Kompetenzen der Kommission nach Art. 82 EG-Vertrag und in Einklang mit der bisherigen Praxis der Kommission, des Gerichts erster Instanz und des Europäischen Gerichtshofs sowie der gemeinschaftlichen internationalen Verpflichtungen.
Eine sehr wirksame Lösung wäre eine Gemeinschaftsvorschrift, die bestimmt, dass jede Lizenz, die das Recht der öffentlichen Wiedergabe oder der Zugänglichmachung betrifft, zumindest für grenzüberschreitende Tätigkeiten, per definitionem Nutzungshandlungen in der gesamten Gemeinschaft erlaubt. Das würde bedeuten, dass die öffentliche Wiedergabe oder die Zugänglichmachung, wenn sie irgendwo in der Gemeinschaft genehmigt würde, auch in jedem anderen Mitgliedstaat erlaubt wäre. Eine solche Regelung käme der teilweisen Abschaffung des Territorialitätsgrundsatzes gleich.
Eine weniger tief greifende Lösung wäre die Übernahme des Modells der Richtlinie 93/83/EWG für das Recht der öffentlichen Wiedergabe und der Zugänglichmachung über Satellitenrundfunk. Nach Artikel 1 Absatz 2 b der Richtlinie wird davon ausgegangen, dass die entsprechende Handlung der öffentlichen Zugänglichmachung nur in dem Mitgliedstaat stattfindet, „in dem die programmtragenden Signale unter der Kontrolle des Sendeunternehmens und auf dessen Verantwortung in eine ununterbrochene Kommunikationskette eingegeben werden, die zum Satelliten und zurück zur Erde führt". Wird dieses Modell indessen ohne Einschränkung der Vertragsfreiheit der Parteien wie in Richtlinie 93/83/EWG auf das Urheberrecht und die verwandten Schutzrechte übertragen, führt es nicht zwangsläufig zum gewünschten Ergebnis der länderübergreifenden Lizenzierung[9], weil es lediglich das anwendbare Recht bestimmt und nicht ohne weiteres zur Ausweitung der Lizenz auf den in Frage stehenden Ausstrahlbereich führt. Alternativ könnte man **[11]** versuchen, die ausschließlichen Rechte der öffentlichen Wiedergabe und der Zugänglichmachung auf einen Vergütungsanspruch zu beschränken, dessen kollektive Wahrnehmung gesetzlich vorgeschrieben ist (was ein wirksames Funktionieren der Verwertungsgesellschaften voraussetzt). Man

---

9 Bericht der Europäischen Kommission über die Anwendung der Richtlinie 93/83/EWG des Rates zur Koordinierung bestimmter urheber- und leistungsschutzrechtlicher Vorschriften betreffend Satellitenrundfunk und Kabelweiterverbreitung, KOM (2002) 430 endg. vom 26. 7. 2002.

kann indessen die Auffassung vertreten, dass diese Option nicht in Frage kommt, weil sowohl die Richtlinie 2001/29/EG als auch die WIPO-Internetverträge (WCT und WPPT), durch die diese Rechte festgelegt und harmonisiert werden, bestimmen, dass diese Rechte für Urheber, und das Recht der öffentlichen Wiedergabe auch für Inhaber von verwandten Schutzrechten, ausschließliche Rechte sind. Ein anderer Lösungsansatz bestünde darin, den gewerblichen Nutzern ein Wahlrecht dergestalt zuzugestehen, dass sie die Verwertungsgesellschaft im Europäischen Wirtschaftsraum, die die gewünschte Lizenz erteilt, frei wählen können. Ein derartiges Modell wurde durch die Simulcasting-Vereinbarung verwirklicht, welche von Verwertungsgesellschaften geschaffen wurde, die gewisse Rechteinhaber im Bereich der Online-Nutzung vertreten, wobei das Wahlrecht mit der Verpflichtung der Verwertungsgesellschaften zu einer besseren Gebührentransparenz verknüpft wurde[10].

Um den Zugang zu diesen Rechten noch weiter zu verbessern, könnten die Verwertungsgesellschaften unter bestimmten Voraussetzungen den Auftrag erhalten, gemeinschaftsweite Lizenzen zu erteilen. Auch diese Lösung würde eine effiziente und rechenschaftsfähige kollektive Rechtewahrnehmung für die gesamte Gemeinschaft erfordern, einschließlich Gegenseitigkeitsvereinbarungen zwischen Verwertungsgesellschaften, die diesen ein Rechteclearing auch für andere Länder ermöglichen.

Die am wenigsten eingreifende Option bestünde darin, Modalitäten der kollektiven Rechtewahrnehmung durch Verwertungsgesellschaften zu regeln, da diese in den meisten Fällen mit der Wahrnehmung der Rechte betraut sind, für die am nachdrücklichsten eine gemeinschaftsweite Lizenzierung gefordert wird. Verwertungsgesellschaften sind bereits in ihrem Land One-Stop-Shops für die Lizenzierung der Rechte am weltweiten Repertoire der von ihnen vertretenen Gruppe von Rechteinhabern. Das ist ein erheblicher Vorteil für Rechteinhaber und Nutzer gleichermaßen und sollte nicht angetastet werden. Gleichzeitig könnten zentrale Lizenzierungsvereinbarungen wie die oben Beschriebenen gefördert werden durch die Beseitigung aller Unterschiede zwischen den Mitgliedstaaten hinsichtlich der gesetzlichen Anforderungen an die kollektive Rechtewahrnehmung und die Einführung von Vorschriften über die redliche Verwaltung für das Funktionieren von Verwertungsgesellschaften.

1.2.5. Digital Rights Management-(DRM-)Systeme

In der Diskussion über die Verwaltung von Urheberrechten und verwandten Schutzrechten im neuen digitalen Umfeld ist die digitale Rechteverwaltung (DRM) zu einem Kernthema geworden.

Das Angebot von DRM-Diensten über eine technologische Infrastruktur zur Verwaltung von Urheberrechten und verwandten Schutzrechten ist sowohl für die individuelle als auch für die kollektive Rechtewahrnehmung von Belang.

DRM-Systeme können für Rechteclearing, für die Sicherstellung der Bezahlung, für die Rückverfolgung von Handlungen und für die Rechtedurchsetzung einge-

10 Vgl. Punkt 3.4.

setzt werden. Deshalb sind diese Systeme unverzichtbar für die Entwicklung neuer Geschäftsmodelle, die sich durch hohes Volumen und niedrige Transaktionswerte auszeichnen; dazu zählen die Erhebung von Gebühren für Zugang, Nutzung und den Dienst selbst sowie Abonnementsmodelle, Werbefinanzierung, Kreditverkäufe oder Abrechnungssysteme. DRM-Systeme sind Mittel zum Zweck und als solche ein [12] wichtiges, wenn nicht das Wichtigste Instrument der Rechtewahrnehmung für die neuen digitalen Dienste im Binnenmarkt.

Den Rechtsrahmen für die Verwaltung von DRM-Systemen liefert die Richtlinie 2001/29/EG. Durch den gesetzlichen Schutz von technischen Maßnahmen und von Informationen über die Wahrnehmung der Rechte, mit denen die Rechteinhaber ihre geschützten Inhalte versehen können, hat der Gemeinschaftsgesetzgeber die rechtlichen Parameter von DRM-Systemen festgelegt und die Grundlage für ihre Weiterentwicklung geschaffen. Der Schutz von technischen Maßnahmen und Informationen über die Wahrnehmung der Rechte wird in Artikel 6 und 7 sowie in mehreren Erwägungsgründen behandelt.

Mitgliedsstaaten müssen bei der Festlegung des gerechten Ausgleichs im Zusammenhang mit der nach Artikel 5 Abs. 2 b vorgesehenen Ausnahmeregelung zur Nutzung zum privaten Gebrauch auch die Anwendung oder Nichtanwendung, d. h. den Grad des Einsatzes (Erwägungsgrund 35) von technischen Maßnahmen berücksichtigen. Die Richtlinie verpflichtet die Mitgliedsstaaten zu einer in sich geschlossenen Anwendung der Ausnahmen. Inwieweit dieses Ziel bezogen auf die Anwendung der Vorschrift über den gerechten Ausgleich erreicht wurde, wird im Rahmen der Überprüfung der die Richtlinie umsetzenden Vorschriften beurteilt werden. Eine derartige Überprüfung wird insbesondere die Kriterien beinhalten, die die Mitgliedsstaaten anwenden oder anwenden werden, um bei der Festlegung der Vergütungssysteme im Rahmen der Ausnahmeregelung für die Privatkopie die Anwendung oder Nichtanwendung von technischen Maßnahmen zu berücksichtigen. Die Kommission hat diesen konkreten Überprüfungsauftrag im Rahmen des nach Artikel 12 eingesetzten Kontaktausschusses inne. Ein größeres Angebot an DRM-Systemen und -Diensten vermag nur dann für Rechteinhaber und Verbraucher von zusätzlichem Nutzen zu sein, wenn es zum Angebot geschützten Inhalts beiträgt und den Zugang von Endnutzern zum geschützten Inhalt ermöglicht. Von daher müssen Transparenz und Klarheit hinsichtlich der Kriterien und Elemente, die Mitgliedsstaaten im Rahmen der Berücksichtigung der Anwendung oder Nichtanwendung von technischen Maßnahmen nutzen oder nutzen werden, über entsprechende Umsetzungsmaßnahmen sichergestellt werden.

Der weitverbreitete Einsatz von DRMs als eine Möglichkeit, einen gerechten Ausgleich zu erzielen, könnte gegebenenfalls bereits existierende Vergütungssysteme (z. B. Abgabe für das Anfertigen von Privatkopien) überflüssig werden lassen und damit deren Abbau oder sogar völlige Abschaffung rechtfertigen. Andererseits bieten DRMs zum gegenwärtigen Zeitpunkt keine politische Lösung zur Gewährleistung eines angemessenen Gleichgewichts der beteiligten Interessen, nämlich der Interessen der Urheber und anderer Rechteinhaber oder derjenigen der rechtmäßigen Nutzer, Verbraucher und anderer beteiligter Dritter (Bibliotheken, Service-Provider, Urheber geschützter Inhalte …). DRM-Systeme sind nämlich nicht ohne weiteres eine Alternative zur Politik des Urheberrechts,

Parameter in Bezug auf den Schutz des Urheberrechts, seiner Ausnahmen und seiner Beschränkungen aufzustellen, die seit jeher von der Gesetzgebung angewendet werden. Diesbezüglich ist die Kommission auch verpflichtet, im Rahmen des Kontaktausschusses nach Artikel 12 zu überprüfen, ob sich der Einsatz von wirksamen technischen Maßnahmen nachteilig auf gesetzlich zulässige Handlungen auswirkt (sog. Lock up-Techniken).

Bezüglich der in DRM-Systemen angewandten Technologien wird in Richtlinie 2001/29/EG festgestellt, dass die technische Entwicklung die Verbreitung geschützter Inhalte, insbesondere über Netze, erleichtern wird. Es wird aber auch eingeräumt, dass Unterschiede bei den technischen Maßnahmen dazu führen könnten, dass innerhalb der Gemeinschaft Systeme angewandt werden, die nicht kompatibel sind. [**13**]

Obwohl die Wahl des geeigneten Geschäftsmodells bei den Rechteinhabern und den gewerblichen Nutzern verbleibt und die Nutzung von DRM-Systemen freiwillig und marktgetrieben bleibt, muss der bestehende Rechtsrahmen offenbar durch eine globale, interoperable technische Infrastruktur für DRM-Systeme ergänzt werden, die sich auf einen Konsens der Beteiligten stützt und eine Grundvoraussetzung für wirksame Verbreitung und Zugang zu geschütztem Inhalt im Binnenmarkt darstellt.

Die Schaffung eines Binnenmarkts wird dem Allgemeininteresse besser Rechnung tragen. Hierzu wurden Forschungsprojekte und auf „Open Standards" gerichtete Standardisierungsbemühungen auf EU-Ebene unterstützt; ihre Ergebnisse haben zum Nachweis dazu beigetragen, dass eine interoperable Infrastruktur errichtet werden kann. Der CEN/ISSS-Bericht über Standardisierung und Interoperabilität von DRM zeigt gewerblich angebotene Lösungen auf, die bereits im Markt zum Einsatz gekommen sind, obwohl deren Interoperabilität eine in Angriff zu nehmende Aufgabe bleibt. In Ermangelung eines signifikanten Fortschrittes bei der Einführung von interoperablen DRM-Systemen und -Diensten in nächster Zukunft ist eine Empfehlung vorstellbar, die das Erfordernis der Interoperabilität von DRM-Systemen und -Diensten unterstreichen soll. Eine derartige Empfehlung würde die Veröffentlichung von verfügbaren „Open Standards" umfassen, auf deren Grundlage globale und interoperable DRM-Systeme und -Dienste geschaffen werden können; dies mit dem Ziel, eine Verfestigung der bereits begonnenen Zersplitterung des Marktes zu verhindern. Zweifel verschiedener Interessenträger an der wirtschaftlichen Tragfähigkeit der angebotenen Technologien sind laut geworden und haben die Nutzung von DRM-Systemen gebremst. Wie bei allen geschützten technischen Systemen und Vorrichtungen kann auch bei DRM-Systemen das Risiko von Umgehungsversuchen nicht völlig ausgeschlossen werden. Der Schutz von DRM-Systemen gegen Umgehung, gegen die Herstellung und den Vertrieb von Umgehungsvorrichtungen und der Schutz von Urheber- und Leistungsschutzrechten gegen jede Form der Piraterie ist deshalb eine unerlässliche Voraussetzung, um dieses Risiko auf ein Minimum zu beschränken und die legale Nutzung von geschütztem Inhalt sowie die Akzeptanz auf Seiten der Rechteinhaber, der gewerblichen Nutzer und der Verbraucher gleichermaßen zu gewährleisten. Die Verbraucherakzeptanz ist der eigentliche Schlüssel zum Erfolg der DRM-Systeme, und sie muss erst noch auf einer breiteren Basis geschaffen werden.

Rechteinhaber, gewerbliche Nutzer und Regierungen haben begonnen, und sollten fortfahren, den Verbraucher zu informieren sowie auf ein Umdenken hinzuwirken, was die Verknüpfung von Bereitstellungsmedium und Preis angeht, und eine Lizenzierungskultur hinsichtlich geschützter digitaler Inhalte zu fördern, die sich der Auffassung entgegenstellt, dass im Internet angebotene geschützte Inhalte zwangsläufig kostenlos seien. Bei dieser Vorgehensweise werden sowohl Wahlrecht (hinsichtlich Ausstattung, Netzwerk, Dienste und Inhalt) als auch zugleich der Schutz der Privatsphäre (einschließlich die Gewährleistung von Sicherheit), mithin die beiden wesentlichen Gesichtspunkte, die das Vertrauen des Verbrauchers stärken, aufrechterhalten. Obwohl beide, DRM-Systeme und Vergütungssysteme für die Verwaltung und die Erleichterung des Zugangs zu geschützten Inhalten konzipiert sind, haben sie unterschiedliche Funktionen und Ausgangsbasen. Vergütungssysteme, die von effizient arbeitenden Verwertungsgesellschaften als Treuhänder der Rechteinhaber angewandt werden, sollten potentiellen Endnutzern Zugang zu den geschützten Werken bieten und gleichzeitig die wirtschaftlichen Interessen aller Rechteinhaber, einschließlich kleiner Unternehmen und Privatpersonen, wahren. Von einzelnen Rechteinhabern eingesetzte DRMSysteme bieten Werkzugang lediglich nach deren Ermessen (oder ihrer Lizenznehmer), denn Anwendungsgrundlage sind hier ausschließliche Rechte (zur Genehmigung oder Untersagung der Nutzung). [**14**]

Die Entscheidung, welchem Rechtewahrnehmungssystem der Vorzug gebührt, sollte prinzipiell den Beteiligten und den Entwicklungen am Markt überlassen werden und wird gegebenenfalls auf die Politik des Urheberrechts gegründet sein. In dieser Hinsicht ist eine genaue Beobachtung der Marktentwicklungen ausschlaggebend, um den Schutz des öffentlichen Interesses zu gewährleisten.

1.3. Fazit

Ausgangspunkt der Überlegungen über die Rechtewahrnehmung im Binnenmarkt sollten die dem Schutz des geistigen Eigentums innewohnenden Grundsätze sein. Ein funktionierender Rahmen für die individuelle und kollektive Verwaltung und Vermarktung von Urheberrechten und verwandten Schutzrechten ist eine der Voraussetzungen für den Schutz und die Weiterentwicklung der Möglichkeiten, die das Konzept des geistigen Eigentums für die Kreativität, die wirtschaftliche Entwicklung, das Funktionieren des Binnenmarktes und für die Gesellschaft insgesamt eröffnet.

Die Gesetzgebung der gegenwärtigen und künftigen EU-Mitgliedstaaten in diesem Bereich entwickelt sich parallel zum technischen Wandel und dem Entstehen neuer Märkte weiter. Der *Acquis communautaire*, d. h. der geltende Rechtsrahmen der Gemeinschaft, auf dem Gebiet des Urheberrechts und der verwandten Schutzrechte geht zwar auf die Rechtewahrnehmung ein, enthält aber keine eigenen Vorschriften für diesen Bereich. Da es kein gemeinschaftliches Urheberrecht gibt, wird der Urheberrechtsschutz für den einzelnen Mitgliedstaat gewährt und durchgesetzt. Dennoch wird die Rechtewahrnehmung zunehmend zu einer grenzüberschreitenden Tätigkeit.

Auch die Entwicklung von Systemen der digitalen Rechteverwaltung (DRM) sollte grundsätzlich an die Akzeptanz aller Beteiligter, einschließlich Verbraucher, ebenso wie an die Politik des Gesetzgebers im Bereich des Urheberrechts geknüpft sein. Eine Grundvoraussetzung der Gewährleistung gemeinschaftsweiter Zugänglichkeit zu DRM-Systemen und -Diensten für Rechteinhaber, Nutzer und im besonderen Verbraucher liegt in der Interoperabilität von DRMSystemen und -Diensten. Eine genaue Überwachung der Marktentwicklungen, insbesondere durch Befragung der Beteiligten, bleibt unerlässlich.

2. Individuelle Rechtewahrnehmung

2.1. Hauptmerkmale

Die individuelle Rechtewahrnehmung wird auch in gewissem Umfang in den geltenden Gemeinschaftsrichtlinien behandelt. So wird in Erwägungsgrund 30 der Richtlinie 2001/29/EG bekräftigt, dass die ausschließlichen Rechte, die die Vervielfältigung, die öffentliche Wiedergabe einschließlich der Zugänglichmachung und der Verbreitung (für Urheber) betreffen, unbeschadet der einschlägigen einzelstaatlichen Rechtsvorschriften über das Urheberrecht und die verwandten Schutzrechte übertragen oder abgetreten werden oder Gegenstand vertraglicher Lizenzen sein können. Ähnliche Vorschriften enthalten Artikel 2 Absatz 4, Artikel 7 Absatz 2 und Artikel 9 Absatz 4 der Richtlinie 92/100/EWG über das ausschließliche Recht, die Vermietung und das Verleihen bzw. die Vervielfältigung und die Verbreitung zu genehmigen oder zu verbieten. Darüber hinaus beinhalten Artikel 2 Absätze 5 und 6 der Richtlinie 92/100/EWG besondere Vorschriften über die Vermutung der Rechtsabtretung. **[15]**

2.2. Zu klärende Fragen

2.2.1. Originärer Rechtserwerb

Grundlage der individuellen Rechtewahrnehmung ist die originäre Zuordnung der Rechte: das Urheberrecht an einem Werk steht grundsätzlich der natürlichen Person zu, die das Werk geschaffen hat. In einigen Rechtssystemen kann es auch juristischen Personen zustehen.
Hinsichtlich der speziellen Thematik der Urheberschaft an audiovisuellen Werken ist auf Gemeinschaftsebene ein gewisses Maß an Harmonisierung erzielt worden. Zum Beispiel wird in allen Mitgliedstaaten zumindest der Regisseur eines solchen Werkes als einer der Werkurheber angesehen. Ausführlicher wird diese Frage im Bericht der Kommission vom 6. Dezember 2002[11] behandelt.

11 Bericht der Kommission an den Rat, das Europäische Parlament und den

2.2.2. Gesetzliche Regelung der Rechteübertragung

Bei der Rechteübertragung geht es um die Übertragung von Vermögensrechten des Urhebers oder ausübenden Künstlers (als originärem Erwerber des Rechts) auf einen Dritten durch Abtretung oder Lizenzerteilung[12]. Die Urheberrechtsgesetze der meisten Mitgliedstaaten schränken die Freiheit der Vertragsparteien bei der Rechteübertragung in einigen Punkten hinsichtlich des Geltungsumfangs ein (z. B. hinsichtlich der Beschränkung der Übertragung von Rechten für Nutzungsarten, die zum Zeitpunkt des Abschlusses des Urheberrechtsvertrags nicht bekannt oder nicht vorhersehbar waren, oder hinsichtlich der Vorschriften über die Kündigung von Verträgen). Solche Bedingungen sind von Mitgliedstaat zu Mitgliedstaat unterschiedlich ausgestaltet.
Auch unterliegen in den meisten Mitgliedstaaten Abtretung und Lizenzierung Formerfordernissen (normalerweise ist die Schriftform vorgeschrieben).

2.2.3. Inhalt und Auslegung von Verträgen

Die Rechtsvorschriften vieler Mitgliedstaaten schreiben eine einschränkende Auslegung von Urheberrechtsverträgen vor: die Übertragung von Rechten ist eng auszulegen, im Einklang mit dem Übertragungszweck und, in einigen Mitgliedstaaten, im Zweifelsfall zu Gunsten des Urhebers oder ausübenden Künstlers.
Was die Höhe der Vergütung angeht, überlassen die meisten Mitgliedstaaten die Festsetzung der an den Urheber oder ausübenden Künstler zu zahlenden Vergütung generell den Vertragsparteien. Einige Mitgliedstaaten schreiben jedoch vor, dass die Vergütung als proportionaler Anteil berechnet werden bzw. angemessen sein muss. Der Vertrag kann Änderungen unterworfen sein, wenn die vereinbarte Vergütung in einem groben Missverhältnis zu den Erträgen aus der Nutzung des Werkes steht (z. B. „Bestsellerklausel" oder Anwendung des Grundsatzes von Treu und Glauben). [**16**]

2.3. Fazit

In einer Reihe von Punkten auf dem Gebiet der individuellen Rechtewahrnehmung scheinen die Mitgliedstaaten und auch die Beitrittsländer weitgehend ähnliche Ansätze zu verfolgen.
Zum gegenwärtigen Zeitpunkt ist der Grad an Gemeinsamkeit zwischen den

---

Wirtschafts- und Sozialausschuss über die Frage der Urheberschaft von Filmwerken oder audiovisuellen Werken in der Gemeinschaft, KOM (2002) 691 endg. vom 6. 12. 2002.

12 Abtretung ist die Rechteübertragung in ausschließlicher und endgültiger Weise. Lizenzerteilung ist die Erlaubnis, eine Handlung durchzuführen, die ohne diese Erlaubnis eine Verletzung des Urheberrechts oder eines verwandten Schutzrechtes darstellen würde. Eine Lizenz kann ausschließlich oder nicht-ausschließlich sein.

Mitgliedstaaten beim Urhebervertragsrecht offenbar ausreichend, sodass kein unmittelbarer Handlungsbedarf auf Gemeinschaftsebene besteht. Bisher haben die Entwicklungen auf einzelstaatlicher Ebene keinen besonderen Anlass zur Besorgnis im Hinblick auf das Funktionieren des Binnenmarktes gegeben, die Kommission wird jedoch die Frage weiterverfolgen müssen.

3. Kollektive Rechtewahrnehmung

3.1. Funktionen der kollektiven Rechtewahrnehmung

3.1.1. Entstehungsgeschichte

Wie bereits aufgezeigt, war aufgrund der Zahl der Nutzungen und der Nutzer sowie der Rechteinhaber eine individuelle Lizenzierung nicht praxisgeeignet. Dies gilt insbesondere für die Vergütungsansprüche. Daher haben die Rechteinhaber Dritte mit der gemeinsamen Lizenzierung ihrer Werke beauftragt. Entsprechend haben die Nutzer eine einzige Anlaufstelle sowohl für den Erwerb einer Lizenz als auch für die Bezahlung vorgezogen.

Auf Grund der ihr unterstellten Vorteile bei der Wahrnehmung von Vergütungsansprüchen ist die kollektive Rechtewahrnehmung, d. h. die Wahrnehmung der Rechte durch Verwertungsgesellschaften, in mehreren Ländern gesetzlich vorgeschrieben.

3.1.2. Hauptmerkmale der kollektiven Rechtewahrnehmung

Normalerweise werden von der Verwertungsgesellschaft, einem Treuhänder, die Rechte einer ganzen Gruppe von Rechteinhabern verwaltet und überwacht und die Nutzungsentgelte eingezogen und verteilt, und zwar auf der Grundlage nationaler Rechtsvorschriften für das Hoheitsgebiet ihres Landes.

Verwertungsgesellschaften nehmen Rechte an Werken der Musik und Literatur, dramatischen Werken, audiovisuellen Werken, Produktionen und Darbietungen wie das Recht der öffentlichen Wiedergabe und der Kabelweiterverbreitung von Rundfunkprogrammen, der mechanischen Vervielfältigung und der Reprografie, das Verleihrecht für öffentliche Einrichtungen, das Folgerecht der Künstler sowie das Recht zur Vervielfältigung zum Privatgebrauch oder für bestimmte Unterrichtszwecke wahr.

Aus Sicht der Nutzer fällt Verwertungsgesellschaften deshalb eine Schlüsselrolle bei der Lizenzierung bestimmter Rechte zu, soweit sie Zugang zu einem weltweiten Rechtekatalog bieten. In diesem Sinne fungieren Verwertungsgesellschaften als One-Stop-Shop für die Lizenzierung. Die kollektive Rechtewahrnehmung erlaubt auch einzelnen Rechteinhabern, Unternehmen und Einzelpersonen, die sich auf weniger lukrativen Märkten oder auf Nischenmärkten bewegen oder deren Verhandlungsposition nicht stark genug ist, ihre Rechte effizient wahrzunehmen. In dieser Hinsicht tragen Verwertungsgesellschaften die soziale Verantwortung dafür, dass alle von ihnen vertretenen Rechteinhaber ihre Rechte am geistigen Eigentum zu erschwinglichen Kosten wahrnehmen können. [17]

3.2. Der Rechtsrahmen

3.2.1. Kollektive Rechtewahrnehmung im Acquis communautaire

Die Gemeinschaftsrichtlinien über Urheberrecht und verwandte Schutzrechte enthalten häufig Verweise auf die Rechtewahrnehmung durch Verwertungsgesellschaften. Im Zusammenhang mit der Harmonisierung des Anspruchs auf eine angemessene Vergütung wird in Artikel 4 Absätze 3 und 4 der Richtlinie 92/100/EWG die Rechtewahrnehmung durch eine Verwertungsgesellschaft als Möglichkeit genannt. Artikel 9 der Richtlinie 93/83/EWG schreibt für die Kabelweiterverbreitung die Rechtewahrnehmung durch eine Verwertungsgesellschaft vor. Artikel 1 Absatz 4 dieser Richtlinie enthält eine Definition der „Verwertungsgesellschaft"[13].

Im verfügenden Teil der Richtlinie 2001/29/EG über das Urheberrecht in der Informationsgesellschaft wird die kollektive Rechtewahrnehmung nicht erwähnt. Jedoch wird in Bezug auf das Recht der Zugänglichmachung in Erwägungsgrund 26 festgestellt, dass es wünschenswert sei, Vereinbarungen über Sammellizenzen zu fördern, um das Rechteclearing für Radio- und Fernsehproduktionen, die Musik aus gewerblichen Tonträgern enthalten und von den Sendeunternehmen auf Abruf angeboten werden, zu erleichtern. Schließlich ergibt sich auch aus den Erwägungsgründen 17 und 18, dass die kollektive Rechtewahrnehmung für die Anwendung der Richtlinie wichtig ist[14].

Sie scheint auch die De-facto-Grundlage für die Wahrnehmung des Folgerechts von Künstlern nach Richtlinie 2001/84/EG zu sein, auch wenn sie nicht verbindlich vorgeschrieben wird. Die geltenden Gemeinschaftsrichtlinien überlassen die Regelung der Tätigkeit von Verwertungsgesellschaften den Mitgliedstaaten, und nur die beiden jüngsten Richtlinien, 2001/29/EG und 2001/84/EG, enthalten die

13 Artikel 1 Absatz 4 der Kabel- und Satellitenrichtlinie lautet: „Für die Zwecke dieser Richtlinie bedeutet „Verwertungsgesellschaft" jede Organisation, die Urheber- oder verwandte Schutzrechte als einziges Ziel oder als eines ihrer Hauptziele wahrnimmt oder verwaltet."

14 Erwägungsgrund 17: „Insbesondere aufgrund der durch die Digitaltechnik bedingten Erfordernisse muss sichergestellt werden, dass die Verwertungsgesellschaften im Hinblick auf die Beachtung der Wettbewerbsregeln ihre Tätigkeit stärker rationalisieren und für mehr Transparenz sorgen." Erwägungsgrund 18: „Diese Richtlinie berührt nicht die Regelungen der betroffenen Mitgliedstaaten für die Verwaltung von Rechten, beispielsweise der erweiterten kollektiven Lizenzen."

Aufforderung, für mehr Transparenz und Effizienz bei der Rechtewahrnehmung durch Verwertungsgesellschaften zu sorgen.

3.2.2. Kollektive Rechtewahrnehmung im Einzelstaatlichen Recht

Die kollektive Rechtewahrnehmung durch Verwertungsgesellschaften ist in den meisten Mitgliedstaaten mehr oder weniger stark gesetzlich geregelt. Erhebliche Unterschiede gibt es indessen sowohl in der Gesetzgebung als auch in der Praxis. Außerdem entwickelt sich die Gesetzgebung der Mitgliedstaaten und Beitrittsländer über die kollektive Rechtewahrnehmung weiter. In Frankreich, Belgien, den Niederlanden, Luxemburg und Portugal beispielsweise sind neue Gesetze verabschiedet oder eingebracht worden, die die Rechtewahrnehmung durch Verwertungsgesellschaften transparenter machen und Letztere einer strengeren Rechenschaftspflicht unterwerfen sollen. Es hat den Anschein, dass diese Rechtsfortbildung nicht zwangsläufig überall nach dem gleichen Muster oder mit den gleichen Zielen erfolgt. [**18**]

3.3. Sondierungen über kollektive Rechtewahrnehmung im Binnenmarkt

Seit Beginn der Diskussion auf Gemeinschaftsebene über das Urheberrecht in der Informationsgesellschaft in den 90er Jahren stand die Rechtewahrnehmung im Allgemeinen und die kollektive Rechtewahrnehmung im besonderen im Mittelpunkt des Interesses und wurde auf jeder der vier von der Kommission veranstalteten internationalen Urheberrechtskonferenzen erörtert[15]. 1996 stellte die Kommission in ihrer Mitteilung über Initiativen zum Grünbuch aus dem Jahr 1995 erste Überlegungen zu dieser Thematik an. Darüber hinaus veranstaltete die Kommission im November 2000 eine zweitägige Anhörung ausschließlich zum Thema kollektive Rechtewahrnehmung.

Er führte zu drei allgemeinen Schlussfolgerungen. Erstens: Es herrscht generell Einigkeit darüber, dass ein Binnenmarkt für Rechte und Ausnahmen nicht ohne eine hinreichende gemeinsame Basis hinsichtlich der Form der Rechtewahrnehmung geschaffen werden kann. Zweitens: Die kollektive Rechtewahrnehmung in einigen Marktsegmenten liegt sowohl im Interesse der Rechteinhaber als auch der Nutzer. Die meisten Betroffenen stellen die wirtschaftliche, kulturelle und soziale Funktion von Verwertungsgesellschaften nicht in Frage. Drittens: Es gibt eine weit verbreitete Forderung nach mehr Einheitlichkeit bei den Bedingungen, unter denen die Verwertungsgesellschaften arbeiten, um sie effizienter zu machen und einen besseren Zugang zu Lizenzen zu gewährleisten, vor allem auf Gemeinschaftsebene. Die Kommission stellt jedoch fest, dass die kollektive Rechtewahrnehmung von gewerblichen Nutzern, Verbrauchern und den Rechteinhabern sehr

15 Florenz (1996), Wien (1998), Straßburg (2000) und Santiago de Compostela (2002).

unterschiedlich wahrgenommen wird. Das hat zu relativ unterschiedlichen Haltungen in den Mitgliedstaaten und auch auf Gemeinschaftsebene geführt.
Die Kritik der Nutzer hat sich gegen die Gebührensätze, die Aufsicht über die Verwertungsgesellschaften sowie die Rechtsweggarantie oder den Zugang zu Schiedsstellen gerichtet. In jüngster Zeit standen auch die Verwaltungsgebühren, die die Verwertungsgesellschaften berechnen, die lange Dauer der Verhandlungen, angebliche Defizite ihrer internen Entscheidungsprozesse und ein offensichtlicher Transparenzmangel bei der Preispolitik im Brennpunkt der Kritik. Auch bestimmte Rechteinhaber üben Kritik an der kollektiven Rechtewahrnehmung. Diejenigen, die sich in einer hinreichend starken Verhandlungsposition befinden, beispielsweise große Tonträgerhersteller, versuchen in zunehmendem Maße, von Verwertungsgesellschaften für die Wahrnehmung ihrer Rechte unabhängig zu sein. Aus ihrer Sicht hat die Digitalisierung mit Watermarking, Identifizierung und Rückverfolgung der Werknutzung die Rechteinhaber prinzipiell in die Lage versetzt, die Lizenzierung und die Bezahlung von Nutzungsgebühren selbst zu kontrollieren, sodass die Rolle der kollektiven Rechtewahrnehmung in Frage gestellt wird.
Rechteinhaber mit weniger Verhandlungsmacht teilen diese Auffassung nicht unbedingt, denn sie können bestimmte Rechte nur über Verwertungsgesellschaften wahrnehmen und befürworten daher in der Regel die kollektive Rechtewahrnehmung. Allerdings würden sich die meisten Rechteinhaber von den Verwertungsgesellschaften mehr Flexibilität hinsichtlich der Abtretung von Rechten und für sich selbst mehr Einfluss bei der Verteilung der Entgelte wünschen. Darüber hinaus gibt es, was Gegenseitigkeitsvereinbarungen angeht, unter den Rechteinhabern von verwandten Schutzrechten Bedenken, dass das System der sogenannten B-Verträge, wonach keine Geldtransfers stattfinden, sondern vielmehr jede Gesellschaft die Entgelte für ihr Verwaltungsgebiet einzieht und nur an ihre **[19]**
eigenen Rechteinhaber ausschüttet, nicht ordnungsgemäß zwischen den Verwertungsgesellschaften, die verwandte Schutzrechte verwalten, funktioniert[16].

3.4. Kollektive Rechtewahrnehmung und Wettbewerb

Die Anwendung von EU-Wettbewerbsrecht auf Verwertungsgesellschaften hat den Gerichtshof wie auch die Kommission seit jeher zu Stellungnahmen zu drei großen Themengebieten veranlasst: a) das Verhältnis zwischen Verwertungsgesellschaften und ihrer Mitglieder, b) das Verhältnis zwischen Verwertungsgesellschaften und Nutzern sowie c) das wechselseitige Verhältnis der Einzelnen Verwertungsgesellschaften untereinander. Neuere technische Entwicklungen wie z. B. im Bereich des Internets haben aus Sicht der Kommission eine Neubewertung einiger für den analogen Bereich vormals geltenden Grundsätze erforderlich gemacht.
a) Verwertungsgesellschaften handeln aus Sicht der Rechteinhaber als ihre Treuhänder, die ihre Rechte und Interessen verwalten. Der allgemeine Rahmen des Verhältnisses zwischen Verwertungsgesellschaften und ihrer Mitglieder wird in

16 Nebenbemerkung : A-Verträge sehen den wechselseitigen Transfer eingezogener Vergütungen ohne jegliche Fristen für Anspruch oder Transfer vor.

den drei GEMA-Entscheidungen[17] der Kommission aufgezeigt; diese Entscheidungen nehmen insbesondere auch dazu Stellung, inwieweit es mit Artikeln 81 und 82 EG-Vertrag vereinbar ist, dass Verwertungsgesellschaften die Übertragung von Rechten auf sie durch ihre Mitglieder in Bezug auf sämtliche Nutzungsarten eines Musikwerks verlangen. Die Kommission vertritt den Standpunkt, dass es angesichts der technischen Entwicklung (z. B. Online-Services) möglicherweise erforderlich ist, die in den 70er Jahren aufgestellten „GEMAKategorien" neu zu überdenken. In einer neueren Entscheidung hat die Kommission die Auffassung vertreten, dass eine derartige zwingende Vorschrift in der Satzung einer Verwertungsgesellschaft, wonach alle Rechte eines Urhebers einschließlich ihrer Online-Nutzung auf erstere übertragen werden, vor dem Hintergrund, dass eine derartige Praxis einer unangemessenen Handelsbedingung gleichkommt, auf eine missbräuchliche Ausnutzung einer beherrschenden Stellung im Sinne von Artikel 82 Buchstabe a hinausläuft[18]. Zur Mitgliedschaft in einer Verwertungsgesellschaft hat die Kommission auch ausgeführt, dass eine Verwertungsgesellschaft in einer beherrschenden Stellung nicht dazu befugt ist, Rechteinhaber aus anderen Mitgliedsstaaten von einer Mitgliedschaft auszunehmen[19].

b) Das Verhältnis zwischen Verwertungsgesellschaften und Nutzern hat im Wesentlichen drei Fragen aufgeworfen: Auswirkungen auf den Handel zwischen Mitgliedsstaaten, sachlicher Anwendungsbereich von auf Nutzer übertragene Lizenzen und die Höhe der den Lizenznehmern in Rechnung gestellten Gebühren. Beispielsweise kann eine Verwertungsgesellschaft als ein beherrschendes (oft sogar monopolistisches) Unternehmen nach Artikel 82 einem Nutzer die Lizenzerteilung in ihrem eigenen Land nicht ohne berechtigten Grund verweigern. Der Gerichtshof legte dar, dass sich Verwertungsgesellschaften nicht an einer konzertierten Aktion beteiligen dürfen, die bewirkt, dass einem im Ausland wohnenden Nutzer der direkte Zugang zu ihrem Repertoire systematisch verweigert wird; eine mögliche Begründung für eine derartige Weigerung ist in der Undurchführbarkeit des Aufbaus eines Überwachungssystems im Ausland zu sehen[20]. Zu den **[20]** Gebührensätzen führte der Gerichtshof aus, dass einer der signifikantesten Unterschiede zwischen den Verwertungsgesellschaften in den Mitgliedsstaaten in der Höhe der Betriebsausgaben besteht. Seiner Auffassung nach ist nicht auszuschließen, dass der fehlende Wettbewerb auf diesem Markt für hohe Verwaltungskosten und hohe Nutzungsgebühren verantwortlich zeichnet[21]. Nach Aussage des Gerichtshofs ist Artikel 82 des Vertrags auch dahingehend zu interpretieren, dass eine

17 GEMA I, Entscheidung vom 20. 6. 1971, ABl. L 134, S. 15; GEMA II, Entscheidung vom 6. 7. 1972, ABl. L 166, S. 22; GEMA III, Entscheidung vom 4. 12. 1981, ABl. L 94, S. 12.

18 Banghalter und Homem Christo gegen Sacem (sog. „Daftpunk"-Entscheidung), COMP/C2/37.219, Entscheidung vom 6. 8. 2002, http://europa.eu.int/comm/competition/antitrust/cases/decisions/37219/fr.pdf .

19 GEMA I, Entscheidung vom 20. 6. 1971, ABl. L 134, S. 15; GVL, Entscheidung vom 29. 10. 1981, ABl. L 370, S. 49.

20 Ministère Public gegen Tournier, 395/97, 13. 7. 1989, Slg. 1989, Seite 2521.

21 Vgl. vorhergehende Fn.

Verwertungsgesellschaft in einem bestimmten Mitgliedsstaat ihre beherrschende Stellung missbräuchlich ausnutzt, wenn sie gegenüber ihren Handelspartnern unangemessene Bedingungen durchsetzt, insbesondere durch Festlegung von im Vergleich zu anderen Mitgliedsstaaten weitaus höheren Vergütungsätzen, solange diese Unterschiede nicht durch objektive und wichtige Faktoren gerechtfertigt sind[22].

c) Die Gegenseitigkeitsvereinbarungen zwischen Verwertungsgesellschaften hat der Gerichtshof in den Entscheidungen „Tournier" und „Lucazeau" aus dem Jahr 1989[23] behandelt und geschlussfolgert, dass die von Verwertungsgesellschaften in Europa geschlossenen Gegenseitigkeitsvereinbarungen nicht ohne weiteres unter Artikel 81 fallen, wenn sie nachweislich keine abgestimmten Vorgehensweisen oder Ausschließlichkeitsregelungen enthalten. Entsprechend erschienen Gegenseitigkeitsvereinbarungen dort als wirtschaftlich gerechtfertigt, wo die Kontrolle von urheberrechtlich geschützter Nutzung vor Ort erforderlich war. Die recht neue Kommissionsentscheidung „Simulcasting"[24] passt die existierenden Vorschriften der Online- Umgebung an und führt eine Neubewertung der im Rahmen der Rechtewahrnehmung anfallenden Tätigkeiten unter dem Blickwinkel der gemeinschaftlichen Wettbewerbsvorschriften durch. Das durch Internet und Digitalformat von Produkten bedingte Fehlen von gebietsmäßiger Begrenzung in der Online-Umgebung ermöglicht Nutzern bei der Frage der Erteilung der Lizenz die Wahl jeder Verwertungsgesellschaft im Europäischen Wirtschaftsraum, die ein Mitglied des One-Stop-Shops ist. Darüber hinaus verpflichteten sich die Parteien zu einer besseren Gebührentransparenz durch klares Aufsplitten in den Gebührenteil, der die Nutzungsvergütung betrifft, und denjenigen, der die Verwaltungskosten abdeckt. Bei dieser Vorgehensweise werden die gewerblichen Nutzer in die Lage versetzt, die am effizientesten arbeitenden Verwertungsgesellschaften im Europäischen Wirtschaftsraum zu erkennen und ihre Lizenzen bei den preislich günstigeren Verwertungsgesellschaften zu beantragen.

3.5. Fragen, die gesetzgeberische Maßnahmen erfordern

Die Wettbewerbsvorschriften sind zwar nach wie vor ein wirksames Instrument zur Regulierung des Marktes und des Verhaltens der Verwertungsgesellschaften, ein Binnenmarkt für die kollektive Rechtewahrnehmung kann aber am besten dann geschaffen werden, wenn die Überwachung von Verwertungsgesellschaften unter dem Blickwinkel der Wettbewerbsvorschriften durch die Schaffung eines gesetzlichen Rahmens zur redlichen Verwaltung ergänzt wird.

Das Ergebnis des Sondierungsprozesses legt auf die urheberrechtsbezogenen Regeln und Prinzipien des Binnenmarktes gestützte gesetzgeberische Maßnahmen

---

22 Lucazeau gegen SACEM, Fälle 110/88, 241/88 und 242/88, 13. Juli 1989, Slg. 1989, Seite 2811.

23 Siehe oben.

24 COMP/C2/38.014 IFPI Simulcasting, Entscheidung vom 8. 12. 2002, ABl. v. 30. 4. 2003, L 107, S. 58.

nahe, die das Funktionieren des Binnenmarktes im Bereich der kollektiven Rechtewahrnehmung für alle Beteiligten sicherstellen würden. [21]
Um einheitliche Bedingungen im Bereich der kollektiven Rechtewahrnehmung im Binnenmarkt zu erreichen, ist Einheitlichkeit in Bezug auf folgende Merkmale erforderlich:

3.5.1. Gründung und Status von Verwertungsgesellschaften

Es existieren unterschiedliche Anforderungen und eine Reihe von Modellen für die Gründung einer Verwertungsgesellschaft. Was den Status angeht, so kann es sich bei Verwertungsgesellschaften um Kapitalgesellschaften, gemeinnützige Einrichtungen, Einrichtungen mit und Einrichtungen ohne Gewinnzweck handeln. Der Sondierungsprozess bewies, dass die Effizienz einer Verwertungsgesellschaft offensichtlich nicht mit ihrer Rechtsform zusammenhängt. Eine Verwertungsgesellschaft kann in der Rechtsform ihrer Wahl oder der im innerstaatlichen Recht vorgeschriebenen Rechtsform ordnungsgemäß errichtet werden, solange sie die einschlägigen nationalen Rechtsvorschriften erfüllt und die betreffenden nationalen Gesetze keine diskriminierende Wirkung haben. Ebenso müssen Artikel 82 und 86 EG-Vertrag beachtet und angewendet werden, wenn die Verwertungsgesellschaft als ein gesetzliches Monopol errichtet ist oder besondere Rechte nach nationalem Recht gewährt werden.
Da indessen Verwertungsgesellschaften auf Grund ihrer besonderen wirtschaftlichen, kulturellen und sozialen Funktion in der Eigenschaft als Treuhänder der Rechteinhaber besondere Verantwortung tragen, sollten in allen Mitgliedstaaten für die Gründung einer Verwertungsgesellschaft ähnliche Voraussetzungen gelten. Im Interesse verantwortungsvoller Verwaltung erscheint eine gemeinschaftsweite Angleichung der Anforderungen geboten hinsichtlich der Personen, die eine Gesellschaft gründen können, des Status' der Gesellschaft, des Nachweises der Leistungsfähigkeit, der Rechnungslegungspflichten und der Mindestzahl vertretener Rechteinhaber.

3.5.2. Die Beziehung zwischen Verwertungsgesellschaften und Nutzern

Normalerweise vertreten Verwertungsgesellschaften ein breites, wenn nicht sogar ein weltweites Repertoire und sind als einzige in ihrem Tätigkeitsfeld befugt, die betreffenden Rechte wahrzunehmen. Diese Ausschließlichkeit verschafft ihnen eine starke Position gegenüber den Nutzern. Das wird von den meisten geschätzt, weil es den Verwertungsgesellschaften ermöglicht, als One-Stop-Shops für die Lizenzierung zu fungieren. Allerdings haben Nutzer gewisse Vorbehalte gegenüber der kollektiven Rechtewahrnehmung geäußert; diese betreffen insbesondere die Lizenzgebühren und die Lizenzierungsbedingungen. Verwertungsgesellschaften sollten verpflichtet werden, ihre Gebührensätze zu veröffentlichen und Lizenzen zu angemessenen Bedingungen zu erteilen. Weiterhin ist es für die Nutzer von zentraler Bedeutung, dass sie die Gebührensätze anfechten können, entweder vor

Gericht oder vor speziell dafür eingerichteten Schiedsstellen bzw. mit Unterstützung der für die Verwertungsgesellschaften zuständigen Aufsichtsbehörden. Was die Gültigkeit von Lizenzierungsbedingungen angeht, so sei darauf hingewiesen, dass in einigen Mitgliedstaaten die Pflicht der Verwertungsgesellschaften zur Erteilung von Lizenzen mit der Auflage verknüpft ist, dies zu angemessenen Bedingungen zu tun. Umgekehrt sollte die Nutzung ohne Bezahlung nicht gestattet werden. Einige Mitgliedstaaten haben Vorschriften, wonach potenzielle Nutzer, die die Gebührensätze der Verwertungsgesellschaft anfechten, die Rechte nur weiter nutzen dürfen, wenn sie bei der Verwertungsgesellschaft einen bestimmten Betrag hinterlegt haben. Es sollte eine gemeinschaftsweite Anwendung dieser Grundsätze geschaffen werden, um den Zugang zu geschützten Werken und anderen Schutzgegenständen zu angemessenen Bedingungen zu fördern oder sicherzustellen. [22]

3.5.3. Die Beziehung zwischen Verwertungsgesellschaften und Rechteinhabern

Normalerweise ist nur eine Verwertungsgesellschaft für eine Gruppe von Rechteinhabern auf dem jeweiligen Hoheitsgebiet treuhänderisch tätig; sie ist der einzige Wächter ihres Markts in Bezug auf die kollektive Wahrnehmung ihrer Rechte. Die Grundsätze der redlichen Verwaltung, der Nichtdiskriminierung, der Transparenz und der Rechenschaftspflicht der Verwertungsgesellschaften gegenüber ihren Rechteinhabern sind deshalb besonders wichtig. Diese Grundsätze sollten für den Erwerb von Rechten (den Wahrnehmungsauftrag), die Bedingungen der Mitgliedschaft (einschließlich der Beendigung der Mitgliedschaft), der Vertretung und die Position der Rechteinhaber innerhalb der Gesellschaft (Zugang der Rechteinhaber zu internen Dokumenten und Rechnungslegungsunterlagen über Lizenzeinnahmen, Ausschüttungen und Abzügen, echter Einfluss der Rechteinhaber auf den Entscheidungsprozess wie auch auf soziale und kulturelle Politik ihrer Gesellschaft) gelten. Der Wahrnehmungsauftrag sollte Rechteinhabern ein angemessenes Maß an Flexibilität im Hinblick auf Laufzeit und Umfang anbieten. Zudem sollten Rechteinhaber angesichts der zunehmenden Verbreitung von Systemen der digitalen Rechteverwaltung zumindest prinzipiell, und solange das Gesetz nichts anderes vorschreibt, die Möglichkeit haben, bestimmte Rechte individuell wahrzunehmen, wenn sie das wünschen.

3.5.4. Die externe Kontrolle der Verwertungsgesellschaften

In einigen Mitgliedstaaten unterliegen Verwertungsgesellschaften der staatlichen Aufsicht bzw. einer besonderen Kontrolle, dies allerdings nach Umfang und Wirksamkeit sehr uneinheitlich. Die externe Kontrolle umfasst das Verhalten der Gesellschaften, ihre Funktionsweise, die Kontrolle der Gebührensätze und Lizenzierungsbedingungen und auch die Regelung von Streitigkeiten. Aus Binnenmarktsicht sind die bestehenden Unterschiede bei der Kontrolle von Verwertungsgesellschaften beträchtlich und können nicht ignoriert werden. Von Mit-

gliedstaat zu Mitgliedstaat unterschiedliche Vorschriften über die Kontrolle der Gesellschaften errichten Schranken für die Wahrung der Interessen der Rechteinhaber und Nutzer gleichermaßen angesichts der Ausschließlichkeitsstellung der meisten Verwertungsgesellschaften und ihres Netzes von Gegenseitigkeitsvereinbarungen. Folglich sollten in allen Mitgliedstaaten geeignete externe Kontrollmechanismen zur Verfügung stehen.
Aus Binnenmarktperspektive wäre es nützlich, eine gemeinsame Grundlage für bestimmte Parameter der externen Kontrolle zu schaffen und bestimmte Behörden (z. B. besondere Gerichte, Verwaltungsbehörden oder Schiedsstellen) in allen Mitgliedstaaten einzuführen sowie eine gemeinsame Grundlage für ihre Zuständigkeiten, ihre Zusammensetzung und den Status ihrer Entscheidungen (bindend oder nicht bindend) zu schaffen.

3.6. Fazit

Um einen echten Binnenmarkt sowohl für die Offline- als auch für die Online-Verwertung geistigen Eigentums zu erzielen, ist mehr Gemeinsamkeit bei mehreren Merkmalen der kollektiven Rechtewahrnehmung erforderlich. Dies würde gewährleisten, dass sie gemeinschaftsweit funktioniert und eine wertvolle Alternative für die Wahrnehmung von Rechten bleibt, die sowohl für die Rechteinhaber wie auch für die Nutzer Vorteile bietet. Das Bemühen um mehr Gemeinsamkeit bei der kollektiven Rechtewahrnehmung sollte von den Grundsätzen des Urheberrechts und den Bedürfnissen des Binnenmarktes geleitet werden. Es sollte zu mehr Effizienz und Transparenz und einheitlichen Voraussetzungen für bestimmte Merkmale der kollektiven Rechtewahrnehmung führen. Der vollständige Verzicht auf gesetzgeberische Maßnahmen scheint keine Lösung mehr. „Weiches Recht", beispielsweise von den Marktteilnehmern vereinbarte Verhaltenskodizes, erscheint nicht als **[23]** geeignetes Instrument. Das Ergebnis des Sondierungsprozesses hat bestätigt, dass in den Fragen der kollektiven Rechtewahrnehmung, die den grenzüberschreitenden Handel betreffen und bei denen sich gezeigt hat, dass sie die Entfaltung des Binnenmarktpotenzials behindern, zusätzliche Maßnahmen erforderlich sind. Eine derartige Initiative würde den Subsidiaritäts- und Verhältnismäßigkeitsgrundsatz beachten und bestimmte Merkmale der kollektiven Rechtwahrnehmung harmonisieren. Um die in dieser Mitteilung dargestellten Ziele zu erreichen, beabsichtigt die Kommission ein Rechtsinstrument vorzuschlagen, das bestimmte Aspekte der kollektiven Rechtewahrnehmung und die redliche Verwaltung von Verwertungsgesellschaften regelt. Diese Initiative, die Gegenstand einer öffentlichen Konsultation sein wird, wird den jüngsten Entwicklungen des Marktes und der Gesetzgebung der gegenwärtigen und neuen Mitgliedstaaten Rechnung tragen.

Anhang IV
Das Impact Assessment vom 11. Oktober 2005

COMMISSION OF THE EUROPEAN COMMUNITIES

Brussels, 11. 10. 2005
SEC (2005) 1254

COMMISSION STAFF WORKING DOCUMENT

IMPACT ASSESSMENT REFORMING CROSS-BORDER COLLECTIVE MANAGEMENT OF COPYRIGHT AND RELATED RIGHTS FOR LEGITIMATE ONLINE MUSIC SERVICES*

[2]

TABLE OF CONTENTS

* Seitenumbrüche sind durch **fette Zahlen** in [eckigen Klammern] gekennzeichnet.

EXECUTIVE SUMMARY

This Impact Assessment ("IA") examines the present structures for cross-border collective management of copyright and related rights for the provision of legitimate online music services. Although digitisation has had an impact in the other sectors, it is in relation to the cross-border provision of online music services that the absence of a Community-wide collective licensing for copyright and related rights has been most felt.
This IA considers three options: (1) Do nothing; (2) eliminate territorial restrictions and customer allocation provisions in existing reciprocal representation agreements; or (3) give right-holders the additional choice to appoint a collective rights manager for the online use of their musical works across the entire EU ("EU-wide direct licensing").
Stakeholders were consulted on the three options in July 2005. 85 stakeholders, from rightholders, rights management societies and commercial users, submitted their opinions on the three options. There was broad consensus that Option 1 is not an option. Stakeholders are divided between Options 2 and 3, with commercial users favouring Option 2, the majority of collective rights managers favouring modified versions of Option 2 and the music publisher's community, the independent record labels and certain collective rights managers favouring Option 3.
In the light of stakeholder comments received, the IA proposes that a reform package for EUwide licensing of musical works for legitimate online music services requires the parallel deployment of all business models that are available to foster more efficient multi-territorial licensing. The IA therefore proposes to eliminate territorial restrictions and customer allocation provisions in existing reciprocal representation agreements while leaving rightholders who do not wish to make use of reciprocal agreements to manage their repertoire the additional option to tender their repertoire for EU-wide direct licensing.
In addition, the proposed reform includes rules on governance, transparency, dispute settlement and accountability of collective rights managers, whether they manage rights according to Option 2 or Option 3. Governance rules setting out the duties that collective rights managers owe to both right-holders and users would introduce a culture of transparency and good governance enabling all relevant stakeholders to make an informed decision as to the licensing model best suited to their needs. This should stimulate EU-wide licensing and promote the growth of legitimate online music services. [5]

1. Problem Definition

1.1. What are the issues that may require action?

The development of new broadcasting platforms such as web-based and other online delivery solutions should lead to more cross-border online music services.

These new technologies have also led to the emergence of a new generation of internationally active online music service providers, be it online on-demand content providers or webcasters[1].
As any service provided online can be seen and accessed across Europe, online content providers require a licence for more than one territory which gives legal certainty and insurance against infringement suits for all territories (multi-territorial licence). Online exploitation music service providers therefore need a system for managing copyright and related rights and in particular the licensing of these rights that is in line with the ubiquity of their online music services. This is particularly important because music is playing a crucial role in the development of online services, while online services play a particular role in promoting music. Music is at the forefront of online development by virtue of the fact that it is so easily distributable online and that there is such a high demand for music, as evidenced by the popularity of networks and services mainly used to license sharing of music files. Furthermore, it is well documented that, for example, music is a major factor in the take up of broadband entertainment services throughout the EU and music is therefore of utmost value to the business of broadband suppliers[2].
Online music content providers see the current requirement of territory-by-territory management for most forms of copyright and related rights as an impediment to the roll-out of new legitimate cross-border online music services and consider it an inefficient way to secure multi-repertoire licences. Therefore, online exploitation of music across national borders creates demand for a new generation of cross-border management services:

- Commercial online users require a licence for more than one territory which gives legal certainty for all territories (multi-territorial licence);
- Commercial online users want more choice as to which collective rights manager can grant a multi-territorial licence;
- Holders of copyright and related rights want multi-territorial licenses which maintain the value of their copyright and related rights.

This demand for a multi-territorial licence, that at the same time does not undermine the value of copyright and neighbouring rights cannot be satisfied within the current structure of traditional reciprocal arrangements, so alternative solutions should be sought. In particular, the territorial scope of the licence that a collective rights manager may grant should be determined by the right-holder, the collective rights manager and the user (licensee)[3] in the [6] way that is most suitable

1 See press release IFPI on webcasting agreement: http://www.ifpi.org/site-content/press/20041018.html. Webcasting is already well-established in the US, where there are currently 1250 privately licensed services.
2 Submission by the Music Publishers Association (MPA) of 28 August 2005.
3 In relation to the those rights which are not administered by a collective rights manager, and which remain with the individual right-holder, a licence may be granted under the contract law of choice e. g. the Member States where a rightholder is established or resident for the EU wide exploitation of his rights. In so doing, the licence, although granted for contractual purposes under the law of a particular Member State is exploited by the licensee under the copy-

for their respective online business models whether this includes multi-territorial, multi-repertoire licences or niche repertoire licences.

1.2. What are the underlying drivers of the problem?

1.2.1. Classical management of copyright and related rights is not in line with the ubiquity of online music services

Management of copyright and related rights is a system whereby a right-holder authorises a third party to manage commercial use of his protected works and other subject matter. Management of rights entails the following services: (1) the grant of licences to commercial users; (2) the auditing, monitoring of rights and ensuring payment of royalties by pursuing infringers (enforcement); (3) the collection of royalties; (4) and the distribution of royalties to rights-holders. For the purposes of this Impact Assessment, these services and the bodies that provide them to right-holders in a collective manner are referred to respectively as the "collective management of copyright" and "collective rights managers" ("CRM"). In the traditional system of managing copyright and related rights, if copyright works are accessible in another territory, the society active in that territory (the "affiliated society") normally enters into reciprocal representation agreement[4] with the CRM that holds the repertoire on behalf of the right-holder (the "management society"). This means along with its own national repertoire, an affiliate also obtains the right to the repertoire of the management society with which it has a bilateral arrangement. Via a network of bilateral reciprocal agreements, each local collective rights manager represents the cross-licensed repertoire in its national territory and no other. Most – but not all – CRMs have developed networks of bilateral agreements cross-licensing their respective repertoire between societies for territorial exploitation. But the affiliate's authority to commercially exploit the management society's repertoire is limited to its own territory only[5].
With classical management of copyright and related rights CRMs licensing autho-

right law of each one of the 15 jurisdictions of the Member States. There might be limitations in the law of any of the Member States which might prevent certain matters granted under the individual contract from being upheld in a particular jurisdiction.

4 The term "reciprocal" in the context of these private agreements means "in return for an identical grant". It does not connote "reciprocity" for which there is a specific meaning in international law especially in the international copyright conventions i. e. where rights are granted by one country to its nationals, the nationals of another country can only have the benefit of those rights where there is commensurate recognition of these rights by the other country.

5 The Court of Justice has considered whether certain provision in reciprocal representation agreements were anti-competitive in the context of licensing of physical premises e. g. discothèques Ministère Public v Tournier Case 395/87 1989 ECR 2521; Lucazeau v Sacem Joined Cases 110/88, 241/88 and 242/88

rity is contractually limited to its home territory. The limited territorial licensing authority of a CRM is due to the fact that he obtains the repertoire to be licensed (except his own) not through a direct relationship with the relevant right-holder but through so-called reciprocal representation agreements with other CRMs. [7]

1.2.2. Legitimate online services need to manage a series of harmonised Internet rights

In 2001, the European Union adopted the EU Directive on the harmonisation of certain aspect of copyright and related rights in the information society (the "Copyright Directive")[6]. The Copyright Directive harmonises a series of new exclusive rights that cover online distribution of musical works and other subject matter. The following exclusive rights are implicated in the provision of legitimate online music services:

- The exclusive right of reproduction as defined in Article 2 of the Copyright Directive covers all reproductions made in the process of online distribution. The right of reproduction is the right to reproduce the work by making intangible copies. Intangible copies include those made by digital means e. g. upload, download, transmission in a network or storage on hard disk. Certain temporary copies are, however, exempted from the reproduction right: by virtue of Article 5(1) of the Copyright Directive.
- The exclusive right of communication to the public set out in Article 3 of the Copyright Directive covers all communications of authors' works to members of the public not present at the place where the communication originates.
- The right of equitable remuneration for certain other categories of right-holder as set out in Article 8 of Directive 92/100 on rental right and lending right and on certain rights related to copyright.

  The exclusive right of communication to the public and the right of equitable remuneration cover the communication to the public of musical works and other subject matter by: (1) webcasting (which includes Internet radio, simulcasting, and "near-on-demand" services[7]) whether musical works are communicated via personal computers or to mobile telephones[8].
- The exclusive right of making available that covers "on-demand" services[9] which is accorded to authors, performers and record producers.

1989 ECR 2811. There is no jurisprudence on whether such provisions would also be allowed for online licensing.

6 Directive 2001/29/EEC, OJ L 167, p. 10.

7 A webcast is similar to a broadcast television program but designed for internet transmission. A simulcast is a "simultaneous broadcast", and refers to programs or events broadcast across more than one medium at the same time.

8 There are estimates that 50% of mobile content revenues will be from music. Source: IFPI Digital Music Report 2005. Music services provided to mobile telephones also includes the market for ringtones and real-tones.

9 The Copyright Directive grants neighbouring rights holders no exclusive right

1.2.3. A variety of bodies manages the harmonised Internet rights

Rights of authors are administered collectively by authors' societies on behalf of the author and music publishers. Authors hold the rights in the composition of the lyrics/music. In the online environment authors' rights comprise:
- The right of reproduction i. e. the right to reproduce the work by making intangible copies. Intangible copies include those made by digital means e. g. upload, download, transmission in a network or storage on hard disk;
- The right to communicate the work to the public including making available to the public i. e. transmission of the work by playing recorded music via a simulcast or a webcast or making the work available by allowing for its downloading.

In most Member States, a single CRM administers the reproduction, public performance and making available rights (cf. list in Annex 1).

Rights of performers, and record producers (record labels) are related rights and remunerate the producers' and the performing artists for use of a sound recording. Such use includes making physical and intangible copies, broadcasting, but now also includes the use related to Internet activity such as streaming and webcasting. The rights include the following:
- The right of performers to reproduce the fixation of a performance; communicate to the public[10] including the right to make the work available. These rights in their performances (not related to the composition) are administered collectively by CRMs representing performers;
- The right of record producers to reproduce; communicate to the public including the right to make available the sound recordings. These rights of record producers are administered by separate CRMs representing record producers that hold the rights in the sound recordings themselves.

As the above demonstrates, there are many right-holders and rights that could be involved in a single transaction in the music industry. A licence granted by a CRM for one form of exploitation does not mean that any other from of exploitation is authorised and so a separate licence has to be sought from a different collective rights manager i. e. an authors' society, record producer's society and performing rights society for any single transaction. Management of online exploitation of musical works is complicated by the fact that a multitude of rights (e. g., communication to the public, reproduction and making available) belonging to a multitude of right-holders (e. g., authors, composers, publishers, record producers and performers) need to be cleared.

---

with respect to not fully interactive services such as webcasting or simulcasting. These rights are covered by national rules on neighbouring rights. This includes music included in video on demand online services whereby films, televisions programs are downloaded on demand against or without payment.

10 Record producers have a right to equitable remuneration only. See Article 8(2) of Council Directive 92/100/EEC on rental and lending right and on certain rights related to copyright in the field of intellectual property.

1.2.4. Different management models have developed for management of the rights that legitimate online music service providers need to clear

Record producers, as holders of related rights, manage their "making available" right for online on-demand services on an individual basis[11]. [9]
Record producers and performers, as holders of related rights, manage their right to communicate to the public[12] collectively[13]. In this framework, record producers have set up a scheme for multi-territorial licensing for communication to the public that occurs via "simulcasting"[14] and "webcasting"[15].
Authors manage their exclusive right to communicate to the public collectively, but there is currently no effective multi-territorial licensing system in place for the authors' right of onlinecommunication to the public[16]. The relevant agreement (the Santiago agreement) expired at the end of 2004 and has not been renewed. The principal reason for this is that authors' societies are reluctant to abolish the clause that a content provider can only obtain a multiterritorial license with the society of the country where the content provider has its actual or economic location. Authors' societies argue that authors are best served by a collective rights manager with physical proximity to the user in the provision of each of the service elements involved in the collective management of copyright but especially the enforce-

11 Individual management of copyright and related rights is not covered by the scope of this IA. With regard to the making available right necessary to be cleared for the provision of on demand services by broadcasters of their radio or television productions incorporating music from commercial phonograms as an integral part thereof, Recital 29 of the Copyright Directive states that collective licensing arrangements are to be encouraged in order to facilitate the clearance of the rights concerned. On this basis, the European Broadcasting Union (EBU) advocates mandatory collective management of making available rights of producers and performers in commercial phonograms, in so far as such commercial phonograms are an integral part of TV or radio productions.

12 This right was not introduced by the Copyright Directive but is contained in Article 8(2) of the Rental Directive (Directive 92/100/EEC, OJ No L 346, p. 61).

13 The main function of these CRMs active on behalf of record producers is the administration of the rights of their record producer members for the purposes of broadcasting and public performance.

14 See Press Release IP/02/1436 of 8 October 2002, case COMP/C2/38.014 IFPI Simulcasting, decision of 8 October 2002, OJ L107 (30. 4. 2003) p. 58.

15 It should be noted that the notified IFPI Simulcasting Agreement does not cover performers' rights in phonograms.

16 The relevant Santiago agreement was notified to the Commission in April 2001 by the collecting societies of the UK (PRS), France (SACEM), Germany (GEMA) and the Netherlands (BUMA), which were subsequently joined by all societies in the European Economic Area (except for the Portuguese society SPA) as well as by the Swiss society (SUISA). But the Agreement expired on 31 December and was not renewed.

ment, collection aspects which they argue cannot properly be provided by a distance even with the use of digital technology[17]. Record labels do not share this concern – the Simulcasting and Webcasting agreements have no economic residence clause – and claim that digital technology is available to provide enforcement and collection services at a distance. But the failure to renew the Santiago agreement and strike the economic residence clause means that authors' rights for online use currently need to be cleared on a territory-by-territory basis.
With respect to author's online reproduction rights, which covers webcasting, on demand transmission by acts of streaming and downloading, the relevant agreement (the BIEM/Barcelona agreement) expired at the end of 2004 and has not been renewed for the same reasons that the Santiago agreement has not been renewed. Again, this means that the authors' reproduction rights have to be cleared on a territory-by-territory basis. **[10]**

1.2.5. Right-holders demand better representation in the bodies that administer their rights

Certain categories of rights-holders, e. g. music publishers complain that they are denied membership in certain CRMs, although between 70–80% of works they represent are nondomestic[18]. Such denial of membership precludes publishers that represent works of rightholders from other Member States from having any say in how the works they represent are licensed (e. g., on a territorial or EU-wide basis) and how royalties collected on their behalf are distributed.

1.2.6. Right-holders want more control over the management of their rights

Digital transmission of musical work and the introduction of digital technologies

---

17 See GESAC submission of 28 August 2005. According to GESAC the signatory societies to the Santiago and Barcelona Agreements chose not to extend them further in 2005, because although never having been the subject of an official Commission decision, they were aware that the Commission was highly critical of the so-called "economic residence" clause in them, which was in GESAC's opinion, necessary to prevent the risk of "forum shopping" by commercial users. As a result, GESAC acknowledges, authors' societies are only able to give copyright exploiters clearance for the use of their own repertoire worldwide, and the world repertoire within the territory in which they carry on their own activity.

18 Certain CRMs dealing with musical works, such as AEPI (not contested in AEPI's response to the follow up consultation 25 July 2005) in Greece, ZAIKS in Poland, SPA in Portugal and SACD (as far as music is concerned) in France do not admit music publishers as members (cf. submission by ICMP/CIEM, p. 5, footnote 23.

in the management of copyright and related rights empower individual right-holders in two relevant respects:

- First, it allows right-holders to contractually define the territorial scope of the licensing authority they grant to a rights manager[19];
- Second, digital remote monitoring of use in the online environment will also enable right holders to exercise a choice as to which collecting society to join and to give mandate to for the multi-territorial online management of their rights.

The fundamental review of rights management that the introduction of digital technologies in rights management has brought about is not merely the result of demand side drivers but also the development of new digital rights management technologies (DRMs"). By facilitating identification and tracking of the use of works, in principle, DRMs have empowered rightholders to control the licensing and transformed the collection and distribution of royalties into a process of individual electronic payment. DRMs also allow remote monitoring of a myriad of online uses made of copyright protected works.

While collective management of copyright and related rights provided a solution that was effective for the offline environment as right-holders could not control the myriad of offline uses made of their music, DRM technology has the potential to empower right-holders or their designated rights managers to monitor all commercially relevant instances in which use was made of their works online.

The development of digital technologies (whether or not via the use of DRMs) will empower all right-holders, big or small, to increasingly scrutinise the cost and efficiency of collective rights management services. As right-holders' works are increasingly exploited in online music services across the EU, right-holders will become aware of the multiple deductions they suffer to cover the costs of the affiliate CRMs and the management CRM. EU-wide licensing through one rights manager would reduce the deductions inherent in reciprocal **[11]** arrangements and in so doing increase the authors' revenues[20]. Digital technologies thus provide an opportunity to streamline the rights management process by allowing for significant reductions in management costs and an improved accuracy in royalty distribution.

Naturally, the scope of the benefits that CRMs derive from digital technologies for the collective management of online music rights depend on which path the music

19 There is no legal requirement that rights should be licensed on a national territorial basis only: Rightholders may choose how many territories in which to license their rights. The principle of territoriality merely determines which law applies to the act of use or exploitation: this is typically the law of the place of exploitation. There is no requirement that copyright licensing should be limited to a particular national territory: it is a choice for right-holders.

20 CRMs are but one means to an end – the granting of licences from right-holders to users. They can perform a useful service if they are able to offer a wider repertoire of works to the user, but this is at the cost of introducing the CRM as an intermediary, whose operating costs have to be borne by the rightholder. But it is clear that the right-holder always retains the right to exploit his works on an individual basis.

industry takes and to what extent consumers embrace online services. But it is fair to assume that collective management of online music rights on a national basis is economically difficult to justify: if collective rights management for online rights continues to be provided at a national level the historic transaction cost advantages of collective management of copyright will decline as digital technology continues. In order to preserve these advantages, collective management needs to take on a European-wide scope.

In addition, digital technologies allow CRMs to outsource some of their management services when this is more efficient than providing these services themselves. This could lead to cost savings as outsourcing specialists achieve economies of scope by combining certain operational "backroom" management functions (such as the maintenance of databases comprising the different right-holders that contributed to a musical work) on behalf of several CRMs.

Moreover, in time, DRMs will also empower right-holders to manage their rights individually should they wish to do so. Progress continues to be made in the development of DRM technologies, standards, interoperability, metadata, catalogue databases and other appropriate tools required for secure and comprehensive individual rights management in the online environment. This will present an alternative to collective rights management especially for those right-holders that may not be satisfied with the cost or efficiency of collective rights management services.

1.2.7. Right-holders demand better distribution of royalties between CRMs

Performers and record producers state that they have difficulties in being paid for use of their works across borders as the distribution rules do not properly account for actual exploitation of works[21].

Moreover, with respect to cross-border distribution of royalties, existing arrangements between CRMs for related rights such as performance rights do not always, if works are transmitted across the EU, include the transfer of royalties back to the CRM in which the right-holder is domiciled. Under these so-called Type B agreements, there is no direct payment made across borders between the CRMs or to individual right owners whose works are exploited abroad. The CRMs agree that the revenue arising in a territory due to artists resident in the territory of the other party should remain in the country of collection and be used in accordance with the rules of the CRM in the country of collection. **[12]**

21 In the case of one record producer CRM (the PPL), it has set up an overseas collection service for both performers and record companies which relies on bilateral agreements with other EU collecting societies.

1.3. Who is affected, in what ways, and to what extent?

A royalty is payable on almost every occasion that a piece of music is played by new media and the new forms of exploitation such as digital transmissions including downloading, webcasting or streaming. In the online music sector, there are two main players: (1) rightholders that make up the membership of the CRMs; (2) rights managers (CRMs) and (3) commercial online music service providers.

1.3.1. Right-holders

In the music industry there are two groups of right-holders: authors, composers and editors/publishers[22] who hold "copyright" and performers, producers of phonograms (record labels) and broadcasting organizations that hold "related rights" with respect to their performances, phonograms and broadcasts respectively.

1.3.2. Rights managers

When a right-holder joins a CRM, his relationship is governed by the contract that he enters into with that CRM and the CRMs statutory provision on membership. The right-holders works form part of the repertoire of that CRM. Right-holders and others who own the copyright (although they may not have been involved in the creation or production of a copyright work[23]) make up the membership of collecting societies. CRMs manage the commercial exploitation of copyright and related rights and deduct a fee for the provision of these management services. But most CRMs in Europe also provide other services that are not linked to the management of copyright, such as social and cultural, promotional and funding activities[24].

---

22 Music publishers generally pay "writers" advances against royalties following the signature of a publishing agreement in return for the rights being assigned or licensed (in whole or in part) to them. Music publishers are principally concerned with licensing reproductions of musical works for example for securing releases, for the performance of music (both live and recorded), for online use, in synchronization with visual images in films, television programmes and commercials and for use as telephone ring tones.

23 This last category includes those persons, corporate or individuals who under the law of certain Member States own the work either because it was created in the course of employment or they have taken an assignment of the relevant rights.

24 The copyright system ensures that right-holders may benefit from property rights entitling them to a share in the revenue for the use of their work. It is central to their success and rests on a simple premise that creative effort which results in a work of value to those who experience or consume it, should be paid for or remunerated.

1.3.3. Commercial online music service providers

The digital music market was worth US$330 million in 2004 – up on 2003 and set to double in 2005 (Jupiter research). This represents about 1.5% of record company revenues. Analysts and record companies predict digital sales could reach 25% of revenues in five years. It is estimated that 50 million portable players were sold in 2004 (IDC), of which 10 million were iPods (Apple).
The introduction of new broadcasting platforms such as web-based and other online delivery solutions will lead to different business models involved in the cross-border provision of online music services. Among the major brand names, two distinct business models have emerged in digital music: pay-per-download and subscription services: **[13]**

- **Pay-per-download services** meet consumer demand to for greater accessibility of music,

but with greater flexibility than CDs as tracks can be selected and downloaded on the spot. Services such as iTunes, MSN Music, Wal-Mart (US) and Tesco (UK) sell downloads from US$ 0.80 per track.

- **Subscription services** offer a very wide choice of music for a monthly fee, allowing users

to access all the music they want with the option to purchase selected tracks. Services like Napster, Rhapsody and Virgin Digital offer streaming and radio-play access for a monthly fee – typically from US$ 9.99. Downloads and burns are available for an extra per-track fee from US$ 0.79. Some subscription services such as Napster now allows 'tethered downloads' which are transferable to portable players for as long as the consumer remains a subscriber.

1.4. How would the problem evolve, all things being equal?

In 2004 record companies digitised and made available their repertoire in bulk. For 2005, they envisage to market, promote and sell music, for online applications such as download, hire, subscription, across Europe. These services can be accessed across Europe and, in consequence, legal certainty for users (irrespective of the territorial scope of the service) requires copyright to be cleared throughout the EU.
Online content providers require copyright cross-border or trans-national clearance in line with their international reach and clearance services. These services cannot be provided effectively or efficiently when copyright and related rights, especially authors' communication to the public, making available and reproduction rights, have to be cleared on a territory-by-territory basis across the EU.
If left entirely to the market, cross-border collective management of legitimate online music services would have to emerge in circumstances of considerable legal uncertainty. As the evidence presented above demonstrates, multi-territorial licensing for new online music services would develop differently according to the different rights and right-holders involved with multi-territorial licenses being available for some rights and right-holders and not for others.

Moreover, with respect to cross-border distribution of royalties, if left to the market, arrangements between CRMs for related rights such as performance rights would continue to exclude the transfer of royalties to the CRM in which the rightholder is domiciled.

1.5. Does the EU have the right to act?

1.5.1. Treaty base

The proposed EU action is based on Article 211 EC. According to this provision the Commission may formulate recommendations on matters dealt with in the Treaty if the Commission considers it necessary.
The Commission considers it necessary to issue recommendations on the proper functioning of cross-border management of copyright and related rights for the provision of legitimate online music services. The proper functioning of cross-border management of these online rights requires that Member States should screen their applicable national rules and regulations in order to avoid any provisions that would hinder EU-wide licences being granted **[14]** by any rights management entity for copyright and related rights for legitimate online music services, irrespective of the domicile of both the selected rights manager and the rightholder.
In particular, national rules and regulations should not contain restrictions on who can provide multi-repertoire and multi-territorial licenses, such as the requirement that the CRMs licensing authority with respect to legitimate online music services is limited to customers having their "economic residence" in the same territory as the CRM.
Moreover, applicable national rules and regulations should be screened as to whether rightholders are free, even after the exercise of their initial choice, to withdraw their rights and choose another collective rights manager in another Member State best suited for the exploitation of their works. Applicable national rules and regulations should not preclude CRMs from accepting right-holder from other Member States and other CRMs as their members and have the authority to grant EU-wide licenses on their behalf. Applicable national rules and regulations should also not preclude right-holders from withdrawing part of their rights ("unbundling") and transfer these rights to a suitable manager in another Member State. In addition, national rules and regulations should not preclude the distribution of royalties to rights-holders in other Member States.

Table 1: Overview of the cross-border services involved in collective management of copyright and related rights for legitimate online music services

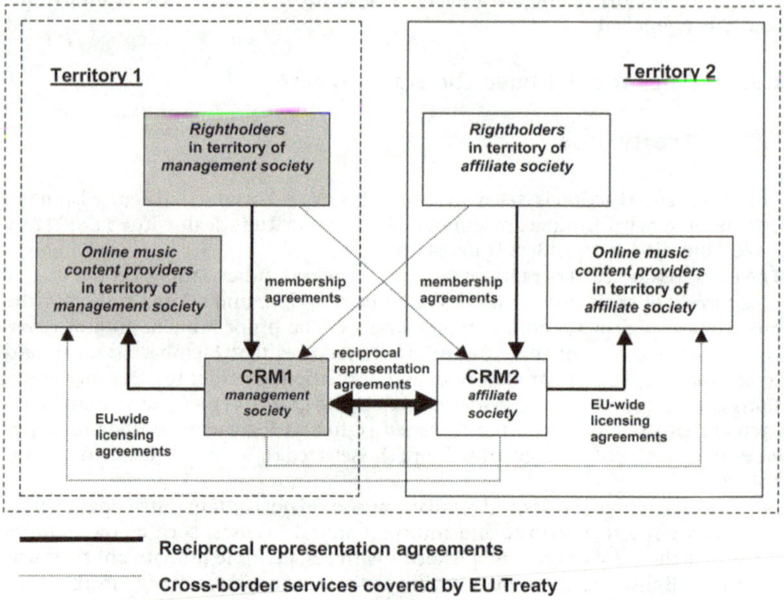

1.5.2 Subsidiarity test

The provision of cross-border services falls under the exclusive competence of the Community. The subsidiarity principle therefore does not apply. [**15**]

1.5.3. Necessity test

Issuing a Commission Recommendation based on Article 211 EC would be in line with the necessity test and better regulation principles. A recommendation would comply with the necessity test because the form and intensity of EU policy would be tailored to the severity and urgency of the problems to be addressed.
In particular, recommending that all Member States should screen their applicable national rules in order to avoid any provisions that would hinder EU-wide licences for legitimate online music services being granted by any rights management entity, irrespective of the domicile of both the selected rights manager and the right-holder, would limit EU policy to the strict minimum necessary to ensure that fundamental Treaty principles are ensured with respect to the cross-border man-

agement of copyright and related rights. In addition, this screening of national rules that my hamper the proper functioning of cross-border management of online rights can only be efficiently undertaken at EU level.

2. OBJECTIVES

The following graph gives an overview of the general policy objectives, the specific objectives and the operational objectives.

Table 2: General objectives, specific objectives and operational objectives

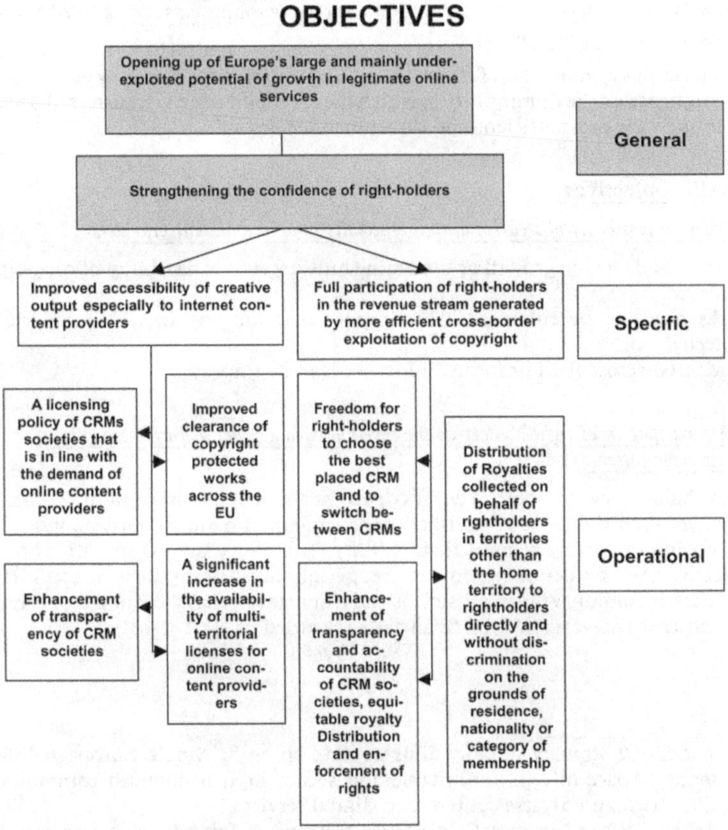

[16]

General objectives

Opening up of Europe's large and mainly underexploited potential of growth in legitimate online services

The general objective of EU policy in the field of copyright should be to harness the potential that European music has in stimulating growth of the EU online sector. European policy must therefore create a vibrant market for online exploitation of copyright across the Community. This policy goal clearly falls within the framework of the Lisbon strategy and more specifically of the i2010 strategy[25].

Strengthening the confidence of right-holders that the pan European use of their creative works will be financially rewarded irrespective of where their musical works are exploited or where the right-holders are located

European policy must therefore create a vibrant market for online exploitation of copyright across the Community in which the revenue stream is transferred back to creators in the most efficient and direct manner possible.

Specific objectives

Improved accessibility of creative output especially to online content providers

In order to drive the growth of the online music sector, accessibility of copy-right protected
works needs to be enhanced. This implies that the way in which copyright-protected works
are cleared across the European Union needs to be improved.

Full participation of right-holders in the revenue stream generated by more efficient cross-border exploitation of copyright

Right-holders must be able to enjoy copyright and neighbouring right protection wherever such rights are established, independent of national borders, modes of use during the whole term of their validity. Therefore, any EU initiative on the collective cross-border management of copyright must strengthen the confidence of artists, including writers, musicians and filmmakers, that the pan-European use of their creative works will be financially rewarded[26].

25 The i2010 strategy notably aims at developing "a Single European Information Space offering affordable and secure high bandwidth communications, rich and diverse content and digital services."

26 Report by the EP on a Community framework for collecting societies for authors' rights, 15 January 2004, recital 29.

Operational objectives

– With regard to accessibility:

Improved clearance of copyright protected works across the EU

New technologies have also led to the emergence of a new generation of service providers, including online interactive content providers or webcasters, operating via computers or mobile telephony networks. In the era of online exploitation of musical works, commercial content providers need a licensing policy that is in line with the ubiquity of this online environment. **[17]**

A significant increase in the availability of multi-territorial licences for online content Providers

The overall number of multi-territorial licences awarded for the online exploitation of musical works needs to increase in line with the number of service providers engaged in cross-border content service provision.

Enhancement of transparency of CRM societies

The freedom to choose the CRM which provides the best service would lead to a society being chosen on the basis of the right-holders' best cost-benefit analysis with respect to quality of service provided and provisions charged by the CRM. Right-holders choice will enhance transparency, accountability, royalty distribution and the quality of enforcement.

– With regard to efficient cross-border exploitation and royalty payments:

Freedom for right-holders to choose the best placed CRM and to switch between CRMs

A core aim in fostering effective structures for cross-border collective management must entail giving right-holders the possibility to freely choose and move among CRMs. If their services were either inefficient or too expensive, right-holders would move to another rights manager. This level of competitive discipline would counteract any tendency toward monopoly at the Community level.

Enhancement of transparency and accountability of CRM societies, equitable royalty distribution and enforcement of rights

This implies that all right-holders, authors, composers, publishers, performers or others, should be treated equally, irrespective of their domicile, by the putting in place of effective structures to enhance transparency, and accountability.

Distribution of royalties collected on behalf of right-holders in territories other than their home territory to right-holders directly and without discrimination on the grounds of residence, nationality, or category of membership

EU policy must aim to ensure that royalties collected on behalf of right-holders in territories other than their home territory should be distributed to right-holders as directly as possible. Distribution of royalties must be fair and equitable and there should be no difference in treatment on the basis of where a right-holder is resident; on the grounds of his nationality; or his category of membership in the collective rights management society.

3. POLICY OPTIONS

In order to create efficient structures for cross-border rights management for legitimate online music services, three policy options are considered:
- **Do nothing** (Option 1);
- **Eliminate territorial restrictions and customer allocation provisions in reciprocal representation agreements concluded between CRMs** (Option 2): Option 2 would attempt to create a multi-territorial licence for legitimate online music services by **[18]** eliminating certain restrictions in relation to territory and potential commercial users/licensees in reciprocal representation agreements concluded between CRMs. As far as the territory is concerned, this option would provide that restrictions that hinder the affiliate society from licensing the management society's repertoire beyond its own home territory (the "territorial restriction clause") are removed from all reciprocal representation agreements. As far as potential commercial users/licensees are concerned, reciprocal representation agreements governing multi-territorial licensing (like Santiago and BIEM/Barcelona) should no longer provide that the affiliate society is restricted to granting a multi-territorial licence to content providers whose economic residence is located in its "home" territory (the "customer allocation clause");
- **Give right-holders the additional choice to appoint a rights manager for the online use of their works across the entire EU** (Option 3). Option 3 would attempt to create a multi-territorial license for legitimate online music services by giving right-holders across the EU the additional possibility to appoint any rights manager of their choice for the EUwide exploitation of their online music rights. By choice of this right-holder, the rights manager receives an EU-wide mandate to manage this right-holder's copyright protected works without any recourse to an intermediary (the affiliated society). But it should be left to right-holders themselves whether they want to avail themselves of this option. Other right-holders should still have the option of being indirectly represented by reciprocal representation agreements and the societies that have been elected as EU-wide licensors would remain in the network of reciprocal agreements in order to be able to offer the traditional aggregate EU musical repertoire next to the specific repertoire they have been entrusted with.

4. ANALYSIS OF IMPACTS

4.1. Legal Certainty

Stakeholder comments

If nothing is done with respect to multi-territorial licensing of legitimate online music services, the current system of reciprocal representation agreements may not be sustainable once each participant in the network of reciprocal representation agreements is granted a licensing authority that spans all other CRMs repertoire and the entire EU territory. The MCPS-PRS submits that it was more than likely that something like the model promulgated under the Commission's Option 3 will develop organically even if the Commission elects to do nothing, i. e. Option 1[27]. The MCPS-PRS states that this prognosis is based on what a pears to be increasing pressure from certain rights owners for more direct control over CRMs and the terms and conditions on which they are appointed to represent those right holders. The MCPS-PRS also believes that it the Option 3 model will also become a long-term result of any imposition of the Option 2 model; given that under the Option 2 model the likely ultimate result will be a downward price pressure, then in order to provide a floor against such pressure, right holders will withdraw rights from that model and at best will require the control over administration for their rights as envisaged under the Option 3 model, or even more drastically withdraw from the collective licensing model to create scarcity and exclusivity in order to preserve the value of their copyright or related rights. **[19]**
This view is echoed by IMPA, the international music publishers association[28]. According to IMPA, Option 2 may encourage right holders to consider licensing their online rights individually as it only benefits those commercial users who do not wish to reward creative efforts fairly, but are only interested in pan-European licensing at the cheapest possible price. Consumers certainly will lose out as devaluing copyright has an inevitable roll on effect on future investments and creativity. So, in the long run option 2 delivers cheap deals and less attractive and less diverse content, thus violating the ambitions of the Lisbon strategy for further innovation, jobs and competitiveness in Europe.
EDIMA is of the opinion that CRMs under Option 2 will withdraw or threaten to withdraw from reciprocal agreements with other societies that offer more competitive terms to content distributors. This would quickly unravel the cross-border licensing scheme which relies on these agreements or render the scheme ineffective raising legal uncertainty[29].

---

27 Submission by the MCPS/PRS alliance, 28 July 2005.

28 Submission by the International Music Publishers Association, 28 July 2005. The International Music Publishers' Association (IMPA) is a trade association open to international music publishing groups and which currently represents the five major music publishing companies namely, BMG, EMI, Sony, Universal and Warner/Chappell Music.

VODAFONE argues that there is a danger to legal certainty if individual rights holders could move collective rights managers at any time (i. e. part way through the licence period). VODAFONE proposes that in this scenario it should be avoided that the licence obtained by the commercial user may no longer cover all repertoires that it was intended to. In order to solve this issue there would need to be provision that any licence entered into would co tinue to be valid until the end of the licence period.

Evaluation

The Commission is aware of the risk that MCPS-PRS describes. The MCPS-PRS was echoed by other parties the Commission consulted, who wished to remain anonymous. From the extensive stakeholder consultation it emerges that it would be especially big and commercially successful right-holders or a CRM with a "must-carry" repertoire that is prone to leave the network of reciprocal representation agreements because its members think that the value of their rights is endangered if left for other CRMs to license. This reality of this risk is further evidenced by the emergence of DRM technologies described in Section 1.2.3. of this IA. A large CRM with an attractive repertoire will leave the network of reciprocal representation agreements, especially if he has the DRM technology to effectively manage its repertoire across the EU and its right-holder members decide that this is a better alternative to maximise the value of their copyright or their related rights.
Option 3 is an efficient tool to stem this erosion of solidarity. Giving those groups that are most likely to leave the network of reciprocal representation agreements the opportunity of appointing a rights manager of their choice for the EU-wide management of their online rights gives these players an important tool to preserve the value of their copyright. But awareness of this option will also help preserve the system of reciprocal representation as the consequences of a downward price spiral will be made clear to all societies represented in the reciprocal agreements. **[20]**

4.2. Transparency/Governance

Stakeholder comments

The UK Music Publishers Association (MPA) points out that UK music publishers have been concerned over the years about the level of deductions from their income by overseas societies on account of local distribution rules which have tended to favour the members of the local collecting society and which have accordingly enabled cross-subsidisation. Such monies have been applied towards local cultural and social funds and distributions have often been weighted in favour of local members. The MPA believes that Option 3 will address the issue of discriminatory distribution rules in the most effective manner possible. By removing the restric-

[29] EDIMA submission, 29 July 2005.

tions on direct membership of collecting societies, music publishers will be able to choose to entrust their rights to collecting societies which are able to meet their expectations. According to the MPA, Option 3 would foster governance by (1) allowing direct membership by publishers; (2) allowing music publishers to be appointed to their Boards and so to have a say in the distribution rules and in the application of any deductions from their income; (3) applying non-discriminatory distribution rules; (4) allowing for the withdrawal of their rights within reasonable timescales; (5) creating accountability of the right-managers to their members obliging them to operate transparently, efficiently and cost-effectively.
According to the MPA, Option 3 will encourage CRMs to offer improved services in order to attract members, including: (a) direct distribution on a line-by-line basis which will result in faster and more cost-effective distributions due to the fact that the monies will not go through an intermediate collecting society but instead will be straight-lined to right-holders; (b) flexibility for right-holders to withdraw some or all of their rights and to choose to place them elsewhere, and (c) better administration and better services.
Also the ICMP/CIEM[30] agrees with the Commission's analysis that individual membership contracts should create a fiduciary duty between the society and its members, and that this duty incorporates an obligation to treat fairly and equitably all rights holders and categories of rights holders, whether representing domestic or non-domestic rights; this being also subject to the EU treaty principles as outlined in the Study.
IMPA, the International Music Publishers Association, submits that Option 3 is the best solution for establishing governance and transparency. IMPA welcomes the fact that Option 3 not only lifts territorial restrictions and allows for cross border services, but it also guarantees that discrimination on the basis of nationality will no longer be allowed. Thus option 3, unlike option 2, is fully in line with internal market rules. By allowing for direct membership of right holders, option 3 creates a competitive dynamic among collecting societies thus pushing them to deliver the best possible service to their members. Collecting societies will be naturally encouraged to be transparent and accountable to their members, they will enjoy a less unequal bargaining position vis-à-vis users, will not have to engage in complicated re-distribution of royalties via their affiliate societies nor depend on their reciprocal agreements with other societies. Royalties due to members will no longer be subject to a number of deductions related to commissions due in the various territories.
Additionally, IMPA submits that Option 3 delivers legal certainty to right holders and users and clear mandates to collecting societies thanks to their direct relationship with members. **[21]** Monitoring and enforcement functions by collecting societies will also greatly benefit from this model, an important consideration at a time when launching and fostering legitimate on line services needs to go together with fighting illegal ones by establishing and pursuing illegality more swiftly and forcefully than before.

30 Submission by the International Confederation of Music Publishers, 28 July 2005.

The Trade Marks Patents and Designs Federation, (TMPDF) representing the intellectual property interests of many British-based industrial companies, both large and small, states that Option 3 might, at least to some extent, improve transparency in the mode of operations of the CRMs[31].

Evaluation

The Commission agrees with this analysis and believes that Option 3 can create a higher level of good governance and transparency for right-holders because the collective rights manager of their choice is accountable for all use made of works across the Community and for the redistribution of royalties in exact proportion to this use. If the right-holder is not satisfied with the functioning of the relationship he has the choice to seek Community-wide clearance services elsewhere, a strong incentive to carry out optimal and transparent clearance and royalty payment services. In these circumstances, in order to retain or attract business, CRMs will have to adapt their business practices and become more efficient in relation to their management of services. Right-holders will most likely take into account the DRM solutions applied or imposed by the CRMs to protect and monitor their rights in the most efficient way, which should have an impact on the development of DRM. Empowering right-holders to choose their collective rights manager and award this rights manager an EU-wide management mandate would lead the latter, in order to attract or retain business, to adapt their business practices and become more efficient in relation to their management services. This will ultimately benefit the commercial user community as well, as only efficiently managed services are able to provide the transparency as to the scope of repertoire represented, territorial scope of licenses awarded and applicable tariffs.

4.3. Culture/Creativity

Stakeholder comments

According to GESAC, Option 2, by putting collective management societies into competition with one another vis-à-vis users, would lead users to seek to benefit from the least robust copyright, the society that is weakest, least effective or least demanding in negotiating and enforcing the licensing requirements to secure the best conditions for a Europe-wide licence for the world repertoire in a market whose specific characteristic is that the most "appealing" "supplier" for the customer is actually the least effective. For GESAC this "forum shopping" is unacceptable to right-holders, European and non-European alike.
Option 2, in GESAC's view only strengthens the position of commercial users, in particular the big international media, compared to that of right-holders, at the expense of the necessary balance between the different parties, and that it entails the risk of leading to a real reduction in right-holders' incomes. **[22]**
But GESAC is also against Option 3 because it would lead to a weakening of local

31 TMPDF submission, 28 July 2005.

authors' CRMs and, in consequence, undermine cultural diversity[32]. According to GESAC, only local authors' CRMs are in a position to know and develop the local music repertoire. This is a particularly important activity in the countries with small language areas. According to GESAC, the emerging EU-wide licensor CRMs would be dominated by multinational publishers, a development that could lead to a decreased interest of these CRMs in supporting works that are commercially less attractive than their own repertoire. According to GESAC, such a development would be at odds with the position taken by the Commission during UNESCO's work on the draft convention on cultural diversity, articles 5 and 6 of which enable and encourage the Member States to establish cultural policies.

As a small society representing smaller right holders' works, often in language understood only by 5 million people Teosto, the Finnish Composers' Copyright Society, is concerned with the impact of both Options 2 and 3 on cultural diversity and the European identity. If small CRMs were eliminated, the small right holders' music would not easily be accessible. Teosto believes that big CRMs competing with each other for the successful right holders might not be able to cater for all their right holders equally. For Teosto, the outcome of Option 3 could be undesirable from the perspective of cultural diversity and the European identity.

Dutch CRM Buma/Stemra considers that a full scale implementation of Option 3 will be beneficial for American owned repertoire only, rather than creating a huge potential for growth and prosperity of European repertoire. The effects will be damaging for the majority of right holders, will endanger their professional well-being and could be very harmful to the survival of a European variety of music cultures.

In contrast, the UK Music Publishers Association (MPA), which represents over 90% of music publishers in the UK, 97% of which are SMEs, argues that Option 3 will enable the value of the music to be realised and will provide for much more direct and efficient distribution of royalties with the maximum amount possible being passed on directly to rightholders. Music publishers have already sought to limit the deductions made by collecting societies where monies are distributed via more than one collecting society through the Cannes Agreements. Such contractual arrangements would no longer be necessary if there was provision for direct distribution as a consequence of direct membership[33]. The MPA also believes that Option 3 will encourage cultural diversity with each society promoting the distinctive repertoire that it manages. There will also be the opportunity for societies to promote cultural activity in relation to their respective repertoires throughout the EU which will enhance consumer choice.

Evaluation

Culture and cultural diversity are a fundamental concern for the EU, but the threat to cultural diversity that GESAC describes does not result from Option 3 – which

32 GESAC submission of 28 July 2005.

33 MPA submission, 28 July 2005.

would preserve a role for smaller CMRs – but from maintaining the status quo that carries the inherent risk of a breakdown of the system of reciprocal representation agreements once big right-holders or big CMRs withdraw their repertoire from the system of reciprocal representation (See Section 4.1. above). **[23]**
As described in Section 4.1., big right-holders or collective rights managers have every economic incentive to withdraw their repertoire, once they come to the conclusion that traditional reciprocal representation does not safeguard the economic value of their protected repertoire. In addition, with respect to the licensing of legitimate online music services, legitimate online service providers would not suffer immediate and negative repercussions if big right-holders or big CMRs would do so. This is because the "must-carry" content for cross-border online music services is more concentrated and thus more easily available than the current system of collective management suggests:

- In a 1996 report on the supply in the UK of the services of administering performing rights and film synchronisation rights the Monopolies and Mergers Commission (MMC) found that in 1993 the highest earning 1.3% of the Performing Rights Society (PRS) writer members received nearly 41% of royalty distributions and the highest earning 19.5% accounted for some 92%[34].
- According to the MMC the imbalance of earning power would appear even greater if set in the context of the entire PRS membership as there were a further 7,900 PRS writer members who did not have works performed in the UK that gave rise to distributions during the period analysed.
- GESAC itself points out that if all attractive repertoire was available with a few large-scale rights management bodies this could lead the latter, out of profitability considerations, to make their repertoire as appealing as possible by cutting their management costs and dropping internationally lesser-known works and authors whose administration entails costs but generates no revenues to cover them. GESAC further points out that a commercial user would simply acquire licences for the biggest repertoires, and ignore most of the remaining authors[35].

Thus, the picture that a legitimate online music service would, in the absence of collective management of copyright, have to negotiate with thousands of songwriters or music composers is untrue. As the above MMC figures demonstrate, the fact that there are thousands of songwriters does not imply that an online music service needs to individually negotiate with such a large number of them. The withdrawing big right-holders and big CMRs would be in a position to license the necessary "must-carry" repertoire to any cross-border online music service.
In addition, as the bulk of the smaller CRMs business consists in licensing the larger ones repertoire, an Option 2 approach with increased transparency would require smaller CRMs to remit a high percentage of their income back to the large ones and the authors attached to them. Thus Option 2 and not Option 3 would leave small CRMs with little means to support "works that are commercially less attractive".
Option 3, on the other hand, would organise right-holders choice to opt for direct

34 1996 MMC Report at point 5.33.
35 GESAC submission of 28 July 2005.

and EUwide licensing of their repertoire for legitimate online music services and ensure that this choice does not have a negative impact on smaller CRMs and cultural diversity:

- EU-wide licensing as envisaged by Option 3 would ensure that there is a continued role for the smaller CRMs. The non-mandatory character of Option 3 acknowledges that many [**24**] small right holders will remain loyal to their national CRM and this will put those societies in a strong position when negotiating representation of local repertoire with the larger EUwide licensor societies. Option 3 would allow smaller societies to play a considerable role in the administration of the online rights in their territory as local representative for the society chosen by the right holders to administer the online rights;
- To a large extent smaller CRMs already play the role of a local representative for their repertoire while transferring most of the royalties collected domestically to right-holders abroad. According to the GESAC submission Swedish society STIM in 2004 transferred 69% of royalties collected to foreign right-holders and Danish society KODA distributed more than 60% of its total collected revenue to foreign right-holders in the same year;
- In addition, Option 3 permits the EU-wide licensors and the local representative from pursuing initiatives on cultural diversity or the use of cultural deductions, if these are approved by a representative board of right-holder members and provided that deductions are made in a clear and transparent manner. According to Option 3, it is the decision of the right-holder members of the collecting societies, i. e., authors, composers or music publishers how to support cultural diversity. If consensus among right-holders reveals that revenues obtained from online licensing should be used for these purposes, Option 3 would not exclude this use;
- The decision on how to support cultural diversity will be one that will influence right holders' choice as to which CRM they select for licensing legitimate online music services. Option 3 should thus increase societies' transparency towards their members. Additionally, Option 3 requires that clear rules on the governance of CRM and royalty distribution are in place which will enable their members to agree collectively the best way to promote culture and cultural diversity.

4.4. Innovation and growth

Stakeholder comments

Teosto, the Composers' Copyright Society, states that itself and its sister societies are constantly working on new business models to encounter the challenges of the cross-border online and mobile use of the musical works[36]. Teosto states to be in

36 Teosto submission of 28 July 2005. Teosto is a copyright organization that administers the rights of composers, lyricists, arrangers and music publishers in Finland. It represents more than 16,000 Finnish music authors and publishers. Teosto also promotes Finnish music through the Finnish Music

everyday dialogue with different new media stakeholders to ensure our products correspondent both right holder and user needs. Teosto believes that solutions are best found between the players in the market, i. e. the right holders, their CRMs, and the music users. According to Teosto, bilateral agreements between the CRM's safeguarding a blanket licence to the users could be the best solution even in the online world. Teosto claims that users would welcome a re-launch of the Santiago/Barcelona Agreements in a revised format, to suite the DG Competition views.

IFPI believes that Option 2 provides the right direction for a solution for effective and fair cross-border collective licensing. It enables the collecting societies to grant multi-territory, multi-repertoire licenses to users, while at the same time ensuring adequate remuneration for **[25]** the use of the rights across Europe. The one-stop multi-territory, multi-repertoire license as provided by virtue of the *Simulcasting Agreement* "is quite simply a superior product to the multi-territory, *mono-repertoire* license that would be the result of the Option 3."

In addition IFPI submits that a major obstacle to successful online licensing is the CRMs decision – in marked contrast to the practice in the US – to only license the online retailers at the exclusion of the societies' traditional commercial partners, the record companies, even if the retailers would prefer to reduce the transactions costs and obtain all the rights through the record companies.

The AER, the Association of European Radios, argues that there is no "one-size-fits-all" licensing model and that different rights and different forms of exploitation of these rights require tailor made licensing policies. In particular, the AER points out that internet simulcasting as carried out by commercial radio may require a different licensing policy as that applicable to online music content providers that provide "on demand" type services.

Bertelsmann states that Option 3 is most suited for the EU-wide licensing for authors' rights, while record labels should continue to license their neighbouring rights in line with the IFPI/Simulcasting model.

Evaluation

The Commission agrees that licensing models for the digital music market should be left to right-holders and users themselves. This is particularly true as digital music only represents about 1.5% of record company revenues at this stage. But as the introduction of new broadcasting platforms such as web-based and other online delivery solutions will lead to different business models involved in the online music services, the Commission would consider it premature to state that Option 2 is in all circumstances "the superior product to the multi-territory, *mono-repertoire* license that would be the result of the Option 3".

In particular, Option 3 which gives the right-holder more power to define the exact scope of the mandate he awards for the EU-wide management of his rights appears more suitable to address IFPI's concrete concerns on the CRMs lack of responsive-

Information Centre (www.fimic.fi). Fimic actively promotes all Finnish creators but is especially strong in promoting marginal music.

ness in licensing to a variety of commercial partners. With Option 3 the right-holder could mandate his chosen rights manager to license to any person that might require a licence in order to provide: (1) online services via the Internet or (2) other networks such as mobile telecommunications networks[37]. This would include:

- the service provider, i. e., the entity providing the technical assistance for making the content accessible;
- any other intermediary that packages or aggregates content for online use;
- the content provider, i. e., the entity responsible for transmitting the service which includes the musical works to the public and which is typically the last in the chain of transmission to the end-user (the "last window"); and
- any other entity that markets the rights in musical works. **[26]**

Moreover, with the greater deployment of DRMs, whether or not the mode of rights management is collective or individual, the technology based industries would benefit as there would be an incentive to develop and deploy technological solutions in the marketplace, in each situation described above.

4.5. Competition

Stakeholder comments

The Trade Marks Patents and Designs Federation, (TMPDF) representing the intellectual property interests of many British-based industrial companies, both large and small, states that Option 3 might also lead to increases in efficiency, but it is at least as plausible that all it would do is encourage CRMs to seek to surpass one another in the size royalties they pass on to right-holders by charging more to users. That is a consequence of the fact that the arrangement as proposed would be likely to lack the most important feature of a competitive market, namely competition between suppliers in the offer of services to users. According to the TMPDF, in order to obtain the full advantages that competition can offer in driving out inefficiencies and reducing costs, there should be competition between CRMs in the supply of licences for individual works. That is also important to right-holders who choose to offer their works through CRMs. They must be able to enter into non-exclusive agreements with more than one CRM. In this way they can foster competition between the different CRMs.

On the other hand, for GESAC contest that the freedom to go shopping around Europe for the "best" licensing agent is an elementary condition for the emergence of the European online music market.

IFPI is concerned that Option 3 actions would do little to solve the current problems related to cross border licensing because this Option is "aiming at the wrong target"[38]. IFPI believes that as far as sound recordings are concerned content is widely available and the current problems relate only to the authors' societies' licensing practices. Rather than strengthening the authors societies' position the

37 E. g. Short Messaging Services (SMS) or other mobile entertainment platforms.

38 IFPI submission, 28 July 2005.

Commission should seek ways to ensure that societies become more open and responsive to the markets, and this way ensure that content is accessible on fair market based terms.

Evaluation

The Commission is aware that the basic difference between options 2 and 3 is that option 3 would introduce competition in the relationship between right-holder and collective rights manager while option 2 would introduce competition at the level of commercial users.
In Option 3, CRMs would have to compete among themselves to attract right-holders, while in Option 2 reciprocal representation agreements would allow any CRM, whether he attracted right-holder business or not, to compete to provide multi-territorial and multi-repertoire rights management services to commercial users. Option 3 can therefore be referred to as the "rightholders option" while Option 2, where 25 CRMs compete in offering the exact same repertoire to commercial users across the EU, is more favourable to commercial users.
With option 2, the elimination of the two forms of territorial restrictions that govern the current reciprocal agreements appears at first sight to introduce more competition. But [27] dismantling the two forms of territorial restrictions, while leaving in place a system that does not foresee right-holder' choice to license their repertoire directly across the EU introduces a "static" multi-repertoire service. Removing the territorial restriction and customer allocation clauses would give all 25 potential entry points the unlimited ability to grant multi-repertoire licences that, in addition, covers all 25 national territories. But there would be no variation as to the multi-repertoire and multi-territory service offered by the 25 competing management organisations. All 25 societies would offer an identical product.
Option 3, by giving right-holders the possibility to freely choose a rights manager for the EUwide licensing of their online music services would create the competitive discipline that
forces rights managers to compete among themselves for right-holders and offer optimal EUwide management services, e. g. by competing on the technological solutions they are offering to protect and monitor copyright. If their services were either inefficient or too expensive, right-holders would move to another rights manager. This level of competitive threat would counteract any tendency toward monopoly at the Community level.

4.6. Employment

Stakeholder comments

None of the stakeholder comments dealt with employment impacts or the consequences of outsourcing.

Evaluation

Preserving the status quo forfeits the business opportunities that would be provided by the more efficient cross-border provision of legitimate online services. This would leave untapped the potential to create employment in online service provision and the copyright-dependent electronic infrastructure industries.
Both Options 2 and 3 have the potential to foster new and attractive forms of cross-border copyright licensing. This has the potential to create employment opportunities with service providers/equipment manufacturers that supply the technological infrastructure to exploit copyright across borders.
If CRMs would have to compete for right-holders (Option 3) they would have to restructure their businesses and become more efficient. The increased availability of digital technologies would allow CRMs to compete by outsourcing some of their management services when this is more efficient than providing these services themselves. This could lead to cost savings as outsourcing specialists achieve economies of scope by combining certain operational "backroom" management functions (such as the maintenance of databases comprising the different right-holders that contributed to a musical work) on behalf of several CRMs.
This process of streamlining existing business models may lead to transition effects whereby employment opportunities in classical territory-based collective rights management will be reduced and shifted toward new employment opportunities, either in-house with the emerging successful online licensors or through outsourcing. This is to be welcomed because employment will shift to higher skill future-oriented forms of employment, in line with the Lisbon process. Outsourcing of certain collective management tasks would also be a net benefit for the information technology and accounting industries. [**28**]

4.7. Consumers/prices

Stakeholder comments

According to GESAC, Option 2 would unduly strengthen the position of commercial users, in articular the big international media, compared to right-holders. Option 2 would thus upset he necessary balance between the different parties, and entails the risk of leading to a real eduction in right-holders' incomes.
IMPA, the international music publishers association, believes that Option 2 encourages right holders to consider licensing their online rights individually as it only benefits those commercial users who do not wish to reward creative efforts fairly, but are only interested in EU-wide licensing at the cheapest possible price. Thus, under Option 2 consumers certainly will lose out as devaluing copyright has an inevitable roll on effect on future investments and creativity. According to IMPA, Option 2, in the long run, delivers cheap and less attractive and less diverse content.
British Music Rights (BMR), representing British composers, music publishers and their collecting societies reiterates that collecting societies owe a fiduciary duty to their members and Option 2, by introducing competition between societies for

users by allowing "forumshoping", would totally undermine that duty[39]. BMR therefore welcomes in particular Option 3, which would ensure that right holders have the ability to authorise the collecting society of their choice to manage their online rights for the entire EU.
Buma/Stemra, the Dutch CRM, believes that CRMs, by the very nature of their mission, cannot be expected to contribute to systems wherein tariffs would be spiralling down, resulting in gradually diminishing revenues for their members[40]. Option 2, described as a new version of the Santiago and Barcelona Agreements that should not contain a customer allocation clause is the way forward. However, Buma/Stemra believes that the new Santiago Agreement should contain the principle of the application of the tariff of the country of purchase and/or of consumption, as already provided for in the Barcelona Agreement as well as in the Simulcasting Agreement. In order to establish a certain level of price competition between societies, Buma/Stemra would accept that societies should be allowed to use part of their commissions to grant rebates or incentives to their online or mobile licensees.
EDiMA fears that the fewer, larger CRMs expected ultimately to result from Option 3 will not be subject to any operational efficiency-enhancing competitive pressures except on the rightholders side. The emerging CRMs will not be subject to any competitive discipline in terms of rates which will worsen the already existing asymmetry of bargaining power. According to EDiMA creating a few large EU CRMs would reduce price competition at the music user level. In allowing for premium content to be priced higher because it gives the collective rights manager who has attracted such content a very strong bargaining position vis-à-vis commercial users, Option 3 would lead to upward price pressure. According to EDiMA higher prices for music content would hinder the development of the online music market in the EU even more than under the present state of play.

Evaluation

The Commission is aware that the basic difference between options 2 and 3 is that option 3 would introduce competition in the relationship between right-holder and collective rights manager while option 2 would introduce competition at the level of commercial users.
But the Commission does not agree with the assertion that Option 3 would automatically lead to upward price pressure. Competitive pressures on the right-holders will result from the contiued availability of classical "Option 2" licenses. This competitive threat – that an attractive repertoire is still available in parallel as part of the bundle that is offered as the aggregate EU repertoire in Option 2 will ensure the emerging CRMs do not "out-price" the repertoire from the market which would be doing a disservice to their members.
In addition, those right-holders who spoke out in favour of more choice to award EU-wide licenses did so not to price their specific repertoire out of the market but

39 Comments by British Music Rights, 29 July 2005.
40 Buma/Stemra submission of 4 August 2005.

they believe that Option 3 will encourage rights managers to offer improved services in order to attract members, streamline the process of royalty distribution (direct distribution on a line-by-line basis) and result in faster and more cost-effective distributions due to the fact that the monies will not go through an intermediate CRM (cf. submissions by the MPA, the ICMP/CIEM and IMPA quoted above).
Finally, the licence agreement between commercial users and rights managers concluded according to Option 3 should expressly stipulate that users are entitled to contest tariffs and licensing conditions before the competent national authorities and courts. To this end, the Commission will invite Member States to provide for effective dispute resolution mechanisms.

4.8. Impacts outside the EU

Doing nothing will have no impact outside the EU.
Introducing enhanced royalty flow across national borders and introducing better multiterritorial licensing might lead to right-holders from third countries, especially under Option 3, electing to have their rights or repertoire managed centrally by EU-based CRMs. Option 3 would thus enhance business opportunities for EU CRMs provided there are no obstacles in place which would prevent non-EU right-holders from exercising the choice.

4.9. Consequences for large CRMs

Doing nothing will not entail financial expenditure on CRMs, but will lessen attractiveness of their business model and give rise to their substitution by other forms of cross-border management (e. g., individual clearance by means of DRMs). If new forms of online exploitation will not be collectively licensed, there will ultimately be less revenue to be generated through collective management of copyright.
Option 2 might entail initial one-off costs (software, audit function) to better ensure the no discriminatory distribution of royalties. While the removal of representation agreements that exclude the exchange of royalties (B-type agreements) may lead initially to less revenue retained by the affiliated society, but this loss should be compensated by the additional revenue to be earned if society can become licensor of choice for increasing set of online licences. But maintaining a web of 300 bilateral reciprocal representation agreements will incur cost to CRMs who operate in this network. **[30]**
Option 3 is expected to lead to significant cost savings for right-holders as repertoire specialisation will streamline the online licensing process and create a license category where royalties are distributed directly to the right-holder who has elected to grant an EU-wide license for his repertoire. This is because rights-holders having opted for this license will all be direct contract partners of the rights managers and the money will be channelled back to right-holders without intermediaries and in a financial circuit separate from the Option 2 licenses.

4.10. Consequences for medium size CRMs

Doing nothing will not entail financial expenditure on CRMs.
As reciprocal agreements ensure that any CRM could be the access point of choice, Option 2 can provide new business opportunities for smaller but efficient collective rights managers in smaller Member States. But Option 2 will not resolve the issue that most of these smaller CRMs are entirely dependent on reciprocal agreements in order to offer the aggregate EU repertoire, unless right holders are free to appoint the CRMs of their choice.
Option 3 will indeed remedy the smaller CRMs' extreme dependency on the attractive repertoire of their larger peers because small societies can compete directly to attract rightholders' EU-wide licensing mandates. This is because option 3 would give all CRMs a chance to compete for members irrespective of their nationality or domicile. This would empower CRMs that do not have a strong domestic repertoire but, on account of their efficiency, can attract right-holders from other jurisdictions. This would be consistent with a recent trend that some of the smaller CRMs have managed to attract major record labels mandating them to administer Community-wide licensing arrangements. In addition, smaller CRMS which do not attract the membership for the provision of online exploitation might find new roles in providing services on behalf of the CRMs to which a right-holder has entrusted his online rights. These CRMs could act as contractual partners in relation to each of the service elements that comprise the collective management of copyright.

4.11. Consequences for right-holders

As mentioned above, Option 2 might lead to pressure to deflate online royalty rates for particular national markets. Removing the customer allocation clause introduces competition among 25 CRMs to provide an identical product (aggregate EU repertoire assembled under reciprocity) which may only be distinguished in the level of the service provided i. e. the administrative fees for the elements of the management service provided namely licensing, monitoring, collection and distribution of royalties for their aggregate repertoire. This form of competition would leave 25 CRMs, some of them very small societies, competing for the pan-European licensing business across Europe.
Smaller societies may have less bargaining power vis-à-vis large commercial users and commercial users will exploit this to obtain lower tariffs at the cheapest entry point for the aggregate repertoire.
In the short term, in such circumstances, it would be commercial users that benefit from lower tariffs and right-holders that would lose out. But diminishing royalties would lessen the incentive to create new musical works within an industry that already faces other threats such as from piracy and declining sales in the offline environment. **[31]**
Option 3 would enhance cross-border distribution in a more effective manner by the simple fact that every collective rights manager owes royalties to the all the

members it has managed to attract, independent of where these members are resident. Direct licensing on an EU-wide basis creates a fiduciary duty as between the collective rights manage and its direct members.
Successful CRMs will therefore transfer a considerable amount of the royalties collected across the Community to right-holders domiciled across the entire Community. In addition, option 3 is more effective than option 2 because it eliminates all administrative costs inherent in channelling non-domestic right-holders royalties through the affiliate society. In this respect, option 3 is the option that relies most on the fundamental freedom to provide licensing services across the Community to right-holders across the Community.
According to Option 3 right-holders will have the option of having to deal with only one collective rights manager who is directly accountable to them for the online exploitation of their musical works across the Community. This is the best option to increase right-holders trust in the functioning of collective rights management because this option avoids the "middleman" in the cross-border clearance of copyright and thus there is no more distinction between domestic and non-domestic right-holders. Direct EU-wide licensing would avoid that authors' royalties are subject to multiple deductions to cover the costs of other CRMs in various jurisdictions. Direct licensing would reduce the deductions inherent in reciprocal arrangements and in so doing increase the authors' net revenues. But the reduced administrative cost should also enable rights managers the opportunity to offer repertoirespecific licenses at rates below those that need to be paid for the bundle of rights available under Option 2.
In Option 3, societies could also compete on parameters such as the speed on which royalties are remitted to right-holders or the level of detail in which a right-holder is informed of the different uses made of his protected works. These features are particularly relevant for smaller right-holders. CRMs will also have to compete among themselves on the basis of the technological solutions they are offering to protect and monitor copyright and societies will have an incentive to make innovative use of DRM technologies in this respect. Option 3 may also stimulate CRMs to compete for right-holders in being more innovative as to the methods in which copyright fees are determined (flat fees as opposed to usage-specific fees or fees based on user's revenue). Option 3 would thus be best suited to reflect the increasing importance of the value and pricing that musical copyright has for all right-holders in musical works. With Option 3 right-holders could choose on the basis of several parameters between these different models in line with their individual needs.

4.12. Consequences for online music service providers

Maintaining the status quo comes at a considerable cost to online music providers. EDiMA, the organisation representing online music providers, estimates that the direct cost of negotiating one single licence at € 9.500 (which comprises 20 internal man hours, external legal advice and travel expenses). On the assumption that mechanical rights and public performance rights in most Member States can be cleared with one society, the overall cost of the requisite licences per Member State

would amount to 25 X € 9.500 = € 237.500. On the basis that a profit of € 0.10 can be achieved per download, the online music provider would have to sell 2.37 million downloads merely to recover the cost associated with obtaining the requisite communication to the public and mechanical reproduction licenses. [**32**]
As legitimate online music services have to compete with the readily available free and illegal music services, these costs will stifle legitimate business models, while they are not borne by illegal competition. As many forms of online exploitation will, as a result not be remunerated, the "royalty cake" will stagnate and even shrink.

5. ASSESSMENT AND EVALUATION

Assessment and evaluation will be conducted in line with the policy objectives as identified above.
The *assessment* could develop along three strands:

(i) The first concentrates on the short-term, starting right after the adoption of theproposal. It focuses on the sheer implementation of the proposal, i.e. amendments of rules, contract clauses etc;
(ii) The second mid-term strand focuses on direct effects like the number of new multi-territorial licences issued at a given point in time which should be clearly identifiable after about two years;
(iii)The last strand tries to aims on monitoring the overall economic and social impacts of the proposal "on the ground" in the mid- to long-term.

An effective assessment of the proposal would have to rely on the cooperation of CRMs and require some effort in distinguishing between national and cross-border activities in their reporting. Once such reporting has been established it should be possible to effectively monitor the effects of the proposal over time.
A first comprehensive *evaluation* could then take place after the adoption of the proposal. The objective would be to get a clear picture of the situation in order to decide whether additional or different measures were necessary. The evaluation would be based on the information and data produced by the monitoring complemented by additional information about the sector and the general context like the technological development.

5.1. Improved accessibility of creative output especially to online content providers

We propose to monitor improved accessibility of copyright-protected musical works to online content providers by monitoring attainment of the following four operational objectives.

5.1.1. *A licensing policy of CRMs societies that is in line with the demand of online content providers*

Success in enhancing cross-border licensing for commercial users is measurable if all clauses in reciprocal representation agreements that hinder cross-border licensing are eliminated and if, as a consequence, the amount of cross-border licences awarded to legitimate online music service providers increases by 2009 as compared to 2005.
Indicators:
- Share of restrictive clauses in reciprocal agreements that have been eliminated; **[33]**
- Increase in the number of cross-border licences compared to 2005.

5.1.2. *Enhancement of transparency of CRM societies*

Success of this policy objective can also be measured if, as a consequence of increase competition among CRMs, the latter's transparency, accountability, royalty distribution and the quality of enforcement improves. This can be measured by surveying right-holders and monitoring, for example, the quality of CRMs websites and other publications.
Indicators:
- Opinion survey on the transparency and accountability of CRMs, the efficiency of royalty distribution and the quality of the enforcement of rights;
- Relationship between overhead costs and royalties collected;
- Relationship between royalties collected and royalties distributed.

5.1.3. *Improved clearance of copyright protected works across the EU*

Attainment of this objective is both measurable and verifiable if legitimate online music services create revenue in 2009 that exceeds the revenue created by legitimate services in 2005. Revenue from legitimate online music can be measured on the basis of CRMs annual accounts, which should list all revenue generated from legitimate online exploitation of musical works separately. Most rights managers already at present identify the different forms of exploitation, *e.g.*, public performance income vs. broadcasting and dubbing income in the PPL annual report.
Indicators:
- Share of revenues from legitimate online music services in total revenues of CRM societies;
- Relationship between the revenues from legitimate online music services collected by CRM societies and those collected directly by right holders via DRM etc.

5.1.4. *A significant increase in the availability of multi-territorial licences for online content providers*

A licensing policy that is in line with the ubiquity of the online environment can be measured if the number of online music service providers that operate with a multi-territorial licence increases between 2005 and 2009. Another way of measu-

ring success in reaching this policy objective would be a corresponding reduction of online music service providers that continue to operate on the basis of mono-territorial licences. In practice, these phenomena can be measured by making regular enquiries with the industry associations of online service providers between 2005 and 2009.
Indicators:
- Increase in the number of multi-territorial licences issued; [**34**]
- Share of multi-territorial licences in the total number of licences issued to online content providers.

5.2. Full participation of right-holders in the revenue stream generated by more efficient cross-border exploitation of copyright

We propose to monitor whether right-holders are able to enjoy copyright protection wherever such rights are exploited under licence, independent of modes of use or national borders, by monitoring attainment of the following three operational objectives.

5.2.1. *Freedom for right-holders to choose the best placed CRM and to switch between CRMs*

Success in enhancing use made of the basic Treaty freedom to seek out the most suitable collective rights management service throughout the EU can be measured if authors with an international following increasingly choose their collecting society for the management of their online music rights independent of domicile or nationality. Indicators for success would be data on authors that actually change CRM for the online exploitation of their rights in musical works.
Indicator:
- Number of right-holders that have switched to another CRM society.

5.2.2. *Enhancement of transparency and accountability of CRM societies, equitable royalty distribution and enforcement of rights*

Success of this policy objective can also be measured if, as a consequence of increased competition among CRMs, the latter's transparency, accountability, royalty distribution and the quality of enforcement improves. This can be measured by surveying right-holders and monitoring the quality of CRMs websites and other publications.
Indicators:
- See 5.1.2. above;
- Share of statutes that have been amended in order to abolish e. g. discrimination of nondomestic right holders.

5.2.3. *Distribution of royalties collected on behalf of right-holders in territories other than their home territory to right-holders directly and without discrimination on the grounds of residence, nationality, or category of membership*

A more effective cross-border distribution of royalties can be measured by continuing the monitoring of the evolution as described in the table under Section 1.4.2. and comparing royalties distributed to non-domestic societies (as a % of royalties collected) with the relative importance of the non-domestic repertoire. If the gap between the two percentages narrows between 2005 and 2009, this policy objective has been met.
Indicator:
[35]

- Share of royalties distributed to foreign right-holders in the total of royalties distributed relative to the share of non-domestic repertoire in the CRM society's repertoire.

6. RESULTS OF STAKEHOLDER CONSULTATION

This impact assessment has been drawn up making use of the data available to the Commission. It is based on three sources:

- a stakeholders consultation launched on 16 April 2004 (Commission Communication to the Council, the European Parliament and the European Economic and Social Committee on the Management of Copyright and Related Rights in the Internal Market, COM (2004) 261 final)[41];
- a follow-up consultation launched on 7 July 2005 (Music copyright: Study on a community initiative on the cross-border collective management of copyright, available at: http://europa.eu.int/comm/internal_market/copyright/management/management_en.htm) and
- answers submitted by Member States in response to a Commission questionnaire. No external study was commissioned specifically in order to prepare this Impact Assessment, although studies on collective management of copyright were commissioned earlier.

The principal positions taken by stakeholders on the three policy options set out in this IA can be summarised as follows:
Authors' societies, via GESAC, come out in favour of <u>option 2</u> with additional safeguards against dumping of valuable repertoire by smaller rivals within the network of reciprocal representation agreements. They do not think that further regulation on governance or dispute resolution is necessary. Authors' societies

41 Collecting societies and their umbrella organisations, a wide range of right-holders and their umbrella organisations and a wide variety of users of copyright content, as well as manufacturers of information technology equipment submitted detailed comments in response to the Commission Communication of 16 March 2004.

would like a form of EU-wide licensing using the existing reciprocal arrangements but would like to have safeguards enabling them to control the price of their own repertoire; if need be, very large authors' societies such as the UK and the French societies are willing to withdraw from reciprocal arrangements with authors' societies that they perceive "devalue" their repertoire by undercutting on price.

Performers' societies are almost exclusively concerned with improved governance on the cross border distribution of royalties. They show no particular interest in fostering EU-wide licensing and are uncommitted on any of the options.

Music publishers, BMG, EMI, Sony, Universal, Warner-Chappell and independent publishers (International Confederation of Music Publishers and IMPALA) favour option 3. Music publishers wish to maximise returns achieved with their repertoire. Certain music publishers have indicated that they, regardless of any Commission action, will withdraw their repertoire from the existing reciprocal agreements and tender it for a single EU wide licence. [**36**]

Major record producers (IFPI) are licensees of authors' rights and favour option 2. As licensees, their main interest is to minimise royalties to be paid to authors' societies. In this context, interest in low rates as licensees outweighs their interest as licensors of sound recordings. Record producers have no interest in regulation on governance or dispute resolution.

Independent record producers (IMPALA) favour option 3 as this would allow them to establish their own rights management society.

Record producer societies favour option 2 as they would like to improve governance and accountability via reciprocal arrangements and introduce increased accountability of commercial users as part of this governance.

Radio broadcasters' favour option 2 as their main interest is to serve national markets at lowest possible licence rates. This can best be achieved by creating an EU-wide one-stop shop where the entire EU repertoire is available in a single transaction. In addition, competition between collective rights managers to function as this single one-stop shop licensor will lead to competitive rates.

Niche European cross-border television channels e. g. MTV, favour option 2 because this model would favour competition between societies and tariff levels that reflect market forces.

Online music providers favour option 2 with mandatory dispute resolution. Their main interest is an EU-wide licence for the aggregate EU repertoire. Online rates should be subject to dispute resolution.

Mobile network operators favour a combination of options 2 and 3 with dispute resolution. They want societies that have EU-wide mandates. Commercial users should be in a position to obtain a licence from societies that (a) license rights directly for the entire EU; and (b) via
reciprocity for the remainder of the repertoire.

Consumers (BEUC) favour Option 2 as it represents the traditional approach built on reciprocity on the basis that the artistic community is driven to create, not by success or level of income, but guaranteed minimum income levels, which leads to greater consumer choice at more attractive prices.

7. COMMISSION PROPOSAL AND JUSTIFICATION

7.1. What is the final policy choice and why was it chosen?

The chosen policy option involves inviting Member States to take the steps necessary to promote a regulatory environment in which right-holders, rights managers and the commercial users of copyright and related rights can freely chose the individual or collective structures best suited for the EU-wide management of copyright and related rights for the provision of legitimate online music services.
The Commission would recommend that Member States take all measures deemed necessary, including national legislation, to ensure the full application by collective rights managers in their territories of the recommended practice of collective management of copyright and related rights for the provision of legitimate online music services. [37]
The relationship between right-holders, collective rights managers and commercial users will be governed by a series of fundamental freedoms that these parties enjoy in their dealings with each other:

Commercial users:

(1) Commercial users should be able to obtain multi-territorial licenses covering the entire EU for the provision of legitimate online music services irrespective of the Member State of residence or nationality of either the rights manager or the right-holder. Commercial users should specify the features of the online service they wish to provide.
(2) A licence granted to the commercial user should define the categories of rights being licensed and the territorial scope of the licence.
(3) Rights managers should publish repertoire, existing reciprocal arrangements with other rights managers, territorial licensing authority for their repertoire and applicable tariffs on their websites.

Right-holders:

The relationship between collective rights-holders and rights managers, whether based on contract or statutory membership rules, should include a minimum set of guarantees for rightholders with respect to all categories of rights that are necessary for the provision of legitimate online music services:
(1) Right-holders should be able to determine the categories of rights entrusted for collective management.
(2) Right-holders should be able to determine the territorial scope of the collective rights managers' licensing authority.
(3) Right-holders should have the right to withdraw the rights necessary to operate legitimate online music services from existing agreements with collective rights managers and transfer their management, on a territorial scope of their choice, to a collective rights manager of their choice, irrespective of the Member

State of residence or nationality of either the collective rights manager or the right-holder. Collective rights managers should, therefore, be free to accept right-holders from other Member States as their members, thereby encouraging rights managers to lift any territorial restrictions. When withdrawing the categories of rights necessary to operate legitimate online music services right-holders should give reasonable notice of their intention to withdraw any right or categories of rights to their current collective rights manager.

(4) Once a right-holder has transferred the management of a right or categories of rights linked to the EU-wide management of musical works for online use collective rights managers should ensure that these rights or categories of rights are withdrawn from the scope of any existing reciprocal representation agreements concluded with another collective rights manager.

In order to better organise the exercise of the above principles, it is proposed that Member States ensure that collective rights managers active in their territory respect rules on governance, transparency and accountability. Additional recommendations on accountability, **[38]** right-holder representation in the decision-making bodies of collective rights managers and dispute resolution should ensure that collective rights managers achieve a higher level of rationalisation and transparency and that right-holders and commercial users can make informed choices. Governance rules would introduce a culture of transparency and good governance enabling all relevant stakeholders to make an informed decision as to the licensing model best suited to their needs. Such rules would include:

(1) Collective rights managers should grant commercial users licences on the basis of objective criteria and without any discrimination against users.
(2) Collective rights managers should be obliged to distribute royalties to all right-holders or category of right-holders they represent in an equitable manner.
(3) Collective rights managers should establish clarity among themselves and vis-à-vis commercial users as to which right-holders they represent and update this information on a regular basis.
(4) Collective rights managers should specify vis-à-vis all the right-holders they represent, the deductions for purposes other than for the management services provided.
(5) Management contracts between collective rights managers and right-holders for the EU-wide management of musical works for online use should also specify whether and if so, to what extent, there will be deductions for purposes other than for the management services provided.
(6) The relationship between collective rights managers and right-holders, whether based on contract or statutory membership rules should comprise the principle that a rights manager treats domestic and non-domestic right-holders or category of right-holder equally in relation to all elements of the management service provided.
(7) The relationship between collective rights managers and right-holders, whether based on contract or statutory membership rules should contain the principle that rightholders' representation in the internal decision making process is fair and balanced namely commensurate with the economic value of their rights.

(8) Collective rights managers should report regularly to all right-holders they represent whether directly or under reciprocal representation agreements on licences granted, tariffs applicable and royalties collected and distributed.

(9) Member States are invited to provide for effective dispute resolution mechanisms in relation to tariffs, licensing conditions, entrustment of online rights for management and withdrawal of online rights available to commercial users and right-holders in their territories.

The Commission intends to assess, on a continuous basis, the development of the online music sector and in particular to what extent the territorial restrictions in the reciprocal representation agreements have been lifted, whether commercial users can freely choose a collective rights manager across the Community, whether right-holders have been allowed to withdraw their online rights, whether domestic and non-domestic right-holders as well as different categories of right-holders enjoy the same rights and service levels in relation to [**39**] membership and all elements of the management service provided and whether there has been an increase in the grant of multi-territorial licences to commercial users.

This Recommendation would be addressed to the Member States and to all economic operators that are involved in the management of copyright and related rights in the EU.

7.2. How will this policy choice be implemented?

In line with better regulation principles, the form of EU policy needs to be tailored to the severity and urgency of the problems to be addressed. In addition, all policy initiatives should ensure that the cost of compliance does not exceed the expected economic benefits.

Introducing direct EU-wide mandates alongside existing reciprocal representation agreements requires a two-phase approach.

A first phase should consist in issuing a Commission Recommendation based on Article 211 EC. The Commission would recommend that all Member States should screen their applicable national rules in order to avoid any provisions that would hinder EU-wide licences being granted by any rights management entity for copyright and related rights for legitimate online music services, if that is what the market requires and right-holders want.

In particular, applicable national rules and regulations should be screened as to whether rightholders are free, even after the exercise of their initial choice, to withdraw their rights and choose another collective rights manager in another Member State best suited for the exploitation of their works. Applicable national rules and regulations should not preclude right-holders from withdrawing part of their rights ("unbundling"), as a minimum the rights necessary for the emergence of legitimate online music services, within a reasonable notice period. In addition, applicable national rules and regulations should not preclude cross-border rights management services and the grant of EU-wide licenses.

A Commission Recommendation should indicate a second phase: it would contain a sunset clause according to which the Commission would review practical results achieved in meeting the stated policy objective of the Recommendation. The

Recommendation would reserve the Commission's right to propose legislation should the self-regulatory voluntary approach not foster the policy objective set forth above.

7.3. Compatibility with international obligations

Introducing rules with respect to the better functioning of cross-border copyright management would comply with the Union's obligations under the relevant international conventions to which the Community and its Member States are party. The creation of improved standards for rights management would be compatible with copyright principles and norms at international level. Respect for the territorial application of copyright protection does not preclude Community wide or cross-border licensing models. The aim would be to ensure that Community wide or cross-border licensing models are available, should the right-holder so choose and not restricted by agreement by CRMs.
There would not be any contravention of any of the Community's or Member States' own international obligations under the intellectual property treaties to which either the Community or the Member States are party. These are more specifically the Berne Convention (to which only the Member States are party and not the Community), the Rome **[40]** Convention 1961, the WTO TRIPS 1994, the WPPT and the WCT 1996. The international conventions do not expressly address the issue of management of rights but the underlying premise is that of the exercise of exclusive rights based on individual rights management. The Berne Convention states that countries of the Berne Union may determine through legislation the conditions under which certain rights may be exercised[42]. This allows Union countries to effectively choose the method of management. The WIPO WCT and WPPT which were adopted in 1996 and which the Community has not yet ratified do not deal with the management of rights.

7.4. Have any accompanying measures to maximise positive impacts and minimise negative impacts been taken?

In order to increase the cultural awareness within the Union, it might be worth considering direct and transparent subsidisation of national social and cultural funds and make such funding available to right-holders in other Member States. This might foster the emergence of a true European cultural identity. Such considerations are, however, outside the scope of this impact assessment. **[41]**

42 Article 11bis and Article 13(1) of the Berne Convention provide for the possibility of limitations on certain exclusive rights.

ANNEX 1: MAJOR EUROPEAN PERFORMANCE AND MECHANICAL RIGHTS SOCIETIES

COUNTRY	COLLECTING SOCIETY	RELEVANT COPYRIGHTS
Austria	AUSTRO-MECHANA (Gesellschaft zur Wahrnehmung mechanisch-musikalischer Urheberrechte Gesellschaft mbH.	Mechanical Rights
	AKM (Staatlich genehmigte Gesellschaft der Autoren, Komponisten und Musikverleger	Performance Rights
Belgium	SABAM (Société Belge des Auteurs)	Mechanical rights, performance rights
Cyprus	No public organisation	
Czech Republic	OSA (Ochranny Svaz Autorsky – Performing and Mechanical Rights Society of Composers, Authors and Publishers)	Mechanical and performing rights
Denmark	KODA (Selskabel & Forvatning af Internationale Kemponlstretfighederi Danmark)	Performance Rights
Estonia	EAU (Eesti Autorite Uhing)	Full repertoire
Finland	TEOSTO (Bureau International du Droit d'Auteur des Compositeurs Finlandais)	Performance Rights
France	SACEM (la Société des auteurs compositeurs et éditeurs de musique	Performance Rights
	SDRM (Société pour administration du droit des reproductions mécaniques des auteurs, compositeurs et éditeurs)	Mechanical Rights
Germany	GEMA (Gesellschaft für Musikalische Aufführungs- und Mechanische Vervielfältigungsrechte)	Mechanical Rights; Performance rights
Greece	AEPI (Hellenic Copyright Society)	Mechanical Rights; Performance rights
Hungary	ARTISJUS – Hungarian Bureau for the Protection of Authors Rights	Mechanical and performing Rights

COUNTRY	COLLECTING SOCIETY	RELEVANT COPYRIGHTS
Ireland	MOPSI (Mechanical Copyright Protection Society Ireland)	Mechanical Rights
	IMRO (Irish Music Rights Organization)	Performing Rights [42]
Italy	SIAE (Società Italiano degli Autori ed Editori)	Mechanical rights; performance rights
Latvia	AKKA-LAA – Latvian Copyright Agency	Multi-repertoire
Lithuania	LATGA-(A) (Lietuvos Autoriu Teisiu Gynimo AsociacijosAgentura)	Multi-repertoire
Malta	KOPJAMALT (Maltese collecting Society)	Multi-repertoire
Netherlands	STEMRA (Stichting tot Exploitatie van Mechanische)	Mechanical Rights
	BUMA (Het Bureau voor Muziekauteursrecht)	Performance Rights
Nordic Countries	Nordisk Copyright Bureau	Mechanical Rights
Norway	Norsk Selskap for Forvaltningen av fremførings (TONO)	Performance Rights
Poland	ZAIKS (Zwiazek Autorow I Kompozytorow Scenicznych – Assocation of Authors and Stage Composers)	Mechanical and Performing Rights
Portugal	SPA – Sociedade Portuguesa de Autores	Mechanical Rights; Performance Rights
Slovakia	SOZA (Slovensky Ochranny Zvaz Autorsky – Slovak Society of Authors)	Mechanical and Performing rights
Slovenia	SAZAS Združenje skladateljev, avtorjev in založnikov za zascito avtorskih pravic Slovenije – The Society of Composers, Authors and Publishers of Slovenia	Mechanical and Performing Rights
Spain	SGAE (Sociedad General de Autores de España)	Mechanical Rights; Performance Rights
Sweden	STIM (Svenska Tonsättares Internationella Musikbyrá)	Performance Rights

COUNTRY	COLLECTING SOCIETY	RELEVANT COPYRIGHTS
United Kingdom	MCPS (Mechanical Copyrights Protection Society)	Mechanical Rights
	PRS (Performing Rights Society)	Performance Rights

Anhang V
Die Empfehlung der Kommission vom 18. Oktober 2005

Empfehlung 2005/737/EG der Kommission vom 18. Oktober 2005 für die länderübergreifende kollektive Wahrnehmung von Urheberrechten und verwandten Schutzrechten, die für legale Online-Musikdienste benötigt werden (Text von Bedeutung für den EWR)*

DIE KOMMISSION DER EUROPÄISCHEN GEMEINSCHAFTEN
gestützt auf den Vertrag zur Gründung der Europäischen Gemeinschaft, insbesondere auf Artikel 211,
in Erwägung nachstehender Gründe:

(1) Im April 2004 hat die Kommission eine Mitteilung über die Wahrnehmung von Urheberrechten und verwandten Schutzrechten im Binnenmarkt angenommen.

(2) Das Europäische Parlament hat in seinem Bericht vom 15. Januar 2004[1] für Rechteinhaber die Möglichkeit gefordert, Urheberrechte und verwandte Schutzrechte während deren gesamter Geltungsdauer unabhängig von Staatsgrenzen oder Nutzungsformen wahrzunehmen, und zwar wo immer solche Rechte entstehen.

(3) Das Parlament hat weiter betont, dass jedes Vorgehen der Gemeinschaft in Bezug auf die grenzüberschreitende kollektive Wahrnehmung von Urheberrechten und verwandten Schutzrechten das Vertrauen von Künstlern wie Schriftstellern und Musikern in eine angemessene Vergütung für eine europaweite Nutzung ihrer Werke stärken sollte.[2]

(4) Neue Technologien haben eine neue Generation gewerblicher Nutzer hervorgebracht, die Musikwerke und andere Inhalte online verwendet. Die Bereitstellung legaler Online-Musikdienste berührt eine Reihe von Urheber und Leistungsschutzrechten.

(5) Eine Kategorie dieser Rechte ist das ausschließliche Vervielfältigungsrecht, das sich auf alle im Zuge der Online-Verbreitung von Musikwerken vorgenommenen Vervielfältigungen erstreckt. Andere Kategorien von Rechten sind das Recht der öffentlichen Wiedergabe eines Musikwerkes, das Recht auf angemessene Vergütung für die öffentliche Wiedergabe anderer Inhalte und das ausschließliche Recht der öffentlichen Zugänglichmachung eines Musikwerks oder anderer Inhalte.

---

* ABl. 2005 L 276/54 (Berichtigung des Datums in ABl. 2005 L 284/10). Seitenumbrüche aus ABl. L 276 sind durch **fette Zahlen** in [eckigen Klammern] gekennzeichnet.

1 A5-0478/2003. [Abgedruckt in **Anhang II**].

2 Siehe Erwägungsgrund 29.

(6) Nach der Richtlinie 2001/29/EG des Europäischen Parlaments und des Rates vom 22. Mai 2001 zur Harmonisierung bestimmter Aspekte des Urheberrechts und der verwandten Schutzrechte in der Informationsgesellschaft[3] und der Richtlinie 92/100/EWG des Rates vom 19. November 1992 zum Vermietrecht und Verleihrecht sowie zu bestimmten dem Urheberrecht verwandten Schutzrechten im Bereich des geistigen Eigentums[4] ist eine Lizenz für jedes der Rechte in der Online-Nutzung erforderlich. Diese können von Verwertungsgesellschaften, die bestimmte Leistungen der Rechteverwaltung für die Rechteinhaber als Wirtschaftsteilnehmer erbringen, oder von den Rechteinhabern selbst wahrgenommen werden.

(7) Lizenzen sind oft auf ein Territorium beschränkt, und das zwingt gewerbliche Nutzer, für jedes in der Online-Nutzung benötigte Recht in jedem Mitgliedstaat von jeder jeweiligen Verwertungsgesellschaft eine Lizenz zu erwerben.

(8) Im Zeitalter der Online-Nutzung von Musikwerken brauchen gewerbliche Nutzer aber ein multiterritorial ausgelegtes Lizenzierungssystem, das der Grenzenlosigkeit der Onlinewelt gerecht wird. Es sollte daher für eine multiterritoriale Lizenzierung gesorgt werden, um für gewerbliche Nutzer mehr Rechtssicherheit für ihre Aktivität zu fördern und das Wachstum legaler Online-Dienste zu fördern, wodurch sich wiederum die Einnahmen der Rechteinhaber erhöhen würden.**[55]**

(9) Der freie länderübergreifende Dienstleistungsverkehr impliziert für die kollektive Rechtewahrnehmung, dass die Rechteinhaber die Möglichkeit haben, die Verwertungsgesellschaft für die Wahrnehmung der Rechte, die für legale Online-Musikdienste benötigt werden, frei in der Gemeinschaft zu wählen. Dieses Recht beinhaltet die Möglichkeit, alle oder einen Teil der Online-Rechte einer anderen Verwertungsgesellschaft zu übertragen; der Sitzstaat oder die Staatsangehörigkeit der Verwertungsgesellschaft bzw. des Rechteinhabers sollte hierfür keine Rolle spielen.

(10) Mit der Förderung effizienter Strukturen für die länderübergreifende Rechtewahrnehmung sollte auch dafür gesorgt werden, dass Verwertungsgesellschaften mit Rücksicht auf die Einhaltung des Wettbewerbsrechts rationeller und transparenter arbeiten, vor allem angesichts der durch die Digitaltechnik bedingten Erfordernisse.

(11) Das Verhältnis zwischen Rechteinhabern und Verwertungsgesellschaften sollte, unabhängig davon, ob der Wahrnehmungsauftrag auf vertraglichen Vereinbarungen oder statutarischen Mitgliedschaftsbestimmungen basiert, für die Rechteinhaber einen Mindestschutz in Bezug auf alle Rechte beinhalten, die für die Bereitstellung legaler Online-Musikdienste erforderlich sind. Verwertungsgesellschaften sollten Rechteinhaber ungeachtet ihres Sitzstaates oder ihrer Staatsangehörigkeit nicht unterschiedlich behandeln.

(12) Die für die Rechteinhaber eingezogenen Entgelte sollten gerecht und ohne Diskriminierung aufgrund des Wohnsitzes, der Staatsangehörigkeit oder der

3 ABl. L 167 vom 22. 6. 2001, S. 10.

4 ABl. L 346 vom 27. 11. 1992, S. 61. Richtlinie geändert durch die Richtlinie 2001/29/EG.

Kategorie der Rechteinhaber verteilt werden. Vor allem Nutzungsgebühren, die im Auftrag der Rechteinhaber in anderen Mitgliedstaaten als dem ihres Wohnsitzes oder ihrer Staatsangehörigkeit eingezogen werden, sollten möglichst effizient und effektiv verteilt werden.

(13) Ergänzende Empfehlungen über Rechenschaftspflicht, Vertretung der Rechteinhaber in den Entscheidungsgremien der Verwertungsgesellschaften und Streitbeilegungsverfahren sollten ein rationelleres und transparenteres Arbeiten der Verwertungsgesellschaften sicherstellen und dafür sorgen, dass Rechteinhaber und gewerbliche Nutzer eine fundierte Wahl treffen können. Es sollte keine Ungleichbehandlung durch die Verwertungsgesellschaften geben, die auf unterschiedliche Kategorien von Mitgliedern abstellt: alle Rechteinhaber, seien es Schriftsteller, Komponisten, Verleger, Tonträgerhersteller, ausübende Künstler oder andere, sollten gleich behandelt werden.

(14) Die Entwicklung des Online-Musikmarktes sollte fortlaufend abgeschätzt werden –

EMPFIEHLT:

Begriffsbestimmungen

1. Für die Zwecke dieser Empfehlung gelten folgende Begriffsbestimmungen:

a) „Wahrnehmung von Urheberrechten und verwandten Schutzrechten, die für die Bereitstellung legaler Online-Musikdienste auf Gemeinschaftsebene benötigt werden“ bedeutet die Erbringung folgender Dienste: Erteilung von Lizenzen an gewerbliche Nutzer; Prüfung und Überwachung von Rechten; Durchsetzung von Urheberrechten und verwandten Schutzrechten; Einziehung von Nutzungsgebühren und Verteilung an die Rechteinhaber;

b) „Musikwerke“ bedeutet jedes Werk der Musik oder andere Inhalte;

c) „Repertoire“ bedeutet der Katalog von Musikwerken, der von einer Verwertungsgesellschaft verwaltet wird;

d) „Mehrgebietslizenz“ bedeutet eine Lizenz, die sich auf das Territorium von mehr als einem Mitgliedstaat erstreckt;

e) „Verwertungsgesellschaft“ bedeutet jede Person, die Dienstleistungen im Sinne des Buchstabens a für mehrere Rechteinhaber erbringt;

f) „Online-Rechte“ bedeutet eines der folgenden Rechte:

i) das ausschließliche Recht der Vervielfältigung in der Form von unkörperlichen Kopien (Richtlinie 2001/29/EG), die im Zuge der Online-Verbreitung von Musikwerken vorgenommen werden;

ii) das Recht der öffentlichen Wiedergabe eines Musikwerks, entweder in der Form eines Rechts zu erlauben oder zu verbieten (Richtlinie 2001/29/EG), oder eines Rechts auf angemessene Vergütung (Richtlinie 92/100/EWG). Diese Rechte erstrecken sich auf Webcasting, Internet-Radio und Simulcasting oder „Near-on-Demand“-Dienste, die entweder auf einem PC oder auf einem Mobiltelefon empfangen werden;

iii) das ausschließliche Recht der öffentlichen Zugänglichmachung eines Musikwerks (Richtlinie 2001/29/EG), das „On-Demand“ oder andere „interaktive“ Dienste umfasst;

g) „Rechteinhaber“ bedeutet jede natürliche oder juristische Person, die Online-Rechte hält;
h) „gewerblicher Nutzer“ bedeutet alle Personen, die an der Erbringung von Online-Musikdiensten beteiligt sind, und die von einem Rechteinhaber eine Lizenz benötigen, um Online-Musikdienste legal anbieten zu können;
i) „Gegenseitigkeitsvereinbarungen“ bedeutet jede bilaterale Vereinbarung, mit der eine Verwertungsgesellschaft einer anderen das Recht einräumt, in dem Hoheitsgebiet, in dem Letztere ansässig ist, das Repertoire der Ersteren zu vertreten.[**56**]

Generell

2. Die Mitgliedstaaten werden eingeladen die notwendigen Schritte zu unternehmen, um das Wachstum von legalen Online-Musikdiensten zu ermöglichen, indem sie rechtliche Rahmenbedingungen zur optimalen Wahrnehmung auf Gemeinschaftsebene von Urheberrechten oder verwandten Schutzrechten für die Erbringung legaler Online-Musikdienste fördert.

Die Beziehungen zwischen Rechteinhabern, Verwertungsgesellschaften und gewerblichen Nutzern

3. Rechteinhaber sollen das Recht haben, die Wahrnehmung aller Online-Rechte, die zum Betrieb legaler Online-Musikdienste notwendig sind, in einem territorialen Umfang ihrer Wahl einer Verwertungsgesellschaft ihrer Wahl anzuvertrauen; der Sitzstaat oder die Staatsangehörigkeit der Verwertungsgesellschaft bzw. des Rechteinhabers sollte hierfür keine Rolle spielen.
4. Verwertungsgesellschaften sollten bei der Wahrnehmung der Interessen von Rechteinhabern größte Sorgfalt walten lassen.
5. In Bezug auf die Lizenzierung von Online-Rechten sollte im Verhältnis zwischen Rechteinhabern und Verwertungsgesellschaften, unabhängig davon, ob der Wahrnehmungsauftrag auf vertraglichen Vereinbarungen oder statutarischen Mitgliedschaftsbestimmungen basiert, zumindest Folgendes gelten:
a) Die Rechteinhaber sollten festlegen können, für welche Online-Rechte sie der Verwertungsgesellschaft einen Wahrnehmungsauftrag erteilen.
b) Die Rechteinhaber sollten festlegen können, für welches geografische Gebiet sie der Verwertungsgesellschaft einen Wahrnehmungsauftrag erteilen.
c) Die Rechteinhaber sollten, nach Ankündigung ihres Vorhabens innerhalb einer angemessenen Frist, das Recht haben, alle Online-Rechte herauszunehmen und die Wahrnehmung dieser Rechte für ein geografisches Gebiet ihrer Wahl einer Verwertungsgesellschaft ihrer Wahl zu übertragen; der Sitzstaat oder die Staatsangehörigkeit der Verwertungsgesellschaft bzw. des Rechteinhabers sollte hierfür keine Rolle spielen.
d) Wenn ein Rechteinhaber mit der Wahrnehmung von Online-Rechten eine andere Verwertungsgesellschaft beauftragt hat, so sollten alle beteiligten Verwertungsgesellschaften, vorbehaltlich der sonstigen Kooperation zwischen Verwertungsgesellschaften, sicherstellen, dass diese Online-Rechte vom Geltungsbereich aller Gegenseitigkeitsvereinbarungen untereinander ausgenommen werden.

6. Verwertungsgesellschaften sollten Rechteinhaber und gewerbliche Nutzer zum Repertoire, das sie vertreten, über alle bestehenden Gegenseitigkeitsvereinbarungen und den räumlichen Geltungsbereich ihrer Vertretungsmacht für dieses Repertoire und die anwendbaren Tarife informiert halten.
7. Verwertungsgesellschaften sollten innerhalb einer angemessenen Frist einander und gewerblichen Nutzern Veränderungen des Repertoires, das sie vertreten, bekannt geben.
8. Gewerbliche Nutzer sollten Verwertungsgesellschaften über die Dienste, für die Rechte erworben werden, informieren.
9. Verwertungsgesellschaften sollten gewerblichen Nutzern Lizenzen auf der Basis objektiver Kriterien und ohne Diskriminierung der Nutzer erteilen.

Gerechte Verteilung der Einnahmen und Abzüge

10. Die Verwertungsgesellschaften sollten die erzielten Einnahmen unter allen von ihnen vertretenen Rechteinhabern oder Kategorien von Rechteinhabern gerecht verteilen.
11. In vertraglichen Vereinbarungen und statutarischen Mitgliedschaftsbestimmungen, die das Verhältnis zwischen Verwertungsgesellschaften und Rechteinhabern über die Wahrnehmung von Musikrechten auf Gemeinschaftsebene für die Online-Nutzung regeln, sollte auch festgehalten werden ob, und wenn ja in welchem Umfang, Einnahmen von den zu verteilenden Lizenzgebühren für andere Zwecke als die erbrachten Wahrnehmungsleistungen einbehalten werden.
12. Die Verwertungsgesellschaften sollten bei der Auszahlung der Lizenzgebühren gegenüber allen Rechteinhabern, die sie vertreten, die einbehaltenen Einnahmen für andere Zwecke als die erbrachten Wahrnehmungsleistungen auflisten.

Vertretung und Diskriminierungsverbot

13. Im Verhältnis zwischen Verwertungsgesellschaften und Rechteinhabern sollten, unabhängig davon, ob der Wahrnehmungsauftrag auf vertraglichen Vereinbarungen oder statutarischen Mitgliedschaftsbestimmungen basiert, folgende Grundsätze gelten:
a) alle Kategorien von Rechteinhabern werden in Bezug auf alle angebotenen Wahrnehmungsleistungen gleich behandelt;
b) der Grundsatz sollte gelten, dass die Rechteinhaber an den internen Entscheidungsprozessen in fairem und ausgewogenem Umfang beteiligt werden. [57]

Rechenschaftspflicht

14. Verwertungsgesellschaften sollten gegenüber allen von ihnen entweder direkt oder über Gegenseitigkeitsvereinbarungen vertretenen Rechteinhabern regelmäßig Rechenschaft ablegen über erteilte Lizenzen, anwendbare Tarife und eingenommene und ausgeschüttete Nutzungsgebühren.

Streitbeilegung

15. Die Mitgliedstaaten werden eingeladen, effektive Streitbeilegungsmechanismen zur Verfügung zu stellen, insbesondere betreffend Tarife, Lizenzbedingungen, Übertragung von Online-Rechten zur Wahrnehmung oder Entzug von Online-Rechten.

Überprüfung der Anwendung

16. Die Mitgliedstaaten und die Verwertungsgesellschaften werden eingeladen, jährlich der Kommission über die Maßnahmen, die sie in Bezug auf diese Empfehlung getroffen haben, und über die Wahrnehmung von Urheberrechten und verwandten Schutzrechten auf Gemeinschaftsebene für die Erbringung legaler Online-Musikdienste zu berichten.
17. Die Kommission wird fortlaufend die Entwicklung des Online-Musiksektors im Lichte dieser Empfehlung beurteilen.
18. Die Kommission wird auf Basis der Beurteilung, die in Punkt 17 angeführt ist, den weiteren Handlungsbedarf auf Gemeinschaftsebene abschätzen.

Adressaten

19. Diese Empfehlung ist an die Mitgliedstaaten und an alle Marktteilnehmer, die auf dem Gebiet der Wahrnehmung von Urheberrechten und verwandten Schutzrechten in der Gemeinschaft tätig sind, gerichtet.

Brüssel, den 18. Oktober 2005
Für die Kommission
Charlie McCreevy
Mitglied der Kommission